塩出浩之……［著］
SHIODE Hiroyuki

越境者の政治史

アジア太平洋における日本人の移民と植民

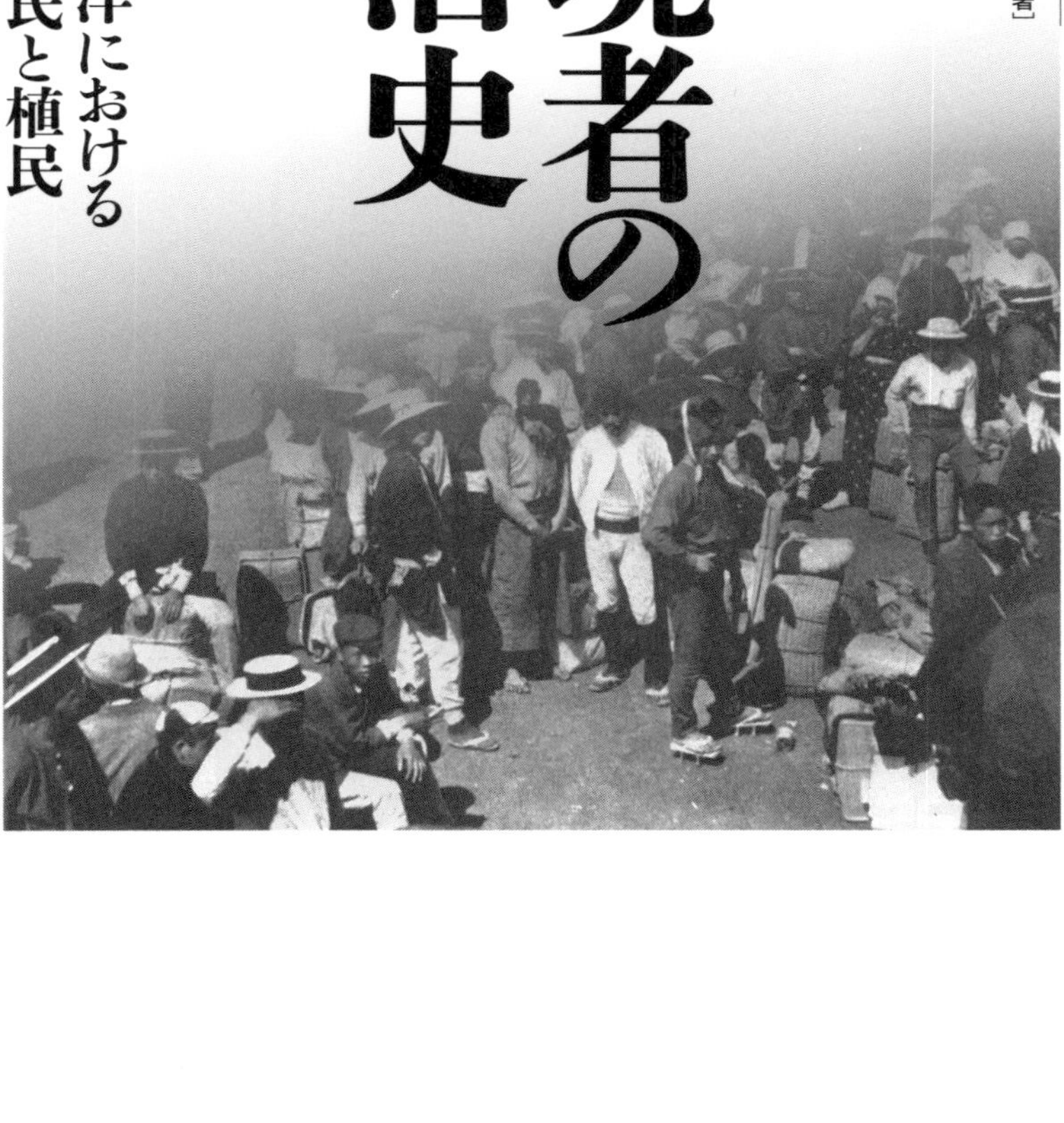

名古屋大学出版会

越境者の政治史　目　次

第II部　帝国・国際秩序と移民・植民

第III部　国民国家規範と移民・植民

序章　近代アジア太平洋地域における日本人の移民と植民

一　本書の目的

本書は近代において、アジア太平洋のさまざまな地域へ移住した日本人の「越境者」たちを、「移民と植民」という観点から捉え、彼らを主役とする政治史を描こうとするものである。

「移民と植民」という言葉を目にしたとき、思い浮かぶのはどのような事柄だろうか。多くの場合、ただちに思いつくのは、「移民」とは日本からアメリカや南米諸国などの「海外」「外国」に渡った人々を指し、「植民」とは日本がかつて台湾や朝鮮に対して行った「植民地支配」を指す、という説明ではなかろうか。そうすると、「移民」と「植民」とは相異なるものということになる。しかし中には、「北海道移民」や「満洲移民」などの存在を思い出す人もいるだろう。先ほどの説明でいえば、これらは「移民」と「植民」のどちらに当てはまるのだろうか。

本書の基本的な立場は、新たな領域への移住、すなわち「ヒトの移動」を意味する限り、「移民」と「植民」とは明確に区別しがたいというものである。「移民」が移住それ自体や移住したヒトを指すのに対し、「植民」には移住先の土地に定着するだけでなく、その土地を所有するという含意があり、その延長で「植民地」は一般に、国家が支配を拡張した地域を指して用いられている。しかし世界的な「大量移民の時代」（杉原薫）[1]だった一九世紀後半から二〇世紀半ばにかけて、アジア太平洋地域における日本人の移住活動は、日本以外の国家が支配する領域と日本が新たに支配した領域の双方に対して行われた。しかも日本という国家が支配する領域は、この間に大きく変動した。日本人の移住活動を「移民」と「植民」とに完全に区別することは困難であり、またそのような区別は、結果として「ヒトの移動」の意味を見失わせるのである。

そして本書は、政治史の立場から「日本人の移民と植民」を考察することを意図している。従来の日本政治史は多くの場合、「中央」―「地方」という枠組みで捉えられる、戦後の日本国境内部における均質な日本国家のイメージを自明の前提とし[2]、「移民」や「植民地」については「中央」で政治外交上の争点となった場合にのみ扱ってきた。しかしこのような政治史の枠組みは、新たな領域へと移住した人々もまた、国民統合の過程にあった「日本人」という集団の一部だったことを捨象してきたといえよう。これに対して本書は移住した人々自身を政治主体として分析し、彼らが日本国家、そしてアジア太平洋地域における政治秩序の変動要因だったことを明らかにしようと意図している。

すなわち本書の目的は、近代における日本人の移民と植民が、日本という国家、およびアジア太平洋地域の政治秩序といかなる関係を持ったかを問うことにある。近代の日本を「国民国家」と規定するにせよ「植民地帝国」と規定するにせよ、主権国家の支配領域に区切られた政治史とは異なり、本書は民族集団としての「日本人」を分析の中心に据えた政治史の試みである。

二　研究史と本書の課題

戦後の長い間、日本からの「移民」に関する歴史研究と、日本の「植民地支配」に関する歴史研究とは別々に行われてきた。前者は国家間の外交上の争点か、受入国への国民統合の問題として理解され、後者は異民族支配の問題として理解されてきたのである。しかし戦前には、移民と植民とを連続的な現象とみることは必ずしも例外的ではなかった。

まず植民政策学の立場から、ヒトや資本の政治的境界を越えた移動に強い関心を寄せた矢内原忠雄は、移民と植民の区別を明確に否定した。矢内原は「植民」とはある「社会群」が新たな地域に移住することだと規定した上で、移住先の地域が出身地（「本国」）との間に「政治的従属関係」を有するか否かは「環境」「条件」の相違に過ぎないとして、これを「植民と移民との本質的区別」だとする「通説」を否定した（傍点は原文）。矢内原は「植民地」を単に統治（植民政策）の対象とは捉えず、「帝国主義」支配下に置かれた地域としてその実態を考察する中で、ヒトや資本の移動と支配―従属関係とがどのように相互作用しているかを明らかにするため、実際には密接に関わり合っている両者をあえて独立の概念として規定したのである。矢内原はその後、この分析枠組みをもとに台湾や南洋群島、「満洲国」などに関する古典的な実証研究を著すとともに、日本人の北米・南米への移住と朝鮮・「満洲国」への移住とを植民現象の観点から比較する論考も発表した[3]。移民と植民とを区別しない矢内原の概念規定は、マルクス＝レーニン主義の立場からの批判を招く一方、帝国日本内外の多様なヒトの移動を捉えようとした同時代の地理学に強い影響を与えた[4]。

次に国外移民を対象とする研究でも、日本支配地域への移民を除外しがたい状況があった。入江寅次は明治維新以後、ハワイや東南アジア、北米に向けて始まった日本人の移民が、北米における排日を経て、南米やフィリピン、そして日本統治下の南洋群島や満洲への移民に推移する過程を描いた[5]。また安里延は「沖縄人」の「海外発展」を琉球王国による貿易から説き起こし、日本の琉球併合（「廃藩置県」）以後のハワイ、北米、フィリピン、南洋群島、満洲、南米への移民を論じた[6]。南洋群島や「満洲国」が日本の支配下にありながら日本の領土ではなかったことが、彼らの研究に影響を与えたといえよう。なおこれらの研究が著されたのち、フィリピンなど東南アジアにおける欧米諸国の支配地域は、日本の対米英開戦以後に日本軍に占領された。

また吉田秀夫は日清戦争以前に、「国内移住論」としての「北海道拓殖論」と、「海外植民論」としての「ハワイ出稼論」とが併存していたことを指摘し、それは「移植民」が人口増加を前提に、その対策として推進されたためだと説明した。日本人が人口の増加とともに「移植民」を行うという見地からは、国境の内か外かは必ずしも大きな違いでなかったことを明らかにしたのである[7]。

日本の敗戦以後、移民と植民という研究領域は日本の侵略戦争と結びついたものとしていったんタブー視された。特に旧日本支配地域にいた日本人のほとんどが日本に送還された結果、彼らの活動に関する研究は大蔵省在外財産調査局の調査などを例外としてみられなくなり、当事者の記録や回想が蓄積されるにとどまった[8]。一九五〇年代に歴史研究として再開された植民地研究は、「日本帝国主義」の支配とこれに抵抗した民族運動との関係に関心を集中させた[9]。一方、移民研究もほとんどが南北米諸国への「海外移民」に限定され、また移民がいかに受入国に国民統合されたかという問題関心が支配的となった[10]。移民と植民とを連続的に捉えようとする研究は、「空白の時代」（柳沢遊）を迎えたのである[11]。

しかし一九七〇年代以降、植民地研究と移民研究は双方から重なり合う領域に進んでいった。植民地研究では帝国主義研究の立場から、満洲農業移民や台湾・朝鮮・満洲における日本人商工業者の研究が大きく進展した。移民研究では石川友紀が、日本・沖縄からハワイ・南北米への人口移動の分析において、日本から北海道や満洲、沖縄から「日本本土」や南洋群島、台湾などへの人口移動の大きさを指摘した。さらにハワイ在留日本人の歴史と朝鮮在留日本人の歴史をともに研究した木村健二は、移民と植民という研究領域を包括的な枠組みとして提示した。近代における日本人の「海外活動」は、日本人が「抑圧者」「同化させる側」となった「勢力圏＝植民圏」（東アジア）と、日本人が「被抑圧者」「同化されるもの」となった「非勢力圏＝移民圏」（太平洋・南北アメリカ）から成ると論じたのである。⑫

また一九七〇年代以降には南北アメリカにおける日系住民の歴史研究でも、新保満、前山隆、ユウジ・イチオカ（市岡雄二）、粂井輝子らにより、マイノリティの国民統合という歴史像を相対化し、日本と受入国とのはざまに生きた移民のありようを明らかにする研究が現れた。⑬若槻泰雄が戦後南米移民の研究で、矢内原忠雄の植民概念を参照して、戦前の北海道移民・満洲移民との比較を行ったことも注目される。⑭これらは結果として、移民と植民を連続的に捉える研究と接点を持つものだった。

一九九〇年代以降、冷戦の終結およびグローバル化の深化とともに、移民研究と植民地研究は相互の乗り入れがいっそう進み、「ヒトの移動」という共通の関心のもとで一体化しつつある。⑮日本敗戦に伴う「引揚げ」の研究が進んだのも、近年の特徴である。⑯こうした中で一つの到達点といえる蘭信三らの共同研究は、「日本帝国」の形成と崩壊が、日本人に限らずさまざまな民族の多方向的な移動をもたらしたことを明らかにするに至った。⑰これらは国際的な研究動向でいえば、「入植者の植民地主義」（Settler Colonialism）の概念によって捉えられつつある問題群と接点を有する。⑱

以上にみた移民と植民という領域における戦前以来の研究が確立してきたのは、一九四五年まで日本が支配した地域への日本人の移住と、それ以外の地域への日本人の移住とを、ヒトの移動という共通の枠組みによって捉える視点だといえよう。しかしこのような日本人の移動が日本という国家、そしてアジア太平洋地域の政治秩序といかなる関係にあったかという問題は、十分な形では検討されてこなかった。特に必要なのは、明治維新以後の国民統合のさなかにあった日本人が新たな領域へ移住したことが、政治秩序にいかなる影響を与えたかを、全体として共通の枠組みで捉えることである。

第一に考慮すべきことは、移住先の地域がどのような政治権力の下に置かれ、移民がどのような政治的境遇に置かれたかという問題である。木村健二が提示した、「植民圏」における「抑圧」と「移民圏」における「被抑圧」という見方は、このような観点から一定の有効性を持つといえよう。移住先地域における政治権力の相違に伴って、民族間に支配―従属関係の相違が生じたことを指摘したのである。しかし日本人を一つの社会集団あるいは民族集団とする分析視角からは、この区別は矢内原が指摘したように、あくまで環境や条件の違いにとどまる。日本人が新たな領域に移住したことが、その領域の政治秩序に対してどのような影響を与えたかを考察するにあたっては、環境・条件の違いと同時に、移住自体が社会にもたらした変化をみるべきなのである。また環境・条件自体についても、法的地位や政治的権利のありように即して検討すべきだろう。

第二に、前述したように社会集団の新たな領域への移動が社会にもたらす変化を考える上で重要なのは、まずその集団がどれほどの規模で移住し、人口構成にいかなる変化を与えたかであり、次にどのような立場で移住したか、つまり官僚・軍人や資本家として移住したのか、農家や労働者、中小商工業者として移住したのかである。このうち移住者の立場は環境・条件に左右される部分が大きいが、ヒトの移動による人口構成の変化は、その領域における権力関係とは別に生ずるものであり、しかも秩序に多大な影響を与えるものといえよう。例えばアメリカ統治下のハワイで、日系住民は二〇世紀前半に人口上の最大民族集団となった。このことが政治秩序にどのような影響を与えたかは、アメリカのハワイ統治という要因だけからは説明できないのである。また近代日本の属領のうち北海道と南樺太で、沖縄や台湾、朝鮮と異なり、人口の圧倒的多数を本国からの移民が占めたことが、政治秩序にいかなる影響を与えたかは、これまで十分に検討されてこなかった。

第三に挙げるべきことは、第一の環境・条件と密接に関わるが、アジア太平洋地域における日本および諸国家の国境・支配領域が近代を通じてたびたび変動してきたことである。国境の変動という問題は、戦後の移民研究・植民地研究でしばしば捨象されてきた。例えば北海道への移住を移民・植民という観点から扱う研究は地理学を除いて乏しく[19]、また扱う場合も、しばしば「国内移民」「内国植民地」として、他の移住から区別する[20]。しかし二〇世紀前半において北海道への移住は南樺太への移住と連続性を有しており、北海道を「国内」として例外視する認識は、戦後日本の国境を前提としない限り成り立たない。このような枠組みでは、近代にヒトの移動がもたらした政治秩序の変動は捉えきれないのである。そして国境・支配領域の変動という観点から、移民・植民と政治秩序との関係において重大な焦点となるのが、「満洲国」の位置づけである。「満洲国」は実質上の日本支配下にあると同時に、対外的には「独立国」と規定されており、したがって「満洲国」に移住した日本人は、植民者であると同時に外国への移民だったからである。

本書は以上の問題意識から、近代日本の移民・植民がもたらした政治秩序の変動を考察すべく政治史的分析を行う。以下ではその予備的考察として、分析概念の整理と、日本人の移動に関する通史的概観を行う。

三　分析概念

（1）属領・植民・植民地主義

まず移民・植民という現象を捉えるための分析概念について、矢内原忠雄の植民概念、および近年のユルゲン・オースタハメルによる植民地主義研究を参考に整理を行う。

第一に本書では移民・植民を連続的なヒトの移動現象として捉えるため、主権国家における地域間の支配—従属関係に対しては「植民地」の概念を用いず、矢内原の概念規定を踏まえて「本国」—「属領」の区分を用いる。ある地域が本国（中央政府を含む領域）とは異なる領域として統治され、本国とその地域との間に政治的な支配—従属関係がある場合、その地域を属領（dependency）と呼ぶのである。[21]本国と属領との間には法制度をはじめとするさまざまな相違があるが、主権国家の国境の内部であることに変わりはない。ただし主権国家は国境外部の領域でも実質上の支配を行う場合があり、これについては後述する支配植民地の概念で捉えるのが適当と考えられる。

第二に「植民（活動）」または「植民地化」（colonization）とは、ある社会集団がそれまで活動していた領域（国家・地域）から移動し、新たな領域（国家・地域）で活動することを指し、その対象地域を「植民地」（colony）と定義する。これは矢内原の「実質的植民地」の概念を踏まえたものだが、オースタハメルも「植民地」に対しては同様の定義を行っている。矢内原によれば、「実質的植民地」はヒトの移動によって形成される移住植民地と、資本の移動によって形成される投資植民地からなる。[22]ヒトの移動と資本の移動とはもちろん相互に排他的なものではないので、この分類は重なり合うこともある機能上の分類といえる。本書で中心的な分析対象とするのは移住植民地であり、ここまで述べてきたように移民と植民に明確な区別はないが、移民が新たな領域で一定の人口規模、社会的勢力を有する定住者となることを移住植民地化と捉えることとしよう。

ただし植民地にはこれらに加えて、軍隊の移動によって形成される軍事植民地、官僚機構の移動によって形成される支配植民地がある。矢内原は「実質的植民地」の概念から政治的側面を排除するため、これらを「形式的植民地」すなわち「属領」と規定したが、その結果、国家の支配が主権の範囲外にも拡大されるという現象は捉えにくくなった。この点で、オースタハメルが「植民地支配」の根幹を本国による軍隊と官僚の派遣にみているのは重要である。(23) 本書では社会集団の移動が国家の支配拡大と結びつく結節点として、軍事植民地・支配植民地を捉えよう。

以上の意味での植民活動は主権国家の領土拡張とは区別されるが、歴史的に両者が密接な関係にあったことは確かであり、特に支配植民地化は領土拡張に際して、ヒトが住めない場所でない限り必ず起こることになる。しかしここでの支配とは主権の有無を指すのではなく、あくまで機能としての支配を指す。例えば「満洲国」は、日本の公式の領土に含まれず主権国家の体裁をとったが、同時に支配植民地（かつ投資・移住植民地）だったとみることができる。

第三にオースタハメルの概念規定を踏まえて、植民地化に伴い、互いに相異なる社会集団（民族）と認識された移住者集団と原住者集団との間に支配―従属関係が生ずる場合、これを「植民地主義」(colonialism) と定義する。矢内原もこの両集団の接触によって生ずる「社会的諸関係」を植民研究の最重要課題と位置づけたが、とりわけ権力関係の有無は重要といえよう。(24) この関係は、前述した本国―属領という地域間の支配―従属関係とは区別される。植民地主義は植民活動による国家・地域間の連結を通じて生ずるが、あくまで社会集団（民族）の間に生ずる関係であり、ある地域を「国内」と呼ぶか、「植民地」と呼ぶか、「外国」と呼ぶかなどにかかわらず存在しうるのである。

(2) 国籍・市民権・民族集団

次に、移民が新たな領域における政治秩序といかに関わったかを分析するため必要となる概念について考えよう。

移民にとっての政治的な環境・条件を分析するためには、国籍と市民権が重要である。近代主権国家の誕生とは、国家の政治的支配が、身分集団や主従関係など人的関係の束からなる重層的な支配から、境界線に囲まれた領域の一極的な支配へと転換したことを意味した。人的関係による支配の解体とともに、領域内部で支配対象とされた住民には国家の成員資格、すなわちシティズンシップが付与された。[25] このため国境を越えた移民は、通常は出身国のシティズンシップを持ったままであり、新たな国家ではシティズンシップを持たない外国人となる。移民が居住国のシティズンシップを取得するか否か、またそれが可能か否かは、移民にとっても居住国にとっても、また出身国にとっても重要な問題となるのである。

そして注意すべきことに、シティズンシップには国籍すなわち地位と、市民権すなわち権利の二つの側面があり、現在のヨーロッパ諸国では移民に対して国籍の変更がないまま、市民権の一部が付与される場合がある。[26] この区別は国家間の移民に限らず、属領などへの移民にとっても重要といえよう。本国に従属する属領に居住することで、移民はその国家の国籍を保有しながら、市民権、特に政治的権利から排除される場合があるからである。

近代日本におけるシティズンシップを、国籍と市民権という観点から整理しよう。明治維新直後、日本が主権国家への転換とともに導入したシティズンシップの制度は戸籍法(一八七一年)だった。[27] 戸籍とは日本政府の統治対象となる住民をイエ単位で登録する制度であり、一八九九年に国籍法が制定されるまでは、日本国籍の付与も戸籍への編入を通じて行われたのである。一八九九年以後、日本国籍と日本戸籍とは概念上は分離したが、第一に日本戸籍保有者は日本国籍保有者に限り、第二に日本国籍の得喪は戸籍を単位とし、妻や子の国籍は家長(夫・父)に一致させることを原則とするという形で、両者は密接に結びつけられた[28]。

戸籍と国籍という二重の制度は、日本の帝国支配と深く関わることとなった。北海道の領有（一八六九年）、小笠原諸島の領有（一八七六年）、琉球併合（一八七九年）の後、北海道アイヌ、小笠原の欧米・ハワイ系住民、沖縄人はそれぞれ、戸籍への登録・編入を通じて日本国籍保有者とされた。しかし本国法が自動的には適用されなかった台湾（一八九五年領有）、南樺太（一九〇五年領有）、朝鮮（一九一〇年併合）に関しては、国籍法は台湾・南樺太の住民、戸籍法は南樺太の日本戸籍保有者に対してのみ適用され、朝鮮にはどちらも適用されなかった。このため台湾人、朝鮮人、南樺太の原住者（樺太アイヌ、ウイルタ、ニヴフなど）は日本国籍保有者であるが日本戸籍は保有せず、それぞれ台湾戸籍、朝鮮戸籍、「樺太土人」の「戸口簿」に登録された。また朝鮮人は国籍法が適用されない結果、日本国籍の離脱が不可能となったのである。なお樺太アイヌは、一九三三年に日本戸籍に編入された[29]。

このように日本国籍保有者には日本戸籍を持つ者と持たない者がいたが、これは市民権、特に政治的権利の問題とは区別する必要がある。二〇世紀初頭までの北海道と沖縄県、一九四五年四月までの台湾・南樺太・朝鮮、および敗戦までの小笠原諸島は衆議院議員選挙法の施行範囲外だった[30]。ただし戸籍制度が属人的に適用されたのに対し、このような政治的権利は属地的に適用された。例えば日本本国に移住した朝鮮人に日本戸籍は付与されないが、衆院選挙法上の選挙・被選挙権は与えられた。いっぽう本国から朝鮮に移住した日本戸籍保有者は、日本戸籍を失うことはないが、衆院選挙法上の選挙・被選挙権はなかったのである[31]。

さて移民と政治秩序との関係を捉えるためには、以上のような環境・条件に加えて、民族集団（ethnic group）としての側面を理解する必要がある。民族としてのアイデンティティは、ある社会集団が歴史や言語、文化、外見的特徴などを共有し、血縁・家族を通じてそれらを維持することによって他の集団と区別されるという認識から生ずるものであり、法や制度によって支配できるものではない[32]。しかし同時に重要なのは、第一に国家権力が民族集団を法や制度によって把握しようとすること、第二に民族集団のアイデンティティもナショナリズムを通じて、みずからが属する国家、あるいは過去に属した国家などへの帰属意識と結びつくことである。さらに移民にとっては、出身地における法的帰属と民族集団とが、移住先において、ともにみずからを規定する要因となるのである。

本書では近代日本の民族集団を法的な規定、特に前述した戸籍と国籍を手がかりとして把握することとする。その理由は、何よりこの規定が実際に人々を支配してきたからであり、またこの規定自体が日本で優越的地位にあった民族集団、すなわち本書で「大和人」と呼ぶ人々の民族意識を反映してきたと思われるからである。

まず既に述べたように、日本国籍保有者は日本戸籍保有者と日本戸籍非保有者に区別されるが、本書では日本戸籍保有者を「日本人」と呼ぶ。これに対して日本戸籍非保有者は、朝鮮人、台湾人、樺太アイヌ（一九三三年まで）、ウイルタ、ニヴフから主に構成される。もちろん日本国籍保有者（日本帝国臣民）全体を「日本人」と呼ぶことも可能だが、本書の考察で明らかになるように、移民にとっての国籍と民族集団のズレを考える上ではこの定義が有効である。また戦後には日本戸籍保有者以外の日本国籍が剝奪されたため、現在との関係もつかみやすいのである。

次に「日本人」すなわち日本戸籍保有者は、大和人、北海道アイヌ、沖縄人、小笠原の欧米・ハワイ系住民、樺太アイヌ（一九三三年以降）によって主に構成される。「大和人」とは、版籍奉還（一八六九年）の時点で日本政府の統治対象だった人々とその子孫である社会集団に対して、筆者が規定する概念である。彼らに対して「日本人」の呼称を用いないのは、日本戸籍保有者の内部における「大和人」以外の存在を「日本人」から排除する含意を生ずるのを避けるためである。この日本戸籍保有者内部における民族区分は、アイヌに対する「旧土人」規定に代表されるように、行政上も大和人以外の人々を拘束した。[33]

四　近代アジア太平洋地域における日本人の移動

以上の問題設定と分析枠組みを踏まえて、近代のアジア太平洋地域における日本人の移動について概観しよう。一九世紀半ばには世界の一体化とともに、世界各地の膨大な人々が故郷を離れ、国境や海を越えて移動するようになった。その国際的な移住現象は、「大量移民の時代」と称される。[34]アジア太平洋地域でまず顕著となったのは、中国人の東南アジアや台湾、満洲、新疆への移民と、欧米諸国の貿易商人などによる広域的な交通網の形成である。さらにアヘン戦争以後、中国各地に開港地が作られると、中国人は苦力貿易などを通じて、東南アジアだけでなくハワイや南北アメリカ、オーストラリアなどへ大規模に移民していった。[35]日本では幕末の開国以後、横浜や神戸などの開港地に欧米人や中国人が来住するようになり、さらに鎖国下で厳禁されていた海外渡航が一八六六年に解禁されて以後、日本人もこの世界的な移住活動に参入していった。その端緒は、一八六七年にハワイ王国駐日領事のアメリカ人ヴァン・リードによって、同国に労働力として送られた一五三名の「元年者」や、留学のためアメリカに渡った人々などである。[36]

ただしこの時期に、最も大規模な移民がみられたのは北海道であった。近世にはこの島は「蝦夷島」と呼ばれており、一部に「和人地」があったとはいえ、基本的には樺太（サハリン）やクリル諸島（千島列島）とともに、アイヌが住む「蝦夷地」であった。しかし幕末維新期にロシアとの間で樺太が国境画定の争点となり、日本が入植競争に敗北して樺太を放棄する一方、蝦夷島は明治維新直後に新政府によって日本領として北海道と命名され、政府主導の開拓・入植事業が推進されたのである。士族移民や屯田兵を先駆けとする大和人の移民は、資本主義経済の浸透に伴う農民層の分解を一因として一八九〇年前後から急速に増加し、その勢いは一九二〇年代まで続いた。先住民のアイヌは従来の生活環境を奪われ、急速にマイノリティと化した(37)。

日本国外への移住で最初に増加したのは、朝鮮への渡航だった。日朝修好条規（一八七六年）で日本に対して開国した朝鮮に、一八八〇年頃から商業・漁業を目的とする渡航が増加したのである。釜山や元山、仁川には日本の専管居留地が設けられ、日本人の居留民団や商業会議所が設立された。特に日清戦争以後、朝鮮へ渡る日本人は急増した(38)。

一八八〇年代後半には、ハワイ王国やアメリカ合州国をはじめ、太平洋方面への移民が本格化し、一八九〇年代には、カナダやオーストラリアなども移民先に加わった。これらの国々では、苦力として導入された中国人の移民が制限あるいは禁止された後、日本人がこれに代わる低廉な労働力として導入されたのである。いっぽうこの時期、日本では前述のように農民層の分解が進み、資本の蓄積や農地の獲得を求める人々が賃金労働者として移民していった。しかし日本人移民の激増に対して、二〇世紀初頭にこれらの国々では排日運動が盛んになった。特にアメリカへの移民は、一八九八年に併合されたハワイを含めて、一九〇八年に日米紳士協約によって親族の呼び寄せに限定され、一九二四年の移民法改正で全面的に禁止された。外国への移民は、一九〇八年に始まったブラジル移民を代表とする南米諸国への移民が主流となり、また米領フィリピンへの移民も、一九一〇年代後半から二〇年代に増加した。ブラジルへの移民は一九二五年以後、日本政府が渡航費を全額支給する形で国策として推進された(39)。

これらの国外移民と並行して、日清戦争後、日露戦争後にそれぞれ日本の属領となった台湾（一八九五年）・南樺太（一九〇五年）にも日本人移民が送出され、さらに日露戦争前後から急増した朝鮮への移民は、韓国併合（一九一〇年）とともに国外移民から属領への移民へと性質を変えた。台湾と朝鮮では、人口比ではそれぞれ台湾人と朝鮮人が圧倒的多数のままだったが、南樺太では北海道と同様に原住者はわずかで、日本人移民が人口のほとんどを占めた(40)。

また以上の日本主権下の属領に加えて、日露戦争の結果、一九〇五年に日本がロシアから獲得して日本統治権下に置いた関東州租借地・南満洲鉄道附属地や、第一次世界大戦後の一九一九年、国際連盟の委任統治領として日本支配下に入った南洋群島にも日本人が移民した。さらに一九三二年に事実上の日本支配のもとで建国された「満洲国」も、日本人の移民先となった。ブラジルが一九三四年の憲法改正以後、日本人移民の受け入れを大幅に制限したことも一因となり、特に一九三六年以降、「満洲国」への農業移民は国策として大規模に推進された。さらに日中戦争開戦後、中国における占領地にも移民が送出された。また日本の対米英開戦以後は、東南アジアの占領地にも多数の日本人が渡ったと推測される。[41] なお敗戦以後の日本人の移動については、第8章で扱うこととする。

以上に概観した日本人の移動と合わせて確認しておきたいのは、近代には沖縄人と朝鮮人の移動が、日本の沖縄・朝鮮支配に規定されながら大規模に行われたことである。

まず一八九九年以降、日本人移民の中には沖縄人が含まれるようになった。日本政府は一八七九年に琉球併合を強行して沖縄県を設置した後、旧王府勢力や中国が王国の廃滅を認めない政治状況のもと、統治の安定のため旧慣制度の維持を基本政策とした。この時期、琉球士族の中には復国嘆願のため中国に密航した「脱清人」がいるが、[42] 日本国籍保有者として外国に渡った沖縄人の記録はない。しかし日清戦争の勝利で併合が不可逆となった後、当山久三の指導のもとで一八九九年一二月にハワイに向かった移民（到着は一九〇〇年一月）を最初として、沖縄人は日本のパスポートで日本国外へ移民していったのである。日清戦争後に日本政府が沖縄県に本国に準ずる制度の導入を始め、一八九八年に地割制度を廃止して土地所有権を設定する土地整理事業を開始したことは、沖縄人が土地を離れて移民することを容易にした。また資本主義経済が本格的に浸透する中で、沖縄でも農民層が分解し、賃金労働者として流出した。沖縄人はハワイやアメリカ、ブラジルをはじめとする南米諸国、フィリピンなどへ盛んに移住していった。また沖縄人は日本国内の本国他府県や台湾などにも盛んに移住し、さらに日本統治下の南洋群島

表序-1　1940年時点における日本人居住人口分布

地　域		人　数	百分率（%）
日本（本国）	府県	68,581,370	91.28
	北海道	3,228,652	4.30
	小　計	71,810,022	95.58
日本（属領）	台湾	346,663	0.46
	南樺太	380,803	0.51
	朝鮮	689,747	0.92
	小　計	1,417,213	1.89
日本支配地域	南洋群島	81,011	0.11
	関東州	202,827	0.27
	「満州国」	862,245	1.15
	小　計	1,146,083	1.53
アジア	極東ロシア	811	0.00
	中華民国	284,021	0.38
	香港	659	0.00
	タイ	566	0.00
	仏領インドシナ	76	0.00
	英領マレー・ボルネオ・インド・ビルマなど	10,603	0.01
	蘭領東インド	5,989	0.01
	米領フィリピン	7,133	0.01
	オーストラリア	2,455	0.00
	その他	110	0.00
	小　計	324,523	0.43
北アメリカ	アメリカ本土	94,731	0.13
	ハワイ	92,097	0.12
	カナダ	20,043	0.03
	小　計	206,871	0.28
南アメリカ	メキシコ	4,942	0.01
	ペルー	20,056	0.03
	ブラジル	193,156	0.26
	アルゼンチン	5,838	0.01
	その他	2,855	0.00
	小　計	226,847	0.30
ヨーロッパ		1,429	0.00
アフリカ		172	0.00
合　計		75,133,160	100.00

出所）外務省調査部『海外各地在留本邦内地人職業別人口表』（昭和15年10月1日現在）1941年，総理府統計局編『昭和15年国勢調査報告』第1巻，1961年，小林英夫監修『日本人の海外活動に関する歴史的調査』第1巻（総論），ゆまに書房，2002年，石川友紀『日本移民の地理学的研究』榕樹書林，1997年，109頁より作成。

に渡った日本人の大多数は沖縄人だった。[43]

いっぽう朝鮮人の移民は、一九一〇年の韓国併合以前から、満洲や極東ロシアなどへ大規模に行われ、一部には米領ハワイに移民する者もいたが、韓国併合は朝鮮人の移民に三つの大きな変化をもたらした。第一に韓国併合によって、既に朝鮮から他地域に渡っていた朝鮮人移民にも強制的に日本国籍が付与され、また朝鮮人が朝鮮からアメリカ（ハワイを含む）などに渡航するには日本のパスポートが必要となった。第二に日本統治下で朝鮮における農民層の分解が進み、移民送出の圧力が高まった。また独立運動が日本の支配の及ばない地域に拠点を求めたことも、移民の一因となった。そして第三に日本国籍保有者となった朝鮮人は、日本国内の本国や南樺太などにも移住するようになった。また韓国併合以後、勢いを増していた朝鮮人の満洲移住は、「満洲国」の建国とともに激増し

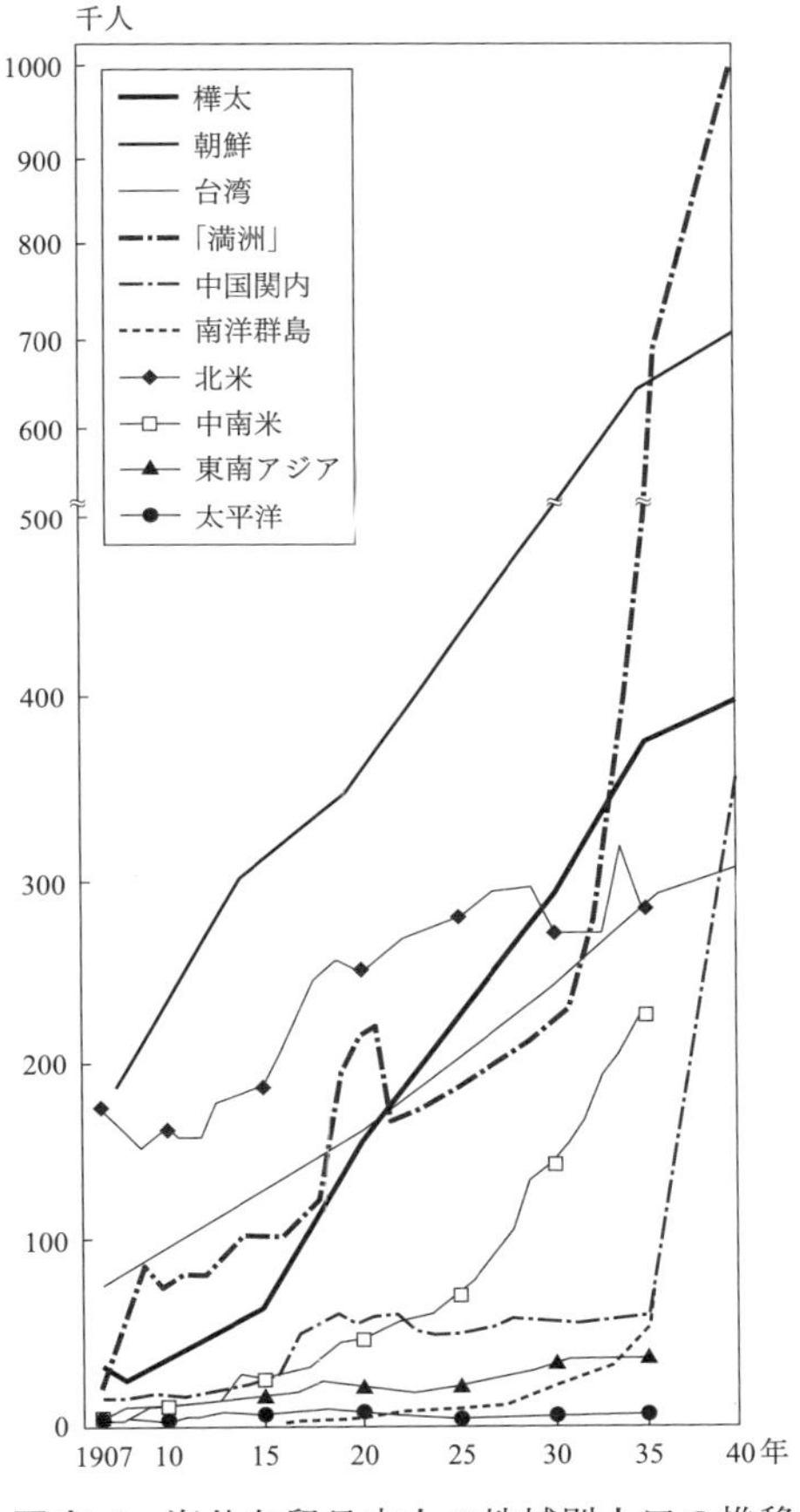

図序-1　海外在留日本人の地域別人口の推移（1907～40年）

出所）三木理史『移住型植民地樺太の形成』塙書房，2012年，86頁。

表序-2　1940年時点における本国以外の日本人人口分布

地域		人数	百分率（%）
属領		1,417,213	42.6
日本支配地域		1,146,083	34.5
外国	アジア	324,523	9.8
	北米	206,871	6.2
	南米	226,847	6.8
	その他	1,601	0.0
	小計	759,842	22.9
合計		3,323,138	100.0

出所）表序-1より作成。
注）北海道は属領に含まない。

たのである。ただし朝鮮人の本国への移動は自由ではなく、管理されていた。加えて日中戦争開戦後は日本本国や南樺太、南洋群島に朝鮮人労働者が動員され、しばしば強制連行が行われた[44]。

最後に、近代における日本人の移動について数量的な把握を試みる。表序-1は、一九四〇年の時点における日本人の地域別居住人口を筆者がまとめたものである。また高橋泰隆・三木理史の作成した図序-1は、日本本国（北海道、沖縄県を含む）以外の地域における日本人人口の一九〇七年から四〇年までの推移を示す。表序-1、図序-1とも「日本人」は日本戸籍保有者であり、アイヌや沖縄人を含むが、朝鮮人や台湾人は含まない。なお表序-1では本国の居住人口を北海道と府県とで区別したが、図序-1で北海道の居住人口の推移を追うことはできない。

表序-1が示すように、一九四〇年の時点で全日本人の四・四%は本国以外の地域に居住していた。本国における北海道の人口は全日本人の四・三%であり、ほとんど同じ規模といえよう。一八七三年の時点で北海道の大和人人口は一五万一七八六人、アイヌ人口は一万六二七二人であり、以後、アイヌの統計上の人口は戦前を通じて一万六〇〇〇人台から一万八〇〇〇人台だったので、一九四〇年時点での北海道の日本人人口のほとんどは移民した大和人とその子孫だといえる[45]。

表序-1をもとに、本国以外の領域に住んでいた日本人の分布を表序-2で示した。属領に住んでいた日本人が四二・六%、その他の日本支配地域が三四・五%、外国が二二・九%であり、外国の中ではアジアが九・八%と最も

表序-3　日本本国における「外地人」・外国人人口の推移（1900〜40年）

（人）

種　別		1900年	1920年	1930年	1940年
外地人	朝鮮人	193	40,755	419,009	1,241,315
	台湾人	—	1,703	4,611	22,499
	その他の日本領人	—	34	40	1,235
	小　計	193	42,492	423,660	1,265,049
外国人	中国人	6,890	22,427	39,440	19,453
	アメリカ人	1,462	3,966	3,640	4,755
	ロシア人	177	1,714	3,587	731
	イギリス人	2,044	4,188	3,793	1,693
	ドイツ人	540	630	1,228	2,713
	その他	1,230	2,644	2,632	9,892
	小　計	12,343	35,569	54,320	39,237
合　計		12,536	78,061	477,980	1,304,286
総人口		43,847,000	55,963,053	64,450,005	71,419,880
総人口中の外地人		0.00%	0.76%	6.57%	17.71%
総人口中の外国人		0.28%	0.64%	0.84%	0.55%

出所）小林監修『日本人の海外活動に関する歴史的調査』第1巻，総理府統計局編『昭和15年国勢調査報告』第1巻より作成。

注）「外地人」は，日本国籍保有者のうち日本戸籍非保有者を指す（ただし1900年の朝鮮人は外国人）。1940年の「その他の日本領人」は，「樺太人」986人と「南洋人」249人から成る。1940年の「その他」外国人は，「満洲国人」3,787人を含む。

多い。日本支配地域やアジアの比重の高さは、図序-1が示すように、一九三〇年代に「満洲国」や中国への移住者が急増したことによる部分が大きい。しかしこの点を割り引いても、全体として南北米諸国への移民は属領や日本支配地域への移民よりは少なかったといえる。なお図序-1は北米の日本人が一九二〇年代後半から増加しなくなることを示すが、その主な要因は一九二四年のアメリカ移民法改正と考えられる。

加えて、表序-3に日本本国における日本人（日本戸籍保有者）以外の日本国籍保有者の人口、および外国人の人口について一九〇〇年から四〇年までの推移を示した。第2章で検討するように、一八九〇年代には条約改正後の「内地雑居」によって、欧米人が日本で植民活動を行うのではないかとの危惧がしばしば語られた。しかし人口に限っていえば欧米人の来住はわずかにとどまり、日本国内の外国人人口の大部分は中国人だった。さらに日本国籍保有者として本国に移住した朝鮮人の人口は、外国人人口の総数をはるかに上回っていたのである。

五　本書の構成

本書は全三部から構成される。第I部では、日本が一方では主権国家として国境画定を行い、他方では世界市場への接続とともに日本内外への活発なヒトの移動に直面した、一九世紀後半から二〇世紀初頭の移民・植民について考察する。第1章では主権国家となった日本の移民・植民の始点として、明治維新直後に日本領となった北海道における属領統治と移住植民地化の過程を検討した上で、属領統治下において政治的権利の獲得を求めた大和人移民の政治行動、および彼らの植民者としての民族意識に焦点を当てて分析する。第1章で指摘するように、初期の北海道では外国人による入植・開発の可能性が検討されていたが、第2章では一八八〇年代から九〇年代の日本で、外国人の日本への移住を自由化することの可否をめぐって行われた「内地雑居論争」を分析する。幕末の開国以後、既に居留地に来住していた欧米人や中国人の移住活動が、この論争において日本への移民・植民の危険性という観点から議論されていたこと、またこのような移民・植民への関心が民族集団を単位とするナショナリズムと直結していたこと、さらに日本人自身による国境内外への移民・植民の可能性も盛んに論じられていたことを明らかにする。そしてこの「内地雑居論争」で日本人の移民先として北海道と並んで注目されていたハワイの日本人移民が、つづく第3章の分析対象となる。主に一八八〇年代後半以降、世界市場の労働力として国境を越えた彼ら日本人移民が、ハワイ王国末期からアメリカによるハワイ併合直後の時期において、ハワイでの人口比を急激に増しながら、日本国家から離脱することなく現地における政治参加や「自治」を求め続けたことを明らかにする。

第II部では日本が東アジアで支配地域を拡大する中で、アジア太平洋地域におけるヒトの移動が重層化・多様化し、また帝国の世界支配という現実と民族自決・国民国家の理念とが拮抗する中で国際秩序が変容した二〇世紀前半の移民・植民について分析する。第4章ではこの序章でも触れてきた植民政策学者・矢内原忠雄の「植民」概念について、改めて一九二〇年代から三〇年代の帝国・国際秩序の中に位置づけながら考察する。さらに同時代の南北アメリカおよび朝鮮・満洲に渡った日本人移民を比較考察した矢内原の議論を分析することで、以後第II部、第III部における移民の政治行動に関する分析の手がかりとしたい。第5章では日本領南樺太における日本人移民の政治行動について、日露戦後の属領統治と移住植民地化の過程を踏まえて、参政権の獲得と本国編入が争点となった一九二〇年代後半以降を中心に考察する。アイヌをはじめとする先住民に対して日本人（大和人）が圧倒的マジョリティとなった南樺太は、北海道（第1章）との強い連続性を持つ一方で、ともに二〇世紀前半の日本の属領であった朝鮮・台湾との相関や比較を抜きには論じられない。補論1では朝鮮・台湾における日本人移民の政治行動について分析を行うが、両地域が南樺太と大きく異なるのは、次の第6章で扱う「満洲国」と同様に、日本の支配のもとにありながら日本人移民が人口上のマイノリティだった点である。その一方、「満洲国」が日本の主権下に置かれた台湾・南樺太・朝鮮のいずれとも異なるのは、事実上の日本支配にもかかわらず、国際的には「独立国」の体裁がとられたことである。第6章ではこのような条件下の「満洲国」で、植民者でありながら外国からの移民だった日本人を「日系満洲国民」として政治参加させることが追求され、さらに政治参加の場となった「満洲国協和会」において、明白な日本支配にもかかわらず、次にみる米領ハワイとも見まごう多民族間の政治が展開されたことを明らかにする。

第III部では、第二次世界大戦の経験を経て、国際社会で国民国家規範が体制化する過程における移民・植民の大変動を考察する。第7章では、二〇世紀前半の米領ハワイにおける日系住民（日本人および日系アメリカ市民）の政治行動について、第3章とは異なり、アメリカの属領統治と白人支配のもとに置かれたハワイにおける多民族間の政治に焦点を当てて分析する。日系住民が人口上のマジョリティであったことを重視し、アジア系市民の政治参加や東アジアの国際紛争をめぐる重層的な民族間政治を分析した上で、日米戦争という難局を経て、日系住民がアジア系アメリカ市民としての統合に向かうまでを論ずる。補論2では南北アメリカ諸国の日系住民について、彼らがハワイの日系住民と多くの特徴を共有する一方、ハワイと異なり人口上のマイノリティだったことを踏まえながら、彼らの国境をまたぐ生き方が第二次世界大戦によって激変した過程を論ずる。さらにハワイや南北アメリカの日系住民の経験が、日本支配地域における日本人移民の経験とも強く結びついていることを改めて示すのが、最後の第8章である。この章では以上全ての考察を受けて、日本が連合国に敗れた一九四五年以後、日本支配地域内外からの引揚げ／送還、日本・沖縄における戦後開拓、日本・沖縄からの海外移住という三つのヒトの移動が、国境の変更とそれに伴う「日本人」の再編、そしてアメリカの日本占領・沖縄統治を規定要因としながら展開された過程を分析する。

最後に終章では本書の分析を総括し、民族間政治という観点から、近代のアジア太平洋地域で日本人の移民・植民が政治秩序にもたらした影響を考察する。

本書は近代のアジア太平洋地域における日本人の移民・植民に関する包括的な政治史を意図しているが、以上の紹介で明らかなように、必ずしも全ての地域について同様の密度で考察を行ったものではなく、第一に北海道および南樺太、第二にハワイ、第三に「満洲国」を重点的な対象地域として分析を行っている。北海道・南樺太とハワイにおける日本人移民は、彼らの移住自体が現地社会の人口構成を一変させた点で、ヒトの移動と政治秩序との関係を問う本書の問題意識の基礎をなしており、また「満洲国」の日本人移民は、国境線の有無によって移民と植民とを線引きする枠組みの限界を明らかにする上で核心に位置する考察対象である。いっぽう朝鮮・台湾や南北アメリカ地域の日本人移民については、既に相当の先行研究の蓄積があるが、本書の枠組み上、分析の対象として不可欠であるため、本書の問題意識に即した比較考察の対象とすべく補論という形で検討を加えた。南洋群島や米領フィリピンなどその他の地域の日本人移民については、先行研究を踏まえて第8章で概観するにとどめた。とりわけ南洋群島については既にかなりの先行研究があるものの、日本人移民の人口比の大きさや委任統治領としての国際的位置などからいって、本書の関心に即した政治史的分析の余地はなお残されていると思われるが、これについては今後の機会を待つこととしたい。

第I部　主権国家・世界市場と移民・植民

移民の仮小屋建設風景

出所）北海道大学附属図書館編『明治大正期北海道写真集』同図書館，1992年。

第1章　北海道の属領統治と大和人移民の政治行動

——参政権獲得運動と植民者意識

はじめに

一八六九年に日本政府が蝦夷島を北海道と名付けて領有した後、北海道では本国（府県）と異なる属領統治のもとで、大和人の移民と開拓・入植が推進された。この属領統治のために、一八八九年二月に帝国憲法とともに制定された衆議院議員選挙法で、北海道は沖縄県・小笠原諸島とともに施行範囲外と規定された。この政治参加からの排除は、北海道の大和人移民による政治運動を活性化させた。本章はこの運動を中心に、大和人による北海道の移住植民地化がもたらした政治秩序の変容について考察するものである。

近代の北海道は、戦前には開拓・入植を自明の価値とする開拓史観のもとで捉えられてきたが、その反面で移住植民地化における（南）樺太との連続性なども重視されてきた。しかし戦後には国境の変更とともに北海道の戦後開拓が推進される中（第8章参照）、北海道は日本国内の「辺境」、あるいは「内国植民地」と規定された。[1] 一八九〇年代の政治運動は、永井秀夫や船津功らによって研究され、地域ごとの論理の相違や、政治権利要求と開拓促進要求との相剋など本章でも重視する論点が見出された。しかし基本的には北海道を台湾や朝鮮などの「植民地」とは異なる日本の一部とする観点から、この政治運動は「自由民権運動」の北海道における対応物として意義づけられた[2]。

筆者は以上の研究と見解を異にし、第一に近代の北海道は一貫して大和人による移住植民地化の対象地だったとみなし、第二にこれと区別して、明治維新から二〇世紀初頭まで北海道は属領だったと捉える。衆院選挙法制定後の政治運動は、属領統治と大和人による移住植民地化という二つの条件のもとで検討すべきなのである。

本章は第一節で、明治維新以後の北海道における属領統治と移住植民地化の様相について考察するとともに、開拓使で検討された外国人入植問題について検討を加える。第二節では北海道における衆院選挙法への反応、および本国における条約改正問題への反応を分析し、さらに植民者としての政治意識の形成を明らかにする。第三節では帝国議会に対する北海道からの請願運動を分析し、この運動が必ずしも北海道の本国編入を追求しなかったことを示す。最後に第四節では、北海道の本国編入過程について考察する。

一　北海道の属領統治と移住植民地化

(1) 国境画定と属領統治の開始

アイヌが住む土地を意味する蝦夷地（蝦夷島、樺太、クリル諸島）には、近世には蝦夷島西南の松前を中心とする領域にわずかな「和人地」があったに過ぎない。またロシアへの危機意識を背景として、松前藩・徳川政権はアイヌを服属させたが、この主従関係自体を根拠としてアイヌの住む蝦夷地は日本の支配領域だとみなしていたのであり、それは国境観念による領土支配とは異なっていた。しかし幕末にロシアが日本に対して樺太（サハリン）における国境画定を求めると、状況は一変した。日露両国が日露通好条約（一八五五年）でクリル諸島を南北に分割して領有し、樺太には国境を設けないと合意した後、樺太では徳川政権の入植事業とロシア軍人の駐屯がともに進み、徳川政権は蝦夷島でも入植事業を行った。明治維新によって成立した日本政府は、一八六九年、蝦夷島を「北海道」と名付けて主権国家としての領有を明確にするだけでなく、開拓使を設置して、北海道を国境の画定していない樺太とともに開拓・入植行政の対象地とすることを定めた。日本領となった北海道のアイヌは、一八七一年の戸籍法制定以後、開拓使によって日本戸籍を付与された。これは同時に、日本国籍への編入を意味する。アイヌは戸籍上、大和人風の姓氏を名乗らされ平民として登録されたが、行政上は「旧土人」として区分された。(3)

樺太に対する日本政府の政策は、一八七〇年に同地を視察した黒田清隆開拓次官の建議を契機として転換に向かった。黒田はロシア軍の勢力が日本側の入植事業を圧倒していると認識し、ロシアとの紛争を避け、同地を放棄して北海道開拓に注力するよう説いたのである。一八七五年に日露間で締結された樺太千島交換条約により、日本は樺太（サハリン）に対する権利をロシアに譲渡し、ロシアはウルップ島以北のクリル諸島を日本に譲渡した。これらの地域に住んでいたアイヌなどの先住民は、現地に留まりその地を領有する政府に帰属するか、帰属を望む政府の領土に移住するかにより、日露どちらかの国籍を三年以内に選ばされた。(4) 日露間の国境画定により、領土とともに、現地の先住民たちも両国間で分割されたのである。

ロシア領となったサハリンから北海道に移住したアイヌ八四一名は、彼らが居住を切望した宗谷（サハリン対岸）に一時置かれた後、開拓使により対雁《ツイシカリ》（札幌近郊）に強制的に移送された。また千島国に編入されたウルップ島以北のクリル諸島（北千島）には、ロシア化したアイヌとアリュートとが居住していた。アリュートと一部のアイヌはロシア領に移住し、残留したアイヌは一八八四年、当時居住していた九七名全員が、彼らのカムチャツカへの往来やロシアへの帰属意識を問題視した根室県によって色丹島に移住させられた。(5)

（2）開拓使と外国人入植問題

一八六九年に設置された開拓使は、太政官に直属し、諸省と同等に位置して北海道・樺太の開拓を管轄する行政機構であり、加えて日本政府は一八七一年、開拓使長官に省卿と同じく委任権限を与えた。このような開拓使の地位・権限は、廃藩置県以後、中央集権化政策のもとで当初大蔵省、のち内務省の包括的な指揮・監督下に置かれた府県の地方統治機構（地方官）とは異なる、独立性の強いものであり、長官には太政官への報告を必要としない専決事項が広汎に認められた[6]。

いっぽう開拓使の開拓・入植事業は、当初必ずしも順調ではなかった。日本政府は一八七一年、後に開拓使十年計画と呼ばれる北海道開拓のための定額金を定め、以後、開拓使は国家歳出の四〜五％を費やして、開拓・入植政策を推進した。しかし開拓使が同年、旧佐幕派諸藩を主とする士族団を中心に行われていた入植事業に代えて開始した官募移民の成績は不振であり、翌一八七二年には中止された[7]。そして以下に見るように、初期の開拓使は、外国人の入植による北海道開拓を本格的に検討していた。

一八七一年に北海道開拓使の顧問として招聘されたホーレス・ケプロン（Horace Capron、元アメリカ農務長官）は、来日して間もなく、東久世通禧開拓長官および黒田清隆次官とともに参内した日、次のように日記に記した。

> 今日、蝦夷島（the Island of Yesso）の開発について、要人と長い間話をする。その中で、外国人の移民（foreign immigration）に島を開放してはどうか、という驚くべき話が出る。（一八七一年一〇月三〇日〔明治四年九月一七日〕。傍線は原文）[8]

「要人」が誰かは定かでないが、以後の経緯からみて、開拓使の実権を握っていた黒田が北海道への外国人の入植を考えていたことは疑いない。ケプロンはこれを「驚くべき話」と受け止めたが、後日、黒田への報告書（一八七二年一月二日〔明治四年一一月二二日〕付）では次のように答えた。

もしアメリカに入植した頑健な人々を以てするのであれば、蝦夷（島）の入植はたやすいことだろう。合州国政府が同様の場合に提示した寛大な条件のもとで入植へと開放されるなら、入手可能な土地は全てすぐに所有されるだろう。〔日本の〕本来の国民（native citizens）に限っての入植となると、話は別である。日本の穏やかな気候に育まれた国民が、蝦夷（島）のより厳しい気候へと容易に順応するとは期待できない。彼らは徐々に慣れてゆかねばならない。(9)

つまりケプロンは賛否については述べていないが、ヨーロッパ出身者（恐らく白人）のように寒冷地に適した入植者を求めた方が、大和人だけの入植よりは容易だと答えた。ケプロンが開拓使顧問として求められていたのはアメリカの経験に基づく指導や助言だったが、それは単に開拓政策についてだけでなく、入植者をいかに招来するかという問題を含んでいた。またケプロンは外国人をも北海道に入植させるという、彼自身にとっては「驚くべき」可能性をも、雇い主の意向に応じるために考慮する必要があったのである。

開拓使当局が外国人の入植を検討した第一の要因は、大和人移民の招致が不振だったためと思われるが、第二の要因は、外国資本による北海道開発への期待であった。黒田（一八七四年より開拓長官）は一八七五年、ケプロンに「蝦夷島を外国の資本と企業とに開放するための実行可能な方法」について質問したのである。しかし安政五ヶ国条約など幕末に日本が欧米諸国と結んだ条約は、居留地以外における外国人の活動を禁じていた。そして以下にみるように、北海道への外資導入が居留地制度に抵触する可能性を指摘したのは、ケプロンの側だった。

ケプロンは黒田の質問を、外資による鉱物資源開発の企図と解した上で、次のように答えた。これは意義のあることだが、「外国人旅行」の禁止および「特別裁判制度」と抵触するし、いまだに日本人は外国人の干渉は何であれ好まない。かといって、北海道に限って外国人を日本の法律に従わせることを条約国が認めるはずはない。また もし外国人（資本家・労働者）が帰化すれば裁判権の問題は避けられるが、法による保証や保護を十分に認め得ない日本に、彼らが帰化してまでやって来るとは思えない。しかし日本政府が制定し、入植者（外国人）の本国の法官が運用する法律・規則に従う外国の資本・企業にパスポートを発行して北海道を開放するというならば、列国は受け入れるだろう。これはもちろん日本政府の意向とは異なるが、唯一実行可能な方法である。また人口の稀薄な北海道だけならば外国人への偏見や反発は少なく、その資本と知識により北海道は発展し、大和人の移住（native immigration）も促進されるだろう、と。[10]

ケプロン自身は、北海道の外国人への開放という政策には積極的でなかったと推測されるが、[11]それ以上の問題は、黒田が居留地制度について考慮していなかったと思われることである。黒田は一八七四年、太政官の下問に答えて外国人の内地旅行許可を尚早とする意見書を提出していた。[12]整合的に説明するなら、黒田が北海道をその範囲外と考えていたとみるほかないであろう。

また鉱山業について日本政府は、既に一八七二年（明治五年三月）の鉱山心得書で外国資本の排除を定めていた。しかし開拓使の管理下に置かれた北海道の鉱山には、鉱山心得書は適用されていなかった。同年、開拓使は外資による採掘の禁止を含む鉱山開採允許略則（明治五年九月）を制定し、太政官の裁可を得ているが、一八七三年に政府が鉱山心得書を一般規則化した日本坑法（太政官布告第二五九号）を制定したあと、北海道の鉱山もこれに準拠するという公示がなされたのは一八七五年であった。北海道では開拓使のもとで外資の導入が検討されるなか、日本坑法の適用が留保されていたのである。[13]黒田は一八七五年頃に作成した、北海道の「鉱坑山林原野等の地」を「外国人」に貸与する許可を求める伺書および規則案でも、「日本坑法」を「斟酌」すると述べ、北海道を例外地域として扱っていた。[14]

開拓使が北海道において、外国人の入植や外国資本による開発など、日本の法制上認められていなかった政策の立案を試みたことは、北海道の属領統治制度の根幹に関わる問題であった。当時の開拓使は、北海道の統治は開拓行政に伴う副次的業務だとして、府県の地方官とは異なる地位・権限を固守しており、法令の施行に際しても、しばしば地域の特殊事情を理由に取捨選択を行っていた[15]。開拓使は北海道を府県（本国）とは異なる属領として統治するという前提のもと、法的にも本国とは異なる領域として統治しようとしていたのである。

なおケプロンが帰米する直前の一八七五年四月、黒田はケプロンに対して、北海道への外国技術・資本の導入のため、イギリス支配下のオーストラリアやインドで「外国人入植者」に適用されてきた法や規則について調査を依頼した。このときの応酬は、植民地と属領に関する両者の認識を考える上で注目される。ケプロンは、北海道の入植・開発促進のため外国から資本や熟練労働者を導入する意義を改めて認めた上で、オーストラリアやインドは参考にならないと答えた。オーストラリアについては、イギリス人による植民（colonization）の存在は認めた上で、元々流刑植民地であって計画的に開発されたわけではないと説明するにとどまったが、インドについては、そもそも「厳密にいえば、インドがイギリス人に植民されたことはない」と述べ、イギリスのインド征服を導いた東アジア会社の独占貿易に、入植や開発という目的はなかったと説明した[16]。つまり黒田がインドやオーストラリアをイギリスの植民地開発の対象とみて、アメリカと同様に北海道の参考になると捉えたのに対して、ケプロンは、インドはイギリスの属領であっても移住植民地ではなく、アメリカやオーストラリア、北海道とは異なるという認識を示したのである。移民を伴わないイギリスのインド支配は植民地化か否かという議論は、第2章で検討する内地雑居論争でも繰り返されることになる。

黒田はケプロンの帰国後も北海道への外国人移入に熱意をみせ、一八七六年には札幌農学校に赴任したアメリカ人ウィリアム・S・クラーク（William S. Clark）に、石狩川沿岸へのアメリカ人入植について意見を求めた。クラークは①アメリカ人の帰化、②土地の分与、③渡航費・簡易住宅の支給、④租税・兵役義務の数年間免除、自治の許可、⑤商・工・漁・鉱業における日本国民と同一の権利・特権などの条件を付して、黒田に賛意を示した。しかし黒田が本国政府に行った提案は、採用には至らなかった[17]。さらに一八七九年に刊行されたケプロン報告書集の日本語訳は、黒田の側からケプロンに外資導入策を問うたことが明確に訳出されないなど、恐らく本国政府の方針で意図的に誤訳された。欧米からの移民・資本の導入という黒田の企図は実現をみず、黒田が北海道で外資導入を検討したことも隠蔽されたのである[18]。

しかし黒田は他方で、「清国人民」の労働力による北海道開拓をも計画しており、一八七六年には実際に一〇人の中国人を移住させていた。一八七五年、外務省顧問のアメリカ人チャールズ・W・リ＝ジェンドル（Charles W. Le Gendre）は「カリフヲルニア又は支那本邦の支那人を勧奨し蝦夷地に来住せしむる」ことを政府に献策しており、これを黒田が参考にしたとも考えられる[19]。一〇人の中国人のうち、八人はまもなく死去あるいは帰国したが、残る二人は一八七九年、日本国籍に入り「北海道に永住生計を営」むことを希望した。開拓使は彼らを開拓使管下の日本戸籍（平民）に編入する許可を太政官に求め、太政官では法制局が内務・外務両省に照会を行った。これに対し、内務省は帰化にはいまだ「確定の法制」がなく、法的整備までは許可しない方がよいと断った上で、北海道は「創開の土地」であり「人民の移住を勧奨」すべき事情から、「内地府県一般の振合」とは扱いを異にすべきだとして、小笠原諸島の領有後に行われた欧米・ハワイ系住民の帰化にも言及し、特別の許可を提案した。また外務省も、中国人が「北海道の如き我植民地」で「御国籍に入り永住生計を営」みたいというなら「簡易の帰化法」により許可すべきだと答えた。この結果、特別に帰化を認める決定がなされた[20]。つまり北海道は小笠原諸島と同様に本国とは異なる領域をなすために、原則的には認められていない外国人帰化が許可されたのである。

以上のように北海道を属領として統治し、開拓・入植政策を推進した開拓使は、北海道における外国人の入植・

投資を検討していた。大和人による入植の進展が思わしくない状況のもと、開拓使にとってヨーロッパ諸国からアメリカに移民した白人や、アジア太平洋地域で労働力として大規模な移民が始まっていた中国人の北海道開拓への導入、また欧米の資本による鉱山の開発などは現実的な問題だった。また当時の日本は幕末の欧米との条約によって居留地以外における外国人の活動を禁じていたが、北海道を本国と異なる領域として統治した開拓使は、この点でも北海道の例外化が可能だと考えていたのである。

(3) 大和人による移住植民地化と属領統治

一八八二年、開拓使は十年計画の満期をもって廃止され、北海道には函館・札幌・根室の三県が設置された。旧開拓使の官営諸事業が各省への分属を経て一八八三年に農商務省北海道事務管理局の管轄下に入る一方、三県は他の府県と同じく、内務省管轄下の地方統治機構とされた[21]。しかし政府は、開拓行政・統治行政の二元化による弊害と、開拓使以来の情実・利権の温存とを問題視し、改めて開拓行政・統治行政を統一した行政機構を確立すべく、一八八六年に三県を廃止し、内閣に直属してその指揮・監督を受ける北海道庁を設置した[22]。北海道庁は一八九〇年に内務省に移管されたが、地方官官制（一八八六年）には属さなかった。開拓使のような地位・権限の独立性は与えられなかったが、本国の地方官とは区別されたのである。

この間を通じて、大和人の移民は容易には進まなかった。開拓使は蝦夷地で行われてきた大和人商人の請負による漁業経営、すなわち場所請負制を、一八六九年に漁場持制と改めた上で一八七六年に廃止し、場所請負人が占有していた漁場・土地を漁民に開放した。また地所規則・土地売貸規則（一八七二年）、北海道地券発行条例（一八七七年）により、北海道に土地所有権を設定するとともに、土地の貸与・払下げや地租の免除など移民の入植のため環境を整備した[23]。当初、移民へのさまざまな保護支給にもかかわらず、一八七四年から設置された屯田兵や一八七八年に始まった士族授産結社の入植などを除くと移住の増加は緩やかであり、北海道庁が設置されると保護支給はいったん打ち切られた。しかし移民の流入は一八九〇年前後から、本国農村での農民層の分解や、民間資本の導入を目指した北海道庁の大規模な土地処分、道路・港湾の整備などを要因として急増していった。[24]

北海道の移住植民地化は、先住民アイヌに生活環境の激変をもたらした。土地所有権の設定は、従来アイヌが漁猟や伐木を行ってきた場をも例外とせず行われ、[25]また場所請負制の廃止により開放されたのは、場所請負人による使役という形でアイヌが保持してきた漁撈の場だった。そして移民の入植により、アイヌはしばしば居住地を移転させられた。[26]本国の大和人が、日本の法に支えられて流入するにつれ、同じく日本の法の下に置かれたアイヌは、生活空間の縮小を強いられたのである。また北海道の総人口に占めるアイヌの人口とその比率は、一八七三年に一六万八〇五八人中一万六二七二人（九・七％）、一八八八年に三五万四八二一人中一万七〇六二人（四・八％）、一九〇三年に一〇七万七二八〇人中一万七七八三人（一・七％）と推移した。[27]大和人移民の激増とともに、アイヌは急速にマイノリティ化したのである。

大和人移民の増加は、制度面からみると、北海道に本国との均質化をもたらすというより、属領統治の従属性を際立たせていった。北海道では移民の保護のため、税制上、地租は地価の百分の一とされ、徴収も長期間免除されたほか、さまざまな免税措置が存在した。[28]また徴兵令は一八八九年、帝国憲法・衆院選挙法の制定直前に函館・江差・福山（旧和人地）に施行されたのみだった。[29]しかしその反面で、北海道に自治制度はほとんど設けられなかった。府県会規則・地方税規則・郡区町村編制法のいわゆる三新法（一八七八年）は府県を施行対象としており、開拓使管下の北海道を除外していた。一八七九年に郡区町村編制法のみ開拓使布達によって適用されたが、[30]三新法の施行自体は北海道が三県の統治下に置かれた後も、また北海道庁が三県に代わった後もなされなかった。さらに北海道には区町村会法（一八八〇年）、市制町村制も施行されず、一八八一年に区町村会法に準拠して制定された函館区会規則を除き、以上に相当する独自の制度も制定されなかった。[31]すなわち函館などの旧和人地を中心に、部分的には本国の制度が適用されたが、北海道全体としては本国と異なる領域として統治されたのである。

一八八九年二月一一日、帝国憲法とともに制定された衆院選挙法で、北海道は沖縄県、小笠原諸島とともに「将来一般の地方制度を準行」するまでその適用範囲外とされた（法律第三号、第一一一条）。大和人による移住植民地化が進行しつつあった北海道は、日本本国で立憲制が成立し、議会政治が始まった一八九〇年代に、属領統治下における開拓保護と政治的無権利という条件のもとに置かれたのである。

二　大和人移民の政治的活性化と植民者意識

(1)　衆院選挙法からの除外と北海道移民の政治化

北海道に渡った大和人移民は、本国で高揚した自由民権運動には強い関心を示さなかった。政治運動に対する消極性は、北海道移民の開拓者としての意識に深く根差していた。明治初年に入植の中心となった士族開拓団や屯田兵は、北海道開拓によって「皇国北門の藩屏」となることで、特権的身分意識を護持しようとした。この意識は平民の入植者にも強い影響を与え、厳しい自然の中での開拓にアイデンティティが求められるとともに、政治への関心は意識的に排除されたのである。一八七九年、千葉県の民権家・桜井静が『函館新聞』（一八七八年創刊、以下『函新』）に送った国会開設運動への参加の呼びかけに対して、同紙は「当道は世の人の知る通り百般の事内地とは事易《かは》り、未だ開けぬ処として御政治も特別の事」「当使管下の兄弟分では片肌を脱ぐ訳にも成るまい」と冷淡な反応を示した。それでも自由民権運動の刺激は、『函新』の「北海道民会」開設論（一八八〇年）など自治への要求をもたらし、前述した一八八一年の函館区会規則に基づく函館区会の設置に結実した。さらに同年、黒田清隆が五代友厚に開拓使の官営事業を安価に払い下げたことが民権派から批判された、いわゆる官有物払下事件に対して、函館では在地豪商・区会議員を中心に払い下げの不当性を訴える運動が展開された。しかしその傍らで士族開墾結社の赤心社が行った農談演説会は、『函新』によって「徒らに過激なる政談よりは、当道にとりては緊要的切なる」ものと評された[32]。

一八八六年に本国で始まった大同団結運動でも、北海道からの参加はわずかにとどまり、継続的な参加はみられなかった[33]。これは属領統治ゆえの条件の欠如にも起因していた。大同団結運動の主な目的は、府県会の場で成長しつつある「地方有志者」の勢力を国会開設に向けて結集することにあったが[34]、前述の通り、北海道はそもそも府県会規則の適用を受けていなかったのである。

しかし憲法制定に際して、本国議会への参政権が与えられなかったことは、北海道移民の政治への関心をかつてなく刺激した。一八八九年二月、『函新』は帝国憲法の「大要」を紹介するとともに、特に衆院選挙法について「北海道は一般の地方制度を実行するまで施行せず」と報じた。さらに同紙は、北海道は「市町村制度」をはじめ諸般について「内地」と制度の異なる「植民地」であるため「二十三年の国会開設にはあづかる事を得」ないと解した上で、次のように記した。

あるひはさる事もあるべしとは兼てこれもうはさ〔噂〕したるところなるが、どこやらかく定りては〔ママ〕………吾人は只だ一日も早く本道の海陸殖産を隆起せしめ其開進をうながし、国民たるの真資格をうくるの日を希望せざるべからず[35]。

つまり地方制度の未整備など、北海道と本国との制度上の格差は以前から認識されていたが、国政参加からの除外は、「国民」としての「真資格」の欠如として深刻に受け止められたのである。札幌の『北海道毎日新聞』（一八八七年創刊、以下『北毎』）も、同年三月、「参政の権利」を得られなかったのは「我々北海道の人民」に対する「度外視」であるとみなし、「諸君は何時までも、我々は拓地植民のことに忙しくして其他を顧みるに遑あらずと言ふて安んじ玉ふ御所存なるか」と問いかけた[36]。また同じ時期、室蘭在住の旧自由党員・本田新らは、「本道ヨリ国会議員撰出スルノ義建言」を執筆した[37]。

かくして衆院選挙法からの北海道の除外は、大和人移民の政治への関心を刺激し、言論活動や政治活動を活発化させた。そこで問題となったのは、第一に北海道と本国との政治的関係をどう捉えるかという基本的な論点であり、第二にこの時期、大隈重信外相の条約改正案が本国で重大な政治対立を生んだことへの対応だった。一八八九年六月末以降、大隈条約案については大審院への外国人法官任用が憲法違反と指摘され、旧自由党や国権派が盛んに改正中止を求めたのに対して、大隈を実質上の党首とする立憲改進党は改正断行を主張した。大同団結運動で形成された本国府県の地方結社は、中止・断行両論の建白書を多数提出した[38]。加えて大隈改正案の争点の一つは内地雑居、すなわち条約改正に伴い外国人に日本国内での自由な居住・活動を認めることの是非であり、これは北海道の位置づけを特殊なものとした。明治初年の開拓使における議論とは逆に、入植・開発の対象地である北海道は、本国と区別して外国人の雑居を禁止・制限すべきだという主張があったのである（第2章）。以下では、この時期の北海道移民の言論・政治活動の中心となった函館・札幌・根室の三地域について、それぞれの動きをみていこう。

函館　函館では、旧和人地であり幕末以来の開港地である函館を、政治参加の資格について北海道の他地域から区別する姿勢がみられた。『函新』は一八八九年八月、「函館には自治制無きのみ」と題して次のように述べた。すなわち「北米諸洲」をはじめ、「植民地」で「植民して新社会を起すもの」は、最初は「艱難辛苦」を免れないが、その後の発展はすみやかであり、往々にして「却て其本国よりも強盛に至る」ものである。函館もこのような「植民新地」なのであり、特に日本開国とともに「船舶輻輳の要衝」となり、「欧米の新事物」を採り入れるのに有利となったため、今日では「日本全国の各地方」に「劣る所」はない。確かに「政治を談論して国事に尽力」し、「条約改正に異議を唱へて建白書を呈し国事犯罪者を出し壮士を出す」ことについては、「我北海道殊に函館」は「他の府県」に及ばない。しかし「能く国民たる可き本分を守り、義務を尽し、職業を勉励し、相団結して国利民福を謀ること」こそが「独立自治の民」の資格なのであり、函館は「北海道なる称呼の内に」あるため「一般の自治制」が施行されていないとはいえ、「自治制の下に立つ可き資格は既に充分」なのだ、と。[39] つまり「植民地」である北海道の中でも、開港地として発展した函館には「独立自治の民」が成長しており、「一般の」地方自治制度が施行可能であると主張したのであり、ここには衆院選挙法施行への期待をも汲み取ることができよう。ただし『函新』は「国民たる可き本分」を「国事」への関与とは区別し、条約改正問題をめぐる政治運動に北海道から関与がみられないことは肯定した。「植民地」の成熟を通じてこそ、「独立自治の民」「国民」として認められるべきだと主張したのである。

しかし函館ではさらに、条約改正問題に積極的に関与する動きも生じた。まず条約改正問題への関心を示したのは、一八八九年五月に創刊された新聞『北海』である。同紙は和田元右衛門、工藤弥兵衛、林宇三郎、田村力三郎など、函館区会議員を務め、官有物払下反対運動にも加わった面々を発起人として、北海道、特に函館に「政事上の進歩」を求める姿勢を標榜した。『北海』は立憲改進党と近い関係にあり、当初から大隈条約案反対運動について、「国家の最重要問題」を妨害するなと批判していたが、まもなく条約改正問題について、賛否を問わず政治運動への参加を求めるという転換が起こった。[40]

まず同紙が掲載した「函館港商人某」の投書は、「断行と中止との両派」の運動は「党派心」だけでなく「愛国」

の志によるとして、「北海道人士」、特に開港場を通じて外国と直接に関係する「函館人士」がなぜ条約案の是非を論じないかと訴えた。条約案への意見表明は、賛否によらず「愛国」の行為だと主張したのである。続いて『北海』自身も、「条約改正の意見を告白せよ」と主張した。曰く、「北海道中最とも開明人種なる函館区民」が、条約改正に「冷々淡々」としているのはなぜか。「北海道は日本国の版図」、「函館は日本国五港の其一」であって、「生息する所の人々は日本帝国の臣民」である。「開拓」も「商利」も「日本国民として得たるもの」である以上、「函館区民」は「日本国と盛衰浮沈を共に」する。「未だ政権なきの民」「未だ自治せざるの民」だからといってこの「国家の大事」に無関心ではならず、条約案への賛否によらず意見を表明すべきだ、と。函館区民は北海道で「最も開明」であるという自負のもと、「日本国民」として条約改正問題に関与すべきだと主張したのである[41]。

さらに函館では一〇月一四日、小橋栄太郎を代表とする「有志者」八三名が条約改正断行建白を提出した。小橋が同年一一月に発刊した雑誌『北辰』には立憲改進党関係者が祝辞を寄せており、やはり条約改正断行論は改進党との結びつきを意味した。しかし重要なのは、同誌が『北海』と同様に、北海道住民も「国民」として意見を表明し、「愛国者」としての「精神を今少しく外部に発表」すべきだと訴え、条約改正問題への関与を、「国民」としての認知を得るための行為として意義づけたことである。こうした中で『函新』も、国会開設の近づいた一八九〇年九月には「条約改正の国家問題」や「議員選挙」などに対する北海道の無反応に危機感を示し、「北海道の住民も亦た政治世界の一要素」だと述べるに至った[42]。

なお外国人雑居について、函館では北海道を本国府県と区別して一定の警戒を示しながらも、開港地としての利害や経験を踏まえて、雑居を受け入れる姿勢がみられた。『函新』は、雑居の「影響」が「最も著しく最も甚し」いのは「夙に外人の注目垂涎する」北海道であると注意を促したが、雑居が実現した暁には、北海道はウラジオストクなど「魯国北部の諸港」との貿易によって「繁昌を増す」と期待した。ゆえに同紙は雑居自体には反対せず、ロシアから「追放人」「凶徒輩」が「陸続推し来る」ような「万一」の場合に備えて「防守の策を講」ずればよいと主張した。[43]また『北海』も北海道の「遺利」は「内地の比にあらず」として、外国人雑居は「対岸の火」ではないと訴えたが、同時に「五港の民」の一員として「外人の手並み恐るるに足らず」と主張し、「北海利益の鎖鑰は、函館を始めとし小樽札幌等の有志者の手に握り、外人をして容易に開かしめざるの実力あることを示」すべきだと主張したのである。[44]

以上のように函館では、参政権（自治、国政）の欠如に対する不満が、函館を北海道の他地域から区別する認識と結びつき、当初は消極的態度がみられた条約改正問題についても、「国民」としての認知を求めて関与する勢力が現れた。以後、函館ではこの延長上に、函館を北海道の属領統治から分離しようとする主張が登場することになる。

札　幌　首府札幌では、北海道の植民地開発をめぐる本国との利害の相違という認識がみられ、それは政治参加をめぐる議論にも影響を及ぼした。『北毎』社主の阿部宇之八は一八八九年四月、「北海道人士」は現在は「殆ど全国政治世界の外に立」っているが、いずれ「全国各府県」の「刺戟」によって「政治上の事に尽力」するであろうし、「府県の人士は北海道政略の如何を議」すであろうと予期して、みずからの政治的立場を公表した。特に阿部は、一方で「北海道の開拓は日本全国の利益」であると主張しながら、他方で「北海道の人士」は「改進党其他各政党の外に立」つという姿勢をとった。阿部によれば、「政治の改良」は「北海道の人士」を含む「全国人民」の課題であるが、問題は北海道開拓という「実益」と比べての「大小軽重」にあった。「各府県人民」が「政治改良」に従事する現在、北海道開拓の当事者は「北海道人士」だけであり、開拓事業を最優先せねばならない。しかし政党勢力が本国と同様に北海道で勢力を拡張すれば開拓を「遅滞」させる恐れがあり、また本国府県を拠点とする政党は「歳計の許す所に非らず」として、「非開拓論」を主張する可能性もあるというのであった。[45]つまり『北毎』

は、第一に政治運動が開拓を妨げる可能性を懸念し、第二に財政的観点から、北海道の開発事業費を負担する本国と、これに依存する北海道との利害対立を警戒したため、政党からの独立を求めたのである。もっとも、阿部はもと改進党系の新聞記者であり、養父の阿部興人も有力な改進党員だった。右のように政党からの独立を表明した直後、『北毎』は政党の中で改進党を「最も有望」と評した。阿部と『北毎』は北海道と本国政党との潜在的な利害対立を意識しながら、実際には立憲改進党との関係を維持していたと思われる。(46)

さらに『北毎』は、「北海道人民」の「参政の権利」を求める立場を明らかにしながら、それが北海道の植民地開発体制の解体につながることを懸念した。同紙は「北海道人民」が、「植民政略」のために「特別施政上に於る享福者の位地」にあり、国庫補助による地方費負担免除、兵役免除、国税の免除・軽減などを受けているのを大きな恩恵と評価しながら、その反面で衆議院、北海道単位の議会、「町村自治」のいずれも「参政権利上に於る無能力者の位地」にあることを問題視し、「拓地植民の事業」という「愛国の動作」に従事している「北海道人民」は、「参政の権」によって「日本国民たるの資格を完する」必要があると訴えた。しかし「享福の減少に拠て参政の権利を買ふ」わけにはいかないと恐れた同紙は、北海道の地方費には「統治政略」すなわち統治行政にかかる経費だけでなく、「植民政略」すなわち植民地開発行政にかかる経費が含まれるとして、「北海道人民」は前者だけを負担すればよく、国庫補助は後者に属するので廃止の必要はないと主張したのである。(47)属領統治と植民地開発体制との結びつきによるディレンマは、以後も一貫する問題であった。

さらに条約改正問題をめぐる政治対立は、北海道と本国との利害対立という『北毎』の懸念を顕在化させた。既に述べたように政党からの独立を標榜しながら、事実上は改進党系であった『北毎』は、大隈条約案が政治問題化すると「条約改正断行論」を連載し、外国人の雑居や土地所有も問題はないと主張した。しかし他の論説では、「北海道の開拓の事業」に「外人」が加わるのは「非視」しないと断りながらも、「殖産興業の権勢を外人の手に譲り渡し、北海道の地主の悉く外人たるにも至りなば国家人民の利益を損する」として、北海道に投資しない「府県の資本家」に「猛省」を求めたのである。[48] これは一見すると前述した函館の雑居容認論と似ているが、植民地開発の資本を北海道の外部に依存するゆえに、屈折した形で、外資へのより切迫した危機感を示していたといえよう。『北毎』記者の柳内義之進は、かつて北海道における外国人雑居について、欧米資本による「本道百般の事業」の「専有」、ロシア人による「希臘教」の布教、中国人の「低価の労力」の流入などの可能性に言及していたが、「断行論」掲載直後に退社して自由党系の北海倶楽部を結成し、『北毎』を「トロロの中に鰻を入れた様にヌラヌラにて拘まへ所がない」「北海道主義と云ふと雖ども、其実は改進主義」と揶揄した。[49] 恐らく『北毎』は改進党の条約改正断行論を支持した結果、北海道雑居問題に関する主張の一貫性を失ったのである。

一八八九年末、大隈外相の辞任とともに条約改正案をめぐる政治運動が終息した直後に、『北毎』は本国政治における「北海道問題」への危機感を改めて表明した。そもそも北海道と本国「府県」とでは、北海道庁の経費を府県が負担するという利害対立がある上、条約改正に関する各政党の「非常の争論」から考えて、「北海道問題」も本国で「党派争論の焼点」となり、「国民の幸福」を顧みずに「非開拓論」へと至る恐れがあると述べたのである。北海道雑居問題をめぐる混乱は、『北毎』の危機感を増したものと思われる。以後、『北毎』は「府県人民」の「非開拓論を妨」げるため、「北海道民」は各政党に加盟せず、「開拓主義」により「独立独行」「一致結合」の運動を行うべきだと唱導していった。[50]

以上のように、札幌が「日本国民」の「資格」として参政権を求めたのは函館と同様だったが、北海道の植民地開発をめぐる本国との利害対立を恐れ、また参政権と引き換えに、属領統治の植民地開発に伴う保護の喪失を恐れたことは函館との相違といえよう。このような懸念の前提には、北海道庁の開発・統治行政のための予算が本国府県住民の負担に依存するという構造があり、また条約改正問題は北海道と本国との利害の相違という可能性を顕在化させた。なお『北毎』による限り、札幌では函館を北海道の中で特別とする見方はみられず、北海道を一つの単位とすることは自明の前提であったと思われる。

根　室　水産業を中心に発展しつつあった根室では、本国の政治運動とは一線を画して、北海道開拓への従事と本国への支援要請とを最優先する姿勢がみられた。一八八九年九月、柳田藤吉（漁業）や山県勇三郎（海運業）など根室の有力実業家を出資者とする北友社は、週刊誌『北友』を創刊した。[51] 同誌は刊行の趣旨について、日本の「最大急務」である北海道開拓に対する「内地人士」の「冷眼視」を改め、資本と労働力を招くことにあると述べ、ゆえに「政治上の事」には関与しないと表明した。同誌は条約改正の達成後、「冒険企業の精神」に富む外国人が雑居によって北海道の「富饒なる水族農産の利を攫取」するという懸念を認めた上で、それを防ぐためには「憂国愛民の志士」がみずから「奮て本道開拓の事業に従事」すべきだと主張した。さらに主筆の佐藤喜代吉は、「憂国愛民の志士」ならば「全国の大問題」であり、特に「北海道に取て重大の関係を有する」条約改正問題について意見を述べよという批判に応えて、「政論を談ずる者独り愛国者なり」というのは「大なる謬見」だと論駁した。「殖産興業の発達せざる」日本で「漁農工商百般の業務に従事する」のは「最も愛国の行為」であり、ましてや「世人が逡巡躊躇」する北海道で「帝国の富源を開発し北方の関門を鎖鑰せんと欲するの人士」が「愛国者」でないわけがないというのであった。[52]

このように日本領北海道の植民地開発を「愛国の行為」と規定し、「政治」への不関与を積極的に肯定した『北友』の論理は、開拓にアイデンティティを求める北海道移民の意識に根差していたといえよう。しかし同時に『北友』は、北海道開拓のために本国府県の「政治」自体に変化を求めるという意味では、むしろ極めて政治的であった。同誌は、本国における「政治熱」が北海道開拓の放置をもたらしており、特に富裕な平民が「貧究《ママ》士族の軽躁者連と共に有志家など称して政治上に奔走」するのは「甚だ感服すべからざるもの」であると批判して、彼らの

「金力」は「同じ日本国内なる北海道の富源」に投下するのが望ましいと説いたのである[53]。

さらに『北友』次席記者の宮崎万一は一八九〇年初頭、来るべき帝国議会について、札幌の『北毎』と同様に北海道事業費をめぐる本国府県との利害対立を危惧して、次のように論じた。「代議の士なく参政の権利を得ざる」からといって、北海道の人民が「国会を以て全く無関係のものと思意し之を傍観する」のは誤りである。「我北海の将来」は「三百の衆議院議員」次第であり、しかも「本道人民と内地人民との利害関係」は異なっている。彼ら代議士が、「北海道開拓使以来幾千万の経費は、即ち我内地人民の頭痛たる租税に外ならず」という立場から、「開拓を施すべき平原」は「内地」にもある、また「移住地」が必要なら「南北両米」に「幾分の保護を与へて移住を勧誘」すればよい、あるいは北海道を「外国資本家の自由開拓に一任するも一策」などとして、北海道事業費の負担を拒む恐れは十分にある。これを防ぐには「全道の一致団結」した「政治運動」によって、「政府に失政勿しめ議会に誤謬の議決を避けしむる」ほかない。やがて「拓地植民の実」が挙がれば、「国会の議員」が「本道の経費に喙を容れ」る理由はなくなり、北海道には「一般地方制度準行」「衆議院議員選挙法施行」の時が来るであろう、と[54]。本国議会に利益代表を出せないことへの危機意識が、本国政府・議会への政治運動の必要という主張につながったのである。なお、宮崎が南北アメリカを「移住地」として北海道と競合する地域と捉えていたのは、当時の移民のありようをよく示している。実際、『北友』出資者の山県勇三郎も一八八〇年に北海道に渡る前には「北米行き」を志したことがあり、さらに一九〇八年にはブラジルに渡って開拓移民の先駆者となっている[55]。

このように根室の『北友』は、北海道開拓には国家的意義があるとして、条約改正問題をはじめとする本国の政治運動には関与しない態度を取ったが、それは本国議会で府県の代表によって北海道開発事業費が左右されることへの危機感と結びついており、そうした事態を防ぐための政治運動や政治参加には積極的意義を見出したのである。

以上にみたように北海道では衆院選挙法からの除外が「国民」の「資格」喪失と受け止められ、政治参加への要望とともに、北海道開拓を「国民」の務めと意義づける主張が生まれた。条約改正問題では、函館・札幌で本国政治社会への接近がみられる一方、根室では不関与の姿勢が取られたが、参政権をめぐっては、札幌・根室が本国府県代表との利害対立に危機感を示したのに対して、函館はみずからを他地域と区別して本国の側に立とうとした。なお北海道における外国人雑居について、函館が開港地としての経験から問題としなかったのに対し、札幌や根室では一定の警戒がみられた。これは各地における、移住植民地化をめぐる認識の違いを反映したものといえよう。

(2) 植民者意識の形成

衆院選挙法制定後、北海道において政治への関心が高まる中で、北海道の大和人社会では地域ごとの立場の相違を超えて、植民者意識というべき政治意識が形成されていった。前述のように、彼らが北海道開拓にアイデンティティを求め、「愛国」の行為と意義づけたことや、参政権の欠如を「国民」の「資格」喪失と受け止めたことは、それ自体が植民者意識の現れであった。しかし植民者意識はそれだけにとどまらず、大和人移民の民族意識としての要素を強く有していた。

まず、「植民地」という言葉から確認しよう。「植民地」としての北海道とは、何よりも文字通り開拓・入植の対象地を意味しており、北海道の統治が府県と異なることの理由とはされたが、「植民地」自体にただちに従属性という含意があったとはいえない。むしろ「植民地」としての特殊性は、国家的保護や制度的特例の要求を正当化する論拠として認識されていた。しかし「植民地」であることが政治的無権利をはじめとする従属性や、日本本国への「国民」的統合の妨げにつながることに対しては、多大な懸念が示された。そうした際に用いられたのは、「政府は本道人民をば自治制の外に置き国会に参与せしめず之れを遇すること恰も異邦人種に於けるに似たり」(56)「抑北海道は純然たる植民属国に非ず、斉しく帝国域内なり」[57]といった論法だった。つまり大和人移民たちは、植民地としての北海道が単なる特別地域ではなく、政治的に本国に従属する属領であることに対して、反発を示したのである。

さらにこのような論理は、北海道の住民のほとんどが大和人移民であるという認識と密接に関わっていた。「北海道人民は皆内地人と同一」[58]であること、「本道に在る所の人民は内地より移住する者甚だ多」[59]いことは、従属的地位を拒否する有力な論拠とされたのである。このように大和人移民が北海道民のほとんどを占めることを強調する結果、植民者意識は次のように、他の民族をことさらに差異化し、劣位に序列化する論理を生んだ。

第一には、同じく属領統治下に置かれ、衆院選挙法が施行されなかった沖縄および小笠原諸島との対比である。これらの地域は「人智と云へ民力と云へ、其他百般の事皆な内地とは大なる差異あり、固より〔北海道と〕同論す可らざるもの」と評された。その根拠は、北海道の住民のほとんどが本国から移住した大和人だったからにほかならない。[60]「内地人民の我北海道人民を視ることも亦英国人民の印度人民を視るが如く、仮令ひ然からざるも何時迄も今日の琉球人民を視るか如くならば果して如何」[61]と、北海道の大和人が属領統治によって沖縄人と同列に扱われることに対しては強い不満が示された。さらに沖縄人は、言語や風俗からみて「特別人種」だと主張された。[62]

このような植民者意識は第二に、大和人と北海道の先住民であるアイヌとの差異を強調させた。みずからが「内地各府県より移住せる」ことは、裏返せば「我が北海道住民にして尽くアイノ」ではない、という主張になった。[63]また北海道民が参政権を得るにあたって「第一に起るべき疑問」として「アイノ人種の処分法」を検討した『函新』の論説では、次のような議論がなされた。すなわち、日本の選挙法は財産制限選挙であって「知識的制限法」ではないから、アイヌは「日本臣民の一部」「政治社会の一要素」であり「或る財産を有して法律が定めたる義務」を果たしている以上、参政権を与えるのが「道理」のはずである。しかしアイヌは「日本人」と「言語」「風習」

「歴史宗教」を共有しない「劣等なる種族」であり、「到底立憲治下の民たるに適せる思想」を有しているとはいえない。よって、「知識が日本人と同等」となるまでは「政権を奪ふ」べきである、と。ここでの「日本臣民」は日本国籍保有者＝日本戸籍保有者、「日本人」は大和人とみることができよう。しかもこの論者は、「アイノ人種は撰被撰の資格を有するに足る丈けの財産を有する能はず」という見方を挙げた上で、これを「疑ひもなく臆断にして先天の約束なりと謂ふを得ざるなり」と退け、あくまでアイヌを制度的に参政権から排除することを主張した。[64] つまり参政権について、日本国籍・戸籍保有者の中に民族ごとの格差を設けることには制度上の根拠がなかったが、この論者はこれを必要視したのである。

以上のように北海道における大和人移民の植民者意識とは、植民者としてのみずからを「国民」として認知することを求め、政治的従属性の解消を要望するものだった。また彼らはこの要望を、みずからが本国出身の大和人であり、原住者のアイヌや、同じく属領統治下にあった沖縄の沖縄人、小笠原諸島の欧米・ハワイ系住民とは異なるという主張によって根拠づけようとしたのである。

三　政治参加と植民地化のディレンマ

(1) 地域間対立の顕在化

北海道各地における言論活動と政治活動は、本国議会の開設以後、組織的な請願運動として組織されていった。とりわけ衆議院で北海道に関する事項が審議に上ったことが、この運動を促した。[65] だがこの請願運動は、政治的権利の要求のみからなっていたわけではなく、また全体として一致したわけでもなかった。開拓行政や植民地化をめぐる北海道内部の地域的な立場の相違は、議会開設を前に函館・札幌間の利害関係・政治構想上の対立として顕在化していた。両地域の緊張関係は、請願運動の規定要因となったのである。

函館・札幌はともに北海道の政治的従属性の解消を模索していたが、一八九〇年初頭には両地域の構想の食い違いが明らかとなった。対立の所在をまず顕著に示したのは、函館『北海』の函館分県論である。

一八八九年末に来道し、『北海』主筆となった佐瀬精一（元『郵便報知新聞』記者）は、翌年二月から次のように函館分県論を展開した(66)。第一に、「北海道の人民」が「均しく是れ帝国の臣民」でありながら「国会の外に置かれ」たのは「最も遺憾」だが、中でも「我が函館区民」の「政治上の位地」は改善を要する。なぜなら北海道は「干渉保護の下」にある「植民の地」だから「自治の制度」は尚早だという主張は、「民度」も「内地」に比肩し、「諸般の税率」「兵役の義務」の負担も「殆ど内地各府県と同様」の「旧函館県下」には当てはまらないからである。

第二に佐瀬は、「北海道庁経費」の「据置」という「憲法の解釈が破壊」され、「国会に提出すべきもの」になるとすれば、北海道から帝国議会に議員を送ることは不可欠だと指摘した。「据置」云々とは、北海道庁経費特別規程（一八八七年）で道庁経費予算は道庁収入・国庫補助の合計による定額とされていたため、帝国憲法第六七条の「既定の歳出」に当たり審議対象とならないとの解釈を指すと思われる。しかし「既定の歳出」とは一八九〇年度予算で定まったものだけを指すという報道(67)に接した佐瀬は、この解釈が否定されたと理解し、道庁経費の審議のために北海道から帝国議会に代表を送ることが急務となったと説いたのである。

第三に以上を踏まえて、佐瀬は函館を北海道から分離して「県」とすることを提案した。北海道から帝国議会に議員を送るためには、北海道全体の地方自治制準行に先立って、まず「北海道中第一位を占」める函館に「自治制を布」くべきであり、さらに「函館人民が政治上の位地を高むる」ための最善の策としては、「北海道庁の支配より離れしめ、新たに県を置き内地同様の仕組を立つる」べきだと主張したのである。

つまり佐瀬は、函館住民が本国住民に近い義務を負担していることを理由に、北海道内の他地域と同様に政治的無権利状態に置かれるのは不公平だと主張し、さらにこれを根拠として、拓殖事業を主体とすべき道内他地域から旧函館県下を切り離し、制度上本国に編入せよと説いたのである。『函新』も一八九〇年七月、「旧函館県下」を「分離して特別の治庁を設け」ることは考慮に値すると論じた(68)。

しかし北海道から帝国議会に議員を送ることと、函館を北海道庁から分離して本国に編入することとは提案として整合的ではない。函館のみが選出する代議士は、もはや北海道の代表ではないからである。前述の通り帝国議会における道庁経費の処遇に多大な懸念を抱いていた札幌『北毎』は、佐瀬の函館分県論に対してただちに反論した。すなわち「北海道の拓地植民」に対する政府の「保護政略」は、北海道が将来「府県人民」と比肩すれば全て廃されるはずなので、自治制度は将来のため、「特別の規則」「簡短の方案」であっても導入すべきだが、問題はその順序と方法にある。函館の「分離論」には、「他の地方は劣等なるがゆゑ（中略）構ふの必要なく、只だ函館人民さへ参政権を得れば足れりと云ふの語気」があり、「穏当」でない。道庁経費を「札幌根室両地方の事業に用ゐ得べき割合」を増すと考えれば、これも「或は開拓の捷径」かもしれないが、函館が「如何に有力」としても「今日の情態」を「内地一般の施政」で保ちうるとは考えられない。例えば「水道の工事」や今後の「築港」は「独力を以て之を成就し得」るだろうか。むしろ「北海道全体を一個の団体と為し」て自治制施行を目指すべきではないか、と(69)。

つまり『北毎』は、北海道開拓事業は将来的に北海道全体に本国との平準化をもたらすと主張し、函館は札幌や根室を見離して本国への編入を望んでいると批判したのである。『北毎』はこの主張を補強すべく、現段階でも「開拓政略」を維持したまま北海道全体に自治制が施行可能だと説いた。以前と同じく、道庁経費が「行政事務」に加えて「開拓事務」をも賄っていることを指摘した上で、両者を経費上「分別」すればよいと述べたのである。

具体的には、同紙は国税である水産税を地方税に移管すれば、これを財源に「地方費の独立」ができ、統治行政の経費を確保できると説いた。水産税の移管は、北海道庁内部では以前から松田学税務課長によって、北海道「地方経済独立」の手段として提案されていた。[70]『北毎』の狙いは、開発行政と統治行政とを経費上弁別した上で、あくまで北海道庁のもとで一体不可分として、函館の分県・本国編入という可能性を否定することにあったといえよう。ゆえに函館の港湾整備も北海道の植民地開発事業の一環として、北海道庁のもとで行うべきだと説いたのである。

しかし『北海』は『北毎』の批判に対して、分県論を修正するどころか、さらに北海道庁と札幌への批判を展開していった。一方では「北海道庁の行為」が「民業保護の上に不公平の事ある」のをはじめとして「失政の譏」「公議の攻撃」を免れないと説きながら、他方では札幌で「少数人士」が、「官権」の「濫用」によって「多数人民の公益」を犠牲にして「私利」を貪っていると非難したのである。[71]これは道庁「失政」の重大な一部が、札幌「少数人士」と結託した保護偏重だという批判にほかならない。かくして「開拓政略」に依拠する札幌の『北毎』に対して、函館の『北海』は、道庁・札幌への対立姿勢を明確にした。こうした姿勢を可能にしたのは、函館が道庁からの独立や本国編入も可能な発展を遂げているという認識だったと思われる。

なお会計法（一八八九年、法律第四号）が一八九〇年度から施行されたことにより、北海道庁経費特別規程は廃止された。道庁の経費収支は全て大蔵省所管の一般会計となり、従って明確に本国議会の審議対象となった。

(2) 札幌の開拓事業費請願運動

既にみたように、札幌『北毎』は早くから本国議会で政党によって北海道開拓事業費の減額が起こることを懸念していた。そして議会開設直後の一八九〇年一一月、自由党・立憲改進党が提出したいわゆる「民党」予算査定案が北海道関係費二四万円を削減したことは、この懸念を現実化したものと受け取られた。実際には、「民党」査定案で削減の対象となったのは道庁官吏の俸給旅費だけであり、他省庁と同等の「政費節減」だった[72]。しかし『北毎』はこれを「北海道を知らざるもの」と報じ、札幌から本国議会に対して、阿部宇之八を請願委員として新規事業費の増加を要求する請願が提出されたのである（審議に至らず）。請願の協議過程では右の減額分二四万円を事業費増額に充てること、自治制度の準行と「地方議会」設置、さらに衆院選挙法の施行が具体的請願内容として挙げられた。自治制条項は、同時期に自治制施行の請願を計画していた小樽との提携のために盛り込まれたものだが、水産税を地方税に移管し、道庁の事業を統治行政・開発行政に分割するという前述した『北毎』の持論とも結びついていた。ただし眼目はあくまで事業費増額にあり、札幌の有力実業家・対馬嘉三郎などの反対などによって、小樽との提携が解消されただけでなく、実際の請願からは自治制条項自体が取り下げられた。なお小樽は、結局別個に請願を行った[73]。

本国議会で自由党・改進党が減税要求を中心に政府と対決する状況において、開拓事業費増額の正当化には困難を伴ったといえよう。『北毎』は、「北海道の拓地植民」は「欧米諸国が植民地に対」して「官民一致して年々多額の国費を注入」しているのと同様の「国家的事業」であって、「単に植民地方の利益を謀る」「一地方に私する」ような「地方的事業」ではないと説いた[74]。しかし北海道開拓事業費の要求が一面で本国府県の公共事業と同様、地域的利益の要求を意味することは免れなかった。下って一八九四年、『北門新報』（札幌）の中野二郎は北海道協会札幌支部における演説で、「重要なる国家問題、即ち本道拓殖の事業」の重大性を説いて、次のように述べている。

国家富源開発の実を挙げんと欲せば、彼の党弊の結果たる腐論を排闢せざる可からず。何をか腐論と謂ふ。彼無智の小民一時の歓心を得たる、曰地価修正、曰地租軽減問題の如き所謂民力休養問題と称する者即ち是なり。[75]

本国議会での「民力休養」要求に対する「腐論」という批判は、直接的には「党弊」への批判であったとしても、「無智の小民」とは明らかに政党を支持する本国府県の有権者を指していた。北海道開拓事業費の要求は、いかに「国家的事業」として正当化しても、潜在的には本国府県との対立を意味したのである。

以上のように札幌の請願運動は、北海道開拓事業費の増額要求を核としながら政治的権利をも要求するものだった。そして小樽との提携の試みにとどまらず、彼らは北海道全体の一致した運動を企図した。函館では当初から独自の「北海道議会」構想による請願運動が組織されていたが、『北毎』はこれを札幌（拓殖事業）・小樽（自治制度）と各々「撞着」するものではなく、提携して「北海道民の輿論」を形成すべきだと訴えたのである。[76] しかし以下にみるように、函館と札幌との間では、運動の方針や目的に大きな相違が存在していた。

（3）函館の北海道議会設置請願運動

函館における「北海道議会」の構想は、本国議会の開設直前に登場していた。函館では一八九〇年七月、永山武四郎北海道庁長官が本国政府に対して、北海道への「自治制施行」や衆院選挙法の施行などとともに「北海道議会」の設置を上申したという報道が注目を集めていたが、さらに一〇月半ばには、直前まで函館分県論を唱えていた『北海』が「北海道議会」の設置を主張した。北海道は「特別制度」下とはいえ「日本帝国の版図に属する」以上は「輿論政治を施行せざる可ら」ずとして、「北海道に於ける国会」として北海道議会の設置を提案したのである。さらに一八九一年一月、衆議院で高津仲次郎（自由党）が「北海道に地方議会を設くるの議」を提出したことが報じられたのを契機として北海道議会設置運動は具体化し、現地の有力海運業者である平出喜三郎や『函新』も加わった。二月には「北海道議会」の設立を求める請願書が作成され、上京した工藤弥兵衛（『北海』経営主）や馬場民則（弁護士）によって本国議会に提出された（審議に至らず）[77]。

永山の「北海道議会」案とは、水産税の地方税移管を前提として「府県会の如く地方税の収支を議」する「簡易」な「植民議会」を設置するというものであり、また高津の「地方議会」案も、北海道で「事業上の弊害を矯正」し「会計上の整理を為」すため、道庁経費のうち「他の府県にありては当然府県会の議すべき」額を議すことで「行政官を掣肘監督」する、府県会と同等の議会であった[78]。しかし函館の北海道議会案は、北海道地方費の議決や庁令への意見陳述といった府県会同様の権限だけでなく、北海道事業費（国庫）の予算収支議決権、帝国議会への委員派出をも規定するものであった。請願書はこれを端的に、「植民地」の特例として「帝国議会と地方議会との中間に位」する議会と説明した[79]。

北海道議会が事業費議決権を得るための具体的方策としては、北海道庁から本国議会へ事業費を要求する事前に北海道議会がその提出案を議決すること、そして本国議会では北海道議会から派出された委員が道庁経費・北海道関係法案の審議に際し意見を陳述することが想定された。このような手続きが必要とされたのは本国議会の予算協賛権を損なわないためであり、『函新』によれば「単純なる地方議会」では不足だが、「北海道全般の政治経済一切の事項を決するの権を与ふるは、恰も是れ北海道を日本の版図内より除斥すると同一」であるという認識によっていた。彼らが望んだのは「植民地」ゆえの「特別議会」であり、請願書では「英国植民議会の例」（恐らくカナダなど）も参照されていた。しかし、これによって北海道議会が本国立憲政治の外部に置かれる可能性が考慮され、それを回避しようとする意図が働いたのである。なお、北海道議会案が函館分県論と両立しないことは自明であり、案の成立と並行して、『北海』は「全道一般人民の位地を発達」させるためとして分県論を抛棄した[80]。

函館の北海道議会案に対して、札幌の『北毎』は即座に異論を唱えた。既に述べた通り、札幌の請願運動は事業費の増額を主眼としながらも、小樽との協議を経て地方議会の設置、自治制度の準行、衆院選挙法施行を請願事項に入れて、全道一致による運動を図っていた。これは北海道庁のもとでの植民地開発体制の維持・強化を求める一方、政治的権利の上では本国への統合を志向するものだったといえよう。『北毎』は函館の北海道議会案に対して、第一に、開拓事業費は「国庫の都合」と「帝国議会の意見」とで決すべきであり、それを本国府県の国庫補給費のように議定するのは、「国家的事業」を「北海道議会の手に帰」するものであって実現不可能であると、事業費審議権の要求を批判した。また第二に、もしそうではなく、事業費の事前議決によって北海道議会を「政府の顧問会」「政府委員の隠《かげ》武者」にしたいだけなら、「函館有志者」も「参政の権利」を求めているのだから、札幌案と同様に「議員を帝国議会に出す」ことで、「北海道の利害を論争し北海道の問題を議決するの権利あらしめば」よい、つまり本国議会への参政権を要求すべきであると主張した。さらに『北毎』は、「札幌小樽有志者の意見」は「全道人民の希望」だと自認して、「変則的の議会」を求める函館案とは「同一の運動」ができないと批判した[81]。

しかし函館側は、同じく「全道」的要求を標榜しながら、札幌との提携に応じようとはしなかった。まず衆議院における「民党」査定案の道庁官吏俸給費削減について、函館の『北海』『函新』はともに大きな問題とはみず、むしろ「政費節減」は正当だと捉えた。北海道庁の施政に強い不満を示していた『北海』にとって、本国議会を通じた道庁の行政整理は歓迎すべき「民間の輿論」だった。もちろん函館にとっても事業費の削減は望ましくなかったが、『北海』は北海道議会設置によって、事業経営を「官庁に一任せず」、「官民一致共に力を此に尽す」ことこそ、北海道開拓事業について本国議会の理解を得る最善の策だと主張した。北海道単位の議会設置によって、植民地開発政策を含めて北海道庁の行政を是正しようとしたのである[82]。

函館の北海道議会案が事業費議定権を規定したのは、単に道庁施政の是正というだけでなく、首府札幌に偏重した開発政策の是正という意図が大きかった。『北海』の期待は、何より「道庁専断」に起因する「一地方に偏するの憂」を解消することにあり、北海道議会案の協議過程では、「少数人士」「汚吏と奸商と」のために「国庫金は如何に多くとも全道に向ては其れ程の効能なし」という認識によって、事業費の議定権が考案されたのである。なお札幌の『北毎』はこれと対照的に、高津の「地方議会」案に対して、その趣旨には賛同しながらも、現在議会がないことが「会社の保護」など、「北海道庁の施政上に種々の弊害」をもたらしているという見方は当を得ないと反論していた。(83)

さらに函館の北海道議会構想には、利益分配の単なる公平化以上の狙いもあった。一八九一年二月二一日、東京の『国会』新聞は函館の請願に対して、次のように論評した。「内地と事情を等くするのみならず寧ろ奥羽地方より能く開け」ている「渡島国」「函館福山地方」は「人口の稀薄なる北海道地方一般」とは同一視できず、函館の請願を「直に之を北海道人民の請願と呼号」するのは問題である。「所謂北海道議会なる者が人口上、財力上、被選挙権も選挙権も偏へに渡島一国に聚合」して、「北海全道の政権」を掌握したら恐るべきことだ、と。函館の要求通りに北海道議会を設置すれば、彼らが北海道全体を支配しかねないと捉えたのである。この記事に『北海』は種々の論難を加えながらも、「人力、財力、智力の上に於て最も多」い「渡島国人民」、「人民の義務と云へ諸税の負担と云へ他の地方人民よりは甚だ重」い「函館、福山、江差」が、北海道議会で「他の諸国に比して勢力を有す」るのは、「本道の状態」から当然であると、解釈自体は否定しなかった。『北海』としては函館分県論を拋棄した経緯もあり、北海道議会で函館が中心的勢力となることには多大な期待があったのではないだろうか。(84)

(4) 統一運動の模索と挫折

全道提携による請願運動は、一八九一年末にも試みられた。室蘭の旧自由党員・本多新らの仲介もあって、まず札幌・小樽間、さらに函館を加えた協議の結果、難航の末、①事業費一五〇万円支出、②北海道議会設置（事業費諮問）、③区町村制施行、④衆院選挙法施行という請願案が成立したのである（議会解散により未提出）[85]。①②の並存に顕著なように、これは各地要求の折衷案といえよう。

しかしこの提携は強固なものではなく、札幌では以後、対馬嘉三郎・谷七太郎ら実業家が「拓殖振興会」を組織し、本国議会に対して事業拡張（鉄道・港湾整備、道路開削）のみを趣旨とする請願を行うなど、参政権問題から離れる動きがみられた。また他の地域では、それぞれの地域開発問題への傾斜がみられた。函館の有力者は、一八九二年夏に新任の道庁長官である北垣国道が赴任の途中で来訪して以後、北垣を通じた築港の実現に力を注いだ。また室蘭の本田新らのもとでは、一八九一年一一月に函館案に近い、「地方議会と国会とを折衷」した「北海道議会」の構想を含むパンフレットが作成されているが、活動の中心は鉄道敷設のための室蘭港埋立運動にあった[86]。

しかし札幌の『北毎』は、なおも全道請願運動に意欲を示し、一八九三年七月から一一月には同紙記者の久松義典（元立憲改進党）が「北海道植民会議開設之件に付請願」という草案を手に、道内各地を巡回して賛同を求めた。請願案の構成は、次の通りである。

①開拓方針、②継続事業費支出、③官制改革（植民省）、④土地整理、⑤移民保護、⑥漁業奨励、⑦千島開拓、⑧鉄道事業、⑨区町村制度改正、⑩北海道議会（開拓事業監察を含む）、⑪代議士選挙（北海道問題弁論・開拓事業監督のみ、もしくは議決権なし）[87]

拓殖事業、北海道議会、自治制度、衆議院議員選出など総花的な内容からは、以前にも増して全道の意思統一を第一としたことが窺えよう。久松が根室を訪れた様子を報じた、次の『根室毎日新聞』（北友社）の記事は、全道提携運動の経緯に加えて、根室側の反応を知ることができる興味深いものである。北海道から本国議会への請願運動において、根室の動向は十分には分からないが、当初は函館と提携し、一八九一年末には札幌・小樽と提携するという揺らぎをみせていた[88]。

久松は根室の「重なる紳士数名」との会合で、来訪の趣旨を次のように語った[89]。すなわち、「北海道議会設立の事は已に一度ならず二度までも帝国議会へ請願」したが、目的達成には至っていない。しかも「各地間の事情互に相通ぜざるが為」、二度とも「遺憾」なことに「名は北海道全道なるも、実は札幌の一部に留ま」った。そこで三度目の請願では、久松がみずから「先づ全道を周遊」し合意の調達に努めることになった。具体的な構想については、「愛耳蘭《あいるらんど》議会の如く殆んど独立の議会として帝国議会の一部となさん」という論、「純然たる府県会様の地方行政監督府となさんとする者」、さらには「土木会議鉄道会議の如く一種拓殖の目的を以て組織せし官民混合の会議体を作らんとの説」といった「様々の注文」がある。しかし「斯る方法上の問題は一切之を帝国議会に一任」し、条件は最低限としてまずは全道請願を実現すべきである。そのため「請願書要求の項目」に、「大体の上に於て各位の賛成を得」たい、と。

久松自身は北海道議会設立を請願の主眼としているが、議会の構想自体が大別して三種並立していたという言及は注意を要する。まず、「独立の議会」「府県会様」は各々従前の函館案、札幌・小樽案に同定してよいだろう。函館案と思われる「独立の議会」がアイルランド議会に譬えられたことは、前述した「英国植民議会」への言及と合わせて興味深い。そして久松の発言でもう一つ目を引くのは、さらに植民地開発事業のみを目的とした「官民混合の会議体」という、議会制というより諮問機関のような構想すら存在した点である。このように互いにほとんど相容れない案を抱えながら、『北毎』はあえて方向性を絞り込まず、全道の合意を調達しようとしたのである。

根室側の反応はどうだったか。演説が終わり、「一座聞き畢て一言を発する者なく、頻ベタを撫下ろしながらジロリと天井を睨みしといふ其場況」の中、ひとり久松に質問を発したのは山県勇三郎だった。山県は請願草案の「開拓方針」が、「本道首府の位置を確定し、札幌を以て永世不易の基礎と為し、先づ首府近傍の村落沿岸、既成の区町村及植民地に向て専ら経費を注入するの方針を取る」としているのに対して、「〔久松〕君は北海道の拓殖に政略的の方針を用ゆるの必要ありとの御持論なりや」と問うた。曰く、「凡そ拓殖の方針に政略的と自然的との二様あり」、「札幌の山奥」からの開拓は「政略的の開拓方法」であって、「北海道が是迄已に幾たびか実験して幾たびか失敗せし其失敗を再びせんとする者に過ぎ」ない。北海道の拓殖は「自然的方針」を採り、「先づ海岸実利のある所より着手して漸次山奥に進まざる可らずと信ずる也」と。現在の北海道開発方針は札幌を中心とした「政略的」なものであり、「自然的方針」からいえば始点に取るべき「海岸実利」、つまり根室など現に収益のある漁業地を軽視してはいないかと疑問を呈したのである。根室は北海道事業費削減への危機感を札幌と共有していた一方、道庁の開発政策への不公平感を函館と共有していたものと推測される。なお山県に対して、久松は「自然的拓殖方針は至極御同意でござる、とぞ受け流」した。

久松の報告によれば、一八九三年の道内巡回の結果、函館や根室を含む二六ヶ所の「有志者」は「請願草案の賛成に稍厚薄の差」はあったが、「過半は已に修正意見を立てゝ調印」を終え、意思統一に成功したという。しかし『北毎』による全道統一は、逆に札幌での意見分裂を招いた。久松の帰還をうけて、札幌では請願案確定のため協議が行われたが、このとき「府県会同様の地方議会」の設置のみを求める松田学（元道庁官吏）の草案が登場し、久松案との間で紛糾したのである。久松によれば、協議の場で彼自身は開拓事業費諮問条項（久松案⑩）について「反復の論弁を尽し」たとしており、函館などとの合意成立が前提にあったことが窺われるが、これに対して松田案には対馬嘉三郎など、以前から札幌で拓殖事業振興請願を中心に運動していた一派の支持があった。結果として、久松案から⑨〜⑪を削除した「北海道開拓調査会議開設の件に付請願」と、松田案による「北海道地方議会並市町村制の件に付請願」との二本の請願書が作成された（衆院解散により未提出）[90]。代議士選出と開拓事業監察の条項は削除されたのである。以後、北海道から同種の請願が行われた形跡はみられない。

以上のように一八九〇年代前半に本国議会への請願を中心に行われた北海道移民の政治運動では、政治的権利の獲得という要求は共通していたが、複数の論理や目的が、地域間対立と結びつきながら互いに衝突した結果、統一運動は実現しなかった。函館では当初、函館を北海道から分県して本国に編入することが提案されたが、後には札幌中心の開発政策を是正すべく、本国の府県会とは異なり、北海道事業費の審議権を持つ北海道議会の設置が追求された。いっぽう札幌では北海道の将来的な本国編入を念頭に、地方自治制度の拡充や衆院選挙法施行が目標とされたが、しばしば政治的権利より事業費増額の要求が優先された。既に述べたように北海道移民は衆院選挙法からの除外を「国民」の「資格」喪失と受け止めたが、属領統治と植民地開発体制との結合ゆえに、彼らは必ずしも北海道の直接的な本国編入による参政権の獲得を望まなかったのである。

四　北海道の本国編入

（1）北海道の本国編入

最後に、北海道の本国編入過程について考察しよう。

まず日清戦争直前の時期には、本国政府は北海道における府県会相当の議会設置について消極的な姿勢を取っていた。一八九三年末、衆議院では立憲改進党の加藤政之助らが北海道議会法案を提出し、水産税の地方税移管を前提に、地方費審議権を有する北海道議会を設置するよう求めた。しかし政府委員の都筑馨六（内務省参事官）は、北海道では「町村の組織権限」すら定まらず、農村・漁村間の税負担力の格差からみても「地方的事業」を負担しうる「一地方団体」としては未成熟だとして、否定的な見方を示したのである（審議未了）。特に町村レベルの地方自治制度の未整備は、重大な要因であったといえよう[91]。

日清戦争以後、日本の属領統治体制における北海道の位置づけは、新領土台湾との一括から本国編入へと大きく変転した。一八九六年には台湾総督府の設置に際して、北海道庁と台湾総督府を管轄する拓殖務省が設置された。同省の立案に際して、政府では台湾と北海道をともに本国府県と異なる開拓・植民行政の対象とする認識がみられ、また同省官制の審議にあたっては、沖縄県を管轄に加えることも検討された[92]。これは恐らく、属領を一括して統治する構想だった。しかし一八九七年には北海道区制・北海道一級・二級町村制が制定され（勅令第一五八～一六〇号）、いずれもただちに施行はされなかったが、北海道は本国府県に準ずる制度の導入へ向かったのである。同年、拓殖務省は設置から一年あまりで廃止され、北海道庁は再び内務省に移管された。なお徴兵令は北海道の渡島、後志、胆振、石狩に人口増加を理由として一八九六年に施行され、一八九八年には沖縄県・小笠原諸島とともに、北海道全域に施行された[93]。

いっぽう北海道では、台湾とともに拓殖務省の管轄下に置かれたことに対して、抵抗や批判は特にみられず、それどころか同省の廃止後には、「北海道は再び内務一隅の管治に帰し、（中略）当時旺然たる南北並挙拓殖大業の壮気鋭志は其痕跡をも止めざるに庶幾し」とこれを惜しむ意見があった[94]。むしろ台湾と切り離されて、北海道の植民地開発の進展が妨げられることが懸念されたのである。

一九〇〇年には衆院選挙法が改正され、北海道（千島列島を除く）・沖縄県（宮古・八重山を除く）に選挙区が設置された。これは沖縄の謝花昇らによる一八九九年の請願運動を直接の契機としていたが[95]、北海道からの一八九〇年代前半の請願運動も一因といえよう。ただし北海道のうち、前年に北海道区制が施行された札幌・函館・小樽以外の地域は沖縄県とともに、実際の施行は勅令で改めて指定されることとなった。北海道一級町村制の改正施行（一九〇〇年、勅令第五一号）、北海道会の設置（一九〇一年、法律第二号）、北海道二級町村制の改正施行（一九〇二年、勅令第三七号）を経て、一九〇三年、衆院選挙法は千島列島を除く北海道全域に施行された。これにより、北海道は本国に編入された。

（2）本国編入以後の北海道

衆院選挙法の施行によって、北海道は本国政治社会の一部となった。まず起こったのは政党の党勢拡張であり、一九〇一年に『北毎』『北門新報』『北海時事』の札幌三紙が合併し、政友会機関紙『北海タイムス』が誕生したのはその象徴といえる。[96]さらに府県と同様に、北海道も政治参加を通じて地方利益を要求する地歩を得た。根室の柳田藤吉は一九〇四年、北海道の三区以外では初となる衆院総選挙で、地元漁業者の支援を受けて政友会から立候補し、釧路築港の実現などを訴えて当選した。また一九〇六年、『根室新報』は根室港を特別輸出港とすることを請願せよと説いたが、それは「道会議員を出し衆議院議員を出せる我根室人士」にとって、「地方問題を提起」するのは「何の遠慮する処」もない当然の行為だからであった。[97]

このように北海道は国政への参加という意味では本国に編入されたが、以後も地方官官制に属さない北海道庁の統治下に置かれており、府県と同列の地方自治体ではなかった。まず北海道の区制および一級・二級町村制は公選議決機関として区会・町村会を設置し、区長・一級町村長は区会・町村会による公選とされたが、二級町村長は官選であり、また全体に議決機関より執行機関の権限が強められ、北海道庁の広汎な監督権が規定されるなど、府県の市制町村制と同一の制度ではなかった。さらに二級町村制さえ施行されない地域が、以後も広く残存した。政府がこのような特殊制度を必要とする主な理由として挙げたのは財政基盤の脆弱性であり、移住植民地化の進捗状況が判断基準とされたものといえよう。[98]

次に北海道会の議決事項は基本的に地方費の歳入出予算、地方税の課目率だけであり、また参事会も設けられなかった。その一方、かつて函館が審議権を求めた開拓事業費も北海道会の権限外だった。北海道会の設置は、北海道地方費法（一九〇一年）による北海道財政の国庫からの独立、拓殖事業（国庫）と地方事業（地方費）との分離を伴っていた。北海道会法と北海道地方費法は、拓殖事業の拡張を企図した「北海道十年計画」案とともに北海道庁から帝国議会に提出され、可決されたものだった。[99] 北海道庁は、北海道の開発行政と統治行政をともに管轄する行政機構としての役割を維持し、北海道会を通じた自治は、統治行政の一部に関与するにとどまったのである。

最後に、北海道の本国編入はいうまでもなく、大和人とアイヌとの間における植民地主義を解消するものではなかった。既に述べたように、本国編入以後も北海道の移住植民地化は一九二〇年頃まで活発に行われ、アイヌの生活空間を縮小し続けた。さらに本国編入と並行して制定された北海道旧土人保護法（一八九九年）は、農業への従事に限った土地給与や同化教育など、アイヌへの「救済」「保護」政策を法として整備することによって、アイヌの生活に深甚な影響を及ぼしていったのである。[100]

おわりに

近世にアイヌをはじめとする諸民族が住んでいた蝦夷島・クリル諸島（千島列島）・樺太（サハリン）は、一九世紀半ばに日露間で国境画定の対象となり、蝦夷島は明治維新直後に日本領北海道となった。北海道では属領統治のもとで大和人による移住植民地化が推進されたが、当初は本国で認められていなかった外国人の入植や投資も検討された。しかし一八九〇年頃から大和人の入植は急速に進み、先住民アイヌはマイノリティとして生活空間の縮小を余儀なくされた。

大和人移民が増加する一方で、本国で始まった議会政治から北海道が除外されたことは、属領統治の従属性を強く意識させた。移民たちは、「国民」としての「資格」を求める中で植民者としての政治意識を形成した。北海道開拓を「愛国」の行為と自認するとともに、北海道の住民のほとんどが本国出身の大和人であり、先住民のアイヌがわずかであることを根拠として、沖縄や小笠原諸島と区別するよう求めたのである。

北海道の属領統治は移住植民地としての開発保護体制と結びついていたため、大和人移民による政治参加要求は本国編入要求には直結しなかった。北海道事業費をめぐる本国府県との対立を恐れた札幌は、将来の本国編入を志向しながら事業費増額要求を優先し、函館はみずからを北海道から切り離して本国に編入するという構想を経て、事業費審議権を有する北海道単位の「植民議会」を求めたのである。一九〇〇年前後から北海道は本国に編入されたが、拓殖務省の廃止に対する反応が示すように、北海道の大和人移民は本国編入と植民地化とのディレンマを抱え続けた。本国編入以後も北海道では大和人による移住植民地化が続き、大和人とアイヌとの間の植民地主義も継続した。

本章の考察は、近代の北海道を均質な日本の一部とみなすことの困難さを如実に示している。「国民」としての認知を求める大和人移民の政治運動を経て、属領統治下にあった北海道が本国へ編入されたことは重要な変化であるが、これによって北海道が府県と均質な領域になったとはいえない。日本領北海道という新たな領域への大和人の移動は、あくまで大和人移民と先住民アイヌによって構成される新たな政治空間を生んだのであり、本国編入以前も以後も、均質なのは日本の主権による支配だけであったといえよう。しかしこのような構造は、大和人の圧倒的な規模での入植によって不可視化されていったのである。

さて、このように主権国家の支配と異なる次元で政治秩序の変化をもたらし得るヒトの移動について、そもそも幕末の開国以後、日本の人々はどのように捉えていたのであろうか。次章では、一八八〇～九〇年代に外国人の日本来住の是非をめぐって起きた「内地雑居論争」を通じて、開国以後の日本における移民・植民認識の見取り図を描いてみよう。

第2章　「内地雑居論争」における移民と植民
——開国と民族ナショナリズム

はじめに

本章では一八八〇年代から九〇年代の日本における内地雑居論争、すなわち条約改正により居留地制度を撤廃して、外国人に日本国内における居住や諸活動の自由を認めることの是非をめぐる論争について分析する。特にこの論争で争われたのが、欧米人による日本への移民・植民の可能性だったことを明らかにして、当時の日本における移民・植民認識と、その政治秩序への影響を考察する。

一八八〇年代以降の条約改正交渉で日本政府が最優先した課題は、「法権」の回復、つまり幕末の安政五ヶ国条約などで日本が列国に認めた領事裁判権の撤廃だった。領事裁判権とセットになっていたのは居留地制度、すなわち日本国内における条約国人の居住や営業などの諸活動を、開港地・開市場（長崎・函館・横浜・神戸・大阪・東京・新潟）に設けられた居留地（・雑居地）に限定する制度だった。内地雑居とは領事裁判権の撤廃に伴い、居留地制度を廃止して、条約国人の日本国内における自由な移動・居住、またその他諸活動（営業、土地所有など）を認めることを意味する。条約改正、特に法権回復を日本の国家目標とする合意は広く形成されたにもかかわらず、内地雑居に関しては賛成論ばかりではなく、反対を主張する雑居尚早論が存在した。内地雑居の是非は民間で盛んに論じられ、初期の帝国議会でも争点となった。これが内地雑居論争である[1]。

既に岡義武は、内地雑居に反対した雑居尚早論者が、来住した欧米人と日本人との間に烈しい「競争」が起こり、前者が経済・政治・文化的に後者を圧倒し、「民族の独立」を危険にさらすと恐れたのに対し、雑居賛成論者は同じく「民族の独立」のため、むしろ欧米人の来住による日本人の「進歩」を期待したと指摘している[2]。また小熊英二は、雑居尚早論者が「国民の民族的均質性を優先し島国に閉じこも」ろうとしたのに対し、雑居賛成論者は「異民族を同化吸収しつつ海外進出に打ってで」ようとしたと指摘している[3]。これらの指摘は基本的に妥当だが、その上で本章が焦点を当てるのは、欧米人の日本来住をめぐって展開された内地雑居論争とは、欧米人による移民・植民の可能性をめぐる論争だったことである。すなわち両者の研究では十分に追究されなかった、ヒトの移動と政治秩序との関係という観点からの内地雑居論争の分析が本章の主題である。

本章ではまず第一節で雑居賛成論を代表する田口卯吉の所説を分析し、これと対比して第二節で雑居尚早論者の所説を分析することで、内地雑居論争の核心には欧米人の移民・植民活動に対する関心があったことを明らかにする。次に第三節ではこの論争の土壌をなしていた、民族集団としての日本人（大和人）を日本の国家的独立の主体とみなすナショナリズムについて検討する。さらに第四節での中国人の雑居をめぐる議論の検討を経て、第五節では日本人の移民・植民をめぐる議論と内地雑居論争との連関を明らかにする。最後に第六節では内地雑居実現後の外国人法制について検討し、内地雑居論争との関係に加えて、アメリカの日本人移民問題との関係も明らかにする。

一　田口卯吉の雑居賛成論

(1) 居留地制度への危機意識

『東京経済雑誌』(一八七九年創刊) の主筆として活躍した経済学者・ジャーナリストである田口卯吉は、早くから一貫して内地雑居への賛成を主張した。田口の雑居賛成論が特に注目される理由は、内地雑居を条約改正に付随するものとして必要視したというより、内地雑居自体を目標として追求した点にある。その最大の要因は、居留地制度への危機意識だった。

田口が内地雑居の必要を説いた中でも管見の限り最も早い論説は、いまだ条約改正交渉で法権回復に焦点が当てられてもいなかった一八七九年六月に発表されている。そして当初から田口が一貫して問題としたのは、居留地制度の危険性だった。田口は現今の「内外人民の葛藤」について、「人類の相和し相親むものは其利害を同ふするの一点にあり」との観点に立ち、居留地という区画により日本人と外国人とが「利害を別に」することに根本的原因を見出した。これは現在は商業上の弊害に過ぎないが、これを放置するなら独立性を強め「一小敵国」となる恐れ、ひいては日本が「東印度」のように支配される可能性すらある。逆に内地雑居が行われれば「内外人民」の利害は共有され、危険はなくなるはずだ、と田口は説いた(4)。内地雑居は、欧米人の政治的独立をもたらす可能性のある居留地制度を解体するために必要だと主張したのである。

下って一八八九年、田口は次のように居留地制度の危険を説いた。

若し横浜が他日我外国貿易の発達と共に発達して、外国政府が是に兵隊や軍艦を置いた日には始末にイケマセン。何ぜなれば居留地の内には自治制の仕組が自ら行はれて居りて団結して一体となりて働くことが出来るものなればなり。(5)

つまり田口が主に念頭に置いた居留地は横浜であり、また田口は居留地の政治的独立について、具体的には自治行政の存在を指摘し、また軍隊設置の可能性を警戒していたのである。田口は「最も我日本の首府たる東京に近邇せる」横浜を「最も恐るべき」居留地と目し、その「独立」化の潜在的可能性に強い警戒を示した。(6)

田口が恐れた軍隊の設置や自治行政は、幕末には横浜居留地で実際に行われていた。一八六〇年、横浜ではフランスが専管居留地の設定を図り、また英米蘭三国が自治行政の規約を締結した。これらに徳川政権の承認はなかったが、長崎居留地では同年、四ヶ国領事が徳川政権から居留地会（Municipal Council）と警察権を含む自治権を獲得した。このような列国の日本居留地における自治の追求は、中国上海における共同租界の形成と並行するものだった。横浜居留地では英仏軍が一八六三年、攘夷派浪士からの警護を理由に徳川政権から許可を得て駐屯した。さらに一八六四年、英米仏蘭四ヶ国公使は徳川政権に対して、各居留地の拡張・分配に関する各国の広汎な権限と、横浜における自治行政とを要求した。徳川政権は、前者は拒絶したが後者は認め、横浜では一八六五年、各国領事団の認許・委任のもと市参事会（Municipal Council）の自治行政が施行された。市参事会は、警察・衛生などに関して全居留民に拘束力を持つ法規を制定できるという行政権限を有した。居留地の管理は一八六七年、主に予算不足のため市参事会から徳川政権に移管され、居留民の参政権は失われたが、神奈川奉行（のち神奈川県令）のもとに外国人の居留地取締長官が置かれ、実質的に行政権（特に警察権）を掌握した。なお同様の居留地自治は大阪・神戸でも一八六八年、王政復古直後に新政府によって認められた。居留地が実際には設けられず雑居地となった函館、新居留地の外で私雇外国人など多くの外国人に居住が認められた東京、外国人が少なく居留地が設置されなかった新潟では、自治行政は行われなかった(7)。

新政府は一八七一年から横浜居留地における英仏軍の撤退を要求し、撤兵は一八七五年に実現した。また新政府は横浜居留地取締長官を一八七七年に解任のうえ廃止し、自治権を回収した。解任に対して、イギリス公使ハリー・S・パークス（Harry S. Parkes）は外国代表の協議を要求したが、アメリカ公使ジョン・ビンガム（John Bingham）は日本政府を支持した。一八八二年には井上馨外務卿の主催した条約改正予議会にあたって、横浜居留外国人三〇五人が、神奈川県による警察・衛生・街灯整備・営業取締などの居留地行政の不備を根拠に、神戸や上海の例にならって外国人借地人の行政事務参与を要求する意見書をパークスに提出した。しかし条約改正予議会はこれを取り上げず、また神奈川県令の沖守固は、居留地行政の改善は日本の行政法規が完全適用されることによってこそ可能だと回答して交渉を拒否し、一八八四年に居留民の運動は途絶した(8)。

なお居留地の自治行政は長崎でも一八七六年に財政難により廃止されたが、大阪・神戸では内地開放まで維持された。一八七八年の時点で、寺島宗則外務卿は条約改正を通じた両居留地自治権の回収を検討していた。しかし一八八〇年に大阪府が、「大阪外国人居留地は同盟各国の供領地にして日本帝国の範囲外」と論じて警察権の回収を求め、一八八一年には兵庫県も神戸居留地の警察権回収を求めたのに対し、政府は井上外務卿のもとで内地開放を条約改正交渉のカードとする一方、改正の達成まで居留地制度の現状は維持する方針をとったのである(9)。

このように田口が居留地制度の危険性を論じ始めた時期には、横浜居留地における軍隊の駐留や自治行政は既に廃止されていたが、居留地自治の問題は条約改正問題と密接に関わりながら、これに完全には包摂されない政治争点となっていた。大阪・神戸では居留地自治の存続に対する地方政府の不満が表面化しており、また横浜の外国人は神戸や上海の例を根拠に、居留地自治の復活を望んでいたのである。同時代の上海租界における外国人自治との関係は、特に注意すべきだろう。田口は一八九三年に著した『居留地制度ト内地雑居』で、「外国人をして一区の内に団結せしむる」居留地を存続させるなら、「彼の清国上海が清仏戦争の時に当りて局外中立を宣言」したような事態に「我横浜も亦た他日」なりかねないと警戒を示した。[10]

ただし田口は、日本国内に外国人が来住することを問題にしたのではない。田口によれば、居留地制度の危険性とはあくまで「利害」の隔絶によるのであり、外国人が東京においてのように「散在」するなら、「団結して国家に背反するの挙動を為」すことはないのであった。「総じて経済の原理は人〔日本人か外国人か〕に因りて異なる所なし」[11]というのが田口の基本的な見方であり、ゆえに田口の目論見は、居留地を「撲滅」して内地雑居とすることにより、「外国人民」と「内地人民」との「利害」「人情気風」を「一致」させる、さらには「外国人民を化して我内地の人と為す」ことにあったのである。[12]

つまり田口にとって外国人が日本に来住するのは、内地雑居のもとであれば、むしろ歓迎すべきことだった。田口の雑居賛成論は居留地の政治的危険性に加えて、次にみるように内地雑居による経済的利益を論拠としていたのである。

(2) 内地雑居の経済的利益

条約改正論議が高まった一八八〇年代半ば以降、田口は内地雑居が欧米人の資本・技術流入により日本経済の発展をもたらすと主張するようになった。田口は一八八四年、雑居する「外人」が「有形資本を移入」し、かつ「知識熟煉の如き無形資本を携へ」て来ることで、「土地」と「労力」に富みながら「資本」の乏しい日本に「産業興起」がもたらされるという展望を示した。特に欧米の「鉄道鉱山運輸製造其他百般の事業」を「我に移さんと欲」するならば、政府としては「保護干渉の政略の発するは亦事情の免れ難き所」だが、そのためには「租税を増加し若くは公債を募集する」ほかはない。だがこれが「共に人民の負担」となるのは自明で、「民力の凋落せる今日」

には困難である。よって、むしろ「百般の事業をして自然に起こらしめ」るために、「欧人雑居」により外資移入を導くのが「最も急務」なのだ、と。[13] 田口は、保護政策のみによって殖産興業を推進するよりは、外資流入を招くことが良策だとして内地開放を主張したのであった。

外資導入策としての内地雑居という主張は、いわゆる松方デフレへの対処策としての面を持っていたと考えてよいだろう。これには、資本家からも同調する動きが生じた。一八八五年五月に農商務省から「農商工業非常之衰運に陥りたる実況」について下問を受けた東京商工会は、「不景気救治策」の一つとして「外資移入の道を開き外人に内地雑居を許す事」を取り上げたのである。これは結果的に別件として一八八六年一〇月、税権回復要求なども含めた「条約改正の儀に付建議」として、外務省に提出された。[14] 田口は東京商工会のメンバーではないが、建議書の執筆には田口と近しい島田三郎（立憲改進党）が助力していた。もっとも当時、外資導入が実際に見込めるかどうかは疑問の余地があった。一八八三年に政府が発行した中山道鉄道公債・金札引換無記名公債は、外資による正貨蓄積を狙って外国人の応募を認めており、田口も中山道鉄道公債に「外資移入の一端となる」と期待を示していたが、実際には両公債とも外国人の応募はほとんどなかったのである。[15]

大隈重信外相による条約改正案の欠陥が指摘され、政治問題となった一八八九年以降には、内地雑居への反対論、いわゆる雑居尚早論がかつてなく広まった。後述するように、それは欧米人の来住は日本の独立にとって危険であり、内地雑居は時期尚早であるとする主張であり、中には外資導入は危険だとする主張も含まれていた。しかし雑居尚早論に対して、田口は一貫して、外資導入・外国人来住は歓迎すべきでこそあれ、何ら危険性はなく、居留地制度こそが真の弊害であると説いて論駁した。[16]

居留地制度の政治的危険・内地雑居の経済的利益という田口の主張の意味は、次の飯田旗郎と対照するとより明確となる。ベルギーで「商業学」を学んだ飯田は、香港・広東・上海の視察を経て『東洋商略』（一八九一年）を著し、日中貿易を中心とする「日本の東洋商業策」を論じた[17]。飯田は、日本の商人が「信用」「経験」不足の現状では「吾国及東洋の貿易を今暫く西洋人に任せて置く」必要があると認めた上で、次のように「西洋商人を余計に吾国に引寄る」ための方策を説いた。

其〔西洋人の〕生活をして本国に在るが如く自由ならしめ、本国に在つて得る快楽の道具を得せしむべし、去すれば其目的とする所は啻に営利に向ふのみならず、土着心を起し愛国心をも発起して永住の西洋日本人たるべし。（傍点は原文）

つまり欧米人を「永住」させて「西洋日本人」を作り出し、「土着心」や「愛国心」を持たせれば、日本の経済は発展すると主張したのである。飯田は同時代の条約改正や内地雑居をめぐる論議には全く言及していないが、この主張は田口の雑居賛成論と通ずるものだったといえよう。ただし飯田が田口と異なるのは、西洋人の「永住」による繁栄の好例として、「英の領地」である香港、および「恰かも（中略）一共和西洋国」と化した上海に言及したことである。香港や上海が中国の支配下にないことを、飯田はなんら問題にしなかった。ある地域の経済発展を、政治的帰属と関係なく追求するという意味では、これは一貫した主張だった。しかし田口の見地からいえば、これは横浜を「一小敵国」としても構わないという議論を意味したはずであり、「永住の西洋日本人」を作りたいのであれば、まず居留地制度を撤廃する必要があった。これは後述するように、田口が外国人の日本国籍取得、つまり帰化を支持したこととも関わると考えられる。

さて、以上のように外国人の来住や投資を肯定し居留地制度を危険視するという田口の雑居賛成論は、次にみるように、ヨーロッパ人の移民・植民活動に対する構造的な把握に裏付けられていた。

（3）雑居賛成論の移民・植民認識

田口は一八七九年に居留地制の危険を論じた時点で、既に述べたように「東印度」、つまりイギリスのインド支配に言及していた。これは田口にとって、内地雑居や移民・植民と密接に関係していた。

一八八三年、田口は「植民制」と題する論説を著し[18]、「富国」と「強兵」との両立が一般的には困難であるとした上で、ヨーロッパ人の「植民」が「一部は商業に関して、而して一部は経国に関する」、つまり国家の経済発展の要求と政治的強大化の要求とを両立させ、列強の膨張をもたらしていることに注意を促した。さらに田口は次のように述べた。

本国に於ては既に余分にして其職業をも求め難き人民を駆りて之を外国に移し、之をして十分に生計を立てしめ、之をして大に子孫を増殖せしむるは、即ち是れ其国民を増加し、其属国を加へたると同一の結果あるを以て、国力の是が為めに進捗するは蓋し予想の外に出づるものあり。

「植民」すなわち国外への人口移出は、実質的に「国民」の増加あるいは「属国」の獲得を意味するというのであった。そして田口によれば、彼ら「本国の子孫」は本国と「同一の言語」「同一の習慣」「同一の需要」を有するため「本国の製造貨物は勿論書籍新聞等に至るまで、凡て其売捌高を増加して大に有形無形の文明を進歩」させ、「航海」「商業」を否応なしに発展させる。これは「徒に海軍を拡張し、若くは商船を増加」するのにはるかに優る「一挙両得の政策」だというのであった。

「植民」の歴史で田口が特に着目したのは、スペインやイギリスによる「米洲及び濠洲」の獲得、およびイギリス（東インド会社）のインド支配だったが、注意すべきはこの二つの「植民」の違いである。すなわち田口の指摘によれば、南北アメリカやオーストラリアではヨーロッパ人の直接的な占領と人口移出がなされたのに対して、

「人口稠密」な「亜細亜の地」では同様の全面的「植民」は難しく、当初は居留地を設けうるにとどまった。しかしインドでは居留地の軍事基地化を端緒とし、イギリス東インド会社がベンガル獲得を土台に戦争と土地の買い占めを繰り返してインドを「殲滅」した、というのであった。つまりヨーロッパ人による「植民」の恐るべき所以は、一方で経済活動を行いながら他方で相手地域を支配するに至ることだが、それは日本を含むアジアでは人口移出としてではなく居留地として現れると捉えたのである。したがって田口は「植民制」の結論として、「現時の如く、列国相対峙するの時に当りては、植民より懼るべきはなく、植民より望むべきはなし」と述べたが、その具体的方策は、一方では「内地雑居の制を立て、之〔居留地〕をして団結して、内地に対するの勢を生ぜざらしめんこと」、他方では日本人がみずから「植民を建」てることだった[19]。

以上の知見が、田口の雑居賛成論の基礎にあったことは明らかだろう。日本への直接的な人口移入の可能性が乏しいと予測される以上、ヨーロッパの「植民」から日本を守るため警戒すべきなのは居留地の政治的独立化だということになる。またそれゆえにこそ、逆に雑居に伴う資本・技術の流入には期待こそあれ危機感の対象とはならなかったのである。さらに日本が「植民」の対象にはならないという判断が、むしろ日本が「植民」の主体となるべきだという主張と結びついたことに注意しておきたい。

加えて強調したいのは、田口が居留地を「植民」の一形態としながらも、その本質が人口移入ではなく政治的団結にあると捉えたことである。田口は一八九三年の『居留地制度ト内地雑居』で、雑居尚早論者の「若し内地雑居を許さば外国人は怒濤の堤を破りて溢流するが如く我邦に渡来せん」という予想が「非常の誤謬にして且つ杞憂」であることの論拠として、「東印度が英領に属せし後も英人の来りて茲に住居するもの少き事」に言及した。田口は一八八一年のインド在住イギリス人が八万九七九八人（約三億人中）に過ぎない上、その多く（六割強）が統治に要する軍人・属僚で、来住者そのものは極めて少ないと指摘し、しかも日本は「独立国を以て内地雑居を許す」

のだからなおさら外国人の来住はないと主張したのである。また田口は「濠洲の如きは我日本人をも誘入せんとせり」、つまり英領オーストラリアではイギリス人移民の不足が日本人労働者の導入につながっていると分析した[20]。田口は明らかに、移民・植民を国家による領土支配とは異なる現象として捉えていたといえよう。

二　雑居尚早論と「国土」「国民」

(1)「国土国民の区別」

次に、雑居尚早論の論理について検討しよう。内地雑居の是非をめぐる議論は、前述の通り井上馨外相の条約改正交渉が本格化した一八八〇年代半ば以降に盛んになったが、当初は内地雑居への反対意見は少数派であった。内地雑居に対する強硬な反対意見が勢力を得たのは一八八九年、大隈重信外相の条約改正案が政治問題となった時点からであった[21]。その要因は以下に論ずるように、雑居賛成論とは論理を異にするナショナリズムの出現によるものであったと考えられる。

欧米からのヒトや資本の流入は日本に発展をもたらすという田口卯吉の展望は、雑居尚早論者も限定的な意味では共有していた。しかし両者の違いは、その評価にあった。一八八九年八月の『東京経済雑誌』で、貫堂居士と称する雑居賛成論者は、内地雑居による日本の発展という自説に対する次のような反論を紹介している。

今日我が国に於て、内地雑居を許るし、外国人をして勝手次第に住居せしめ、勝手次第に殖産興業に従事せしめば、日本国は大に改良すべし、進歩すべし。然れども今日迄、白人種の入込みし邦国は、如何なる結果を現はせしや。印度なり、安南なり、暹羅なり将た爾余諸国なり、苟くも白人の足跡到る所は、皆尽く其「ネーション」を毀《やぶ》られざるものなきなり。故に日本に於て内地雑居を許るせば、其の外形上は改良すべし、然れども我が「ネーション」は如何せん。[22]

つまり外国人の来住による日本の発展という可能性を認めた上で、それは「外形上」は「日本国」の発展ではあっても「ネーション」としての発展ではないとする主張であった。インドやヴェトナム、シャムへの言及が示すように、その根拠には非白人国家が欧米人の来住によって「ネーション」としての独立を奪われているという観察があった。これは内地雑居の結果、欧米人が日本で植民活動を行うという危惧を意味していたといえよう。

同じ一八八九年八月、政教社の松下丈吉は同社の雑誌『日本人』で次のような主張を展開した。外国人への内地雑居許可・不動産所有権許与について、「〔日本の〕土地株券は容易に外人の手に移るの患あるなく、却て低利の資本を移入して、我邦の事業を誘起し、大に国家の繁栄を来すの基となるべし」という主張があるが、それは異なる。確かに内地が開放されれば低利の資本の流入により事業が勃興し、「表面上の繁栄」は増すに違いないが、それは「日本国土の繁栄」と称することはできても、「日本人民の繁栄」ではない。その事業は「外来の資本」「遠来の外客」を主体とし、日本人はその「牛馬の労を採る」にとどまるからだ、と。[23] 松下は外国人とその資本の移入による経済成長の可能性は認めながら、それは「国土」としての日本を発展させるだけで、「日本人民」は恩恵を被らないばかりか、「国土」の資源や実権は外国人に握られ、単なる労働力の提供者と化してしまうと主張したのである。

松下の主張は第一に、内地雑居によって日本が欧米人の投資植民地となり、経済的に支配されるという懸念を意味した。そして第二に松下は、この懸念について、日本という国家の構成要素を、支配領域としての「国土」と、社会集団としての「国民」とに区別することで、「国土」の発展は全て「国民」に帰せられねば意味がないと説明したのである。この論法は「国土国民の区別」として定式化され、多くの雑居尚早論者に用いられた。ある論者が、「国土」「国民」の別を理解しないのは「米国土人」がコロンブスのアメリカ「発見」後における自国の発展を誇るようなものだと譬えたように、「国土」「国民」区別論は、欧米人の移民・植民への警戒と直結していた(24)。雑居尚早論とは、内地雑居の結果として日本の「国土」が欧米人の植民活動の対象となり、「国民」としての日本人が独立を奪われるという懸念だったのである。

(2) 雑居尚早論の移民・植民認識

雑居尚早論者が欧米人の植民活動を恐れたのに対して、田口卯吉のような雑居賛成論の見地からは、危険なのは居留地制度であって欧米人の来住や投資ではないという反論があり得ただろう。しかし雑居尚早論者は移民・植民と政治的支配の関係を、田口とは異なる側面から捉えていた。

一八八九年八月、条約改正中止運動に従事していた保守党中正派の機関誌『保守新論』で、綾井武夫は「内地雑居の害」について、「同胞兄弟を外にして単に国土山川市街村落の改良」を追求することは日本の「富栄」「開化」を意味しないと説いて、南アメリカの事例に言及した。綾井はその際、南米諸国がかつて「西班牙の属地」だったことと、南米に移住した「欧洲人種」の支配的地位とを区別して扱った。すなわち南米諸国で、「欧洲人種」は「土着人種の五分の一」に過ぎないが、諸産業と「其他凡て社会の上に及ぼす影響」でははるかに強く、「[自国の]進歩したる利益を壟断」している。「土着人種」は「欧洲人種」との「雑居競争」の結果、「自国の実力ある処は悉く欧洲人種に奪掠」された。一度「西班牙の属地」となった南米は日本と比較できないという批判もあるだろうが、そのスペインや北欧諸国、ハワイなど、他にも「貧弱国民が富強国民と雑居競争」し、「国内有利の事業を奪はれたる」例は少なくない、と。[25] つまり綾井は、既にスペインの属領統治から独立した南米諸国でも、人口上の多数派である「土着人種」が少数の「欧洲人種」に「雑居競争」で敗れるという事態が続いていると観察していたのである。加えて綾井が、南米の「欧洲人種」が人口上のマイノリティであることに言及したのは、ヒトの移動によって起こる「雑居競争」が人口規模の問題だけではないという見方を示している。このような把握によって綾井は、南米諸国でヨーロッパからの移民が経済的支配者として「国土」の発展を専有し、原住者（「土着人種」）が「自国」の発展から排除されていると主張した。ここには、政治的支配とは別に、「人種」や民族の間に支配―従属関係が存在しうるという見方があったといえよう。後述する帰化法制をめぐる議論とも関わるが、綾井が日本の「国民」ではなく「同胞兄弟」を問題としたのは、国籍とは区別される「人種」や民族への関心を示すものと思われる。

また田口が居留地制度の危険性とともに、内地雑居による人口移入の見込みが少ないことを示すため言及したインドについても、雑居尚早論者には異なる見方があった。一八九三年に『雑居危言』を著した蟠龍窟主人（本名・鈴木僧隆）は、「外資輸入」は「国民」を「外国人の奴隷」にすると主張して、インドが「今日の惨情」に至った所以に言及した。すなわち「独立大帝国」だったインドは、「外資輸入」によって「総ての製産事業」や「富饒なる山河国土」が「外国人」の所有となり、「唯々地球上地理の為めに、印度国の旧名のみを存するに至」ったとして、「大和民族は、地理上の国名を欲するものにあらず、大日本帝国の独立と、日本国民の実力とを、全ふせんことを期して止まざるものなり」と主張したのである。[26] このように経済的支配を問題とする立場からは、田口が指摘したインドにおけるイギリス人の少なさは必ずしも問題でなかったといえよう。重要なのはインドの事例自体が、イギリスによる属領支配および投資植民地化という二つの側面を持っていたことである。蟠龍窟主人にとって外国資本による投資植民地化は、「日本国民」「大和民族」にとっての経済的な「独立」の喪失を意味したのであり、インドにおけるイギリス人の人口規模は小さいという田口の指摘は、このような経済的支配への懸念を完全に払拭するものではなかったといえよう。

以上のように雑居尚早論者にも領域的な政治支配と移民・植民とを区別する認識はあったが、田口などとは異なり、領域的な支配―従属関係とは別に、植民活動が社会集団（「国民」「民族」）間の支配―従属関係を生み出すという関心が強く存在した。このような問題意識を体系化した著作が、陸羯南が一八九三年に著した『国際論』である。

新聞『日本』（一八八九年創刊）の主筆として、「国民主義」を標榜して言論活動を行った陸羯南は、一八九〇年代前半に対外硬派の一翼として政府の条約改正交渉を批判した。陸は雑居尚早論とは一線を画しながら、『国際論』において「国際競争」としての移民・植民活動に強い関心を寄せ、「条約改正論者も、内地雑居論者も、又非内地雑居論者も」注目すべきものとしてこれを論じた。陸によれば、「国際競争」には、国家がみずからの意志で他国の領土を侵略する「狼呑」だけでなく、「個人」が「自家の利益」のため外国に移住した結果、「偶然にも他の民種を侵食」する「蚕食」がある。「狼呑」の一つの好例は、「吾国の開港場に於ける居留地」であった。しかし陸はそれ以上に、内地雑居がいまだ行われない現時点でも、日本に来住した欧米人がみずからの「国民的精神」によって日本人を「感化」し「臣妾」とするという「蚕食」が既に起こっていると警告した。陸によれば、内地雑居の可否より重要なのは、「日本国はナシイヨンにあらずしてエターなり」という現状を変え、「狼呑蚕食」を防ぐことであった。陸は国境を越えたヒトの移動が、国家の領土拡張とは異なる次元で、社会集団（民族）の間に支配―従属関係をもたらすことを指摘し、日本の独立には「物質的組織」としての「エター」（国家）だけでなく、「精神的組織」としての「ナシイヨン」（国民）が必要だと主張したのである。(27)

陸の議論が示すように、欧米人の移民・植民活動が国家の支配拡大とは異なる次元で日本「国民」の独立に危険をもたらすという見方は、内地雑居への賛否を超えて共有されうるものであった。そこで最も有力な位置を占めたのは、次にみる制限雑居論であった。

(3) 制限雑居論と「国土」「国民」

イギリスのインド支配をめぐる議論でも示されたように、雑居尚早論者が説いた「国土国民の区別」は、単に外国人の雑居を認めるかどうかだけでなく、外国人による土地や資源の所有を認めるか否かという問題に焦点があった。そして外国人の雑居を認める論者においても、土地や資源の所有は制限、あるいは禁止すべきだとする主張は極めて広くみられ、政治的にも強い影響力を持っていた。このような主張を、制限雑居論と呼ぶことにする。

一八九〇年に開設された帝国議会において、条約改正交渉は藩閥内閣と衆議院の政党勢力との間で重大な争点となったが、そこで制限雑居論は最も有力な立場となった。「民党」連合による藩閥政府との対抗に限界を覚えた自由党が、星亨の指導下で対等条約を方針に定め、藩閥政府との協調を模索したのに対して、大井憲太郎など党内の雑居尚早論者は離党して内地雑居講究会を結成し、対外硬路線による政府・自由党への批判を展開した。しかし自由党もまた、内地雑居を全面的に認めたわけではなかった。自由党が一八九三年二月、立憲改進党とともに一三五対一二一で可決に持ち込んだ条約改正上奏案では、内地雑居を認めながらも、北海道・沖縄県では雑居区画を制限し、全ての島嶼で雑居を禁止した上、外国人の土地所有権、および鉱山・鉄道・運河・船渠・造船所の所有権・営業権は法律で禁止するよう求めていた[28]。内地雑居に対する強い抵抗の中で優位を確保するため、政府の条約改正方針の全面的支持ではなく、制限雑居論の立場を選択したのである。

制限雑居論は、いかなる論理に基づいていたか。まず条約改正上奏案が北海道・沖縄・島嶼を特別視した前提には、「大に内地と其制を異にし、目下の情勢之れを開放するは得策に非ず」という認識があった[29]。文字通りに理解すれば、これらの地域はそもそも内地雑居における「内地」に含まれなかったことになる。「内地」とは本来、国内を意味する言葉であったが、これらの地域も日本の領土であったにもかかわらず、外国人の雑居に関しては「内地」から区別された。その理由は、島嶼部一般に関しては軍事的考慮によるものと思われるが、端的には北海道や沖縄、小笠原諸島が本国とは異なる属領だったからにほかならない。この点については、次節で改めて検討しよう。

次に内地雑居を認めながら外国人土地所有権の制限を求める主張の例として、人見一太郎の『国民的大問題』（一八九三年）をみてみよう。同書は徳富蘇峰率いる民友社の雑誌『国民之友』に連載された「条約改正論」をまとめたものであり、人見自身も民友社の一員であった。人見は内地雑居自体は望ましいとして、「日本の幾部分即ち日本国民が荒地廃田とする所を東洋の白皙人避暑避寒の地となし、従て日本の絶景を世界に広告し、世界人民の来遊足を引くを得ば、その国土に幸いする所幾何ぞ、是れ坐ら世界の富を吸引するの一方なり」、つまり欧米人の来住は「国土」に富をもたらすと主張した。また人見は、日本は既に人口密度が高く「繁殖力」も強い上、賃金も世界で「最下底の一」であるから、欧米人が「大乱入」することはないと予測した。しかし人見は、外国人の「土地鉱山の所有権」については断固制限すべきだと主張した。それは「土地と人民」こそが、「国家を形成する所以の二要素」だからであった。土地所有とは実際は「国家より永代借地せるもの」であり、例えば国内で大富豪が「全国の田畑を専有」する事態となっても、もし「多数人民」が「専有の土地を没収するの法律を制定」すれば国家はそれを履行し、土地は「多数人民に分配」される。「彼等〔人民〕は直接に土地を有せず、然れども全国人民の集合的権力たる国家を通ほして、間接に此土の主人也」、つまり「国家」の領域支配を媒介として、「土地」は国家の構成員である「人民」と密接に結びついている。このような見地から、人見はかつて井上・大隈両外相のもとで作られた条約改正案が、外国人の土地所有権を「無制限」に認めたことを批判した。仮に外国人が土地を所有すると

してもそれは「貸与」に過ぎず、条約ではなく国内法で規定されねばならないのであった。(30)

つまり人見は、一方では田口卯吉と同様に、欧米人の来住が日本の経済発展をもたらすとして内地雑居を支持しながら、同時に他方で、土地や鉱山資源の所有権に関しては外国人には認めず、日本「国土」の経済発展は日本「人民」の所有物だという立場をとったのである。このような主張が、条約改正による法権回復を望みながらも内地雑居に対する懸念を抱く人々から広く支持を得たのだといえよう。

以上にみたように、雑居尚早論とは内地雑居によって日本が欧米人の移民・植民の対象となることを危惧する主張であった。それは人口の流入（移住植民地化）だけでなく、「国土」の発展は「国民」が専有すべきであるとして、欧米人による経済的支配（投資植民地化）を恐れる態度であり、条約改正のため内地雑居は容認しながらも条件を付そうとする制限雑居論も、同様の懸念を共有していたのである。次節では「国土」と「国民」をめぐる認識にさらに分け入ることで、日本の国家形成および支配領域の拡大と並行して生じていた民族《エスニック》ナショナリズムの意識構造について明らかにしよう。

三　内地雑居論争と民族《エスニック》ナショナリズム

（1）明治憲法体制と「国土」「国民」

内地雑居論争で盛んに言及された「国土」と「国民」とは、どのようなもの、またどうあるべきものと観念されていたのだろうか。これを考える上で避けて通れないのは、一八八九年二月一一日に制定された大日本帝国憲法の存在であり、特に注目されるのは同年六月、井上毅の原案をもとに伊藤博文の名前で刊行された『憲法義解』で、

「国土及臣民」に関する説明がなされていたことである。それは前述のように、「国土国民の区別」という論法が大隈条約改正案をめぐる対立を通じて急速に広まる直前のことであった。

実際の作成者による、帝国憲法の公式解説書である『義解』は、憲法第一条「大日本帝国は万世一系の天皇之を統治す」について、「統治」の対象を「国土及臣民」と換言し、次のような説明を加えた。すなわち日本の「現在の疆土」は、「古の大八島・延喜式六十六国及各島・並に北海道・沖縄諸島及小笠原諸島」である。「蓋し土地と人民とは国の以て成立する元質にて、一定の疆土は以て一定の邦国を為し、而して一定の憲章其の間に行はる。故に一国家は一個人の如く、一国の疆土は一個人の体躯の如く、以て統一完全の版図を成す」と。つまり『義解』は、第一に「国土」＝「土地」と「臣民」＝「人民」は国家の統治対象であり、構成要素であるという認識、第二に「国土」は憲法が施行されることで一体となるという認識を示していたのである[31]。

『憲法義解』における「国土及臣民」と、内地雑居論争における「国土国民の区別」との関係を考えると、二つの重大な問題を指摘できる。第一の問題は、「国土」の非均質性である。『義解』は「国土」において、北海道・沖縄・小笠原諸島を日本古来の領土とされる地域とは別に列挙し、新附の領土であることを言外に示していた。この事実は、憲法の下における「国土」の一体性という理念自体に関わる問題であった。衆議院を通じた「臣民」の政治参加は帝国憲法の一つの根幹だったにもかかわらず、同日に制定された衆議院議員選挙法において、これら三地域はその適用範囲から除外されていた。三地域が新たに日本の領土に加えられ、属領として統治されたからこそ、その住民は本国議会の参政権から除外されたのである[32]。

第二の問題は、『義解』が国家の構成要素とする「臣民」に対して、内地雑居論争では「国民」が用いられたという相違である。これを考える上で重要なのは、一八九〇年前後に一世を風靡した政教社の国粋主義である。政教社は大隈条約案反対運動の一翼をなし、機関誌『日本人』では雑居尚早論がしばしば主張された。「国土国民の区別」を最も早い時期に提示した松下丈吉の前掲論説も、その一つであった。

　政教社は一八八八年に志賀重昂や三宅雪嶺によって創立され、雑誌『日本人』を中心に言論活動を開始した。その創刊当初、志賀は「国粋保存」という思想の意味は、「泰西の開化」を「日本国土に同化」させるのではなく、ひたすら「日本の外面を虚飾塗抹」するために用いる「塗抹旨義」を、「日本国民の為め」に「日本国土より放逐蕩掃《ママ》」することにあると説いた。日本は西洋の近代化を表面的に模倣するのではなく、むしろ西洋諸国に倣って、自国の「国粋《ナショナリティ》」を基礎として他の要素を吸収せねばならないというのであった。この認識を踏まえて、志賀は帝国憲法の発布に際して「日本国民は明治二十二年二月十一日を以て生れたり」と題し、これまで「単に風俗、習慣、言語を同じふする民族」に過ぎなかった「日本人民」は、帝国憲法の制定によって「政治上固く結びて一体をな」す「日本国民」として新たに「生まれ出で」たと唱えた。[33] このとき志賀は「あきらかに意識的に『臣民』の二字をさけ」（鹿野政直）、「国民」という言葉を、単なる被治者ではなく、帝国憲法に立憲政治という内実を与える政治主体の自称として用いた。[34] 言い換えれば、「臣民」とは日本国家の統治対象、つまり日本国籍保有者のことであったが、「国民」には市民権の意味が込められたのである。

　そしてさらに注意すべきことに、志賀は自称としての「国民」が、「風俗、習慣、言語」を共有する「民族」であるという前提を当然のごとく導入していた。実際に「日本国民」は、無前提に「大和民族」と置き換えられた。「大和民族」とは恐らく沖縄人やアイヌ、小笠原諸島の欧米・ハワイ系住民などを除く当時の日本戸籍・国籍保有者、すなわち本書でいう大和人と同定してよいだろう。加えて志賀は、このように「大和民族」と置き換え可能な「日本国民」を、日本の「国土」を専有すべき存在でもあると考えていた。志賀は「北海道」から「琉球地方」に至る「日本の地形」の豊かさを論じた上で、「此の美なる邦土を所有し、此の羨むべき邦土を利用するもの」は「大和民族」であり、「日本国民」であると説いて「奮起」を促していたのである。[35] このように「大和民族」と「日本国民」を同一視する思考習慣は、「国土」の上の民族的マイノリティの無視あるいは忘却を伴っていたといえよう。「大和民族」以外の人々も「臣民」（日本国籍保有者）であれば「国民」たりうるのではないかという問題は、志賀たちの関心事ではなかったのである。

以上のように、帝国憲法のもとで立憲政治が開始された時点においては、憲法作成者の側が「国土」と「臣民」（日本国籍保有者）とを日本国家の統治対象・構成要素と規定する一方、民間では「国民」の自称によって市民権の実質化が追求され、また「国民」は「国土」を専有すべき存在としても観念された。しかし新たな「国土」である北海道・沖縄・小笠原諸島が属領統治の下に置かれ、本国の議会政治の外に置かれただけでなく、「日本国民」は「大和民族」と同一視されており、三地域の領有・併合とともに「臣民」に加えられた人々は視野の外にあったのである。第1章でみた北海道における大和人移民の植民者意識も、このような「民族」と「国民」との同一視という観点から説明できよう。

(2) 帰化法問題と民族ナショナリズム

「日本国民」を単に日本国籍保有者（帝国臣民）ではなく、市民権を持つと同時に同質的な「大和民族」でもあると観念する思考習慣は、内地雑居という外来者の排除／包摂をめぐる問題にどのような影響を及ぼしたであろうか。外国人の来住が、このような意味での「国民」にとって最も問題となりうるのは、帰化、すなわち日本国籍の取得を通じてであったといえよう。外国人の帰化をめぐる議論は「国土国民の区別」と同じく、大隈条約案をめぐる政治対立の発生とともに登場し、内地雑居論争の論者たちから注目を集めたのである。

井上馨・大隈重信両外相による条約改正交渉の過程で、欧米列国は居留地制度の廃止後、旧居留地の外国人に「日本国臣民と同様の条件」で「地方選挙」の参政権を与えよと要求していた。外国人に日本国籍の取得を経ずに地方レベルでの政治参加を認めよという要望に対して、日本政府に応ずる余地はなかった。[36]しかしその一方で、日本政府は外国人を「日本国臣民」とする可能性について、条約改正達成のために検討を迫られることとなった。一八八九年の大隈条約改正案で認めた大審院への外国人法官任用条項が、制定から間もない帝国憲法の第一九条、「日本臣民は法律命令の定むる所の資格に応じ均く文武官に任ぜられ及其の他の公務に就くことを得」に違反する可能性が認められたのである。同年七月、井上毅内閣法制局長官は政府への意見書で、憲法は「仮令正条の明文なしと雖も、国民の公権を以て之を外国人民に及ぼさざる主義」だと述べ、憲法違反を回避するため帰化法の制定を提案した。[37]帰化法の制定が必要だと認識されたのは、そもそも外国人の国籍取得のための法整備が行われていなかったためである。外国人の帰化を認めた規定は、当時は一八七三年三月の内外人民婚姻条規（太政官布告第一〇三号）のみであり、外国人女性が日本人男性の妻となるか、外国人男性が日本人女性のもとに「婿養子」または「入夫」となるか以外に、帰化の方法はなかったのである。[38]

その後、帰化法の制定は大隈外相による条約改正交渉の中断のため棚上げとなったが、[39]帰化法問題は内地雑居論争の一争点となった。まず雑居賛成論者を代表する田口卯吉は、外国人の帰化もやはり肯定した。田口は、一八八九年の時点で既に帰化外国人の任用に賛同しており、一八九三年には、帰化とは「恰も我内地に於て静岡県管属のものが東京府に転籍すると同一にして、実に易々たるもの」、つまり国籍の取得は戸籍の移動と同様の手続きに過ぎないと述べた上で、「論者にして外人の内地に雑居するを嫌ふも、彼れ帰化を請願せば之を拒むを得ざることなり」「一肩書を変ぜば我内地何れの処にも土地を有し株券を買ひ事業を起すを得るなり」と説いた。つまり外国人は帰化すれば日本国籍保有者であるから、内地雑居を禁ずることは法的に不可能だと指摘したのである。[40]

しかし外国人も帰化すれば等しく日本人だという見方に対して、抵抗を示す者は珍しくなかった。『東京朝日新聞』は一八九一年四月に、今後制定すべき「帰化法を厳にする」必要を説いたが、その大きな理由は、「人口余りありて富財足らざる」日本の現状では、外国人が多数帰化すれば「少なき資本と少なき土地とは益々細分せられ、細分せられたる一部は我本来の国人の手より去らんとす」ることになるからであった。[41]また同時期、政界の雑居尚早論者であった大井憲太郎は「帰化法を設て外人をして軽易に日本人たらしむる一条項をも〔条約〕改正案に加へたりと」いう「一説」に言及し、これを欧米人による国内開発促進の意図と解釈した上で、「其日本の為め固有の民と帰化の民とに於て択ぶ所なしとするか」と批判した。[42]これらは、帰化制度によって外国人が「本来の国人」「固有の民」と区別されず日本人の一部になり、かつ経済的支配者となるという可能性に対する拒否反応であった。つまり「国土」を専有すべき「国民」とは単なる日本国籍保有者ではなく、「本来」の日本人、「固有」の日本人でなければならなかった。それは言い換えれば、民族集団としての日本人（恐らく大和人）だったといえよう。

このような外国人帰化への抵抗意識についてさらに考えるため、知識人の中で雑居尚早論を唱えた代表者として知られる井上哲次郎の議論を検討しよう。東京帝国大学で哲学を専門とした井上は、一八八九年に著した『内地雑居論』で、内地雑居によって「優等人種」である欧米人が多数来住すれば、日本人は「人種」間の「競争」に敗れ「滅亡」すると説いた。井上はその際、内地雑居後は「外国人は日本の法律に従ひ日本人同様の資格を有すべきは勿論なれども外国人は矢張外国人なり（中略）日本人と同一種族にあらざるなり」、つまり「日本人」は一つの「種族」をなしているという見地から、法律的次元とは別に「外国人」との区別を論じていたのである。[43]

井上のいう「種族」とは、言語や文化などを共有する民族集団であり、同時に「国民」でもあった。井上は田口と行った論争において、田口が古代日本における渡来人の帰化を論拠として雑居を正当化したのに対して、日本に「鞏固なる国体」が組織される前である古代の帰化を、現在に結びつけることはできないと反論した。田口は日本に「鞏固な国体」があるのなら雑居を許容しても良いはずだと井上を揶揄したが、井上はこれを退けた。現に「国体」が持続しているのは、現在の「国民」が同一の「人種」・「言語」・「教育」・「政体」の下にあるためであり、内地雑居によって「異種の人種英米仏独魯澳の人々並に支那人朝鮮人」が多数来住すれば、「国民は純粋ならず、体裁全く変異して、勢ひ国体の破るるを見るに至らん」というのであった[44]。井上は、一方では日本の「国民」は均質な民族集団だと認識し、しかし他方でその均質性、つまり「国体」は欧米人だけでなく、かつて日本に帰化した中国人や朝鮮人が来住しても破壊されかねない脆さを持っていると考えたのである。井上の想定する「種族」としての日本「国民」は、志賀重昂のいう「民族」としての日本「国民」と基本的に同種の観念だったといえよう。外国人の流入、とりわけ帰化によって日本「国民」が民族としての同質性を失うという危機意識が生ずる一方で、現状における「国民」の民族的同質性は疑われなかったのである。なお当時、中国人の居住は後述するように欧米人と同様、居留地・雑居地に限られていたが、朝鮮人については一八七六年の日朝修好条規で朝鮮側が領事裁判権を持たなかったことが要因となり、実際は日本国内の自由な居住が可能だった[45]。

以上のように、内地雑居論争の一争点となった外国人帰化問題において、田口が外国人は帰化すれば日本人であり、内地雑居を拒絶する根拠はなくなるという見方を示したのに対して、外国人帰化に対する拒否反応の根本にあったのは、日本の「国民」は生得的に同質の民族集団であり、今後もその同質性が保持されねばならないという観念だったといえよう。しかし問題は、内地雑居が実現していないこの時点においても、日本人（日本戸籍・日本国籍保有者）は決して同質の民族集団ではなかったことである。

(3) アイヌの「同化」をめぐって

日本「国民」の民族的同質性を主張する論者が、常に日本国内の民族的マイノリティを無視していたわけではない。特に北海道におけるアイヌの存在は、しばしば話題となった。しかしアイヌは日本国内に大和人以外の民族がいるという実例というよりも、「同化」や「優勝劣敗」の対象として語られた。

その一典型は、学界における雑居尚早論者の代表、井上哲次郎であった。井上によれば、「我邦の蝦夷人が漸々衰滅し、愈々亡滅せんと」していることは、「優等人種」が移住して「劣等人種」と雑居したことによる「優勝劣敗」の実例であった。[46]アイヌの存在は、日本「国民」が一つの「種族」をなすという井上の持論を覆しうるはずだが、井上はこの点について論を展開していない。ただしアイヌが仮に大和人との雑居によって完全に「亡滅」するのだとすれば、「種族」としての同質性は失われないことになるだろう。この論理的可能性を裏付けるのは、梅田又次郎が一八九三年に著した『国民之大責任　条約改正論』（一八九三年）の所論である。

梅田の著作は星亨の序文が付され、前述した条約改正上奏案を賞賛するなど、いわば自由党の条約改正問題に関するパンフレットであり、内地雑居は肯定しながら外国人土地所有の禁止などを求める制限雑居論の立場を表明していた。そして注意すべきなのは、梅田が井上とは逆に、アイヌの存在について内地雑居を肯定する論拠として言及したことである。内地雑居によって日本「国民」が欧米人に「同化」され「国体」を失うという懸念に対して、梅田は「今の大憂は内地雑居を許して国体を損するの恐れにあらず、内地雑居を許して如何にして外国人と我国民とを同化せしむるかに在り」と説き、現に「内地人と雑居」した「アイノ種族」は「同化的消滅に瀕」していると主張した。ゆえに内地雑居後に欧米人が日本人を「同化」するという事態、すなわち「我が国民がアイノ民族と化したる日」は想像できず、むしろモンゴル人が「中華に同化」したように「諸外人を日本化」することも十分可能だと説いたのである。[47]

つまり梅田はアイヌの存在を強調しながら、彼らが「同化」したという認識を論拠にして、日本「国民」の民族的同質性は強靱だという主張を導いた。異分子の存在・流入は、それを日本「国民」の中に従属的に「同化」させるのであれば、民族的同質性を損なうことにならないと論じたのである。しかしこのような「同化」論は、現実には大和人とアイヌとの間に形成された植民地主義的な支配―従属関係を糊塗する論理に過ぎなかった。

特に見逃せないのは、梅田がアイヌを「同化」する主体を「内地人」と呼んだことである。梅田は著作の他の部分では「大和民族」を「日本国民」とほとんど同義で用いていたが、アイヌに対しては「内地人」を対置した。既に述べたように、ここでの「内地」は北海道・沖縄・小笠原諸島を除く本国を指し、従って「内地人」とは本国から北海道へ移住した大和人を指す。梅田は必ずしも自覚的ではなかったかもしれないが、恐らくアイヌが「同化」によって「民族」「種族」としては消滅に向かっていると主張するために「大和民族」とアイヌとを対置するのを避け、しかし同時に、本国から北海道へ移住した大和人をアイヌと区別する必要は認めたために、空間的な呼称である「内地人」を用いたのである。したがってアイヌは言語や文化、生活慣習などの「同化」が進んでも結局は「内地人」と区別されるのであり、それは第1章でみた北海道における大和人移民の植民者意識と共通するだけでなく、琉球併合後の沖縄人に対する大和人や、後年の日本統治下における台湾人、朝鮮人に対する日本人について「内地人」の呼称が用いられたのと同じであった[48]。

なお内地雑居論争では、このようにアイヌの「優勝劣敗」や「同化」が語られた一方で、沖縄人や小笠原諸島の欧米・ハワイ系住民について同様の議論は管見の限りみられない。それは当時において、大和人による北海道の移住植民地化が、他地域と比べて極めて顕著な現象だったためであろう[49]。移住植民地としての北海道をめぐる議論については、第五節で内地雑居論争と日本人の移民・植民との関係を包括的に扱うにあたって、改めて考察を加えたい。

四　中国人をめぐる内地雑居論争

(1) 中国人雑居賛成論

内地雑居論争において、中国人雑居の是非は欧米人の雑居とは位相を異にしながら重要な争点となっていた。中国人の移住活動は、欧米人の移住活動とだけでなく、日本人の移住活動とも比較される対象になっていたのである。日本人の移民・植民をめぐる議論の考察に入る前に、この問題について検討を加えておこう。

幕末に日本が欧米列国に対して開国した時点では、日本と中国との間には国交も条約もなかった。しかし開港地には主に広東などから多数の中国人が、欧米人の使用人という形で来住し、日本側はこれを事実上放任した。日清修好条規（一八七一年）によって中国人の日本在留は法的根拠を得ることとなり、また同条規は日中相互の領事裁判権を認めたため、一八七七年に清朝の駐日公使が着任し、一八七八年に横浜・神戸・長崎・函館に領事館が設置されると、中国人も領事裁判権の下に置かれた。居留地において、中国人は最も人口規模の大きい外国人集団となった。日本政府はアヘンの取り締まりなどを理由として、居留地の中国人に対する行政権を求め、さらに欧米との条約改正交渉で法権回復を中心的要求とすると、中国にも領事裁判権の撤廃を求めたが、清朝政府が難色を示し、欧米との交渉も難航した結果、交渉は一八八八年に中絶したまま日清戦争に至った。(50)

内地雑居論争で中国人の雑居を肯定した論者は、多くの場合、中国人労働者の流入という可能性が乏しいことを指摘した。ここでも、田口卯吉の所論を紹介しよう。田口は一八八四年の論説で、欧米人雑居・外資移入の意義は最早「世論の容るゝ所」だと判断した上で、むしろ議論となるのは「支那人雑居の一事」であるが、その懸念は不要であると主張した。すなわち、①人口密度や、中国より日本のほうが賃金が低廉であることから考えて、アメリカのような中国人の大量流入は考えがたい。②もし中国人が日本に来住して日本人労働者と競争するならば、それは「財主の利」「消費者の利」であり、結局外資の流入と同じく「我国の利」である、と。[51] つまり中国人のアメリカへの流入が通貨価値の違いによるものであり、日本には当てはまらないことを指摘して、中国人労働者の大量流入は想定し得ないと主張する一方、移入そのものも経済発展の観点から歓迎すべきだとしたのである。

経済に関してヒトの出自を問題としない田口の姿勢は、中国人雑居についても一貫していたといえるが、加えて田口が中国人と日本人の労賃を比較したのは注目される。この時期は北米やハワイで中国人移民に対する排斥が激化し、特にアメリカ合州国では一八八二年の排華法で入国が禁止された直後であり、田口の議論は、日本でも同様に中国人が低廉な労働力として流入する可能性が警戒されていたことを示す。しかし一八八〇年代半ばは同時に、日本人が北米やハワイへと、中国人に代わる低廉な労働力として大量に移民を始めた時期でもあったのである。この点で田口の観察は、正鵠を射ていたといえよう。

（2）中国人雑居反対論

しかし田口卯吉と同趣旨の指摘が他の論者からもしばしばなされたにもかかわらず、中国人の内地雑居に対する反対意見は広くみられ、その中には欧米人の雑居を認める論者も顕著にみられた。その一つの要因は、中国人商人の経済活動への警戒だった。[52] 一八八四年に『内地雑居評論』を著した林房太郎は、欧米人の雑居や資本投下は「我富源を開く」として歓迎したが、中国人の雑居には強い警戒を示した。林は中国人労働者の来住如何は未知数だとした上で、ある上海在住者の観察として、中国人商人に比べれば東京の日本人商人は「疎漫不注意なるに驚く程」であり、香港でもイギリス人商人が中国人商人に「圧倒」されていると述べ、内地雑居後は中国人が「小売商売」のため多数来住すると予測したのである。[53] また欧米人について制限雑居論の立場をとった人見一太郎は、中国人の雑居には明確に反対した。人見は、中国人は既にアメリカやハワイ、オーストラリアで日本人労働者の「競争者」となっている上、日本では外国人人口の大半を占めているると指摘し、「長崎の如きは、日本人の長崎にあらずして、支那人の長崎といふを以て適当なりとす、神戸、大阪、横浜の商権半ばは彼らの掌中に在るにあらずや」と述べた[54]。つまり人見は欧米人の資本による日本経済の発展に期待する一方、中国人と日本人との「競争」には強く警戒したのである。

内地雑居論争が盛んに行われた一八八〇年代から九〇年代半ばにかけて、日本の開港地で中国人が最大の外国人人口だっただけでなく、中国人商人が日本人商人よりはるかに強い勢力を持つようになっていたのは事実であった。横浜を中心とする対欧米貿易で欧米人商人が主体となった一方、中国人商人は中国・日本の開港地を拠点とする「上海ネットワーク」で、アジア間貿易の主導権を握ったのである。欧米人が内地雑居後に多数来住する、あるいは日本の「国土」を経済的に支配するという危惧に比べれば、中国人雑居への警戒は経済の実態に根ざしていたといえよう[55]。また人見が移民労働者としての中国人・日本人の「競争」を指摘したのも、論理的には必ずしも中国人労働者の日本流入にはつながらなかったはずであるが、少なくとも実際のヒトの移動を前提にした主張ではあった。

しかし中国人雑居反対のもう一つの、恐らく根本的な要因が、中国人への同族嫌悪的な蔑視だったことは否定しがたい。林は中国人を「汚穢破廉恥」と評し、「世界文明の人種として決して上級に位することを得」ない中国人が日本人と雑婚すれば、「日本人種の血脈を汚す」と主張した。人見は「白皙人種」ではなく同じ「黄色人種」の中国人こそ雑居を禁止せねばならず、中国人は恐るべき「膨張力」を持つ「蟻に似たる人種」だとして、「支那人の強点は、その下品到らざるなきに在り、日本人の弱点は、その高尚なるに在り」と説いた。また梅田又次郎も、中国人雑居は「労役の競争」を防ぐだけでなく、アメリカが排華政策をとったのと同様に「風紀を維持」するためにも禁止すべきだと主張した。[56]彼らは恐らく、日本人と中国人とがともに黄色人種として区分されるゆえにこそ、日本人を欧米人と同じ「文明」の側に立たせようとして中国人をことさらに蔑視したのである。

いっぽう興味深いことに、欧米人の雑居に強硬に反対した雑居尚早論者が、中国人雑居の是非に全く言及しないことは珍しくなかった。その理由は明確ではないが、示唆的なのは、中国人の雑居は欧米人の雑居より危険が少ないとした寺師宗徳（国家経済会）の所論である。寺師は一八九二年に発表した論説で、次のように述べた。曰く、中国人雑居の弊害は「賤奴」「労力」として「日本国土の富利を吸ひ、日本国民の財源を奪ふ」にとどまる。だが欧米人の雑居は、「智識を以て邦人を化し、資力を以て邦人を役する」ので、確かに「国力を殖し民智を進め、国家をして、文明の域に躋《のぼ》らしむるの利益」があるが、その結果として「国憲を革め、国体を変ずる」、言い換えれば「其国の基を壊る」恐れがある、と。[57]寺師が中国人を蔑視していたのは明らかだが、内地雑居の是非を日本の独立という観点から評価し、中国人が労働者として日本に流入するだけであれば、欧米人より危険性は小さいと考えたのである。これは雑居尚早論者がしばしば、欧米人は来住する人口が少なくとも「国土」を経済的に支配するから危険だと主張したのと符合する見方であったといえよう。ここでも恐らく「文明」の序列意識ゆえに、中国人の移民・植民が同様の事態を引き起こすという想定はなされなかったのである。

五　内地雑居論争と移民・植民論

（1）移民・植民先は国内か国外か

欧米人の移民・植民活動に対する認識は、日本がその対象地となるかどうかという論争を生んだだけでなく、日本からの移民・植民を推進する主張にもつながるものであった。[58] 内地雑居論争と移民・植民論との連関は、論争の当事者たちにも強く意識されていた。そこで争点となったのは、日本人にとって移民・植民の対象地は国内か国外かという問題であった。

政界における雑居尚早論の中心人物だった大井憲太郎は、一八九一年九月に新聞『日本』に掲載された論説「移住民論」において、北海道に対する「植民政策」は日本の「国是」だと主張するとともに、「斯一大急務を忘れて日本人をして他国に移住せしめ外人をして内地に雑居せしめんと」するのは理解しかねると批判した。大井によれば、「尚開拓す可き沃野」のある北海道への「植民」は、「一挙にして国防に備へ一富源を開き又貧民授産の一端を得るの効果」があり、「軍略と商略と」の両立が可能であった。実際、当時大井は岡本柳之助らと「北海道義勇団」を結成し、「現屯田兵」と提携して北海道開拓・対ロシア防備にあたる「北海道義勇兵」の設置を主張していた。なお既に触れた大井の帰化法批判も、「固有の民」を国外に移民させせながら外国人を帰化させるのは矛盾だと主張するものであった。大井の認識では、雑居尚早論、北海道植民論、国外移民不要論という三つの主張は内的に連関していたのである。[59]

しかし北海道を属領としてだけでなく、移民・植民の対象地として特別視する認識は、大井のような雑居尚早論者に限ったものではなかった。それどころか、早くから北海道を特別視した論者の一人は、雑居賛成論を代表する田口卯吉その人であった。田口は一八八一年九月、北海道開拓使官有物払下事件を受けて北海道開拓の重要性を論じた際、「既に一敵国を五港に置きて而して北地亦た強露の植民に隣せり」と述べ、ロシア人による「樺太の開拓」への警戒を促していた。[60] 北海道を「五港」の「敵国」、つまり居留地と並列したのは、人口密度の高い「亜細亜の地」一般とは異なり、北海道では人口移入自体への警戒を要するという認識を示すものであろう。もっとも田口の場合、北海道での雑居制限・禁止という主張は管見の限りみられないが、田口と近しい島田三郎は、一八八六年の

『毎日新聞』論説で雑居賛成論を展開しながら、北海道については例外化の必要を主張した。すなわち開拓が進展するまで、北海道に限って外国人の土地所有権を制限せよと提案したのである。島田はその理由を、次のように述べた。

> 抑余輩が雑居を以て我国に利ありといふ所以の者は、唯我土地を繁栄せしむるといふの意に非ずして、この土地に住居する日本人民の進歩と繁栄とに利益ありといふ者なり。而して外人が我内地に来住し土地を所有して我人民と雑居するや、彼我共に利益を分享すべしと雖、外人多く北海道の土地を所有するに於ては、其利益は外人の利益にして日本人民の利益とならざるべし。[61]

島田の主張は、先に触れた「国土国民の区別」の原型をなすものであったといえよう。北海道は日本の領土ではあっても「日本人民」による開発が不十分だという問題意識が、一方では日本人（大和人）だけでなく外国人の来住も含めて北海道開拓の一層の進展を求める主張に、他方では外国人の土地所有権制限という主張と結びついていたのである。第1章で述べたように、この時期には北海道（特に開港地の函館以外）に入植した大和人の中でも、外国人雑居に対する賛否は分かれていた。

しかし田口や島田の北海道に対する見方は、移住植民地化の進展を観察するとともに変化した。島田は一八八九年に著した『条約改正論』で、「汽船鉄道」の発達により「北地に赴くの人民漸く多」くなりつつあり、かつ「土地」「鉱坑」の多くは官有であることを根拠として、北海道を内地雑居の例外地域にする必要はないと主張するに至った。加えて島田は、「予は其外人の北海道に来る者は我国人に陶せらるゝを信ずるなり」と述べた。また田口も一八九三年に北海道を視察して、「北海道に人口物産の増殖すること駸々の勢あり」と移住植民地化の進展に注目を示した。[62]

その一方で田口は、国外への移民・植民論への傾斜を強めていた。田口は一八九〇年、「我が四千万の同胞は既に国内に於て遺利なきに苦しめり」という認識のもと、ハワイへの移民を利益ありと認めるだけでなく、「南洋諸島」への移民を主張し、実際にミクロネシア（当時、スペイン領）のグアム、ヤップ、パラオ、ポナペへと交易と視察のため航海も行った。このような田口の「南洋経略論」は、当時、政府内部で太平洋諸島や東南アジア、中南米への「植民」を提唱していた榎本武揚と呼応したものであり、辞官後の榎本が「メキシコ植民」事業を企図して一八九三年二月に殖民協会を設立すると、田口もこれに参加した。田口は同年一〇月の『居留地制度ト内地雑居』で、雑居尚早論者が「人種競争」への敗北を恐れるのを批判して、「日本人種」はむしろ「人種競争」のため、「我と同一の言語を用ひ同一の風俗を有する同胞を世界に散布」すべきだと主張した(63)。外国人の帰化を全く問題としなかった田口も、日本人を民族集団として捉える見方は共有していたといえよう。日本人は移民・植民の主体となるべきだという田口の雑居賛成論は、このようにいったん北海道植民論を経由しながら、国外移民・植民論へと展開したのである。

日本の大勢が国外移民へ向かっていることを説いて雑居尚早論を批判する主張は、田口に限らずしばしばみられた(64)。彼らは日本の人口密度や人口増加率の高さをその根拠とし(65)、また欧米人は日本に来るより、はるかに土地が広く人口の少ない南アメリカやオーストラリアを選ぶだろうと主張した。これらの地域は、同時に日本からの有力な移民先としても想定されていた(66)。やはり殖民協会に参加した自由党の星亨も、一八九三年七月、次のように雑居尚早論を批判した。曰く、「非雑居の説」というのはつまるところ「到底我国の人民と云ふものは、外国人とは競争の出来ない弱い人間だといふ」議論であり、「若し此議論をして是ならしめば、もう布哇に人を遣るのは無駄な話だ、亜米利加に人を遣るのは駄目な話だ、植民と云ひ移民なんと云ふことは止めるが宜しいと云ふことになる」と。星は条約改正問題の観点からこのように主張したというだけでなく、第3章でも触れるように、当時、実際に北米やハワイへの移民事業に強い関心を持っていたのである[67]。

以上にみたように雑居尚早論・雑居賛成論の対立は、日本人の移民・植民の対象地は国内か国外かという相違につながっていたが、それは見方を変えれば、両者が移民・植民論としては連続していたことを意味する。次項でさらに明らかにするように、雑居尚早論を支配していた民族ナショナリズムのイデオロギーは、国外移民を推進した人々にも共有されていたのである。

(2) 移民・植民論と民族ナショナリズム

国外移民・植民論者の民族ナショナリズムを示す好例として、まず立川雲平と加藤平四郎の所説を紹介しよう。両者はともに自由党の代議士として、一八九二年五月に衆議院で「植民探検費（移民地探検費）に関する建議案」を提出した[68]。建議案は賛成者少数で否決されたが、翌一八九三年に榎本武揚が殖民協会を組織すると、両者は田口卯吉や星亨とともに参加している。

立川は一八九二年から九三年にかけて発表した「海外植民論」で、次のように問題提起を行っていた。「国家を組成する元素」は「其国土のみ」でなく「此国民」が不可欠であり、「国を守」ることはこの両者を守ることでなければならない。だとすれば、「其人民を駆て之を他邦に移し其国土を放れしむる」のは「国家の目的と背馳する」のではないか。「移住の目的」は、「一個人上」からいえば、「最大の報酬」を求める「経済上の原則」に尽きるが、「政治問題」としては何らかの正当な理由が必要ではないか、と。移民を「国家の目的」といえる理由として、立川はまず「侵略、併呑、防守」などの「政略的植民」を挙げたが、これは「今日の大勢上到底我邦の行ひ得べきにあらず、縦し行ひ得べしとするも決して言語の上に於て論述し得べきの事」ではないとして論ずるのを避けた。そこで立川が移民を正当化する最大の「国家の利益」としたのは、「我邦の土地」では支えきれない「有余の人口を漏泄し彼等をして生計を得せしむる」こと、つまり人口過剰対策であった。日本は「本土」のほか「一も領土の附庸せるものあるなく、此本土を放るれば四海到る処皆他邦の領土ならさるはなし」という認識のもと、立川は有望な移住先として「南洋諸島」（太平洋諸島）、メキシコ、カナダを挙げた。北海道移民については、「政略上」は「急務」だとして国防上の必要を主張する一方、「今後人口増加に比すれば誠に狭小」であり、「人口を移植」する対象地は国外に求めるべきだと主張した。(69)

立川が認めたように、この時期、ハワイやアメリカに渡った人々自身は、本人や家族のため、より大きな収入を得る機会を求めたに過ぎない。しかし国家の要素を「国土」と「国民」に見出して「国家の利益」を追求する立場からは、国外移民は領土の拡大を想定できない状況で、人口過剰対策としてやむを得ず推進すべき手段と位置づけられた。加藤も、「縦令我版図として植民地を得る能はざるにもせよ、人口稀少にして遺利尚存するの地を求めて、将に溢れんとする人口を海外に移すの計策を立てざる可らず」と、やはり人口過剰対策の観点から、国外移民を版図拡大の次善の策として位置づけた。加藤によれば、建議案および殖民協会設立の趣旨は、「多数の人民を移して其地に永住し、或は自ら事業を起し、以て其名は我版図に非ざるも、其実は我属国たる程のものを得んとするの希望」であった。(70)つまり日本の領土内部に移住先を得られないために、国外移民を実質的な「我属国」にするという願望を唱えたのである。

このような願望は、民族ナショナリズムの観点から、国外の日本人移民を日本国家の一部として維持するという主張を意味した。言い換えれば、それは領土支配を必ずしも含まない移住植民地化の願望であったといえよう。ハワイ移民は、この点で特に関心を集めていた。田口はハワイ移民について、「地方の小作人」を「移植して以て開墾に従事」させるのは「我日本人種の品位を発揚するの方法」ではないと不満を示し、「我独立独行の商工農をして海外に移住」させる必要を説いた。また陸羯南も『国際論』で、アメリカやハワイに渡った日本人が「蚕食」の主体たり得ていないと批判した。[71] 田口も陸も、民族集団としての日本人が国境の外部でも社会的勢力となることを期待したのである。

さらに第3章で論ずるように、当時、ハワイでは日本人が日本国籍のまま参政権を獲得する可能性が生じており、星の率いる自由党はこれを帝国議会で争点とした。このとき政教社の雑誌『亜細亜』は、「日本人にして布哇の参政権を博取せば、人口上、冥々闇々裡に竟に新日本国たらんとす」と期待した。[72] 当時のハワイでは欧米出身の白人による政権掌握が完成しつつあったが、日本人移民が仮に参政権を獲得すれば、人口規模からいって大きな政治勢力となる可能性があったのは事実であった。ハワイの「新日本国」化という願望は、日本のハワイ支配までを意味したかどうかは明確でないが、日本人による移住植民地の形成という意味であれば、完全な空想とまでいえないものだったのである。

(3)「内地雑居」から「外地雑居」へ

以上のように国外移民・植民論者(同時に、雑居賛成論者)が抱いた、日本人の移住植民地の形成という願望は、「国土」の外に「国民」を送り出す移民を、民族ナショナリズムの観点から正当化する論理であった。これに対して雑居尚早論者の大井憲太郎が、国外移民を批判して北海道移民の優先を唱えたのは、いわば「国民」を「国土」の中にとどめることへの執着であった。両者は対立しながらも、民族ナショナリズムを共有していたのである。そして雑居尚早論もまた、国外移民を完全に否定するものではなかった。大井は一八九三年、内地雑居を尚早とする理由として次のように述べた。

我が日本人は自国の安全を保たんが為め、最も深く朝鮮に力を用ひざる可らず。而して場合に依ては対韓政略上一歩も露清に譲らざるの覚悟無かる可らず。去れば我日本人は今後愈々大陸に向つて運動せざる可らず、而して中に就く《〔ママ〕》支那朝鮮に向はしむるの必要ありと雖も、一国の人心は未だ好んで外に向ふの考へなし。然るに先づ外人を内地に入れて之れと腕押しを為さしむる様にては、愈々外に向ふの心を消磨せしむるに至らん。(73)

すなわち朝鮮をめぐる日中対立が高まっていたこの時期に、大井は将来的に日本人は朝鮮・中国に勢力拡大のため移住すべきだとした上で、日本人の「外に向ふの心」はいまだ十分には育っていないので、現段階では欧米人との競争から保護すべきだと主張した。大井は国外への移民も、日本の政治的支配の拡大と結びつくのであれば認めたのである。

雑居尚早論の延長上に、日本の支配の拡大と移民・植民とを結びつけて捉える論理は、一八九四年にイギリスとの条約改正交渉で法権回復が達成され、一八九五年に日清戦争が決着した後には、より明快な形で現れた。一八九二年に大井らの内地雑居講究会で雑居尚早論のパンフレットを執筆したジャーナリスト・国友重章は、一八九五年に朝鮮に渡り、『漢城新報』(日本外務省の補助をうけた朝鮮語・日本語新聞)の主筆を務める中で、閔妃殺害事件に関与した。放免後に『日本人』に掲載した論説「外地雑居」によると、国友は渡韓以後、日本の「国民的勢力」を朝鮮に「永遠」に「樹立」するための「移住植民」の必要を説いていた。国友によれば、それはかつての持論である雑居尚早論と矛盾しないものであった。なぜなら条約改正により内地雑居が不可避となった以上、今後は「国民的自負心」によって「我国民が優勝すると劣敗すると」が決まるのであり、日清戦争での勝利による「国民固有の元気」の「復活」をバネにして、今後は「白人」に倣って「植民」、つまり「外地雑居」を行うことで、「国民的勢力を海外に伸張」するとともに「内地雑居の為めに国民の自負心を養成」すべきだ、というのであった。つまり日本が「植民」の対象とならないためにも、みずから「植民」の主体となる必要があるという主張であり、国友はこれを端的に「内地雑居の憂は同化せらるゝに在り、外地雑居の目的は他を同化するに在り」と説明した。[74] これが国友の思想信条のレベルで起こった変化かどうかは別として、政治状況の転換とともに、雑居尚早論は膨張主義的な移民・植民論へと自覚的に転化したのである。

このように内地雑居への賛否は、日本人（大和人）の移住先を国外に求めるか、北海道など国内に求めるかという相違と結びついていたが、どちらの主張も日本人（大和人）と日本国家との結びつきに固執する民族ナショナリズムを共有していた。ゆえに雑居賛成＝国外移民・植民論者は日本人による移住植民地の形成を求め、雑居尚早＝国内移民・植民論者は日本の支配地域拡大と結びついた移民・植民を求めたのである。

六　内地開放と外国人法制

(1) 内地開放と国籍法

日本政府は一八九四年に締結にこぎ着けた日英通商航海条約を最初として、欧米列国との条約改正による領事裁判権の撤廃、いわゆる法権回復を達成した。これにより日本国内の居留地は撤廃され、内地雑居が実現することになった。これを内地開放と呼ぶ。しかし内地雑居論争の影響は、内地開放後も外国人の権利をめぐるさまざまな制限として現れた。

一八九九年七月、日本国内の全ての外国人居留地は日本国の市区に編入された。このとき神戸と大阪のみで継続していた居留地自治も廃止され、それぞれの行政権（警察権含む）が兵庫県と大阪府に引き継がれた。[75] 居留地制度の廃止と引き換えに、条約国人は日本国内における移動や居住の自由を認められた。すなわち、内地雑居である。

なお内地雑居とともに、日本国内に居住する外国人は所轄警察官署への届け出を義務づけられた(76)。

内地雑居の範囲について、北海道や沖縄県、島嶼部など一部地域で制限・禁止するような規定はなされなかった。問題は、一八九五年の日清講和条約で日本が中国から割譲を受けた台湾が、日英通商航海条約が結ばれた時点では日本の領土ではなかったことであり、台湾総督府は本国政府に対して、新条約に基づく内地雑居を台湾に適用しないよう要望し、条約国人を中国領時代の外国人居留地にとどめるべきだという主張も行っていた。しかし一八九八年、本国政府は台湾も内地雑居の範囲とすることを決定した(77)。

以上の過程で内地雑居を認められた外国人に、中国人や朝鮮人は含まれていなかった。朝鮮人については、前述のように一八七六年以降認められていた内地雑居が継続されたのであるが、中国人については一八九四年、日清戦争の開戦とともに日清修好条規が効力を失っていた。中国人の入国は禁止され、日本国内の中国人は従来居住を許された地域（居留地・雑居地）での居住は認められたが、中国の領事裁判権が失われたため日本の裁判所の管轄下に置かれた。また府県知事には、中国人を国外に退去させる権限が与えられた（一八九四年、勅令第一三七号）。この規定は戦後も継続され、日本政府は一八九九年七月、条約国人の内地雑居を実施した直後にようやく中国人の処遇を改めた。ただし内務省が中国人の居住地を従来の居留地・雑居地に限ろうとし、外務省がこれに反対した結果、中国人は日本国内における自由な居住や営業などを認められながら、労働者に限って従来の居留地・雑居地以外での許可なき居住を禁じられた（一八九九年、勅令第三五二号）。この制限は、中国人労働者の流入への強い警戒を反映したものであった(78)。

中国人労働者の移入規制は一九二〇年前後に強化され、重大な政治・社会問題となった。日本政府は一九一八年の内務省令第一号（外国人入国の件）で、外国人に対する上陸禁止や退去命令を規定した。そして一九二二年以降、日本に渡航する中国人の無許可労働者が急増したのに対して、各地で入国禁止や国外退去が実施されたのである。

その理由には低廉な賃金の中国人労働者から日本人労働者を保護するという目的が挙げられ、実際に日本人労働者による中国人労働者の排斥運動も起こっていた。注目すべきことに、内務省が主導したこの中国人労働者規制に対して、在日中国人団体や国民党政府だけでなく外務省も、日本自身がアメリカの日本人移民排斥に抗議していることとの矛盾を指摘して撤回を求めた。また実際、一九二四年にアメリカで日本人移民の入国を全面的に禁止する移民法が制定されるにあたって、排日運動側は日本の中国人労働者規制を正当化に利用した。しかし内務省は、以後も中国人労働者への規制政策を大きく修正することはなかった。なお朝鮮人は韓国併合以後、日本国籍保有者として日本本国に渡航できるようになったが、一九一九年以後は渡航証明書制度などによって規制され、渡航の自由はなかった。[79]

以上にみた外国人の日本入国に関する制度に続いて、以下では日本国内における外国人の権利について論ずる。外国人の権利に関して、特に重要だったのは第一に帰化権、第二に土地その他の所有権である。第二の問題は項を改めて論ずることとし、本項の最後では帰化権問題について述べておこう。内地開放の直前に国籍法が制定され（一八九九年、法律第六六号）、日本に居住する外国人は内務大臣の許可があれば日本国籍を取得することが可能となった。帰化申請の条件には「品行端正」という漠然とした規定が設けられ、帰化した者（男性）は一部の高官や帝国議会議員などの公職に就くことを禁じられた。国籍法はこのように帰化権や帰化外国人のシティズンシップに一定の制限を加えただけでなく、日本国籍について父系血統主義の原則を定めた点で重要である。すなわち、日本国籍保有者を父として出生した者は日本国籍を強制的に付与され、日本国籍を保有する男性と結婚した外国人女性とその子、日本国籍を取得した男性の妻と子も、強制的に日本国籍を付与された。また外国人男性の妻である女性は、夫と一緒でなければ日本国籍を取得できないものとされた。さらに日本国籍を保有する女性は外国人男性と結婚すると、日本国籍を喪失するものとされたのである。[80]以下の章でも論ずるように、この国籍法の父系血統主義ゆえに、アメリカなど出生地主義で国籍を付与する国で日本人移民を父として生まれた子は、自動的に二重国籍となった。

なお、この国籍法によって日本国籍に帰化した外国人は一九〇〇年から四九年の間に三〇九人、随伴して日本国籍を付与された家族は一四一人で、合わせても四五〇人に過ぎなかった。三〇九人のうち最多の一六八人は中国人で、その他は宣教師やさまざまな職業の欧米人だった。(81)

(2) 外国人の所有権と日本人移民

外国人の所有権について、まず注目されるのは、土地所有権が当初まったく認められなかったことである。日本政府は一八九〇年以後、条約改正交渉において、外国人土地所有の可否は条約ではなく国内法で定め、居留地の永代借地権は土地所有権に変更するという方針をとり、イギリスにも内諾を得ていた。しかし一八九三年、議会の対外硬派に懸念を募らせた陸奥宗光外相は、土地所有権の全面不許可のために永代借地権を存続させる方針に転換し、イギリスもこれを受け入れたのである（日英通商航海条約第一八条第四項）。これは内地雑居論争における外国人土地所有制限の主張が、実際の政策決定に影響を及ぼしたものとしてみてよいだろう。なお永代借地権は税制上有利だったため、かえって列国の特権と化し、日本政府はその撤廃のために一九四二年までの年月を要した。(82)

ただしこのような条約改正を経て、外国人の所有権の可否は基本的に日本の国内法上の問題となった。そして日清戦後に起こった外資の積極的導入への政策転換を反映して、外国人の所有権は実質的に拡大された。(83)一八九六年に制定された民法（一八九八年施行）が、第二条で「外国人は法令又は条約に禁止ある場合を除く外私権を享有す」と定めたことにより、外国人は日本国内会社（特定銀行、取引所、鉱業を除く）の株主となる権利を得た。この規定には、外国人の土地所有を間接的に認める意味もあった。(84)土地所有権に次ぐ重要な争点であった鉱業権は、一八九〇年の鉱業条例（法律第八七号）で日本国籍保有者に限定されていたが、一九〇〇年の改正鉱業条例（法律第三三号）によって、外国人も日本国内会社の社員になることを通じて、鉱業権を間接的に取得できるようになった。鉱山だけでなく、鉄道や工場への外資導入も期待された。外資導入にあたって、日本の国内法には抵当権規定の不備という障害があったが、企業家の要望を受けて一九〇五年には鉄道・工場・鉱山の三抵当法と担保附社債信託法とが制定され、この問題も解消された[85]。

しかし外資導入のための制度作りが進む一方で、その範囲には重大な制限があった。日本が一八九五年に領有した台湾と一九一〇年に併合した朝鮮は、本国の法令が原則的に適用されなかったため、外国人の所有権に関する規定も両総督府に委ねられたのである。台湾では専売制度によって樟脳やアヘンなどの産業から外国人が排除され、朝鮮では、併合までに欧米資本が鉱業に多く進出していたが、一九一三年以降、朝鮮総督府は朝鮮に本店を持たない会社への鉱業権譲渡を認めないこととし、欧米資本の参入を事実上禁じた[86]。また両地域が日本領となる前に外国人が取得した土地所有権は認められたが、新たな土地所有は禁じられた[87]。

外国人の土地所有権を初めて規定したのは、一九一〇年の外国人土地所有権法（法律第五一号）である。小村寿太郎外相は衆議院の審議で、同法の趣旨について、「完全なる対等条約」、つまり条約改正による関税自主権回復のため、日本に在留する外国人を「普通文明諸国に行はれて居る位置」に置くものだと説明した。しかし同法には、三つの重要な限定があった。第一に、外国人に土地所有を認めるのは「日本の内地だけ」であり、北海道、台湾、南樺太は「今まだ植民地の位地」であり、「土地を基礎と致しまする植民を成べく多く移住せしむる必要」があるとして、「国防上必要なる地域」とともに除外されていた（韓国は併合直前）。第二に、同法は「完全なる相互主義」の立場をとり、「我が臣民に対して土地所有権を許して居る諸国の人民」のみに土地所有権を認めるものであった。そして第三に、同法の施行時期は勅令によって指定すると定められ、しかも実際には施行に至らなかったのである。[88]

外国人土地所有権法が日本人による移住植民地化の必要を理由として北海道・台湾・南樺太を除外したのは、内地雑居論争における「国土国民の区別」の延長上にあったといえるが、加えて新たな要素である相互主義条項は、次にみるようにアメリカにおける日本人移民の土地所有権をめぐる問題と密接に関わっていた。

アメリカ本国に渡った日本人移民の大部分が居住し、加えて農業に進出していたカリフォルニア州では、排日運動の高揚により、日本人の土地所有禁止を目的とする外国人土地法案が一九〇七年頃から州議会に提出されていた。[89] 相互主義条項はこの動きを念頭に置いたものであり、外国人土地所有権法の制定直後、アメリカ側が条約改正交渉において「多数の州」が日本人に土地所有権を認めていることを根拠に、アメリカ人に土地所有権を認めるよう要求したのに対し、内田康哉大使は「各地方に於て屢次発生せる土地所有権に関する排日的法案にして通過実施せらるることなき限り」土地所有権を認めると回答した。一九一三年、カリフォルニア州議会で「帰化不能外国人」の土地所有を禁じ、借地権も制限する外国人土地法案の可決が間近になると、珍田捨巳大使は外国人土地所有権法を実施して「加州人に土地所有権を認むること」を交換条件に、アメリカに中止を求めた。しかしこの要求は功を奏さず、外国人土地法は制定された。さらに一九二〇年から二一年、幣原喜重郎大使がカリフォルニア州における日本人の土地所有権を認めるよう要求すると、アメリカ側は、現に日本がアメリカ人に土地所有権を認めていない以上、要求には応じられないとして拒絶した。[90] つまり日本政府は外国人土地所有権法を交渉のカードとして日本人移民の土地所有権を求めたが、それは完全な失敗に終わったのである。以後アメリカでは、ワシントン州などでも同様の外国人土地法が制定され、また前述のように、一九二四年には日本人の移民を全面禁止する移民法が制定された（補論2参照）。

日本における外国人土地所有権は、外国人土地所有権法の施行をみないまま、一九二五年の外国人土地法で改めて認められた（法律第四二号）。相互主義条項は、日本人の土地所有権を禁止・制限する国の外国人には同様の禁止・制限を可能とするという緩和された形で残された。衆議院の審議で、小川平吉法相（政友会）は「我が経済界並に一般社会の進歩」からみて「最早外国人に土地の所有権を与へても差支なからう」と説明し、また外相となっていた幣原は「従来亜米利加の各州に於きまして排日土地法と云ふやうなものが制定せられる時には、何時でも日本自身が亜米利加人の土地所有権を許して居らぬではないかと云ふことが有力なる理由の一つになって居る」と説明した[91]。外国人土地法は同年、本国（北海道を含む）と南樺太を範囲として施行された（勅令第三三二号、同第三三三号）。台湾と朝鮮は元々「法案の適用の範囲外」であったが、本国と南樺太では、外国人の「豊富な資本」による未開地の「買占め」は「最早其虞れもあるまい」と判断されたのである[92]。ただし本国・南樺太の全域にわたって、「国防上」の必要により外国人土地所有権の禁止・制限が可能な地区が多数指定された。この時点まで外国人土地所有権が認められなかった要因は、第一に内地雑居論争以来の強い抵抗意識の存在、第二に日本人移民の土地所有権をめぐる日米交渉の影響だったといえよう。

以上のように、一八九九年の居留地廃止とともに外国人は日本国内での自由な移動や居住を認められたが、中国人労働者は規制対象となった。また外資導入のための法制度が整備される一方で、外国人の土地所有権は一九二五年まで認められず、加えて台湾と朝鮮は、外資導入や外国人土地所有権の枠組みから外された。「国民」による「国土」の独占的開発を求める民族ナショナリズム、そして中国人への蔑視は、内地開放後も強い影響力を持ったといえよう。その一方、中国人労働者の規制や外国人土地所有権という争点は、アメリカにおける日本人移民排斥問題と結びついた。国外移民の本格化により、内地雑居問題が日本人移民の境遇と直結するという事態が現実となったのである。

おわりに

内地雑居論争において、居留地制度の危険を理由に内地雑居に賛成した田口卯吉は、欧米からのヒトや資本の流入自体は政治的支配につながらず、経済発展をもたらすという移民・植民認識を有していたが、「国土国民の区別」という論法が示すように、雑居尚早論者や制限雑居論者は欧米人の投資植民地化による日本の独立喪失を強く恐れていた。その前提には、民族集団としての日本人（大和人）が立憲政治の下で市民権を保有する「国民」として日本の国家的独立や経済発展の主体となり、「国土」を専有すべきだという民族ナショナリズムがあった。またこの民族ナショナリズムは、「臣民」（日本国籍保有者）に含まれる北海道のアイヌや沖縄人、小笠原諸島の欧米・ハワイ系住民など属領の先住民を、「国民」たりうる存在として捉える視点を欠いたものであった。

内地雑居論争では、中国人の雑居も争点となった。当時は開港地で中国人商人が欧米人商人と並んで勢力を持った一方、ハワイやアメリカでは中国人労働者が排斥され、代わって日本人労働者が導入されつつあった。しかし中国人雑居への反対意見は、このようなヒトの移動への観察に根ざしつつも、それ以上に中国人に対する同族嫌悪的な蔑視によるものであり、内地開放後には実際に中国人労働者が規制対象となった。

雑居尚早論を説いた大井憲太郎が、日本人の移民・植民は北海道など日本国内に向けるべきだと主張したのに対し、田口をはじめとする雑居賛成論者は北海道開発の必要を認めつつも、国外への移民・植民により大きな可能性を見出していた。ただし民族ナショナリズムは双方に共有されており、雑居賛成＝国外移民・植民論者が、国境を越えた日本人が日本国家の一部であり続けることを期待する一方、雑居尚早＝国内移民・植民論者は、移民・植民と日本支配地域の拡大とを一致させようと望んだ。

法権回復と日清戦争を経て内地開放が実現するまでに、日本では外資の積極的導入への転換が起こったが、外国人土地所有権は長く認められず、また台湾・朝鮮では外資が制限された。アメリカで高揚した日本人移民排斥は、このような日本における外国人の権利問題と連動するものとなった。

以上にみた内地雑居論争は、一方では開国後の日本が世界市場の一部となったことにより、居留地に欧米人や中国人が来住するだけでなく、日本人が移民労働者としてハワイやアメリカに渡り、他方では主権国家日本の属領統治下に置かれた北海道で移住植民地化が進行するという、一九世紀末の日本をめぐるヒトの移動の実態に根ざしていた。そして内地雑居論争において顕著にみられた民族ナショナリズムは、資本主義経済の浸透と主権国家形成の中で生まれた国民国家イデオロギーであったといえよう。もちろん論争に加わった人々は多くの場合、みずから移民・植民の当事者となったわけではない。しかし実際に海を渡り、境界を越えて移住した人々もまた民族集団としての意識を形成したのであり、その意識は日本（本国）における民族ナショナリズムの影響下にあった。第1章で検討した北海道における大和人移民の植民者意識が示すように、移住した地域における境遇やシティズンシップ、そして人口構成などに応じて、民族意識は移民たちの政治行動と結びついた。次章ではハワイに渡った日本人移民の政治行動を分析し、彼らにとって日本国家との結びつきが持った意味を検討しよう。

なお第6章でみるように、本章で考察した条約改正に伴う外国人の内地雑居という政治争点は、一九三〇年代には日本と「満洲国」との条約改正に伴い日本人が「満洲国」に内地雑居するという、全く異なる問題設定の下で再現されることとなる。一方では日本人による「満洲国」の投資・移住植民地化の推進のため、他方では「満洲国」の主権国家としての独立を国際的に示すため、条約改正と内地雑居が推進されるのである。

第3章　アメリカのハワイ王国併合と日本人移民の政治行動

——参政権獲得運動から日本人の「自治」へ

はじめに

本章では、一九世紀末から二〇世紀初頭にハワイに渡った日本人移民の政治行動について考察する。まずハワイ王国が欧米人（白人）によるハワイ革命を経てアメリカに併合される一八九〇年代に、日本人がハワイで参政権を求めた運動を扱い、次にアメリカ統治初期の一九〇〇年代に、日本人が米領ハワイで日本人の「自治」を求めた運動について扱う。

ハワイへの日本人移民に関する先行研究は、日本からハワイへの移民が本格的に開始された一八八五年から、一九二四年にアメリカの移民法改正によって移民が禁止されるまでを一つの時期として扱い、特に日米紳士協約によって一九〇八年に新規移民が禁止されるまでの「官約移民」時代（一八八五～九四年）と「私約移民」時代（一八九四～一九〇八年）を「出稼ぎ時代」と規定して、その後の「永住」「日系人」の時代と区別してきた(1)。これは移住形態の時期区分としては有効だが、移民の政治行動を分析する上では不十分といわざるを得ない。

第一に従来の研究では、ハワイという国家がアメリカに併合されたという大きな政治変動と、日本人移民との関係を捉えられていない。一八八〇年代から九〇年代のハワイでは、欧米出身の白人により投資植民地化とハワイ人からの政権簒奪が進められる一方で、白人のサトウキビ農場に中国人や日本人の労働力が大規模に導入された。アメリカのハワイ併合は、単に日本人の移住形態に変化をもたらしただけではなく、日本人移民をハワイという地域の重層的な民族間政治の一部としたのである。

第二に「出稼ぎ」から「永住」へという変化については、それ自体は移民の普遍的現象であり、また契約労働者としてハワイに渡った初期の日本人が、一般に日本への帰還を前提としていたことは事実である。しかし近年の日系アメリカ移民の研究は、彼らが一九二四年以後も日本を離脱したわけではなく、日米開戦までを通じて二つの国家をまたぐ存在だったことを明らかにしている(2)。そうだとすれば、「出稼ぎ」時代のハワイ移民が日本からの離脱を前提としていなかったとしても、それはハワイ現地への定着という志向と併存しうるものだったのではないだろうか。

第三に、従来の研究で十分に注意されてこなかったのは、ハワイに移民した日本人が現地で占めた人口規模の大きさである。労働力として中国人や日本人が大量に導入されたハワイでは、原住者のハワイ人も、支配者となった白人も人口上はマジョリティたり得ず、特に二〇世紀初頭には日本人が人口上最大の民族集団となった。日本人(一世)がハワイやアメリカの国籍を取得することは、わずかな例外を除いて不可能だったし、また彼ら自身も既に述べたように、ただちに日本からの離脱を志向したとはいえない。しかしそうであればこそ、日本人がハワイで大規模な人口集団を形成したことは政治秩序を揺るがす問題となったのである。

本章ではまず第一節で、日本人のハワイ移住が始まった経緯を概観した上で、ハワイ革命の過程でハワイ在留日本人の参政権が政治・外交上の問題となり、日本人自身も参政権を求める運動を起こしたことを考察する。この問題についてはヒラリー・コンロイや粂井(今井)輝子、都丸潤子の研究があるが、いずれも外交交渉の分析が中心で移民の政治行動への関心は乏しく、また交渉過程で後述する帰化問題が重要な争点となったことも捉えられていない。次に第二節では、アメリカのハワイ併合を経て、日本人が米領ハワイへの定住という関心から「自治」団体としての「中央日本人会」を結成し、これが短期間で解体するまでの過程を考察する。中央日本人会については木村健二が、旧自由党系移民会社と京浜銀行の「利害を代弁する機関」として考察し、「代表議会的側面」と「日本人の取締機関的な内実」があったことを指摘している。本章ではこれを踏まえて、ハワイ日系住民の変容過程に同会の形成・解体を位置づける。(3)

本章でいう「日本人」は、日本戸籍・国籍保有者を指す。移民した日本人が日本国籍を離脱してハワイやアメリカに帰化することは、極めて例外的だった。一方ハワイ出生者は、アメリカ併合以後はアメリカ市民権（国籍）を与えられた。ただし第2章で触れたように、日本国籍法（一八九九年）は日本人を父とする者に日本国籍を与えたため、一九一六年・一九二四年の国籍法改正によって国籍離脱規定ができるまでは、彼らは自動的に二重国籍となった。(4)この双方を含む集団を、本書では「日系住民」と呼ぶ。なお序章で触れたように、ハワイに移民した日本人に沖縄人が含まれるのは一九〇〇年以降であり、それ以前の日本人はほぼ大和人と同定される。

一　ハワイ革命と日本人参政権獲得問題

（1）ハワイ王国憲法改正と日本人参政権

ハワイは一七七八年のキャプテン・クック来航後まもなく、一八世紀末にカメハメハ（Kamehameha）によってハワイ王国として統一されたが、その一方で一九世紀初頭には欧米各国から商業や捕鯨を目的とする白人が頻繁に来航するようになった。ハワイに拠点を置いた白人の中には、大土地所有を確立してサトウキビ農場を経営し、王国政府にも強い影響力を持つ者が現れた。一八四〇年代末以降、アメリカでハワイに対する経済的・軍事的関心が強まったのに対応して、ハワイの白人は互恵条約の締結を求め、一八七〇年以降はさらにパール・ハーバーの租借または割譲を主張した。ハワイ王国はアメリカに対して、一八七五年には互恵条約を結んで他国に港湾を提供しないことを約し、一八八七年には海軍駐屯地としてパール・ハーバーの独占使用権を与えた。この過程でハワイ人はナショナリズムを強め、白人側は政治権力の掌握を本格的に追求していった。(5) なお後述するように、白人の多くはハワイに帰化しておらず、欧米の国籍を保持していた。

日本からハワイ王国への移民は、一八六八年にハワイ総領事のアメリカ人ユージン・M・ヴァン・リード（Eugene M. Van Reed）が斡旋した「元年者」を端緒とする。白人が経営するサトウキビ農場では一八五〇年代から中国人労働者の導入が始まっており、同様に日本人労働者の導入が期待されたのを受けて、ヴァン・リードは横浜で三年契約・月給四ドルという条件でハワイ出稼ぎ人を募集した。明確な行き先も知らず、富を求めて応募した約一五〇人の中には、三五日間の渡航の間に死亡した者もいたが、船上で生まれた者もいたため、ハワイに到着した人数はほぼ変わらなかった。農場では過酷な労働条件や、月給が実際には二ドルしか支払われなかったことなどにより、日本人移民と監督・農場主との衝突が多発した。日本・ハワイ両政府の交渉の結果、一八七〇年に四〇人が希望により帰国した。両国間では一八七一年に修好通商条約が締結され、日本政府は日本人労働者のハワイにおける雇用、およびそのための渡航許可を認めたが、移民事業の開始には至らなかった。(6)

一八八二年にはハワイ国王カラカウア（Kalakaua）が来日し、改めて日本人の移民を求めた。ハワイでは、中国人労働者への排斥が始まっていたのである。日本政府は移民事業に同意し、一八八五年一月に日本労働移民約定書が作成された。これにより、サトウキビ農場での三年間の契約労働を条件として、渡航費や食費・住居はハワイ側

が支給する「官約移民」が開始された。なお、第三回以降の官約移民は日布渡航条約（一八八六年）に基づいて行われた。(7)

官約移民の開始から間もない一八八七年七月六日、ハワイ王国では憲法の改正が行われた。同国では一八四〇年の憲法制定以来、一八五二年、一八六四年の二度の憲法改正を経て、貴族院・代議院の二院制議会（国王が最終的な法案拒否権を持つ）を有していた。しかしこの年、王国臣民・外国人（主にアメリカ人）の双方からなる団体「ハワイアン・リーグ」が、国王カラカウアと宰相兼外相ウォルター・M・ギブソン（Walter M. Gibson）とによる統治のもとでの財政破綻を主な理由にクーデターを起こし、国王に新憲法を受諾させたのである。

一八八七年憲法の重大な変更点は、参政権にあった。一八六四年憲法では男子臣民（subject）に限定されていた選挙資格が、一八八七年憲法では男子住民（resident）でハワイおよび欧米の生まれまたは血統（birth or descent）と変えられた（いずれも納税者に限る）。(8) つまり、欧米人に限って在留外国人が帰化を要せず選挙資格を得たと同時に、欧米人以外の外国人は帰化した場合も参政権を得られなくなったのである。これは明らかに白人がハワイ国政への影響力を強化する意図で行った改正だったが、彼らは他方で、「島内に充満せる支那人を此特権〔参政権〕より除却」する必要を認めたのである。(9) しかしここで浮上したのが、中国人と同様に参政権の対象外となった日本人の地位をめぐる問題である。

この一八八七年には官約移民の渡航は三回を数え、ハワイにおける日本人人口は三千人強に達していた。(10) ホノルル日本総領事（一八八六〜八九年）の安藤太郎は、憲法改正について「向後国会の主権を白人にて掌握」しようとする意図を推測するとともに、在留欧米人が「帰化の手続を不踏も」選挙権を得ることについて、「無条約之支那人は兎に角」、日布修好通商条約第二条により最恵国待遇を有する日本が「均霑」を受けないのは体面上問題だと外務省に報告した。また安藤自身は大部分の日本人が「無産の農夫」であることから、ハワイ政府への異議申し立ては不要と考えていたが、「労働者」以外の日本人の中には、「御国人欧米諸民と対等比肩する不能廉より中間不満を懐く者」がいた。恐らく移民労働者を管理・保護すべくハワイに渡った移民監督官（ハワイ政府雇）や医師、また通訳や宗教家、商業者といった日本人の中に、こうした声が挙がったものと思われる。[11]

安藤は彼らの不満を鎮めるために、次のように説諭した。すなわち、確かに外国人参政権付与から洩れたのは「無条約国の流民」たる中国人を除けば日本人だけであり、しかもハワイ新憲法では外国人が選挙権獲得のために「本国の臣民たる資格を廃棄」して「王国之臣民」となる必要がない、つまり「二臣の患」（double allegiance）を回避できる。しかし、「一国民の政事上最緊要の固有物」である参政権が「均霑」の対象たりうるか、特に本国では「立憲政府の下に立て代議士選挙の何物たる」かを知っている欧米人なら別として、「百事他人に依頼する我人民」には、このような「特権」は「実益」がないのではないか、と。[12]

安藤が指摘した「均霑」、「二臣の患」、「立憲政府」という三つの論点は、以後に通底する問題である。まず当初より問題となったのは、「均霑」と「二臣の患」との関係についてである。井上馨外相は安藤からの通信を受けると、今後は「我国民中資財ある者」の渡航もありうるし、また渡航者の資産増加も考えられるとして「新憲法の均霑」のための交渉開始を指示した。[13] しかし交渉を始めた安藤が、ハワイ外相ゴドフリー・ブラウン（Godfrey Brown）からただちに受けた質問は、「若し新憲法改正之日に至り同権を以て全く帰化の人民に相限候節は日本人には之を享有せんが為に布哇の臣民たるべきや否」、つまり再び「布哇の臣民」のみに参政権を限る形で欧米人と日本人とが「同権」になった場合は、日本人を帰化させてでも参政権を獲得させるのか、というものだった。これに対して安藤は「帰化の儀は固り我人民自己の随意に出る者にして今日預め其有無を確言する不能」と確答を避け、あくまで「均霑」のみを求める姿勢をとらざるを得なかったのである。[14]

また帰化の取扱心得に関する安藤の問い合わせに対して、日本政府側も「是迄我国民の外国へ帰化するを公認したる例も無之、予じめ訓示難致候間、実際右様の者有之候はば其時に当り処分方可被仰出」[15]と、帰化をあくまで例外として扱う消極的な姿勢を示した。一八九九年の国籍法施行以前は、日本政府は日本人の外国への帰化を原則的に認めていなかったのである[16]。そもそも以前の王国憲法では日本人も欧米人も参政権の獲得には帰化が必須だったため、日本側が在留民の参政権を要求する論拠は存在しなかったのであり、一八八七年憲法によって初めて争点化の余地が生じていた。したがって参政権問題はあくまで日本国民の権利の問題としてしか争い得ず、そのために日本国民のハワイ帰化、つまりは日本国籍からの離脱をあえて促すのは、みずから前提を覆すことを意味していた。なお当時外務次官だった青木周蔵は後年、日本人移民のアメリカ市民権獲得について「権利の問題」として重要とはいえ、「日本国民を外国の籍に移す」ことは「吾輩日本人の役人として」は「周旋はまー出来ぬ」と述べている[17]。

帰化如何がこの交渉のネックとなるという安藤の見方は、次のような状況認識にも裏付けられていた。すなわち、ハワイは「体面こそ独立王国を粉粧候へ共、実際を一言すれば欧米の共有藩地とも可申状況」であるため、欧米人は「公然帰化せし者」すら「其利害得失の場合によりては直に本国領事の保護」を受けられるという「奇観」を示しているが、「我国の当地に於けるは欧米諸国と其趣を異にする所固に不少」と[18]。つまり日本はハワイと欧米同様に最恵国待遇を有する条約を結んでいたとはいえ、欧米人が実権を半ば掌握している事態から考えれば日本人の立場は著しく弱く、帰化してしまえば日本からの保護・干渉の余地はないものと考えられたのである。

またこの時点では、日本人がハワイに定着するかどうかが疑問視された。一八八八年七月にハワイ側は日本人のほとんどが労働者で参政権の実益がない上、彼ら労働者は日本政府の制限により契約期間の貯金を日本に回送させられており、「定期解約後は永住滞在」する見込みがない、と主張したが、これについて安藤は「無理ならざる廉又以不少」と認めていた[19]。移民が出稼ぎ労働にとどまるとすれば、帰化如何、「二臣の患」を問うまでもなく、参政権獲得の意味は乏しいものとなるのであった。

そして、「立憲政府」の問題である。交渉は伊藤博文、大隈重信両外相の下でも続行され、特に大隈の在任時には「均霑要求を拒絶せば移住民渡航は先づ停止と覚悟有之可然」と、官約移民の存続如何をも条件として「布政府の利害心に訴へ」る交渉が試みられた。しかし一八八七年末に至ってハワイ外相は安藤に、内閣が作成した均霑要求拒絶の草案書を内々に示した。その主な論拠は、選挙制度を持たない国家から他国への参政権要求は互恵として成立しないというものだったのである。大隈はこれに対し、参政権均霑に関する憲法改正案が「次回の国会に提出」されるとの公文提示があれば強要に及ばないと指示し、交渉は中絶された[20]。大隈が以後、欧米との条約改正交渉に忙殺されたのも一因であろうが、それ以上に日本に立憲政治がいまだ敷かれていないというハワイ側の指摘は、日本が直後に憲法発布・国会開設を控えていたとはいえ有効だったと考えられる。以後、ハワイでもハワイ人勢力と白人勢力との対立が深まって議会運営が不安定となり、日本人参政権問題はいったん後景に退いた。また日本国内では以上の交渉が報じられた形跡はなく、したがって政治争点となることもなかった。

(2) ハワイ革命と日本人参政権要求

参政権問題の再浮上をもたらしたのは、一八九三年のハワイ革命勃発であった。すなわち、一八九一年に襲位した女王リリオカラニ（Lili'uokalani）は、ハワイ人勢力（王党派）の支持を集め一八九三年一月一四日に憲法改正を宣言した。だがこれは独断だったばかりか、内容的にも強引な王権強化を意味するものだった[21]。ゆえに反王党派は逆にクーデターを起こし、一月一七日にはリリオカラニが廃位されてハワイ王国は倒れ、アメリカ合州国との将来の合併を前提とするハワイ共和国仮政府が設けられたのである。革命の報に接した日本政府は、直前にホノルル総領事に着任していた藤井三郎に、以下のように指示した。

布哇国にして独立共和国を建設するに於ては、無論其憲法の改正あるべし。又仮令米国に合同するも、米国諸州と多少其趣を異にするに於ては、其国特種の法律を設くることあるべし。此等の場合に於て貴官は其機を失はず、帝国臣民をして欧洲諸邦の臣民と同様なる権利を有せしむることに尽力すべし。[22]

「帝国臣民」が「欧洲諸邦の臣民と同様」に獲得すべき権利とは、具体的には参政権にほかならない。革命の勃発によるハワイ国制の大変動は、懸案解決の絶好の機会とされたのである。藤井は三月二三日、選挙権均霑を要求する書翰をハワイ大統領兼外相スタンフォード・B・ドール（Stanford B. Dole）に送ったのを最初に、「久しく中絶致居候談判」を再開した。この交渉において藤井は、日布修好通商条約の「最恵国条款」の「履行」を論拠として、日本側の要求があくまで条約に基づく特権均霑にあり、「布哇国の憲法改正」という「内事干渉」を「直接の目的」とするのではないとの立場を堅持しつつ、精力的な交渉を行った。藤井によれば、ハワイ国内の「連合党急激派」、つまりアメリカとの合併を急進的に実現しようとするグループ以外の勢力は必ずしも日本人、特に「上等社会の日本人」への参政権付与要求を不当としておらず、参政権獲得の目算はないわけではなかった。[23]

また他方、一八九三年四月二九日、駐日ハワイ公使ロバート・W・アーウィン（Robert W. Irwin）はドール大統領に次のように書き送り、日本人への参政権均霑を促した。

現在、日本では公論（public opinion）が非常に強力であり内閣と議会とを左右している。日本の新聞はこの問題〔参政権獲得要求〕について皆賛同している。私は閣下が日本の外務大臣の要求に応ずるようご自身の偉大な影響力を行使することを強く薦める。この問題は感情的なものに過ぎず実際的ではないとはいえ、これに寛容に応じねば、我々の一大産業たる移民条約を危険にさらす決定が次回の帝国議会でなされるかもしれない。[24]

まず確認すべきなのは、以前の交渉でハワイ側が参政権要求拒絶の論拠の一つとしていた「立憲政府」の不在という問題が、既に解消されたことであろう。日本国内でも、例えば志賀重昂・三宅雪嶺ら政教社の『亜細亜』は、「未だ代議政体を開始」していなかった安藤太郎総領事時代は「少しく彼に対し寛容すべきもの」があったが、「今日我れ業既に代議政体を開始」している以上「之れ〔参政権〕を所望するは理当さに然り」と主張した。[25]

そして第二に、右の『亜細亜』の論調にも窺われるように、日本国内の「公論」がハワイにおける日本人の参政権獲得を支持したのは事実であった。つとに革命勃発直前にあたる一八九三年一月、瀬谷正二（元ハワイ政府内務省移住民局移民監督官）は『布哇国移住民始末』を刊行して、ハワイ参政権問題に世上の注意を促していた。瀬谷の主張は、ハワイ憲法改正により「本邦人が参政権の剝奪を受け」たことは、日布通商条約だけでなく「布哇国の憲法法律に遵ひ最も完全且有効の保護を与」えると記した日布渡航条約にも反するというものであった。[26]さらに革命の報を受けると、国内の言論では、ハワイ革命を参政権問題解決の好機であると主張するものも現れ、特に陸羯南の『日本』は、参政権問題は欧米との条約改正交渉と同様に「国権及び国利の得喪に関する一要問題」だとして、ハワイ側が一八八七年憲法の不当性を認めこれを改めねば、「断然我移住民の彼地に在る者一切を挙げて之を召還し、国民の隻影をして復た彼国に留まらざらしむ可し」と説いた。[27]これはアーウィンの言う「危険」に符合するものといえよう。

また帝国議会では実際に、ハワイ参政権問題が議場で取り上げられた。一八九三年二月一七日に折田兼至（自由党）・中村弥六（無所属）は「布哇国移住民に関する質問」を提出し、瀬谷と同様の観点から「我移住民をして参政権を得るの期なきに至」ったことの是非について政府の見解を問うたのである。陸奥宗光外相はこれに対して、「固より同国の主権に属し他国の干渉すべきものに非らず」と回答するのみであった。なお折田の主張で他と異なっていたのは、彼が「国民」を国外に「移住」させることの当否を国籍、および参政権の有無と関連づけたことである。曰く、渡航条約締結の時点では参政権の獲得が「明に分って居った」のでなければ、「決して我政府が彼の遠洋孤島に向って多くの国民を移住させると云ふが如きことは、万々為さざりしことであったらう」。なぜなら「移住民なる者」は「普通の出稼」とは異なり、「土地を所有し財産を拵へ」た末に「籍を彼に移す」可能性がある以上、「参政の権利を得る道がない」とすれば、「決して好んで移住を致す者」はいるまい、と。[28] つまり、外交上の体面や日本の勢力扶植といった脈絡とは別に、日本人が移民の結果として日本国籍を離脱する可能性があるからこそ、移民先での参政権取得が可能であるべきだと論じたのである。折田は移民の視点からの得失を考慮することで、帰化を経ない参政権獲得という交渉の要求内容とは異なる見地に立っていたといえよう。

さらに自由党は、後述する「在米日本人愛国同盟」の菅原伝らが、「布哇国に於ける日本人政権参与」は「布哇に於ける在留日本民族の地位を崇むるのみならず実に日本国の国位を宇内に発揚するもの」だと訴えたのを受けて、同年六〜七月には「布哇問題」を党議として「国民の輿論を喚起」することを決定した。[29] 当時自由党の領袖と目された星亨は一八八九〜九〇年の欧米視察後、「海外に〔我版図の〕植民地を設け、若くは〔他国に〕人民に移住せしむることを以て今日より計画すべき急務なり」と述べていた。[30] ハワイの日本人参政権問題は、このような星の移民・植民論とも通ずるものだった。

アーウィンの報告や、ニューヨークの雑誌 *The Literary Digest* の日本報道を通じてハワイ政府は日本側の態度に危惧を抱き、七月、アメリカから視察に訪れていたジェイムズ・H・ブラント（James H. Blount）公使に助力を求めた。だがブラントは、アメリカが合併如何について態度を明確にするまで参政権問題を先送りするよう勧めるにとどまった。[31] しかし結局、米大統領グローヴァー・クリーヴランド（Grover Cleveland）がハワイからの合併申し込みを拒絶したため、ハワイの選択肢はいったん、独立の上での共和国建設か王国復活かに限られた。ゆえに仮政府は自力で政権を安定させる必要を生じ、日本人の参政権獲得は極めて有望と観測された。藤井は同年一二月、原敬外務省通商局長に「今日にては独立共和となるも帝政復古となるも、撰挙権のことは随分獲らるべき模様に有之候」[32]と報ずるに至ったのである。

(3) 在留日本人の参政権要求運動

他方、ハワイでは在留日本人による参政権要求の動きが現れていた。既に一八八七年の憲法改正時にも「不満を懐く者」が現れたことは触れたが、一八八七年には三千人強に過ぎなかった日本人の人口は、一八九〇年には一万二〇〇〇人、一八九三年には二万人を超えるに至っていた[33]。契約労働を終えた者の一部には現地に残り商業等を始める者もあり、経済的にも一八八八～八九年の延べ納税人員は五九一六人[34]、また一八九二年には小野目文一郎の新聞『日本週報』[35]の発行をみるなど、日本人はハワイ現地で一定のコミュニティ形成に向かっていたのである。なお、この納税人員と一八九〇年のハワイ全体の有権者数（表3-1参照）から推測すると、仮に日本人が欧米人同様の参政権資格を得れば少なくとも三〇〇〇～四〇〇〇人程度は選挙権を保有することとなり、実質的な政治勢力となりうる状態でもあった。

表 3-1　1890 年時点におけるハワイの人口・有権者人口

（人）

	人　口	有権者
ハワイ人	34,436	8,777
混血ハワイ人	6,186	777
ハワイ出生外国人	7,495	146
アメリカ人	1,928	637
イギリス人	1,344	505
ドイツ人	1,034	382
フランス人	70	22
ポルトガル人	8,602	2,092
ノルウェー人	227	78
中国人	15,301	—
日本人	12,610	—
ポリネシア人	588	42
諸外国人	419	136

出所)「布哇国目下ノ形勢」1893 年（外務省記録 1-4-2-1）。順序は原史料による。この史料では日本人の人口のみ 1893 年現在の数値（20,149 人）となっているため，以下を参照して 1890 年の人口に置き換えた。Elenor C. Nordyke, *The Peopling of Hawai'i*, 2nd ed.（Honolulu : University of Hawaii Press, 1989）.

まず一八九三年三月一五日、ハワイ在留日本人六八名は藤井三郎総領事に内閣総理大臣伊藤博文宛の建白書を提出した[36]。六八名を構成したのは中山譲治（移民監督官）、小倉嘉一郎（同、商業）、内田重吉（医師）、今西兼二（横浜正金銀行）ら有力者をはじめとするホノルル（オアフ島）の四七名、大槻幸之助（商業）、小野目文一郎ら「ヒロ〔ハワイ島〕在留日本人有志者総代」一五名に加えて、菅原伝ら「在米日本人愛国同盟総代」四名であった。愛国同盟とは、アメリカに渡った自由民権運動の活動家を中心とするサンフランシスコの団体である[37]。本国の自由党とも密接な関係にあった菅原（元再興自由党党員）たちは革命の報に接すると、「合衆国の対布戦略は今将に決せんとす。布哇新憲法は夫れと同時に敷かるべく、日本人の参政権を得るにはこの機を失ふては遂に非常の困難なる事なるべし」として、ハワイに渡って参政権獲得運動を展開した。愛国同盟はハワイに支部を設置するに至っており、彼らのハワイ来訪が在留日本人の政治化を促進したことは想像に難くない[38]。

建白書の主張は次の通りである。すなわち、ハワイに在留する「二万有余の同胞」が「布哇国の一大要素」というべき勢力であるにもかかわらず、「政権参与の権」を持たないため「欧米人等が規定せる法律の下に屈服」して「彼等と等一の地位を享有」できずにいる現状は、「全く日本臣民たるの地位を失墜」するものである。欧米人が王権を倒しアメリカへの「合併の策を講」じている「此危急存亡の秋」にすら、日本人は「傍観袖手」を強いられている。しかし「新政府建設」の今日は逆に、「国政参与の権を掌握」して「我日本国民の権利を伸張」すべき「大好機」である。さらに「国家百年の大計」からみれば、アメリカやメキシコ、オーストラリアなど「日本民族」の将来の「植民移住」先での地位を高めるため、また欧米人の「軽侮の念」を招いて条約改正交渉に悪影響を及ぼすことを避けるためにも、ハワイでの参政権獲得は不可欠だ、と。

右の建白書の主張に一貫する特徴は、「日本臣民」「日本国民」としてのハワイ参政権獲得という論理であり、そもそもハワイ政府にではなく、日本政府への建白であること自体これを裏付けていた。つまり、参政権の獲得はハワイ国民となることとは別個の問題と捉えられていたのである。菅原がこの後日本に帰国して次のように述べている以上、彼らは一八八七年憲法の知識から参政権獲得には帰化を必ずしも要しないと理解していたと思われる。

亜米利加人や葡国人や英吉利人は布哇に帰化すれば固より参政権を握れるのでござります。否渠等は帰化せずに半帰化即ち在留人でも政権を取って居る。[39]

若し日本人をして其資格あらしめば、現行の憲法に依るも尚ほ数千の参政権所有者を出だすを得べし。[40]

さらに、建白に携わったハワイ在留日本人の論理はどのようなものだったか、『布哇新聞』の論調を検討して考えてみたい。同紙は一八九三年五月、前掲建白書の署名者でホノルル側の中心人物の一人だった内田によって創刊された。[41]「在布日本人之将来に於ける管見」と題する論説[42]で同紙は、「嗚呼日本人か渇望したる参政権は得らる可し（中略）之に就て吾人の覚悟果して奈何」と、参政権獲得への展望を示した上で、今後を見据えてハワイ在留日本人の意識向上を求めた。そこで問題とされたのは、「多数公衆の輿論を作為し若しくは之を統括」すべき「在野の政治家」の不在であった。そもそも「今日の輿論をなせる参政権を失ふて以て我国威を毀けたる」原因は、「在朝の政治家」（外交官か）に「在野の政治家」が「唯一言の批評を加ふる事」もなかったことだったとして、日本人参政権問題発生当初の無策を反省し、在留日本人の「現在と将来」の奮起を促したのである。ただし、求められているのは「農業家」「商業家」「工人」がみずからの「天職」を疎かにして「政治家」となることではない。同紙は次のように述べた。

吾人の論ずる処のものは単に国家的観念なり。若《も》人《し》にして国家的観念あらんか、一国の危急邦家の運命をトする時に当り、己を捨てて国家に犠牲となすの精神を惹起せざるもの一人としてあらざるべし。而して政治家となし有志家となすもの、一に此国家的観念其度の軽重厚薄奈何にある而已。見よ、当邦の革命起るや、朝より夕に至るまで手足は勿論鼻の先に至る迄を暑して汲々労する彼の鍛冶屋も、アーモリーの大会に大喝したるにあらすや。素より其説と其目的との如何を問はず、同じく之れ在野の政治家なり。ツーベッチ、スリベッチと叫ぶ競売商（ヲークショナル）も亦天下の枢機を握て参事の席に加はるゝにあらずや。同じく之れ政治家なり。然らば吾人は今商人にして尚政治家なり、農業家なれ共尚政治家なり、鍛冶屋なれ共政治家なり。殊に海外にある吾人は、寧ろ政治家にして商業家なり農業家なり工人なりと云はざる可からず。（中略）嗚呼吾人が国家的観念（之を換言すれば）政治思想は一瞬も去る可からず、一刻も忘る可からざるなり。

すなわち、ただ「国家的観念」を有するのみで、彼らは同時にみずからを「政治家となし有志家となす」ことが可能だというのであった。この「国家的観念」こそがハワイの日本人に最も欠如し、かつ必要なものとされたのである。しかしここにいう「国家的観念」とは何か、それは必ずしも明確ではない。一方では「政治思想」に「換言」されていることや、ハワイ革命勃発時における現地商工業者の活発な政治活動が彼らに刺激を与えたことが示すように、「国家的観念」とは政治参加意識を意味していた。しかし他方では、「国家的観念」とは「己を捨てて国家に犠牲となすの精神」、すなわち「愛国の熱情」にほかならなかった。

このような政治参加と愛国心との結合は、当時の日本国内の政治社会では基本的な論理構造をなすものであった[43]。この頃『布哇新聞』は、藤井総領事が「在布哇の同胞の官民の一致和合」の必要を認識し、「親しく民間に来往して輿論を叩き以て官民の調和を計」っているとして高く称賛していた。とりわけ一一月三日には藤井の提案で天長節祝賀会が開催され、「在布日本人が渇望したる国家的観念、官民調和」はこの日「初めて成就したりといふも不可なし」と特筆された。この会で祝辞を述べた内田は「斯る盛大なる官民一致の祝会を催すに到りしは真に藤井氏の時代に於て始めて」であると称え、また大野槌太郎（建白者の一人）は「我国民の特性たる尊王心と国家的観念が此盛会を現出さるに非ざるなきを得んや」と述べた(44)。恐らくは、参政権運動を通じて藤井総領事と在留民との関係は緊密となり、「官民一致」「国家的観念」といった日本国内の政治社会のアナロジーが意味を持ちうる状況が生じていたのである。

しかし、こうしたアナロジーがハワイにおける日本人の参政権獲得という問題を説明するのに必ずしも有効だったとは考えがたい。政治参加意識はハワイに、愛国心は日本に向けられるとすれば、むしろ二律背反というべきものだったろう。にもかかわらずこうした論理が一時的にでも導かれた要因は、やはり帰化不要の参政権獲得が念頭に置かれていたことではないだろうか。内田が「上下和衷協同して愈々国権を宣揚し他日太平洋上新日本国を築くの覚悟あらんことを望む」と述べたように、彼らは日本国家に帰属したままハワイでの政治参加を求めていたのである(45)。

ただし、当時のハワイ在留日本人による参政権要望の論理は一通りのものではなかったと考えられる。一八九三年一〇月九日、ハワイ島ヒロ在住の岡部次郎（牧師）、大槻幸之助ら「布哇島日本人同盟会」委員の一一名もまた伊藤首相宛の建白書を藤井総領事に提出し、参政権獲得について請願した。大槻を含む四名（小野目、富川勇造、煤孫竜之助〔写真業〕）は前掲の三月の建白書にも名を連ねていたが、この時期に至って別個に建白を行ったのである。曰く、「本邦人」は今や「当国に於ける労働権を専有」し、「隠然植民地の基礎を形成するに至」っている。だが「参政の権」の欠如は「小にしては吾等在留本邦人の生命財産の安全を欠き、大にしては帝国の国権を損」しており、この「千載の一遇」にこそ「政権回復の素志を遂」げるべきである。「植民政略」上も、「未だ知らざるの地」に新たに「巨資」「労力」を費やすより、「基礎既に立るの当国に於て当に得べきの権理を回復」し「在留本邦人を保護誘導して以て永住せしめ」るのが優る、と(46)。

まず、彼らの要求もまた「帝国」日本の枠内にある「在留本邦人」としてのそれである点は三月の建白書と共通である。岡部が一八九四年初頭、横井時男の『基督教新聞』に送った通信は一〇月の建白書と一部ほとんど同じ文面を含み、その起草に携わったのはほぼ確実だが、その通信で岡部は、藤井総領事による「参政権獲収の談判」に言及して次のように述べた。

幸いに政権を獲収し得なば、実に弁慶をして鉄棒を得しが如く、今後の進歩運動は蓋し一層著しかるべし、余の曾て諸島を巡回するや偶ま天長節に当りしが到るところ旭旗飜へり、祝宴開け、撃剣、相撲等の快技を演じて互に相祝するを見たりき。一言以て之を云へば我々民族は既に此楽園の裏に植民地の基礎を形成するに至れり。(47)

つまり岡部の考える「大和民族」の「植民地」は、天長節に日の丸を掲げて祝賀会を開く「帝国臣民」としての日本人のあり方と密接に結びついていたのである。

しかし他方で、参政権の「回復」が「生命財産の安全」「永住」という目的と結びついていたことを見落とすべきではないだろう。実際、提出者の一人である大槻は第一回の契約移民で雇主の契約違反を告発するなど指導的な立場にあり、「明治二十二三年の頃より永住植民の意見」を持ち、「起業家」と称されるまでの地歩をハワイで築いた人物だった。(48)「永住」が日本の枠を越え、ひいては帰化にもつながる可能性をも持っていたかどうかは判断が難しいが、「永住」のための参政権獲得という論理には、日本国家への帰属を前提とする「国家的観念」とは異なる志向が含まれていたといえる。

（4）参政権問題の帰結

以上にみたように、ハワイにおける日本人参政権問題は、そもそもハワイ王国憲法の改正により在留欧米人が帰化なくして参政権を得たことに対する、日本からの均霑要求として外交上の争点と化した。そして「永住」への志向など内部に方向性の違いはあったにせよ、この前提があったためにハワイの日本人も、参政権の獲得を「日本国民」「帝国臣民」として日本政府に求めたのである。他面で国内政党がこの問題に関心を寄せたことを考えれば、状況は一見、あたかも同時期に進行していた北海道入植者の政治運動（第1章）と相似していた。どちらにおいても日本本国の外に移住した人々が、日本国民として現地での政治的権利を求めたのである。しかし日本領北海道が一九〇〇年代に本国に編入されたのに対して、共和国憲法の制定以後、ハワイの日本人はみずからが日本の外部にあることを改めて確認させられた。

すなわち結局のところ、一八九四年七月四日に制定されたハワイ共和国憲法では、参政権の人種規定は消滅したが、その資格はハワイ市民権（国籍）の保有者（英語またはハワイ語を話す）に限られた[49]。これに接した藤井三郎は、原敬に「当地にても稍々昨日を以て至極平穏無事に共和政府を創立致し、憲法にも今回は本邦人を差別致さず候」と報告した[50]。言語資格を別として、日本人がハワイに帰化すれば欧米人と同じく参政権を獲得できるようになった以上、これは日本政府にとっては十分な成果だった。しかし参政権獲得運動が高揚をみせた重要な前提だった、帰化を要しない参政権獲得という枠組みは消滅したのである。もっとも、日本人が日本国籍のままハワイの政治に参加する途が失われたからといって、ハワイでの労働を目的とした人々にとって、それはただちに渡航の是非を左右する問題ではなかったといえよう。日本からハワイへの移民が本格化したのは、むしろこれ以後のことであった。一九〇〇年代には日系住民がハワイ人口の最大部分を占めるに至り、アメリカへの併合という条件の変化も加わって、ハワイの日系住民には改めて現地社会での自らの位置づけを問わざるを得ない状況が生じたのである。

二　中央日本人会の形成と解体

本節ではアメリカのハワイ併合（一八九八年）以後のハワイにおける日系住民の政治行動について、二〇世紀初頭に組織され、「ハワイ在留民唯一の、統一代表機関」となった中央日本人会の成立から解体への過程を追うことで検討する。[51]

（1）一九〇〇年代のハワイと日系住民

まず、参政権問題以後の日本人ハワイ移民の状況について概観しよう。ハワイに渡った移民労働者たちが故郷に送金し、またその一部が蓄財を遂げて帰郷したのを受けて、一八九〇年代には日本でさらに多くの人々がハワイへの移民を求めるようになっていた。日本人労働者はハワイ現地では極めて低賃金だったが、通貨価値の相違のため、彼らが貯金を日本に送ると巨額の富となったのである。しかしハワイ側で権力を掌握した白人支配層は、日本人渡航費の負担に消極的となり、また参政権問題が日本との外交問題となった経緯を鑑みて、条約による移民事業の廃止を望んでいた。このときハワイ移民事業に強い関心を寄せたのが、参政権獲得運動のためハワイに渡っていた、菅原伝をはじめとする自由党系の政治活動家たちだった。彼らは自由党の星亨に移民事業の計画を提案し、星は陸奥宗光外相に依頼して、ハワイ移民事業を民間に委ねる制度作りを行わせた。かくして一八九四年には移民保護規則が制定され、官約移民に代わって、許可を得た民間業者のもとでのみ外国への移民労働者の渡航が認められた。同規則に基づいて設立された移民会社の中でも有力だった広島海外渡航会社、熊本移民会社、森岡商会は、自由党系の政治活動家が幹部であり、これらの会社の利益の一部は自由党の政治資金となった。一八九六年、移民保護規則はより整備された移民保護法（法律第七〇号）に改正された。移民会社を通じて、いっそう多くの人々が日

表3-2　1900年時点の米領ハワイにおける民族別・地域別人口分布

（人）

		ハワイ島	カウアイ島	ニハウ島	マウイ島・ラナイ島	モロカイ島	オアフ島			合　計
							ホノルル	その他	合　計	
白　人		18,750	6,070	171	10,951	2,008	23,919	5,021	28,940	66,890
黒　人		44	23	0	13	2	147	4	151	233
中国系		4,668	3,640	0	3,382	82	9,061	4,934	13,995	25,767
日系	一世	21,314	9,735	1	10,465	382	（不明）	（不明）	14,337	56,234
	二世	2,067	1,094	0	605	30	（不明）	（不明）	1,081	4,877
	合計	23,381	10,829	1	11,070	412	6,179	9,239	15,418	61,111
合　計		46,843	20,562	172	25,416	2,504	39,306	19,198	58,504	154,001

出所）U.S. Census Office, *Twelfth Census of the United States, Taken in the Year 1900 : Population, Part 1*（Washington, D.C. : GPO, 1901）より作成。

注）「白人」にはハワイ人（混血も）計37,656人，ポルトガル系計18,272人を含む。Eleanor C. Nordyke, *The Peopling of Hawai'i*, 2nd ed.（Honolulu : University of Hawai'i Press, 1989）参照。U.S. Census での日本出生人口を「一世」，その数を総数から引いた分を「二世」とした。

本からハワイへ渡っていった。[52]

なお一八九五年には徴兵令の改正により、外国在留者への徴集猶予が満二八歳から三二歳に引き上げられるとともに、従来猶予の理由を留学のみとしていた制限も外された（法律第一五号）。これはハワイなど遠隔地への移民を、正式に猶予の対象と認めたものとされる。[53]

ハワイにおける日系住民の増加と長期在留志向の増大について概観を得るため、一九〇〇年時点でのハワイ各島別人口構成を示す（表3-2）。ここでは、三点を確認しておきたい。第一に一世・二世をあわせた日系住民は全体で約四割を占め、ほとんどの島でかなり規模の大きい人口集団だった。「白人」をハワイ人とそれ以外（欧米系）とに区別すると、明らかに日系住民は最大人口集団だった。第二に日系住民は島ごとに分散していた上に、オアフ島では首府ホノルル（都市部）だけでなく、農場などのある他の地区にも多数居住していた。そして第三に、現地生まれでアメリカ市民権を有する二世も、少しずつ増加していた。前述のように日本国籍法は日本人を父とする者に国籍を付与したので、二世は自動的に二重国籍となった。二世の増加と成長はまさにこの市民権ゆえに、日系住民にとってもハワイ現地社会にとっても重大な問題をなすこととなる。

ハワイで日系住民の存在が大きくなるにつれ、彼らの政治意識、特に日本への帰属意識は問題を増した。その一つのきっかけは、日清戦争であった。開戦直後の一八九四年一〇月二日には、日系住民の有力者たちが日本赤十字社に義捐金を送り、また戦勝後には盛大な祝勝会が催されたのである。[54] これらに参加したメンバーの多くは参政権運動にも関わっており、恐らく意識の上でも連続していた。しかし日清戦争のインパクトは、日系住民の増加に不満を募らせていたハワイの白人支配層の一部、特にアメリカへの併合推進派にとっては日本人脅威論を喧伝する契機としての意味を持った。日系労働者を雇っていた農場主たちは必ずしもこれに与しなかったが、共和国政府は日本人排斥の気運を強めていった。このため一八九七年三月には、日本人移民の上陸が拒絶される事件も起こった。これに対して大隈重信外相は上陸拒絶事件への抗議のためハワイに軍艦浪速を派遣し、さらに駐米公使の星を通じてアメリカに併合への反対を伝えた。ハワイとアメリカ双方の併合推進派は、日本政府はハワイを支配するつもりだと喧伝し、日本人移民をその尖兵と位置づけた。[55]

こうした中、日系住民の間では参政権運動の時点とは異なり、「国家」「国民」の面目を標榜するだけではみずからの利益増進を図れない局面がみえてきていた。ホノルルの移民会社・銀行・商店主・旅館業者など「在留同胞の元老」たちは白人支配層の「嫌悪」に警戒し、「団結」による対処を企図して、一八九七年二月に「日本人会設置」を考案した（実現はせず）。その際には、無条約国民、つまり自国政府の庇護がないにもかかわらず「時に主権者西洋人を凌駕」さえもする「支那人」の「団結」「実力」に、「日本臣民」は倣うべきだという主張もあった。[56] 彼ら「元老」は前述の日本人移民上陸拒絶事件に際して、自由党系壮士・胎中楠右衛門が「ハワイは今の内に日本のものにしなくてはいかぬ」として計画した「ハワイ政庁の焼打ち」を阻止した。[57] ここに現れていたのは、ハワイ社会への適応のための日本人としての「団結」という、二つの志向の同居した論理だった。以下にみるように、この論理はアメリカのハワイ併合以後に一層明確に現れ、中央日本人会という組織に結実したが、同会の早期の解体という形で、二つの志向の亀裂は表面化した。

本節では、史料として『やまと新聞』の論説記事を主に用いる。同紙（以下『やまと』）は自由党系移民会社の資金で経営しており、その代弁者の面を持つが、ホノルルを中心とした日系住民の輿論形成の一翼をなし、中央日本人会の組織に際しても中心的役割を果たした。(58)

(2)「既得権侵害」から「米国憲政」へ

一八九八年、アメリカは米西戦争の開始とともにハワイを軍事拠点として欲し、その併合に踏み切った。併合直後から、アメリカはハワイに陸海軍の基地を設置していった。(59)

併合直後から日系住民の関心を集めたのは、みずからの権利や地位であった。『やまと』は「合併ダンスの幕明きに」と題して、日本人はこの「布米合併芝居」の「見物人」に過ぎないとはいえ、「少しは日本人に当てはまる事を遣らせ度く」「丸ッきり我々を無いものと見たる狂言を遣らせ度くはなし」と述べた。つまり日系住民もハワイ社会の構成要素である以上、合併の成り行きをただ傍観して不利を蒙ってはならないと警戒を示したのである。とはいえ、この時点では日系住民は国籍上ほとんど日本人であり、政治的発言権の根拠は不明瞭だったといえよう。同論説は「見物人あつて初めて芝居あるなり。之れを小六ヶ敷く言へば国民あつて初めて政府あるなり」と説いたが、日本人はハワイの「国民」でも、ましてやアメリカ「国民」でもなかった。他方で「投票権の踊り方の如きは已に勧進元の方にて極り居れば是れはイケず」と、帰化しない限り参政権のないことは認識されていたが、それでも「好みの芝居を遣らせる」には「己等の同勢を殖やす事」しかなく、「一致団結」して「既得権利の保護とでも記して引き幕の一ツでも贈る必要」がある、というのであった。(60) 併合により日本・ハワイ間の諸条約が反故となるのは明白だったが、それにより共和国統治下で彼らの有した権利・地位を失わないことがまずは目指され、そのためにも日系住民の人口増加と「団結」とが期待されたのである。

しかし一九〇〇年に制定されたハワイ基本法では、既に共和国市民権を持つ者、つまりほとんど欧米人とハワイ人のみがアメリカ市民と認められた。[61] アメリカでは一八七〇年以降、帰化権は「自由な白人」とアフリカ系住民に限られ、さらに一八八二年に中国人の帰化権が否定された結果、日本人（一世）の帰化はほとんど不可能となっていた。[62] 日本側では一八九九年三月、国籍法で「自己の志望に依りて外国の国籍を取得したる者は日本の国籍を失ふ」ことが定められてはいたが（第一九条）、これは米領ハワイの日本人には無意味な規定となったのである。『やまと』は日本人・中国人の「参政権」からの排除を「日本人の既得権侵害」と題して報じた。曰く、共和国憲法で帰化を要するにせよ参政権の人種条項が撤廃されたのは、「実際は兎も角も文章上」は重要な権利獲得だったのであり、それが失われたのには「一言を発せざるを得な」い、と。[63]

とはいえ、ハワイの日系住民は以後、必ずしもアメリカの統治への不満を募らせていったわけではない。下って一九〇一年六月一三日、『やまと』は「紀念すべき第一周年」と題して、一年前より「米国憲政の下に」置かれ「自由の大気」を享受したことは、「日本移民の歴史に一新期」を画したと祝辞を述べたのである。この一年の間に何があったのであろうか。

一つには、ハワイ準州議会総選挙で明らかになった事実として、併合以前にハワイ国籍を保有していた日系・中国系男性には市民権が与えられていたことが挙げられる（前者は三名、後者は七十余名）。[64] 三名の日系市民のうち、一人は一八九六年にユタ州でアメリカへの帰化を例外的に認められた勝沼富造、[65] 一人は一八六八年にハワイに渡った「元年者」小沢金太郎・とみ夫妻の子で、一八七七年にハワイで生まれた二世第一号の小沢健三郎、[66] そしてもう一人は「阿部巡査」なる人物である。後年の回顧によれば、参政権運動に際して「阿部為吉外二名余り」が「帰化を申請」したといい、[67] 他方ハワイ側の記録によれば、“TOMA ABE”という日本人（警察官）がハワイ革命に際して銃を携行し、仮政府に仕えたことにより一八九四年九月一日に特別公民権（SPECIAL RIGHTS OF CITIZENSHIP）を獲得したとある。[68] これは恐らく同一人物であろう。人数はわずかとはいえ、最低限の「既得権利」は保護されたのである。このことは、帰化不能外国人となった日本人一世は別として、アメリカ市民権を与えられた現地出生の二世は参政権を獲得しうるという確証として受け止められたと考えられる。「言語」「血族」を異にする人々が「等しく星旗の下に撰挙権」を得たことは、「布哇歴史に於て特筆大書すべき事」と評価された。[69]

また短期的にみるなら、加えて「米国憲政」が歓迎された重要な契機としては、一九〇〇年一月に起こったペスト焼払い事件の弁償問題が、ハワイ準州議会を通じて解決に至ったことが考えられる。

一八九九年末からホノルルで流行していたペストを撲滅するため、共和国政府の衛生局は中国系住民や日系住民が多数居住していたチャイナタウンで感染者居住家屋・所有物の焼き払いを行った際、強風による延焼で大火災が発生した。死者は出なかったが、市街の大半は「烏有に帰」し、日系住民約三六〇〇人を含む一万二〇〇〇〜三〇〇〇人が家屋・所有物を失った。[70] これに対して日系住民は「臨時日本人会」を組織して被害者救済・賠償請求準備に着手し、ホノルル日本領事館も共和国政府との交渉を開始したが、同政府は賠償のために開くべき要償法廷（Claim Court）を準備しようとしなかった。斎藤幹総領事の観察によれば、共和国政府は「国庫貯蔵金」をペスト対応の失敗により消尽していた上、公債募集のため議会を招集しようにも、「当政府議会は年月の経過と米布合併の結果とに由り共に既に其議定権を喪失」していたのである。四月二日に漸く公布された要償法廷に関する「行政令」も、「絶対的に損害の責に任ぜざるの決意」に基く「既に誠実の意思を欠」いたものだった。こうした共和国政府の対応を不当とした日系住民は、中国系住民と共同で四月七日に「連合大演説会」を開催し、規定変更を要求する決議を採択して大統領ドールに提出したが、要償法廷は間もなく、成立にすら至らず閉鎖された。[71]

しかし同年六月一五日、アメリカのハワイ準州政府が置かれると状況は変わった。準州知事となったドールは七月三一日、翌年二月に予定された準州議会開設までは賠償事件の審理は不可能だと斎藤総領事に伝えた。これは審理の先送りではあったが、結果的には議会での審議を約す意味を持つこととなった。以後日系住民は改めて被害者代表委員会を組織し、日本総領事館の支援の下、議会に向けて損害調査を進めた。[72]そして予定通り一九〇一年二月に開設された「待ちに待つたる所の布哇地方議会」（加藤岩吉、被害者大会演説）は、三月に入って「要償法案」の審議を開始し、数案が争われた上で、四月末には「比較的至当」な条件の法案が議決されるに至ったのである。[73]すなわち、「米国憲政」による事件の落着といえよう。

この事件はまた、日系住民の組織化を大きく促進した。前述の臨時日本人会に参加した商業者グループを中心に「ホノルル日本商人同志会」が結成されたのに加え、[74]移民労働者の医療充実のため一八九二年に結成されたものの低調な活動を続けていた「日本人慈善会」も、罹災者の救援活動を契機として活性化し、一九〇〇年九月には「日本人慈善病院」の開設に至ったのである。[75]かくして「米国憲政」の下での日系住民の発展という気運が高まる中、統一組織化に向けた動きが活性化していった。

(3) アメリカ丸事件と布哇日本人会

一九〇一年七月二五日、ホノルルに入港したアメリカ丸から上陸した日本人女性四名が、検疫の際に男性検疫官による過度な触診を強いられたと報じられた。これに激昂した日系住民有志は「布哇日本人会」を組織してアメリカ政府に抗議し、検疫官の更迭という決着をみた。この一連の出来事は、「アメリカ丸事件」と呼ばれる。[76]

このとき組織された布哇日本人会は、相賀安太郎（一八九八年一〇月より『布哇新報』記者）によれば、中央日本人会の原形をなした。「アメリカ丸事件が一九〇一年に突発の時は、ホノルルの同胞間に布哇日本人会が急設されたが、それは臨時的のものであったので、どうしても全島に通じての永久的の団体を作る必要を感じ、一九〇三年(明治三十六年)七月に至り、中央日本人会創立運動が起」ったのである。[77]

実のところ、この事件は一部の日系住民有力者によって意図的に政治争点化されたとみられる。その一人が、もと自由党系の新聞記者で、一九〇〇年にハワイに来て『やまと』主幹となった石川淡である。[78]石川は先述のペスト焼払い問題でも被害者代表委員の一人として先頭に立って活動していたが、アメリカ丸事件が起こると、『やまと』はただちに「同胞蹶起」、「国民的勢力」の「発揚」にとって「最好の機会」「千載乃一遇」と意義づけ、[79]日本人会の「永久常設」化をも提案した。[80]しかも日本人女性の一人は岡部三郎領事官補の夫人だったが、岡部が検疫に際し日本人への「区別」はあっても「凌辱」はなかったと述べたにもかかわらず、『やまと』はこれを「無根」として、岡部は「満天下を欺きたるもの」だと批判した。[81]真偽は別として、石川らは当初よりこの事件を日本人会結成の足掛かりとする意図からキャンペーンを打ったと見るべきだろう。

事件終息後も布哇日本人会は解散せず、一一月三日、「天長節祝賀会」の後に正式な「発会式」を行った。役員に選出された全二七名のうち、会長は京浜銀行ハワイ支店長の塩田奥造だった。京浜銀行は、自由党系を中心とする各移民会社が移民労働者に対して渡航資金の貸付けや賃金の強制的な積立てを行うため、一八九八年に共同で設立した金融機関であり、布哇日本人会の後盾にこれら移民会社があったのは疑いない。しかしその他の役員をみると、石川以外にも志保沢忠三郎(『布哇新報』)、勝沼富造、小沢健三郎、小林喜六、川崎喜代蔵、本重和助(商店主)、相賀などペスト焼払い要償運動で被害者代表となった人々が名を連ねており、この運動の経験も日本人会結成の一因になったと考えられる。[82]アメリカ丸事件への対応について『やまと』は、「平等と自由を標榜せる米国の治下」で、「人種の異同に拘らざる同等の待遇を要求すべき権利」を「実際に享得」すべしと説いていた。[83]日系住民がハワイで受けている人種主義的な差別待遇を、アメリカの統治理念に則って解消しようという態度を表明したのである。

もっとも、『やまと』は右の主張で「同等の待遇」を「文明国民としての待遇」とも言い換えており、「日本国民」という自己規定は放棄されていないだけでなく、むしろ団結意識の高揚のために意識的に用いられていた。加えて『やまと』は、「在留国民」の「一致運動」を謳う一方、斎藤幹・岡部ら領事館側がこの運動に消極的姿勢を示したのに対して、次のように非難した。すなわち、「国権の消長」に関わる該事件に際し「官民協同の実を挙げ」えないのは「遺憾」であり、「在留同胞の保護に任ずべき筈の領事が、自ら待つこと在朝の為政家の如く、而して其在留民を見るに在野の反対党を以てするの態度に出づる」のは「最も怪しからぬ心得違」だ、と。(84)同紙が「在留国民」糾合のために用いた論理は、「国権」の見地から「民」が「官」を批判するという、日本国内で民間政治勢力が用いた「対外硬」の論理に極めてよく似ていた。(85)日本の統治権の下にあるわけではない米領ハワイの日本総領事と日本人との関係が、「在留同胞の保護」を通じて、あたかも日本国家の延長であるかのように論じられたのである。しかし実際には布哇日本人会は常設化に至らなかったため、ここに伏在する問題が露呈するには至らなかった。

(4) 中央日本人会の成立と「永久的移住地」

一九〇三年六月の「ハック営業問題」勃発のさなか、『やまと』は再び「日本人の大同団結」を唱えた。この問題は、準州議会で新たに制定された「ハワイ郡自治法」が英語またはハワイ語の読み書きができない者の馬車(hack)営業を禁止したのに対して、「臨時日本人協議会」が結成され、「日本人が条約に由りて享有する既得の権利を侵害せるもの」として抗議に及んだものであった。(86)この日本国民としての権利問題の争点化を好機として、『やまと』は常設の「日本人」団体の必要を訴えたのである。同紙は「大同団結」の意義自体は「誰人も異議なき所」にもかかわらず、「諸島隔在、交通不便なるが上に差向き其の大同団結を造らねばならぬ直接の利害問題なき」ゆえに実現が困難だと述べた。これは過去の「団結」が単発的な事件の解決のためにしか機能しなかった事実を認めたものとも取れよう。そこで提案されたのは、「在留民を代表すべき相当の機関」として何らかの「中央本部」を設けて「日本人間の公共事件を処理するの実権を握らしむること」、具体的には「現今領事館に於て管理しつゝある教育及救助資金を挙げて日本人中央本部に移し、総領事をして之れが監査者たらしむる」ことである[87]。つまり領事館から在留民保護費を移管し、かつ総領事自身を上に据えることで、公的機関として実権を有する団体を組織しようというのであった。

七月一七日、臨時日本人協議会の席上で中央日本人会の創立が提案され、「列席の人は皆其の創立委員」となって創立会が行われた。斎藤幹総領事は同会の結成に「両手を挙げて賛成」であり、会則案にも「本会は日本帝国総領事の監督の下に成立すべし」と定められた[88]。創立委員の多くは前述の要償運動やアメリカ丸事件で中心となり、布哇日本人会を結成したグループであり、石川淡の『やまと』は「殆ど同会の機関新聞」を自認した[89]。ただし要償運動で被害者代表の一部を占めながら、運動に消極的だと『やまと』に批判されていた日本人商店主たちは、両日本人会にはほとんど関与しなかった[90]。中央日本人会創立委員会は一九〇三年八月に「中央日本人会趣意書」を起草して、同会創設の目的を公にした。すなわち、今後ハワイを「永久の産業的移住地と見做」して「太平洋上に於ける日本の勢力を扶殖」するため、「統一機関」によって「日本国民的教育」「国民品格の維持」「産業的利益」「社会的地位」などを追求することであった[91]。

「永久の産業的移住地」とは何か。『やまと』は八月八日、趣意書とともに「日本の永久移住地」と題する論説を掲載し、ハワイは日本人の「出稼地」から「永久の移住地と変ぜんとして居る」が、「移住地」には「植民地」と異なり「本国と政治的関係」はなく、「永久の移住をすれば移民は其移住地に吸込まれてしまう」と述べた。「永住」論自体は出稼ぎ批判として一八九〇年代から存在したが、それは「帝国臣民」「日本国民」という自己認識と共存していた。しかしここでは「植民地」は日本「本国」と「政治的関係」を持つ領域と捉えられ、「永久移住地」としてのハワイは「植民地」とは異なると確認されたのである。ここでの「植民地」とは、恐らく台湾を念頭に置いている。『やまと』は六月の論説で、日本は台湾しか「自分の領地」としての「植民地」を持たない以上、人口の「放射口」を求めて「外国領」、就中ハワイへと「事実的植民」を行わざるを得ないと述べていた[92]。「永久移住地」論の背後には、台湾は「植民地」ではあるが日本人の移住先としては適さないという認識もあったのである。

こうした現状認識と「日本の勢力を扶殖」するとの文言とは、どう関係づけられていたのか。一九〇三年一月に『やまと』の主筆となっていた佐久間秀雄（石川は主幹のまま）による「布哇中央日本人会の目的[93]」では、次のように説明される。すなわち、ハワイは日本の「出稼地」から「永久移住地」へと変わろうとしている。これは「子孫が此土地で繁盛するように」なれば、「事実に於て自国の植民地」と同じ「利益」があるが、もちろん「日本に合併するなぞの夢想は愚」でしかない。とはいえ「日本人の出方一つ」では「政権に参与」するのも不可能ではなく、「布哇出生の日本人」（一九〇〇年で四八八一人[94]）は「米国市民の列に加はり、選挙権を有する」見込みがある。しかし、そのためにも不可避なのがアメリカへの「同化」「米国化」であり、さもなくば「大に移住の潮流に制限を設け」られてもやむを得ない。他国、特に「高等文明」たる「米人」が「政権を握ってゐる」ハワイで日本人が「永遠の事業」を行うためには、「対外的意味」の「団結」、「孤立して小日本を造らんとするもの」として危険視されてはならないし、「他国の文明」を取るのは「恥辱」ではない。ただし、その結果「日本と移民の連鎖」が全く絶たれては、「移住者の出るは其国人を失ふと同じ」になってしまうので、「日本人小学校」と中央日本人会とによりこの「連鎖」を保つべきである、と。以上の主張において重要なのは、アメリカ市民権の獲得と二世教育とが連関する、かつ両義的な問題として捉えられていることだろう。ハワイを日本の「永久移住地」とするには市民権を持つ二世の成長を待つのが最善とされながら、その前提として不可欠となる二世のアメリカへの「同化」が徹底した結果、日系住民が日本との結びつきを喪失することが危惧されたのである。

では日本との「連鎖」は、どのような形で保ちうるのか。右の論説の直後から、さらに『やまと』は「布哇日本人の教育」と題する論説を掲載している。[95] 曰く、「国家は日本人に取つては殆んど宗教たりの観」があるが、「今や我在留民の子弟」はこの「愛国心」を失うという「危険なる境遇に置かれてゐる」。「仮りに日本人の子孫が米国の国家的観念は有しており、米国の社会及び国家は愛するが日本に就ひては殆んど知らないといふ風」になれば、「当地に日本の事実的植民地を造るといふ希望も空に帰する」。そこで「移住民の子孫に向て、日本を教へる必要」が生ずるが、それは「日本の内地に於けると同じ考を持つて」ではならない。教えるべき「日本の国家的思想」は「排外心」ではなく、「決して他の国と並立するを妨げない」ものでなければならない、と。

注意したいのは、「国家的観念（思想）」という言葉の使われ方である。前述の通りハワイ革命期には、帰化不要の参政権獲得という前提のもとで、この言葉は（ハワイでの）「政治意識」と（日本への）「愛国心」の二つの意味を同時に担わされた。しかしここで「国家的観念」は、「米国の国家的観念」「日本の国家的思想」と分節化され、「米国市民」として生きる「日本人の子孫」に期待するアイデンティティの範疇を導き出すために用いられたのである。もちろん「永住的移民地」を「日本の勢力扶殖」と意義づけることのディレンマは消えるものではなく、「米国市民となるは愛国者たる所以也」といった主張にも同様のディレンマが現れた。[96] しかしここで展開された論理は、「宗教」とまでみなされたハワイの日系住民と日本国家との結びつきを、ハワイへの「永住」に見合う枠組みへと組み替える試みであった。

以上のように、中央日本人会の「趣意書」に示された「永久的移住地」確立とは、在留民の既得権保護といった従来の一時的な日本人団体の目的にとどまらず、アメリカへの「同化」、特に「米国市民」としての二世の成長と、日本との結びつきとの両立という長期的な展望に立脚する社会形成の施策だったといえよう。

しかしこうした日系住民の模索の一方で、斎藤総領事が率先して中央日本人会の組織化に尽力し、みずから会長に就任した目的は別に存在していた。本国外務省への斎藤の報告によれば、同会結成の趣旨は「出稼人取締」、すなわち日本人労働者の「耕地間移転」および「米国渡航」を抑えることであった(97)。

まず「耕地間移転」についてだが、一九〇〇年、ハワイではアメリカへの併合に伴う移民法の施行によって契約移民は不可能となり、日本人移民は全て自由移民となっていた。このため農場主と日本人労働者との契約には強制力がなくなり、移民労働者はより有利な賃金や労働条件を求めてしばしば他の農場への移転を試みるようになった。これは移民労働者にとっては自由化であったが、斎藤のいう「出稼人取締」の観点からは、「耕主の信用を失ふ」ことを意味した(98)。

次に、やはりアメリカのハワイ併合を要因として一九〇二年以降に問題となっていたのが、日本人移民のアメリカ本国への「転航」である。本国の労働者団体による日本人移民排斥運動の結果、一九〇〇年八月以降、日本人がアメリカ本国に移民として直接入国することは厳しく制限された。しかしアメリカの属領（準州）となったハワイへの入国は可能だったため、ハワイ行きの名義で入国したのち、本国、特にカリフォルニア州に「転航」する移民が激増したのである。ハワイにいったん「土着」した移民労働者の中からも、恐らく「耕地間移転」の延長上でより高い賃金を求めて、転航者や「周旋屋」の誘いによりこれに加わる者が現れた。斎藤総領事は、「転航」の急増がアメリカにおける日本人排斥の「気焔を喚起」すれば、ハワイへの移民事業に「障碍を与ふる」危険があると懸念した(99)。こうした動きを抑えようとする斎藤総領事の意図は、「永久移住地」確立という理念と相反しはしないにせよ、あくまで日本外務省の移民政策上の見地からの「取締」であり、また後述するように移民会社の意を受けたものだった。

一九〇三年八月以降、『やまと』が中央日本人会の方針を説く一方で、石川淡、志保沢忠三郎、塩田奥造、相賀安太郎、安野伸太郎（『新日本』主筆）などの創立委員は「地方支部」設置のため、斎藤総領事およびその属官たちとともに各島の農場を遊説して回った[100]。一一月三〇日、中央日本人会は正式に発足した。斎藤総領事が会長を務め、参事員として相賀、内田重吉、安野、岸幹太郎（横浜正金銀行）、本重和助、理事として石川、小沢健三郎が名を連ね、会計を塩田、書記を根来源之（米国法学士）、早川萬が務めた。中央日本人会はハワイ全島に四九の支部を有し、各支部から会員数五〇〇人ごと（未満の場合は三〇〇人以上）に一人の代議員を選出し、「毎年一回代議員会を開き収支予算、諸規則の制定、其他重要の事件を議定[101]」するという「自治機関[102]」の体裁をとった。満一七歳以上の全日本人男子が成員資格を有し、会費は月一五セント[103]。当初の代議員は五七人であり、会員数は二万人前後と思われる。同年のハワイ在留日本人人口は、八万六七四〇人だった[104]。

（5）中央日本人会の崩壊

中央日本人会の発足は、当初から順調とはいいがたいものだった。まず結成以前から、中央日本人会は指導者層の内紛を抱えていた。一〇月下旬、同会創立委員会の中心人物の一人だった志保沢忠三郎の『布哇新報』は、同会は「野心の結晶物にして移民会社の道具」であり、斎藤幹総領事は「官職を紊乱するもの、労働者を強迫し欺瞞するもの」だと批判する記事を掲載し、これを『やまと』に非難された志保沢は創立委員を辞任していたのである[105]。こうした対立はなぜ生じたのか。

前述した斎藤の「出稼人取締」策は、実質上は移民会社の利権保護を意味していた。まず契約移民制が廃止された以上、「耕地間移転」により「耕主の信用を失ふ」ことはそのまま移民会社の存在意義喪失を意味した。京浜銀行の支店長だった塩田奥造が中央日本人会の会長に就任したのは、移民会社の新たな利権獲得の目的に発していた。京浜銀行の設立母体である移民会社同盟会は、汽船会社と交渉して、移民一人の船賃から二円を中央日本人会へ寄付させるよう定めた上で、この寄付金は「悉皆中央日本人会の見込を以て勝手に使用することを得るもの」と主張したのである[106]。

一方、「米国転航」を前提とした移民斡旋は、アメリカ本国の移民労働者斡旋業者とハワイの日本人旅館業者とが提携して推進していたが、彼らは京浜銀行に移民が積み立てさせられた預金を転航費に充てさせるべく、その払下げを要求していた[107]。加えて志保沢の『布哇新報』は、一九〇二年末に移民会社に対して「政界の魔力を利用して其筋に結託せり」「国家事業を看板にして詐欺騙りを行ふものなり」といった批判を加え、また安野伸太郎の『新日本』[108]とともに京浜銀行の積立金制度を批判して、『やまと』と対立していた。『やまと』は両紙の批判を日本人労働者への「煽動」「攪乱」「誘惑」とみなしており、恐らくは米国転航を誘発するものと捉えていた[109]。さらに斎藤総領事も『新日本』について、「米国転航移民周旋者と結託」して「陰かに拙官を攻撃致居候」と外務省に報告した[110]。真偽は別として、転航の支持は総領事および移民会社との対立を意味したのである。

『布哇新報』については、記者の相賀安太郎が、転航は法的には可能でも「我移民諸子に執りて、決して利益なる事にあら」ずとして斎藤を支持したことからみて、必ずしも転航業者と結託していたとはいえない[111]。志保沢が中央日本人会設立に携わったのも、本人の弁によれば耕地間移転の抑止という意向が斎藤総領事と一致したためだった[112]。しかし同時に志保沢は、「官約移民の時には政府が労働者を保護した。移民会社の契約時代には会社が之れを保護した。然し米布合併後は自由渡航であるから従つて日本人会を設けて之れを保護する必要がある」[113]と、自由移民化に伴い移民会社の役割を代替するものとして中央日本人会を意義づけた。そのため移民会社が同会を掌握することは認めず、斎藤総領事とも決裂したのである。かくして耕地間移転および米国転航問題は、日系住民の指導者層に総領事・移民会社 対 転航業者・反移民会社勢力という二極対立を形成させた。

次に指導者層の分裂の一方で、中央日本人会の成立当初から、ハワイ全体の日系住民を統合するのが極めて困難であることも露呈した。成立とともに開かれた代議員会ではホノルルの議員と「地方人」「島地議員」との対立が表面化し、「地方独立」の問題が生じたのである。足立豊らカウアイ島の議員は、「加哇島日本人会は既に数ヶ月前に於て具体的に成立」している以上、中央での経費徴収は「二重の負担」となるとして、「自治の本領を発揮」すべく閉会を待たず退席の挙に出た。彼らは「自治」は必要としたが、他島の日系住民と共有すべき利害は認め得なかったのである。またコナ島の太田尚志（甘蔗・コーヒー栽培業）の場合は逆に、「国家の膨張を計り権利を増進」するためとして中央日本人会に期待を寄せたが、代議員会終了後には「在ホノルル府内の紳士紳商」の内紛に言及し、「単に生計上の私利的に汲々として公益を図る国家的の観念は毫もなきものと認めざるを得ず」と不信感を表明した[114]。この不信はホノルルの指導者層の内紛によるだけでなく、「国家的の観念」にも由来するものだろう。『やまと』では既にみたように日本と直結する「国家的観念」の相対化こそがハワイの「永住移民地」化にとって必須と考えられており、また日本外務省からも、中央日本人会が「勢力扶植」「国力膨張」といった文言を用いるのは「布哇島民に危懼の念を興」しかねず不穏当だという注意が斎藤に与えられていたが[115]、実際に日系住民の団結を形成するにあたっては、「国家的観念」の呪縛は解き得なかったのである。

さらにこれに関連して問題となったのは、農場の日系労働者が「中央日本人会の目的は労働者保護の一点にあり」とのみ誤解」して農場主に対して「反発的」となり、ストライキが頻発したため、同会が「対白人同盟」と受け取られかねない状況が生じたことである[116]。特にワイパフ（オアフ島）支部では、一九〇四年五月、七月の二度にわたって大規模なストライキが勃発した。このとき『やまと』は「耕地会員」に向けて、「中央日本人会設立の趣意」は「白人社会との両立」にあり、「日本人と白人との利益の一致」のためには「ストライキは双方の損」であると諭すとともに、「日本人労働者の信用」が失われ「世界における労働の場所を減少」することは「国家に不忠である」と説いた[117]。

ここには、中央日本人会が抱えたディレンマが端的に表現されている。すなわち、前述のように斎藤総領事の意図が基本的に「出稼人取締」だったことに加え、「永住移民地」化のためには白人農場主との対立は極力避けるべきものとされた。しかし農場の日系労働者が中央日本人会を歓迎したのは、「帝国総領事自から創立委員長となり出馬し以て彼等を説ける事とて（中略）積年の苦痛を脱し自由を唱へ権利を振ふの秋は到来したり[118]」と受け止めたからだった。つまり「官民一致」の団体である以上、中央日本人会の任務は「日本帝国臣民」の権利保護であり、ストライキは正当化されるという理解である。そして「国家に不忠」との文言に明らかなように、中央日本人会・『やまと』側も、白人支配層との対立を回避するためであっても、「国家」を引き合いに出さねば日系労働者には効果がないと認識していたのである。

加えて当時は日露戦争のさなかであり、ハワイの日系住民の間では盛んに献金運動や祝勝会が行われていた。『やまと』は「祝捷行列」を「日本人の勢力を広告する手段」と位置づけ、「排日運動を呼び起す」心配はないと説いており、「立派な国民」として「シドケな」い「日本服」ではなく「洋服」を着用せよなどと、現地社会の目を意識しつつもナショナリズムの高揚を肯定的に評価していた[119]。しかし彼らの見込みはともかく、「国家的観念」と結びついた日系労働者の運動は、これによっていっそう統御しがたいものとなったであろう。マウイ島ラハイナでは一九〇五年五月、農場の監督（ルナ）がロシア人と見間違われたことが日系労働者のストライキの引き金の一つとなった[120]。

結局、中央日本人会はワイパフでのストライキ調停に完全に失敗し、その信用は失墜した。調停をなしとげたのは志保沢や、本願寺ホノルル出張所の今村恵猛だった[121]。『やまと』は「耕地会員」に対して、「我意」を曲げない者は中央日本人会から除名してよく、もし「支部全体の行動」なら支部ごと除かざるを得ないと警告していたが、実際のところ、一九〇四年一〇月（八月改選）の第二回代議員会では地方支部議員の大半が現れず、出席は二三名のみとなった。出席者の中には、かつて参政権獲得運動に加わったハワイ島の大槻幸之助もいた。[122] なお大槻は「耕地に勢力あり」ながら、「一部の人に信用ありしも一方反対の者ありて」、一九〇八年までには日本に帰国している。[123]

中央日本人会の崩壊を決定づけたのは、一九〇五年五月に志保沢を中心に結成された革新同志会である。同会はハワイ移民を「移民保護法以外」の「自由移民」とすること、京浜銀行の「不法行為」停止、およびこれら二項の遂行のための斎藤総領事更迭を「三大目的」と謳った。[124] 同会には代議員として志保沢、鶴島半蔵（『布哇日日新聞』）[125]、安野、芳賀日下（旅館）、栗崎道誠（医師）、灰田勝五郎（同）、檜山錦光（商店）、本重和助（同）、高桑与市（同）が名を連ね、評議員として商店主一五名および安村治忠（東洋貿易会社）が参加し、根来源之が書記を務めた。[126]

志保沢が移民会社の排除を意図しただけでなく、灰田など医師グループも、一九〇〇年以後移民会社が寄付金などを通じて日本人慈善会に影響力を拡大しつつあることに深刻な危機感を抱き、また商人グループも、移民会社・京浜銀行の搾取が労働者の購買力を減退させるという不満を持っていた。[127] 加えて芳賀、安村、根来、安野らは、米国転航斡旋のため斎藤総領事と京浜銀行とを排斥しようとしたとみられる。安野、根来、本重ら中央日本人会役員が革新同志会に転じたのは、同会への直接的打撃となったであろう。彼らの陳情を受けた日本外務省は移民への積立金賦課・強制高利貸付、および移民会社代理人を廃止し、移民会社・京浜銀行グループはハワイから一掃された。斎藤総領事は「賜暇」の名義でいったん帰国を指示されたが、結局留任された。この過程で中央日本人会は「立消え」となり、他方革新同志会も一九〇六年九月九日、移民会社・京浜銀行の打破という「意志目的を達し」た以上、「公党の公党たる所以」を現すべしとして解散した。[128]

（6）中央日本人会の理念と構造

かくして中央日本人会は、「米国憲政」下のハワイにおける日系住民の安定的発展への企図のもと結成され、日本からの離脱を前提とした「永住移民地」化のプランを提示しながらも、創立後わずか二年ほどで解体に至った。中央日本人会の提示した日系住民の自己認識は、一八九〇年代と比較して新たな段階を画していた。かつての参政権獲得運動に際して、ハワイへの政治参加意識と日本への愛国心との二つの意味を同時に担わされた「国家的観念」は、「永住移民地」化、すなわち日本からの離脱が前提となったことにより、また同時に「米国市民」としての二世の成長への展望が開けたことにより、初めて相対化の対象となったのである。

しかし中央日本人会は、十分な活動を行うことなく瓦解した。移民会社をめぐる内紛や、転航問題に示される日系住民の流動性が解体を早めただけでなく、根本的には中央日本人会の組織原理それ自体が問題を孕んでいた。既にみたように、日系住民の組織化には「大同団結」「自治」「官民一致」といった日本国内政治のアナロジーがしばしば用いられ、またその内実を伴わせる形で中央日本人会は結成された。しかし農場労働者、医療団体（日本人慈善会）、商業者（商人同志会）、宿泊業者（旅館組合）といった個々の集団はハワイの現地社会に独自の地歩を確保してゆく中で個別に利害関係を形成しつつあった。それを日本人単位の「自治」によって調停することは困難であり、ゆえに結果的には移民会社による新たな利権獲得手段以上の意味を持ち得なかった。さらに「官民一致」の体裁を備えるべく斎藤幹総領事を会長に据えたことは、転航禁止反対運動に示されるように、かえって対立を硬直化する方向に機能したのである。「一致せん為め出来た会が、却つて党争を招く」という『やまと』の慨嘆は、この構造的問題をよく示している。(129)

さらに総領事を通じて日本国家と結合することは、ハワイ現地において、アメリカ市民権を持つ二世を含む日系住民の定着（「永住移民地」化）を図るためには逆効果であった。既に述べたように、農場労働者は中央日本人会の目的を日本国家による権利保護と受け止めてストライキの激化に至ったが、中央日本人会が関与したもう一つの重要な問題である二世教育についても、日本国家との結合による難題が生じた。中央日本人会は二世のため現地公立学校の時間外に開校された日本語学校で、「本国と趣を異に」した「教授の方法、教科書の選択」を企図したが、総領事を通じて文部省から国定教科書の使用が指示されたのである。一九一〇年前後に、ハワイの日系住民の間では二世を「日本人としての『第二国民』」として教育するか、「アメリカの市民権を保持した『米国市民』」として教育するかという路線対立が顕在化する。しかしこのような選択の幅自体、中央日本人会の解体によって二世教育問題が日本政府の手を離れたことで生まれたといえる。[130]

要するに中央日本人会は、米領ハワイにおける日系住民の「永久移住地」形成という理念を、みずから阻害した結果として解体したといえよう。日系住民が日本本国の政治社会の延長上にあり続けたことが、このような事態を生んだのである。

（7）増給運動と「社会的団結心」

既にみてきたように、中央日本人会がみずからの役割と認めつつも果たせず、同会の解体の要因ともなったのは、農場労働者によるストライキの調停であった。農場労働者によるストライキは、一九〇八年から〇九年の「増給期成会」による運動（以下、増給運動）をはじめとして本格化していった。しかしそれはもはや、「国家」的団結としては行われなかった。一九〇六年八月の『やまと』社説（相賀安太郎か）によれば、中央日本人会の「大精神」はホノルルを除くハワイ各地で、「地方的団結と自治」として生命を得たのであった。[131]

増給運動で大きな役割を果したのは、相賀の『日布時事』（『やまと』が改名）をはじめとする新聞や、広島・山口をはじめとする種々の県人会だった。[132]県人会の形成は、日本本国での都市移住者と同様、出身「県」への帰属意識がハワイへの移住とともに生まれたことを示すが、あくまで日本国家への紐帯とは区別される同郷団体だった。

一九〇九年、増給運動のさなかで創刊された『布哇殖民新聞』(ハワイ島ヒロ、主筆・江口一民)は、ハワイの「日本人労働者」は「移民的状態」「出稼時代」から「植民的状態」「定住時代」に進んだとの認識を示し、「永住思想を涵養」せよと論ずるとともに、日本人は「国家的団結心」に富むという「一大特長」の一方で「社会的団結心」は全く欠如していると批判した。「社会的団結心」の例として挙げられているのは、「清国商人」が「共同の資本の許に共同の商店を経営」し、ハワイに限らず世界各地で、「個人主義」の「日本人商業家」をはるかに上回る成功を収めているという状況であった。この議論の背景には、増給運動にホノルルの日本商人同志会から積極的な支持がなく、しかも中国系住民から援助があったという事情があったが、特に注目されるのは、「国家的団結心」とは異なるものとして見出された「社会的団結心」である。「植民的状態」は明らかに領土の拡張とは異なり、他国の主権下で定住社会を築くことを意味していた[133]。第7章で詳述するように、このような観点からハワイにおける中国系住民の発展は日系住民のロールモデルとなった。一方、「国家的団結心」は日本人の「特長」とはされながらも、逆に「国家」という枠を外すと「団結」しがたいという観点から相対化されたのである。県人会の活動も、こうした認識の裏付けとなったであろう。

ただし『布哇殖民新聞』自身をはじめ、労働運動の指導者たちはハワイの日系住民全体の組織化をたびたび試みた。同紙は以上にみた主張を展開しながら、「日本人全体を網羅」する「布哇労働組合」の設立を提唱し、「日本人同胞」がハワイで政治的権利を持たないことを理由に、「労働者以外の在留者」をも全て加入させた組合を構想したのである。しかし日系住民の中にはこの組合を中央日本人会と「同一視」する人々があり、同紙は「純労働者」を中心とし、「八万在留同胞の死活問題」のため組織するこの組合は中央日本人会とは異なると主張したが、恐らく自然消滅に終わった[134]。一九一〇年代に入ってからもハワイ各地で地域ごとの日本人会や労働者団体は数多く作られ、また日本人慈善会やホノルル日本人商業会議所（元ホノルル日本商人同志会）といった同業者団体は一層の発展をみたが、日系住民全体の「団結」はやはり実現しなかった[135]。一九一四年には、増給運動を指導した根来源之をはじめとする『布哇報知』のグループが「布哇日本人会」を組織したが、有田八郎総領事代理によれば、「商人同志会を初め医会宗教家銀行家の如き堅実なる分子」は「其存在を却つて有害無益」として「敬遠」した[136]。労働運動の指導者たちがたびたび日系住民の「団結」を求めたのは、第7章で述べるように、サトウキビ農場における日系労働者の待遇改善が白人支配層の抑圧により極めて困難だったためと考えられる。しかし日本国家と結合して、全日系住民の「自治」を志向したために瓦解した中央日本人会の経験以後、同様の日本人会は生まれなかった。

アメリカ本国では一九一〇年代から二〇年代に、二世の二重国籍問題の解決のため、日本人（一世）が各地の日本人会を通じて盛んに日本の議会への運動を行い、一九一六年および一九二四年の日本国籍法改正をもたらした（補論2）。しかしハワイで二重国籍問題解決の運動に従事したのは、二世たちが一九一六年に結成したハワイ日系市民協会であり、日本に対しては十分な影響力を持ち得なかった。二世の勢力は米本土よりも成長していたが、恐らくは日本人会の不在ゆえに、日本国内法の改正という課題にはかえって対応できなかったのである[137]。

おわりに

ハワイでは一九世紀を通じて、欧米出身の白人大土地所有者による投資植民地化とともに白人の政治的影響力が増大した。その結果、一九世紀末にハワイは白人による「ハワイ革命」を経て、太平洋に軍事拠点を求めるアメリカに併合された。しかしこの間にハワイではサトウキビ農場に移民労働者が中国、次いで日本から大量に導入され、人口構成を大きく変えるに至った。ゆえに少数の白人支配層が政治権力を獲得する過程で、アジア系移民の政治参加が重大な争点として浮上したのである。白人は欧米の国籍を保持したまま参政権を得たが、中国人・日本人はこの枠組みから排除された。これに対して日本政府だけでなくハワイの日本人も、日本国民の権利という観点から、帰化不要という前提で参政権を求めた。ハワイ共和国憲法では帰化不要の参政権という枠組みが消滅する一方、中国人・日本人にも帰化権が与えられたが、アメリカ領となったハワイでは本国と同様に中国人・日本人の帰化権は失われた。

この過程で、ハワイの日系住民にとって日本国家の意味は複雑に変化した。ハワイ革命下での参政権獲得運動で、日本人指導者たちが政治意識を喚起するため「国家的観念」が語られた際には、「国家」が日本であることは所与であり、外交当局者は別として、彼ら自身はみずからの帰属が問われる可能性を恐らく意識しなかった。しかし一九〇〇年代、日系住民の間で米領ハワイでの「永住」が現実的問題として認識され始めると、第一に「国家」とは日本なのかアメリカなのかが問題となり、また第二に、二世市民をめぐる議論に示されるように、第一の問題を認識した人々（主に指導者層）は「国家的観念」の相対化を必要と考えた。だがその一方で第三に、日系住民全体（特に農場労働者）にとっては、現地社会での地位向上のための「団結」は、「国家的観念」とむしろ直結するようになった。加えて日清戦争と日露戦争は、ハワイの日系住民にも日本国家への帰属意識を高揚させた。日系住民の指導者層も「全日本人の自治」という構想には疑問を抱かず、本国の政治社会の延長上で行動し続けた。

しかし結果として、日本国家への帰属意識と結びついた「団結」の試みが、「全日本人の自治」という形で実を結ぶことはなかった。それは根本的には、膨大な人口の日系住民がハワイ現地社会で地歩を築いてゆく過程で、個々の利害関係が多様かつ相互に対立をも孕むものとなり、全日系住民の「団結」を通じては解決し得なくなったのだと考えられる。特に中央日本人会の早期の解体は、同種の団体への忌避感をもたらした。かくして本格的な定住時代を迎えた日系住民が、米領ハワイの多民族社会でどのような政治行動をとったかについては、第7章で改めて考察しよう。

第II部　帝国・国際秩序と移民・植民

満洲国協和会全国連合協議会の光景

出所）満洲国史編纂刊行会『満洲国史』総論，上，満蒙同胞援護会，1970 年。

第4章　矢内原忠雄の「植民」研究
——帝国日本の移民と植民

はじめに

本章では、一九二〇年代から戦後まで植民政策学・国際関係論の研究者として第一線で活動した矢内原忠雄の移民・植民論について、その核となる「植民」概念を中心に分析する。矢内原の植民地研究を基礎づけていたのは、社会的・経済的現象としての植民と、政治的な支配—従属関係という二つの観点を区別して捉える見方だった。それは矢内原の生きた時代においても必ずしも広く共有された見方ではなかったが、柔軟な現状分析と日本の統治政策への鋭い批判とを兼ね備えた矢内原の研究を支える枠組みとなった。日本が東アジアに広大な支配地域を有する帝国となったことを重大な要因として、日本人の移民・植民をはじめ、アジア太平洋地域におけるヒトの移動が重層性を増す中で、矢内原の「植民」概念と移民・植民論は、重要な視座を提供するものとなった。

本章ではまず第一節で矢内原の「植民」概念について、「植民地」や「植民地主義」をめぐる概念史の中に改めて位置づけて考察する。その上で、第二節では矢内原の移民・植民論について、その論理の構造と一九二〇年代から三〇年代における同時代的意味、特に日本の膨張主義への批判と、日本人の南北アメリカ・朝鮮・満洲への移民・植民に関する分析との関係について考察する。

一　矢内原忠雄の「植民」概念

（1）植民地概念の歴史

「植民地支配」という言葉が示すように、今日において、植民地という概念はある国家のもとで政治的に従属する領域を意味すると理解するのが一般的であろう。マルクス主義経済学のもとで植民地概念は帝国主義概念と結びつき、植民地は国家が独占資本主義による商品・資本の輸出先として、外部に獲得した支配領域として捉えられた[1]。さらに民族主義運動が、第一次世界大戦後に高揚して国際秩序に重大な影響を及ぼす要因となった結果、「植民地支配」は異民族支配を意味するものと理解されてきたのである[2]。

しかし一九世紀末まで、「植民地」は基本的にヒトの移動によって形成されると理解されていた。一九世紀半ばのイギリスでは、既に独立したアメリカや「属領」からの脱却を求めるカナダが、その政治的地位と関わりなく移民送出先として「植民地」と捉えられる一方、インドは政治的に「属領」であっても「植民地」ではないと捉えられていたのである。このような「植民地」認識は、資本や民族の問題を視野の外に置くものではあったが、にもかかわらず、なぜ歴史的に経済的支配―従属関係や民族間の支配―従属関係が、領土支配を伴わない、あるいは領土支配が解消された場合にも存在してきたのかを考える上では一定の有効性を持っていたといえよう[3]。第1章で触れた黒田清隆とホーレス・ケプロンの問答や、第2章で考察した内地雑居論争において、イギリスのインド支配の事例が持っていた両義性も、このような文脈から理解できる。

近年、ユルゲン・オースタハメルが定式化している「植民地主義」の概念は、ヒトの移動という原義を踏まえて、民族集団間における支配—従属関係を捉えようとするものである。すなわち、「植民地化」(Kolonisation, Colonization)・「植民地」(Kolonie, Colony)・「植民地主義」(Kolonialismus, Colonialism) のどれもが、「ひとつの社会が、もとの生活圏をこえて膨張するという意味」を含むと指摘した上で、「集団間の支配・被支配の関係」としての「植民地主義」を中心概念と規定するのである。(4) オースタハメルがこのような定義を用いるのは、一方でアメリカ・カナダ・オーストラリアなど、先住民がわずかな〈植民地主義なき植民地〉としての移住植民地が存在したこと、他方ではイギリス内部のケルト人居住地域など、本国と植民地という関係をとらない〈植民地なき植民地主義〉が存在しうることによる。つまり、歴史的に「植民地」概念が本国からの別の地域への移住を伴うものとして出発した経緯を踏まえながら、それと区別して、支配—従属関係を必ず含む概念として「植民地主義」を選ぶのである。

さて矢内原がみずからの中心的概念とした「植民」は、定義に政治的な支配—従属関係を含まない点では一九世紀的な「植民地」概念を受け継いでいたが、以下にみるように、それはむしろ帝国主義時代の「植民地」における支配—従属関係への強い関心に裏付けられていた。

(2)『植民及植民政策』

一九二〇年、東京帝国大学経済学部における植民政策講座の担当者となった矢内原は、植民政策学の理論的整理を行った『植民及植民政策』(一九二六年)(5) において、まず植民・植民地・植民政策の三つの概念を列挙し、そのうち「最も基礎的」なのは植民であり、植民地は植民の行われる土地、植民政策とは植民に関する政策であると定義した。そして植民の「本質」は、ある「社会群」が新たな地域に移住し、社会的・経済的に活動する現象だと規定した。さらに植民の研究において最も重要なのは、「移住社会群」と「原住社会群」との接触に基づく「社会的諸関係」を分析することだと主張した。これは、支配―従属関係を意識的に除外した定義であった。このように定義することで、矢内原は日本本国における北海道への「内国植民」や、満洲・シベリアに在住する朝鮮人も植民現象として把握した。

矢内原は、「学者の通説」では「移民」と「植民」とが「政治的従属関係」の有無によって区別されるとしながら、「私は所謂植民と移民との本質的区別を否定する」との立場をとった（傍点は原文）。「政治的従属関係」は「属領たるの要件ではあるが、植民地たるの要件ではない」、植民現象の「環境」「条件」に関する区別ではあっても、「本質」ではないとしたのである。その理由は、第一に「自国の主権」を持たないユダヤ人のパレスチナ移住のような事例を説明できねばならないこと。第二に、例えば日本の主権下にある朝鮮、朝鮮と「接壌」し日本が「特殊の利害関係」を有する満洲、アメリカの「属領」であるハワイは、日本との「政治的従属関係」の有無やありようはそれぞれ異なるが、それぞれの地域に対して行われている「日本人の移住活動」には全く「社会的実質上の区別」が認められないことにあった。支配―従属関係を指す言葉として、前述のように矢内原は属領（dependency）を挙げているが、一般の用法を考慮してか、みずからは次のように、「植民地」概念を二つに区別してこれを説明した。

形式的植民地：属領（政治的従属関係・統治権）[6]
実質的植民地：植民活動（移住・投資）が存在する地域

二つの「植民地」概念は、定義としては互いに独立である一方、その当てはまる範囲は互いに排他的ではなく、重なる部分と重ならない部分があることが重要だった。矢内原は、「実質的植民地にして同時に形式的植民地」である地域が「最も多く植民研究の範囲に入るであろう」としながら、それは「その地域の政治的支配」が「本国植民地、植民者及び原住者等関係社会群に対する影響が特に顕著」だからでしかないとして、「実質的植民の社会的諸関係」と支配―従属関係とをあくまで区別し、前者が研究の主な対象だとした。[7]

なお矢内原は、植民活動の「本質」としての「社会群」の移動について、移住（労働人口の移動）と投資（資本輸出）との二つの要素から成ると規定している。資本主義経済は労働人口・資本双方の過剰をもたらし、どちらも「より生産的使用」ができる「新たな地域」への移動を求めるというのがその根拠であり、もちろん矢内原はマルクス主義経済学の資本主義・帝国主義分析を踏まえていた。ただし矢内原はこのような労働人口・資本の移動を「国際的分業」とみなし、「社会主義的統制」のもとでも不可避だと予測した。[8]

（3）植民と支配の区別

矢内原が植民を支配―従属関係と区別される社会的・経済的現象と規定したことには、どのような意味があったか。

矢内原は支配―従属関係を批判的に捉える一方で、植民という現象については肯定的に評価した。矢内原は、「実質的植民」の価値は「人類の増殖」をもたらす上に、労働力・資本の「より生産的なる分布」、言い換えれば「国際的分業」を進展させ、「世界経済の成立」へと向かわせることにあると捉えていた。「植民政策の方法若《もし》くは植民地領有の価値に関しては之を攻撃し批評すべきものがある。併乍《しかしなが》らその為めに実質的植民の価値そのものを忘却してはならない」と、政治権力が植民現象をどう扱うかについては検討の必要を認め、また植民現象が支配―従属関係と結びつくことについても批判すべき点を認めた上で、植民という現象自体は望ましい「進歩」「発展」と捉えたのである。[9]

このような矢内原の植民概念が、政治的境界を越えた労働力・資本の国際的移動、およびそれに伴う相互作用の問題を視野に捉えた、今日的にいえばトランスナショナルな分析枠組みを有していたことは、近年しばしば指摘されるようになった[10]。しかし同時代や戦後において、矢内原は日本の植民地統治に対する批判者としては評価されながら、植民という概念の妥当性については疑問が呈せられてきた。

同時代の経済学者で、東京帝国大学経済学部における矢内原の同僚でもあった大内兵衛は、「現代の植民問題」は「植民国と被植民国との権力関係」において「把握」されねばならないという見地から、『植民及植民政策』について、「今までの植民政策の『類書』の如く、被治者たる植民地人に見てもらってはこまる」ものではなく、「時代の意識を反映する一個の『当代の自己批判』の声」だと共感を示しながら、「通説」と異なる矢内原の定義には疑問を呈した。「国家的でない植民」は「近代的な吾々が問題としている植民とは多少性質が異る」のであり、「権力関係」と「人口及び資本の移動」とを「結びつけてその全体を植民現象と云うのが、事実に合した説明」なのであった[11]。大内は矢内原の研究態度については、〝統治者のための学問〟からの脱却として評価したが、植民と支配―従属関係とを区別する定義は、両者の結合という「現代の植民問題」における「事実」を捉えるのにふさわしくないと批判したのである。戦後、植民地経済史研究者の浅田喬二はこの延長上に、矢内原が「自由主義植民政策学者の最高峰」にもかかわらず、「植民地問題の本質である民族問題の本格的分析を放棄するという重大な理論的欠陥」があったと評した[12]。なお近年では移民史研究の分野で、国外移住だけでなく帝国日本内部での移住活動も移民として扱う観点から、矢内原の所説が改めて評価されているが、その場合にも日本の支配・権力が及ぶ地域とそうでない地域とはやはり区別すべきだという批判や留保が加えられている[13]。

しかし（実質的）植民と支配―従属関係とを区別する矢内原の定義は、植民という現象に支配―従属関係の有無は関係がないという意味ではなかった。矢内原が価値を認めた「実質的植民」のあり方とはいわば現象の理念型であり、矢内原は同時に、現実にはあくまで「植民者」「植民国」の利益が前提となっているという留保を置いていたのである。ある地域への「植民者」の「侵入」による「原住者」との「接触」は「摩擦と抵抗と」を生み、「植民者が独立的存在の地盤を占めんとするの努力は、原住者に対しては通常その独立性、特殊性の圧迫侵害となりて現はる」。そのため、「実質的植民が権力による征服を伴ふ」事例が多くなるというのであった[14]。

つまり矢内原は、形式的植民地に行われる実質的植民について、政治的な支配―従属関係の存在と切り離して分析可能だという立場を取っていたわけではない。矢内原はむしろ、植民者の行う移住・投資活動、およびそれと原住者との相互作用に対して、政治的な支配―従属関係が及ぼす作用を明確化するためにこそ、両者を弁別し、植民現象そのものには支配―従属関係に還元できない要素を認めた[15]。植民という社会現象に支配―従属関係が密接に関わっていると認めた上で、だからこそ互いに独立の概念として規定したのである。

二　矢内原忠雄の移民・植民論

(1)　移民・植民論と人口問題

ここまで述べてきたように、帝国日本内部の支配―従属関係への批判が矢内原の主眼であったとしても、それと区別して植民現象の価値を認めることに、具体的にはどのような含意があったのだろうか。そこで考えたいのは、当時の矢内原に対する社会的な要請とはどのようなものだったかである。

矢内原が植民政策学者としての道を歩み始めた一九二〇年代は、朝鮮・台湾における民族主義運動の勃興期と一致しており、それを受け止めて、いかに日本の植民地統治に対する〝改造〟を働きかけていくかという課題に、彼の学問的情熱が傾注されたことはいうまでもない。[16] しかし他方で同時代において、植民政策学者・矢内原に対する日本（本国）での社会的な関心・要請のかなりの部分は、講演での題目などからみて、「人口問題」や「移植民問題」について解説を行うことにあったと思われる。[17]

日本は人口過剰であるとの認識に基づいて、外国・属領（形式的植民地）を問わず日本（本国）からの人口移出が必要だと主張する移民・植民論は、一九〇〇年前後から民間では根強いものとなっていた。[18] 実際にも、この時期は北海道・朝鮮・ハワイ・北米への日本人の移住が急増した時期だった。そして第一次世界大戦の終結前後からは、近衛文麿の「英米本位の平和主義を排す」（一九一八年）に代表されるように、移民・植民論が国際秩序の現状打破論、日本の対米英協調外交への批判と結びついた。[19] とりわけ一九二四年にアメリカが日本人移民の入国を全面的に禁止すると、アメリカの「人種差別」に対する感情的反発が高まる一方で、南米諸国を新たな移民先とするだけでなく、中国東北部（「満蒙」）への勢力拡張によって過剰人口問題を解決すべきだという議論が高揚した。[20] さらに植民政策に対する社会的要請の所在をよく示すのは、拓務省の設置である。本国議会では一九二〇年代を通じて、人口・食糧問題の解決のため「植民地」だけでなく国外を含めて「移植民」を推進する「植民省」「拓殖省」設置の要望が高まった。そして一九二九年に設置された拓務省は、朝鮮・台湾・関東州・南樺太・南洋群島の統治や植民地開発に加えて「移植民」行政を担当し、当初はブラジルなど中南米への移民、後には「満洲国」や英領シンガポール、米領フィリピンへの移民に保護・指導・奨励を行ったのである。[21]

矢内原はヨーロッパ留学中、イギリスの『タイムズ』紙がオーストラリアの白豪主義に基づく日本人移民禁止論に賛意を示したのに対し、「White civilization は national egoism の発揚に過ぎざるや」と「憤慨」の意を日記に記したこともある（一九二一年一月二七日条）。[22] しかし一九二〇年代後半から「人口問題」についてしばしば発言するようになった矢内原は、移民・植民論の高揚に対しては距離をとり、特にそれが国際秩序の現状打破という主張に向かうことには明確に反対した。

矢内原は、そもそも「人口問題」を数字上の人口増加だけから捉えるべきではないと主張した。矢内原は、「現実の生活難」をもたらしているのは「食糧の欠乏」ではなく「就職難失業等」であり、その原因は「人口の側に存せずして事業の側に存する」と説いた。要するに人口問題とはマルクスが明らかにした、資本主義化が生む労働力の「相対的人口過剰」であり「社会問題」なのだとして、根本的解決には「社会制度」の「改革」が必要だと主張したのである。[23]米谷匡史は、矢内原が帝国日本全体の社会主義的な「改造」によって本国・朝鮮・台湾の関係を再編する構想を提起していたと指摘しているが、[24]それは日本（本国）の人口問題の解決をも包含する処方箋だったといえるだろう。人口問題を人口移出によって解決可能とする発想を、矢内原は相対化したのである。

ただし矢内原は「我国移植民」の「不振」を認め、その一因は「人口の国際的移動が不自由なる現状」にあるとも認めた。[25]そして「人口及物資の国際的移動」に価値を見出す観点から、「人口問題」の「国際的解決」としての移民について、効果の大小は別として一定の意義を認め、「白色人種の地球独占政策」「現状維持」は「平和と正義の敵」だと批判した。[26]これは明らかに、人口過剰解決を理由とする国際秩序の現状打破という主張を念頭に置いた議論であった。しかし、矢内原がそのような主張に同調したわけではなかった。

矢内原は、「人口問題の解決を戦争にまでつき進めんとする」論者に対し、「戦勝国も戦敗国も一様に戦争の被害者」となった第一次世界大戦の「歴史の体験を記憶」すべきだと警告した。[27]第一次世界大戦が「戦敗国戦勝国中立国を通じての世界的なる人口問題の深刻化」を生んだことに明らかなように、「国際経済の世界的なる今日」において、「労働者数の減少」以上に「生産及び市場の破壊」をもたらす戦争は、「人口問題を解決せずして却つて悪化」させるのであった。[28]つまり矢内原は「人口問題」を解決する必要を認めた上で、戦争はその手段たり得ないと論じたのである。矢内原は『植民及植民政策』においても、「若《も》し人口及び貨財が凡《すべ》ての有利なる地域に対して自由に移動することを得るならば、特に或《ある》地域に対して政治的領有を主張するの必要を生じないであらう」と主張していた。[29] それは〝植民のための支配〟という論理に対して、目的を肯定しながら手段を批判する論理だったのである。

以上のように植民現象と支配―従属関係とを弁別し、前者の価値を肯定しながら、後者をその実現の手段とすることを批判するという矢内原の論理が、日本の政治情勢と国内世論に対して最も密接な関係を持つに至ったのは、満洲事変の勃発（一九三一年九月）以後における「人口問題」と満洲問題との関連においてである。矢内原は「当時の大衆の問題関心に沿った言い方」（村上勝彦）で、満洲移民や日満経済ブロックについて、実現可能性に疑問符を付けつつ意義は認め、しかし戦争の危機を招く方法で実現すべきではないと訴えた。結果として、これは矢内原を東京帝国大学辞職に追い込む言論抑圧の標的となった、一九三七年の日中戦争批判へとつながる主張であったといえる。[30]

(2) 南北アメリカ移民と朝鮮・満洲移民

植民現象について、支配―従属関係の有無による違いを踏まえつつ比較可能とみなす矢内原の視点は、実際の移住活動に対する見方にも貫かれていた。矢内原は、北米・南米への移民と朝鮮・「満洲国」への移民とをともに植民現象とみなし、比較考察を行っていたのである。

一九二六年、矢内原は「私は嘗て北米加州〔カリフォルニア〕の某市共同墓地において、諸国移民の墓の壮麗なるに引きかへ、日本人墓地は草叢に埋れて碑石もなき有様を目撃し、甚だ情けなく思った」と述べた。矢内原はこれを「国土中心主義のわが国民教育の余弊」と批判し、「永住定着の生活を期」して「家を建て墓を営」み、「移住地の強固なる社会を建設」せねば「移民排斥」を「予防」できないとして、「ブラジルへの移民の将来」にも警鐘を鳴らした。これ自体は、南北アメリカへの国外移民が日本への帰還願望を持ち移住先に定着しないことへの批判であり、必ずしも珍しい議論ではなかった。しかし注意すべきなのは、矢内原が続けて「朝鮮在住の内地人が、朝鮮に墓を営むの意気ある者少き」ことを指摘し、「彼等は朝鮮の人とならない。いかに共存共栄を口にするとも、朝鮮及び朝鮮人の搾取を目的として渡鮮するものと見られても、仕方ないであろう」と評したことである。矢内原は、「朝鮮は朝鮮人の社会であり、台湾は台湾人の社会である」という現実が変わらない以上、「植民地議会」を設置し「植民地人の参政権」を認めない限り「搾取」は解消できないと説いた。[31]

南北アメリカの日本人が受入国から「排斥」されることと、朝鮮の日本人が朝鮮人から「搾取」の主体として敵視されることとは、支配―従属の側面だけからみれば逆向きの関係だったといえる。しかし矢内原は、どちらの問題にも日本人に現地への定着・永住志向が乏しいという共通の要因があると主張した。補論1・補論2で示すように、これは南北アメリカおよび朝鮮（・台湾）における日本人移民の実際の行動に照らしても一定の妥当性を持つ指摘であった。このような矢内原の議論が、植民者と原住者という「社会群」の相互関係としての分析から導かれていることは明らかだろう。ただしその分析は、現実の南北アメリカおよび朝鮮における日本人の活動をそのまま正当化することにはつながらなかった。矢内原は、植民が支配―従属関係に還元できない現象だからこそ、それぞれの地域で日本人移民と「原住社会群」とが異なる支配―従属関係のもとで異なる形での対立を生んでいるとみたのである。

さらに「満洲国」成立以後、矢内原は満洲問題について、日本・「満洲国」の支配―従属関係の観点と、植民現象の観点とを重ねながら分析した。矢内原は政治的な支配―従属の観点からみて、そもそも満洲における日本の「特殊権益」は「支那国民運動」の反対を受けていたのであり、「新満洲国」にも「民族自決の原則」は適用できないと主張した。[32]「満洲国」が国家だとしても、それは満洲における「支那国民主義的民意」を日本軍が「駆逐」して「反支那国民主義的民意」に置き換えることで成立しており、「厳然たる『独立国家』たると同時に日本と特別密接なる『親善関係』に立つ」という「二重関係」に立脚している。もしこの「二重関係」をあくまで両立させるなら、結局は「『満洲国』に対する満洲人の積極的関心」「満洲国人自身の国民主義」を育てるほかなく、そのためには「日満両国人の相対的地位」を対等化していくしかないというのであった。[33] 矢内原は、「満洲国」が対外的に独立国の体裁をとる点で従来の日本の属領（形式的植民地）とは異なると認めながらも、やはり台湾・朝鮮統治策をめぐる議論の延長上に「満洲国」の「改造」を模索していたといえよう。

そして矢内原は植民現象の観点から、満洲移民を他地域への移民との比較の中で論じた。まず満洲移民の成否について矢内原は、満洲への移民のほとんどが中国人（漢民族、一九三〇年に二七八万人）であり、それに次ぐ「在満朝鮮人」（一九二七人に八〇万人）も日本人（一九三〇年に二二万八〇〇〇人）をはるかに上回っていたという数字を踏まえ、「満洲国」成立後も大勢は変わらないと予測した。なぜなら、これまで「政治的障害」が日本人の移住を妨げていたという推論は、台湾・朝鮮への日本人移民がわずかであることから成り立たず、問題は「社会的経済的条件」、つまり「満洲国産業開発」の必要からいえば「生活程度のより高き日本人を入るるが為めに、より低き支那人の入国を制限する」のは不可能であり、「財政的補助」にも限界があるからだった。かくして矢内原は、「満洲国」も朝鮮・台湾と同じく「投資植民地」だと位置づけ、「日本の移民問題の見地」からは「広く移住地を世界に求め」るべきなのに、「政治的軍事的思想」によって満洲移民を「国策移民」と目し、「ブラジルへの移民」などと別格に扱うことに疑問を呈した。[34]

他方、ブラジルでも一九三四年の憲法改正以降、移民の制限が始まっていたが、矢内原は日本人移民が「排斥」されるのは「その国民の仲間にならうといふ精神」「国際的な精神」が欠けているからであり、また「日本の領土にする下心」も疑われているためだと「反省」を促した上で、満洲移民との軽重を論じた。「日本の国策」として推進される満洲移民の「成功」は希望するが、「従来日本人の移住地の一番大きかったものは、何といってもブラジル」であり、また他にも「南洋」をはじめ「日本人の移住をもって開発すべき土地」は世界中にあるとして、「一箇所〔満洲〕を守って其の為に他を失ふのは、国家百年の計ではない」と矢内原は批判した。矢内原は、日本人移民が「世界各地の開墾」により「人類の文明の進歩を助け」ること（＝植民）は認めながら、植民を支配と結びつけ満洲に固執することは国際的孤立を招き、むしろ他地域への植民を妨げると訴えたのである。[35]

このように満洲移民を植民現象として分析しながら、日中開戦間近に中国大陸における日本の政治的地位に関する考察を織り込んで展開された興味深い議論が、「大陸経営と移植民教育」（一九三七年三月）である。[36] この中で矢内原は、「満蒙北支の経営」について、ブラジルなど「外国に対する単純なる移民」と異なり「国家的要素」があると同時に、「朝鮮台湾等の属領経営」と異なり「国際的性質」があるとしながら、どれも「日本人の海外移住」としては「すべて同様なる経済的社会的範疇に属する」と指摘した。そして「大陸経営の移民」は「自己の移住地を子々孫々永住すべき郷土と為」す「精神」がなければ成功しないとして、矢内原は改めて「加州サクラメント」の「邦人墓地」に象徴される「日本人移民の出稼根性」に言及したのである。ここでも朝鮮の場合と同様に、アメリカへの移民との比較可能性を通じて、かえって政治的条件の相違が明確にされているといえよう。第6章で論ずるように、「満洲国」の日本人移民の境遇は、まさに日本支配地域への移民であると同時に「満洲国」という別の国家への移民でもあるという政治的条件によって規定されていたのである。

さらに矢内原はこの論説で、「移住者」「原住民」の関係についてこのような移住先の政治的条件の違いによる比較考察を行い、あるべき「移植民教育」を論じた。第一に、外国への移民では「移住国の政策の許容する範囲」で「本国語」「本国文化」を教育するほかなく、移住国への「同化に適順」するほかない。第二に、「植民地」では「本国語」「本国文化」の維持は容易であり、むしろ「植民地人」を「同化」することで彼らの言語・文化を「破壊する嫌」がある。そして第三に「両者の中間」である「大陸経営」では、一方で「移住者」が「本国語」「本国文化」を維持するのは容易だが、他方で「原住者」の言語・文化を「尊重維持」する必要は「植民地統治の場合よりも一層大」であり、「移住者の急速なる大陸化」も「原住者の急速なる日本化」も「共に不可」だと矢内原は説いた。

つまり矢内原は、日本が「満洲国」や華北を事実上の支配下に置きながら、対外的には別の国家として処遇していることを逆手にとって、植民現象の観点からみた際の「移住者」＝日本人と「原住民」＝中国人との関係も、南北アメリカのような外国と異なるだけでなく、「植民地統治」とも異なる条件に基づいて考えねばならないと論じ、「大陸経営」において日本への同化政策を行うべきではないと牽制したのである。あるべき「大陸経営」とは、「相互的尊重」の上に成立する「社会的融和」だった。

おわりに

戦後の矢内原は、「日本はもはや植民地を領有する帝国主義的勢力ではなくなった。しかし国際経済に依存する必要は一層大になった。（中略）植民地を喪失したことを嘆くべきでなく、平和を愛する自由国民となることに努力すべきであろう」という認識に基づき、みずからの植民政策学を国際関係論として再生させた[37]。元来、植民地の問題を支配―従属関係だけに還元せず、植民現象というトランスナショナルな労働力・資本の移動として「国際的分業」の観点から考察していた矢内原の分析枠組みは、脱植民地化以後の世界における国際政治経済現象をも捉えうるものだった[38]。

矢内原はかつて植民現象として捉えた事象を、戦後の国際関係論においては「国際移民」「国際貿易」「国際投資」と分節化した。そして日本に即していえば、「国際移民」としてはブラジルへの労働力移動が活発に行われる可能性を示唆し、「国際貿易」「国際投資」に関しては東南アジア諸国への賠償について言及した(39)。第8章で触れることになる、人口移動と開発をめぐる戦前・戦後日本の断絶と連続の両面が、矢内原の視点からは明瞭に観察し得たのである。

しかし戦後日本の歴史学・社会科学では植民地研究が地域間の支配―従属関係をもっぱら扱う一方、移民研究は「海外移民」のみを対象とするという棲み分けが成立し、植民地研究と移民研究との接点をなす領域、端的にいえば人口の移動と国境の移動とのずれを捉えるという視点はいったん忘却された。矢内原が改めて注目されるまでには、東西冷戦が終結し、このような問題関心が〝解凍〟する一九九〇年代を待たねばならなかった。

第5章　南樺太の属領統治と日本人移民の政治行動

——参政権獲得運動から本国編入反対運動へ

はじめに

本章では、一九〇五年から四五年まで日本の主権下にあった南樺太（サハリン南部）における日本人移民の政治行動について分析する。

日露戦争の結果として日本領となった南樺太は、樺太庁による属領統治の下に置かれ、当初は住民の政治参加が一切認められなかった。衆議院議員選挙法の適用範囲外となっただけでなく、地方自治制度や南樺太単位の議会も存在しなかったのである。本国から移住し、南樺太人口のほとんどを占めるに至った日本人は、このことに不満を募らせ、一九二〇年代後半には本国議会への参政権付与を求める運動が高揚した。しかし一九二九年に町村レベルで地方自治制度は導入されたものの、衆院選挙法の施行は一九四五年まで実現せず、南樺太単位の議会は設けられなかった。

従来、植民地研究において南樺太は台湾や朝鮮と異なり、法的・経済的制度が本国に準拠したことを根拠に「内地性」の高い植民地と位置づけられ、しばしば研究の枠組み自体から除外されてきた。[1] しかし既に述べたように、南樺太は領有時期のほとんどを通じて、明らかに本国と区別される属領であった。また南樺太の諸制度が本国に準拠したのは、日本人移民が先住民に対して圧倒的多数を占めたためであって、むしろ移住植民地としての性格を裏付ける事実である。近年では三木理史、竹野学、中山大将らによって、移住植民地としての南樺太の特質が解明されてきているが、属領統治と移住植民地化との関係を十分に捉えるには至っていない[2]。問題の核にあるのは、南樺太に渡った日本人移民自身の政治行動と、その政治秩序に対する影響である。楠精一郎は南樺太に衆院選挙法を施行する法案が、本国議会で繰り返し検討されながら実現しなかったことを指摘したが、その要因は本国政府の「時期尚早論」、すなわち「選挙法の樺太への施行が朝鮮、台湾在住民を刺激しその統治に支障をきたすおそれがあると考えていた」ためだと説明した[3]。しかし本章で明らかにするように、この過程では日本人移民の行動、とりわけ参政権獲得運動から本国編入反対運動への転換が、決定的な影響を及ぼしたのである。

本章では第一節で南樺太における属領統治制度の形成について述べた上で、第二節で初期の日本人移民の政治行動と属領統治制度との関係を分析する。第三節では一九二〇年代後半に起こった参政権獲得運動を分析し、第四節ではこの運動が一九三〇年代に本国編入反対運動へと転換した過程と要因、および戦時下における南樺太の本国編入過程について明らかにする。主な史料としては各種の公文書に加えて、『樺太日日新聞』（一九〇八年創刊、以下『樺日』）および雑誌『樺太』（一九二九年創刊）を用いる。『樺日』は以下に論ずるように、日本領南樺太において一貫して重要な政治的アクターであり続けた。

一　移住植民地化と属領統治

(1) 南樺太の領有と樺太庁の設置

日露戦争末期の一九〇五年八月一日、サハリン島は日本軍に占領され軍政下に置かれた。同年九月、ポーツマス条約の締結によってサハリン島の北緯五〇度以北はロシアに還附され、南樺太は正式に日本領となった。日露戦争の開戦時、ロシア統治下のサハリン島には樺太アイヌ、ウイルタ、ニヴフなどの先住民約四〇〇〇人を含むロシア人約四万人がいたが、戦災、そして日本軍の圧力のもとでの送還と退去の結果、一九〇六年時点の南樺太では、先住民を除くロシア人は二〇〇人弱にまで激減していた。いっぽう先住民に対して、南樺太で軍政を担った樺太民政署は、いったんその他のロシア人とともに外国人に分類した上で、日本国籍に編入する方針をとった。その後、先住民は日本国籍を付与されたが、戸籍は付与されなかった。なお樺太アイヌのうち一八七五年の樺太千島交換に伴い北海道に移住させられ、日本戸籍に編入されていた八四一人は、約半数が病死し、また一八九〇年頃からは旅券を得てサハリンに渡る者が増加していたが、南樺太の領有とともに、生存者のほとんどが再移住した。[4]

このように先住民を残してロシア人が姿を消す一方、南樺太ではまもなく日本人が人口の圧倒的多数となった。そサハリン島ではロシア領時代から、日本人漁業者がロシア公認の出稼ぎ漁（ニシンなど）を盛んに行っていた。そして南樺太が日本領になると、本国から渡航する日本人は漁業者を中心に急増した。一九〇七年末の時点で、南樺太の日本人（日本戸籍保有者）人口は既に一万八二八一人に達しており、総人口二万〇四六九人の八九・三%を占めていた。先住民の人口は一九〇九人（九・三%）であり、また外国人二六九人（一・三%）のうちロシア人は一九七人で、残りは朝鮮人四七人と中国人二五人だった。[5]

南樺太における以上のような民族構成の変化は、日本（本国）政府による属領統治制度の策定において重要な前提となった。一九〇七年に樺太庁官制が制定される過程では、以下にみるように政友会政権と陸軍との路線対立の一方で、日本人の移住植民地として南樺太を統治するという認識が共有されていたのである。

日本領となった直後の南樺太では、占領軍が樺太守備隊に改組される一方、樺太民政署のもとで暫定的な軍政が続いていた。一九〇六年六月以後、第一次西園寺公望内閣（政友会）は南樺太の統治制度の策定に着手したが、統治の方針は、容易には定まらなかった。内相を務めていた原敬の日記によれば、閣内で原が「大体内地同様」として「普通行政組織」を主張したのに対し、寺内正毅陸相が「台湾類似」「台湾の小形」の統治方式を提案したため、議論が紛糾したのである。(6)

ただしこの対立を、原の言葉通りに南樺太を「内地同様」とするか「台湾類似」とするかという統治方針の相違だとみるのは単純に過ぎる。対立の要因は、新たな統治機構をめぐる勢力争いと、その統治機構に与えられる権限の問題であった。当時、現に台湾総督府が武官総督制や律令《りつれい》（法律の効力を有する命令）の制定権によって陸軍や長州閥の権力基盤と化している状況に対し、議会・政党を中心とした政治運営を目指し、政友会の権力伸張に努めていた原は、台湾総督府の権限縮小に腐心していた。(7) これに対して寺内—陸軍側の「樺太庁官制案」の骨子は、「[樺太庁]長官は陸軍中将又は少将を以て之に充」てること（武官専任制）、および長官が「樺太に駐劄する陸軍部隊を統率し、内務大臣の指揮監督を承け諸般の政務を総理」すること（総合行政）にあった。(8)「諸般の政務」とは、「地方長官」としての行政に加え、郵便・電信や司法・監獄といった、本国府県では中央官庁が管轄する業務を含む。この総合行政に対応して、原が「必要なかるべし」と主張した樺太庁特別会計も陸軍側は提案した。つまり原が批判した「台湾の小形」化とは、樺太庁長官の武官専任制および樺太庁の総合行政・特別会計にほかならない。そうなれば再び「台湾占領の始における如く陸軍専横を極めんとする」将来が予想されたからこそ、原には認められなかったのである。[9]

そして他の面についてみれば、原─政友会の南樺太統治方針と寺内案とは、必ずしも相容れなかったわけではない。まず武官専任制の必要について、寺内案は「樺太は内国と遠隔し且外国〔ロシア〕と境を接する新領土なるが故に、其の地の長官に対しては文武の権限を総べ以て其威厳を高め、統治上の便を謀ると共に其の地の警備を確実ならしむるを至当とす」と説明した。一方、原は当初から「樺太長官は同地守備隊長之を兼ぬるも妨げなかるべし」、つまり樺太守備隊司令官の樺太庁長官兼任なら可能だと述べていた。[10] 原はあくまで武官専任制に抵抗したのであって、対ロシア防衛のため暫定的にせよ、樺太庁長官が軍人によって担われることは容認したのである。

また寺内─陸軍の側も、樺太庁をあらゆる面で「台湾の小形」にするつもりだったとはいえない。特に問題となるのは、台湾総督の律令制定権に当たる権限を樺太庁長官に与えるか否かだが、寺内案は本国の法律を「漸を以て其の全部又は一部を」勅令によって施行することを原則としていた。これは、「現行法令を同地に施行することに関して特別の既定を要するならん」という原の腹案と大差のないものであった。ただし、一方で寺内案は台湾総督の律令制定権に言及して、「開発上必要なるか又は特別の事情ある事項」は本国法とは別の法律を制定する規定を勅令で定める必要があると主張し、部分的にでも長官権限を拡大しようとしていた。[11]

さらに両者は、南樺太の住民構成に関する認識を共有していた。原は台湾総督府方式の統治を「人口稀薄の同島〔樺太〕には全く不必要」と述べており、原住者人口の稀少さを根拠に「内地同様」の統治を主張していた。対して寺内案も、「新領土たる樺太は内国と全く事情を異にするが故に現行法律規則を直に此地に施行し内地と同一の行政を行ふことは固より不可能」と本国との異質性を指摘しながらも、「居住民の大部分は内国より移住したるものに属し、土人は其数極て少なく、且台湾に於ける土匪等の干係なきが故」に、律令方式を原則として主張するには至らなかった。[12] 両者はともに、南樺太は台湾と同じく「新領土」だが、住民のほとんどを本国から移住しつつある日本人が占める点で台湾と異なると認識していたのである。先住民の少なさに加えて、ロシア人が南樺太から排除されたことが、この前提にあったといえよう。

一九〇六年一二月、西園寺首相の調停で樺太庁官制はようやく大枠が決定した。[13] 樺太庁官制（一九〇七年）をはじめとする諸法令によって南樺太に施かれた統治制度は、次のようなものだった。

①樺太庁長官は武官専任とせず（樺太守備隊司令官による兼任を認める）

②総合行政・特別会計

③本国法令を勅令で個別に施行、または法律・勅令で南樺太限定の法令を制定

①については、樺太庁を「台湾の小形」にしないという原の主張が貫徹したといえよう。一九一三年に「樺太内治の状態は守備隊を存置するの必要な」しとして守備隊が廃止されると、[14] 兼任を認める条項も削除された（一九一三年、勅令第三〇九号）。一方②については、寺内の案が通る形になった。樺太庁は本国の府県や北海道庁と共通の地方行政に加え、台湾総督府や後の朝鮮総督府と同様、鉄道・郵便・電信・電話・鉱山・国税など本国では中央省庁の管轄する業務をも行うこととなり、財政制度上もこれに対応する特別会計制度が設置されたのである。[15] そして③は、原・寺内両案がほぼ一致した点であった。これは南樺太の法制度の根幹に関わる論点なので、項をあらためて検討しよう。

（2）法域としての南樺太

台湾・朝鮮総督と樺太庁長官との重要な違いの一つが法令に関する権限であり、それは法制度上、台湾（・朝鮮）と南樺太とが区別されたことを意味する。前述の通り台湾総督には本国の法律に相当する命令（「律令」）を、

帝国議会の協賛を経ずに制定する権限、すなわち事実上の委任立法権が与えられ、後の朝鮮総督も同様の「制令」制定権が与えられたが、樺太庁長官に同等の権限は与えられなかった。ただし新領土の南樺太に本国の法律を「其儘内地同様に」施行することは「今日の事情に於ては出来ぬ」（衆議院での原敬の説明）として、「樺太に施行すべき法令に関する法律」（一九〇七年、法律第二五号）が定められた。その内容は、南樺太を本国の法律が原則上当然には施行されない異法地域とする前提に立って、本国の法律を必要に応じて個別に、勅令によって一部または全部施行するというものだった。ただし「土人に関すること」や「法律上の期間に関すること」（冬期の交通困難を指す）などについては、勅令で「特別の規定」を設けることが可能とされた。また地域的特殊事情によって本国の法令が施行できない場合は、勅令や帝国議会によって南樺太のみに施行する法令が制定された[16]。

つまり原住者人口の少なさを前提として、南樺太の法制度は台湾と異なり、本国法の選択的施行を通じて本国に準ずるものとなったのである。しかし、これは法制度上、南樺太が本国と同じ領域に属したことを意味しない。本国で制定された法令が自動的には施行されず、勅令によって選択的にのみ施行される点で、南樺太は「内地同様」ではなかったのである[17]。このように本国法の選択的施行を基本とした南樺太の法制度は、台湾（・朝鮮）と異なる一方で、本国とも完全に同じではなかった。確かに一九一八年、日本統治権下の異法域間に民事・刑事法上の整合性を与えるべく制定された共通法（法律第三九号）では、南樺太は台湾、朝鮮、関東州と異なり「内地」に含められた。しかしそれは「樺太人は内地人である」（衆議院での有松英義政府委員の説明）、つまり南樺太の住民のほとんどが日本人であるため司法制度上は本国と区別していないという意味に過ぎなかった[18]。

南樺太に施行されなかった本国法令の中で、本国との相違を最も明確に示すのが政治的権利の問題である。南樺太では一九〇九年に官選の部落総代が設けられ、一九一五年には郡町村の編制が行われた（勅令第一〇一号）。しかし本国同様の地方制度は施行されず、台湾・朝鮮の地方制度改正（補論1参照）の後を追って一九二二年に制定された樺太町村制（勅令第八号）も、官選諮問機関として町村評議会を設けるにとどまった。後述するように、公選議決機関としての町村会を有する樺太町村制は一九二九年にようやく制定された（法律第二号）[19]。さらに衆院選挙法は一九四五年まで施行されず、南樺太単位の議会は領有期間を通じて設置されなかったのである。

（3）統治機構としての樺太庁

統治機構としての樺太庁は、本国府県・北海道庁との比較、台湾・朝鮮両総督府との比較の双方から捉える必要がある。まず本国政府からの管轄についてみると、樺太庁は当初、内務大臣の指揮監督下に置かれたが、本国府県とは異なり地方局の管轄には含まれなかった。これは台湾総督府、および北海道庁と同列の位置であった[20]。台湾総督府・樺太庁は一九一〇年、関東都督府（外務省管轄下）・朝鮮総督府（新設）とともに新設された内閣拓殖局に移管され、樺太庁は初めて北海道庁と管轄を異にしたが、後述するように、その後も樺太庁を廃止し北海道庁の一支庁とする案が検討された。樺太庁と北海道庁との間に当初、明確な位置づけの相違はなかったのである。また樺太庁の管轄する業務については、台湾総督府や後の朝鮮総督府と共通の総合行政だったことは前述の通りである。しかし樺太庁官制における部局の構成は本国府県や北海道庁を参照したものであり、特に地方官官制にない「拓殖」担当部局は、北海道庁に倣ったものであった[21]。

このように統治機構としての樺太庁は、本国府県とは異なるとしても北海道庁と台湾・朝鮮両総督府との中間に位置し、むしろ北海道庁との共通性が強かった。これは単に形式の問題だけでなく、統治上の要請の相違と関係していた。田村将人が明らかにしている樺太アイヌへの集住政策、漁場経営からの排除や農業奨励など樺太庁のさまざまな先住民政策は、全体として先住民を日本の支配に服させ、入植者の視点から「土人」として囲い込むことによって、日本人移民への便宜を図るものであった[22]。しかし人口の規模からいって、樺太庁の先住民政策はほとんど統治上のコストを要しないものであった。南樺太が北海道と同様の移住植民地として位置づけられ、原住者支配が主たる課題とならなかったために、樺太庁は台湾・朝鮮総督府とは異質な組織となったのである。

以上にみたように日本領となった南樺太では、かつての入植者であるロシア人が排除され、先住民が日本国籍に編入される一方、日本人による移住植民地化が急激に進んだ。このため南樺太における属領統治は、台湾や朝鮮のように原住者統治を主な課題とすることはなく、北海道と同様に日本人移民を主な統治対象とした。ゆえに樺太庁には台湾・朝鮮総督府と同様に総合行政・特別会計が規定されたが、法的には本国の法令が選択的に施行されたのである。本国に準ずる制度の存在は、南樺太が植民地でなかったことを全く意味しない。台湾や朝鮮が原則的に本国法令を施行しない異法域となったのは、日本人とは異なる民族（台湾人、朝鮮人）が多数を占める両地域を日本が支配したことの結果であった。同様に、南樺太が本国法令を選択的に施行する異法域となったのは、ロシア人を排除して少数の先住民のみを残し、日本人による移住植民地化を追求した結果なのである。そして南樺太は、日本人の移住植民地であると同時に、やはり属領であった。台湾や朝鮮、あるいはかつての北海道や沖縄と同様、南樺太の住民には政治的権利が与えられなかったのである。

二　属領統治初期の日本人移民

（1）漁業制度をめぐる対立

南樺太に渡った日本人は、一方では属領統治下で政治的権利を持たないことへの不満を募らせながら、他方では樺太庁の開発行政に依存するという状況のもとで、植民者としての意識を形成していった。まず初期の南樺太で日本人の政治行動に強い影響を与えたのは、出稼ぎ漁業が経済活動の中心に位置する一方、樺太庁が農業移民の奨励を中心に開発行政を進めるという構造であった。

日本がサハリン島を占領した際、樺太民政署はロシア領時代の首府で南端の港湾都市である大泊（コルサコフ）に置かれたが、一九〇八年、樺太庁は農業開発と軍事拠点設置のため、大泊から内陸の豊原（旧ウラジミロフカ、現ユジノサハリンスク）に移転した。既に述べたように、はじめ南樺太に渡った日本人は主にロシア領時代以来の漁業者だったが、彼らは冬期には大半が出身地に帰るなど、定住性が極めて低かった。これに対して樺太庁は、財政上は漁業者が納める漁業料に依存しながらも（後述）、定住者の増加を狙い、北海道に倣って内陸での農業移民を奨励したのである。新たに都市が建設された首府・豊原には、商工業者や土木・建設業者が増加していった。しかし農業移民は不振であり、豊原と並んで人口が増加したのは、日本統治以前から日本人漁業者の拠点であった大泊や真岡（マウカ、西海岸の漁村）であった[23]。このような状況で、初期の南樺太で重大な政治争点となったのが、漁制改革問題と北海道・南樺太合併問題である。

まず漁制改革問題とは、南樺太に新たに来住した日本人中小漁業者が、漁業制度の改革を求めて樺太庁と対立した問題である。樺太民政署が作成した樺太島漁業仮規則（一九〇五年、陸軍省告示第一五号）、および樺太庁設置後に制定された樺太漁業令（一九〇七年、勅令第九六号）を中心とする漁業制度の骨子は、ロシア領時代に漁場を認められていた日本人漁業者に、入札漁場とは別に優先漁場を認め、また主力であるニシン漁を建網（大型の定置網）に限定したことにあった。これはロシア領時代の出稼ぎ漁業の慣行を追認し、日本人漁業者の既得権を保護するものであったが、同時に排除の論理も働いていた。第一に南樺太が日本領となった直後、ロシア人は漁業権を剥奪された。第二に樺太アイヌは従来ロシア臣民として保有していた漁場を没収され、日本戸籍を保有していた北海道からの帰還者も含めて、「小漁具」による漁業へと囲い込まれた[24]。そして第三に、新たに来住した日本人中小漁業者は、入札資金や設備投資を要する建網漁には参入できず、彼らに可能な刺網によるニシン漁は禁じられていたのである。日本人中小漁業者は一九〇六年以降、彼らと関係の深い商人とともに、樺太民政署・樺太庁に対して刺網によるニシン漁の許可を要望した（以下、漁制改革派）。建網業者の大部分は本国、特に北海道に基盤を持っていたため、漁制改革要求は「樺太の漁利の大部分を樺太に均霑せしめよ」という主張も伴っていた。しかし建網業者がこれに反対しただけでなく、樺太民政署・樺太庁もこの改革には消極的だった。民政署・樺太庁によれば、刺網によるニシン漁を禁ずる理由は「魚族保護」、つまり乱獲を防ぐためだったが、加えて財政面において、租税収入の乏しい民政署・樺太庁は、建網業者が納付する漁業料（租税外）に強く依存していたのである。[25]

注意すべきなのは、漁制改革派が一九〇七年以降、樺太庁長官への陳情と併行して本国政府への陳情や衆議院への請願を繰り返し行い、また対抗する建網業者側も衆議院への請願を通じて、漁制改革反対運動を展開したことである。一九〇九年五月に大泊で組織された樺太漁制改革期成同盟会は、樺太庁長官に対する陳情が「容るる処とならざりし」ために、漁制改革は「中央政界の問題となし主務省〔内務省〕其他に運動するの外策なきもの」と判断した。つまり漁制改革派にとって、樺太庁が要求を受け入れない以上は、樺太漁業令を改廃する権限を有する本国政府・議会への運動が最も有効な手段だった。本国政府・議会が南樺太の漁制改革をめぐる政治対立の場となった要因は、南樺太の漁業制度が住民みずからの政治参加を通じては変えられない属領統治制度にあったのである。なお樺太漁制改革期成同盟会は、一九〇九年六月に視察のため大泊に訪れた一木喜徳郎内務次官に陳情を行った際、憲兵・警察と衝突して暴動に至り、樺太守備隊によって鎮圧された。[26]

樺太庁長官として漁制改革派の要求を拒み続けた平岡定太郎が汚職事件で一九一四年に辞任し、新任の岡田文次長官が漁制改革派の陳情を容れたことで、漁制改革問題は解決に向かった。平岡の汚職とは、漁業料の低減や禁漁区の開放を求めた建網業者からの献金を政友会に贈ったというものであり、樺太庁と建網業者との密接な関係を物語っていた。樺太漁業令は一九一五年に樺太庁の意見を受けて改正され、刺網によるニシン漁が専用漁場で認められた。ただし岡田は同じ時期に、漁制改革派の本国議会への請願を「人民の権利」と認めながらも、「請願が何度採択されたからつて、政府当局に其意が無ければ漁制改革は所詮行はれ得可きでない」と述べていた。漁制改革派の陳情を容れる一方で、彼らが本国議会を通じて樺太庁の施政を左右しようとすることには不快感を示したのである。[27]

このように漁制改革問題は、南樺太の漁業制度をめぐる樺太庁・建網業者と中小漁業者との利害対立が、属領統治のもとで膠着した問題だった。ただし長官交代に伴う解決により、この対立は属領統治制度への批判にまでは発展せずに解消したのである。また漁制改革問題は同時に、あくまで日本人移民にとっての政治争点だった。日本統治の開始以後、樺太アイヌやウイルタ、ニヴフなどの先住民が定置漁場を求めて請願を行ったのに対し、樺太庁は一九〇九年に「土人漁場」を設置した。しかし「土人漁場」は実際には建網業者に貸し付けられ、賃貸料が「土人保護費」に充てられただけであり、先住民自身による漁場経営はその後も認められなかった。[28] ロシア人と先住民は、ニシン漁をめぐる政治からあらかじめ排除されていたのである。

(2) 北海道・南樺太合併問題

北海道・南樺太合併問題とは、一九一一年に第二次西園寺公望内閣が、行政整理の一環として樺太庁を廃止し、北海道庁の一支庁として併合する案を検討したのを端緒とする政治争点である。南樺太が北海道庁の管轄下に入ることは、制度上は本国への編入を意味した。しかしこの案に対しては樺太庁が反対しただけでなく、『樺日』に代表される豊原の日本人移民も強硬に反対したのである。[29] これは結果として、南樺太における地方制度の整備へとつながっていった。

まず、『樺日』の創刊経緯と政治的立場について確認しよう。領有当初の南樺太では、『樺太新報』（一九〇六年創刊）・『樺太時事』（一九〇七年創刊）が樺太庁を批判する論陣を張ったのに対し、樺太庁の「御用新聞」である『樺太日報』（一九〇六年創刊）が対抗していた。これら三紙を買収・合併して一九〇八年に『樺日』を創刊させたのが樺太庁第一部長・中川小十郎であり、中川によれば『樺日』は「台湾日日〔新報〕、朝鮮日報同様政府の植民政策の一機関」であった。加えて『樺日』の経営上の実権を握ったのは、豊原の有力建設業者・遠藤米七であった。『樺日』は樺太庁の機関紙であると同時に、その開発政策に深い利害関係を有する豊原の日本人の利害を代弁する新聞となったのである。(30)

つまり『樺日』の基本的な立場は、樺太庁とその開発政策を支持するものであり、「樺太経営問題」について本国政府と樺太庁長官との意見が対立した場合には、『樺日』は本国政府に対する不満を表明した。加えて『樺日』は、「政党の公議樺太に及ばざる」ことにも不満を示した。『樺日』は「全樺太主義」を標榜して、「樺太開発の大計」のための「民心の統一、官民の和衷」を求めたが、それはしばしば、本国政府・議会との対立を意味したのである。しかもこの不満は、「植民統治上樺太の地位の不確定」なこと、「植民地として満鮮台湾の経営に隠蔽せらるるの形績ある」ことへの不満でもあった。かつての北海道と同様、南樺太が植民地であるという主張には、従属性への批判よりも開発への要求が込められており、ゆえに他の植民地よりも優先度が低いという不満につながったのである。(31)

『樺日』はこのような立場から、北海道への合併に対して猛反発した。一九一二年初頭、樺太庁を北海道庁に合併するよう求めた中央倶楽部の決議が伝えられると、『樺日』は「将に勃興せんとせる樺太の産業を頓挫せしめ」、「北海道の一部野心家のため国家の利益を犠牲に供」するものだと批判した。北海道庁の下で南樺太の開発が優先されるはずはなく、「単純なる出稼ぎ地」として「埋没に附する」のは必定だというのであった。南樺太の本国編入という可能性は、期待も考慮もされなかった。逆に『樺日』は「凡て植民地における画一制度を好ま」ず、「各植民地」の「特殊の事情を最も巧に啓導して発達の途を与ふる事こそ、植民政策の眼目」だと主張した[32]。なお、北海道では南樺太合併論は期待を集め、一九一三年には北海道会で合併を求める建議案（政友会提出）が可決され、一九一五年には北海道記者大会で決議された合併論に北海道選出の代議士六名中四名が賛同するなど盛り上がりをみせた。これに対して『樺日』は、その目的は「北海道の開発拓殖の進歩」のために「北海道庁長官の権限を伸張拡大」させることにあり、「北海道が現在に有する財源を割いて、樺太の開発拓殖に資することは到底夢想だも能《で》きず」と批判した[33]。

ただし合併反対は、必ずしも南樺太における日本人の総意ではなかった。一九一二年の時点で、『樺日』は「島内でも合併論者はないことはない」と認めていたのである。それは第一に樺太庁が「西海岸を閑却する」ことに「反逆の心」を有する「真岡有志者」であり、第二に「漁制問題の解決」に不満を抱き、「合併問題を旗印として刺網問題を持ち出」そうとする人々であった[34]。

まず豊原と大泊に次ぐ市街地であった真岡の住民は、樺太庁の開発政策に不満を抱き、北海道への合併による是正を期待したものと思われる。『樺日』は一九一〇年、真岡住民が港湾修築や豊原・真岡間鉄道の敷設を求める運動を起こしたのに対して、「樺太開発」においては「政治的中心なる豊原に遠」い真岡よりも、豊原に「近接」する大泊を本国との中継港として整備することを優先せざるを得ないと主張した[35]。また一九一五年、樺太庁が公費による港湾修築の対象地として、真岡の南に位置する本斗を選定したのに対して、真岡築港期成会は激しく反対し、豊原・大泊からも署名を獲得して帝国議会への請願を行った。しかし『樺日』は「署名は多数〔豊原〕町民の意志に非ず」、「町民の大多数が〔本斗〕築港賛成に傾き居る」ので「迷惑尠少なら」ずと批判した[36]。『樺日』が代弁する、首府・豊原を中心とする樺太庁の開発政策は、真岡住民の不満を募らせていたのである。

次にこの時期、漁制改革問題が北海道への合併論と結びついたのは、北海道では二網制、すなわち刺網によるニシン漁を認める漁業制度がとられていたからであった。つまり合併の結果として、漁制改革派の要求はおのずと実現するはずだったのである。一方『樺日』は漁制改革派の運動に対して、「建網業者の既得権」「樺太庁水産収入」をどうするかという「具体的成案」のないまま請願するのは「脱線」であると批判していた[37]。樺太庁の財政を支える漁業制度への賛否が、北海道・南樺太合併に対する賛否と連動していたのである。ただし一九一四年一二月、北海道の『北海タイムス』紙が観察したところでは、同年初めに「非併合運動」を率先していた建網業者が、経営困難のため既に「合否に大なる苦痛」のない状況となっていたのに対して、漁制改革派は「漁制問題以外関知」しない態度をとっていた[38]。この時点では岡田文次長官のもとで漁制改革問題が解決に向かいつつあったことも、二つの争点が分離した一因であろう。

(3)　地方制度の導入

南樺太の日本人の一部が北海道への合併に必ずしも反対しなかったことは、真岡築港問題・漁制改革問題との結びつきが示すように、樺太庁の政策が現地の日本人の間に形成した利害対立を反映していた。二つの争点において、樺太庁の政策に不満を抱く人々が本国政府・議会への陳情・請願に訴えたように、これは潜在的には南樺太の属領統治制度への批判にもつながるものであった。いっぽう樺太庁とその政策を支持する『樺日』は、樺太庁を廃止して北海道庁の一部とすることで、南樺太開発の主導権を失うことを恐れていた。こうした状況で、『樺日』は南樺太に地方自治制度の導入を主張するようになった。一九一六年、『樺日』は築港問題をめぐる紛糾について、「樺太には未だ地方議会無」いことが「病原」であると認めた。「地方議会」とは、恐らく南樺太を単位とする議会を指していた。同紙は「自治制敷かれず、諸般の制度悉く内地と異れる」現状のままでは「地方議会」の設置は困

難だと述べ、まず「各市街及部落」に「自治制」を施行することが「本島の開発上必要」だと提唱したのである。(39)

『樺日』の自治制度論は、樺太庁の意向を反映していたと思われる。『樺日』は一九一八年に樺太庁との資金関係を解消したが、その後も豊原を中心とする樺太庁の開発政策を支持する立場に変わりはなかった。(40) 同紙は一九二〇年一月、樺太庁が「一般自治制施行」を帝国議会に要望すると報じた直後に、「全島の民意輿論を代表」する「政庁の諮詢機関」であると同時に「全島の公議民論を統率誘掖」する「島民の合議制機関」でもある機関、つまり南樺太を単位とする公選諮問機関の構想を提起した。すなわち「新附の地に、開発拓殖の政策を施」す「植民地」では、「治者被治者の間」の「提携補翼」だけでなく、「被治者の階級」の「相互補助」が不可欠だが、南樺太では「官民の間」に「何等の角執」もないのに対して、「民間」では「地方的に偏執し、局部的利益を独占せんとする傾向」がある。例えばそれは「航路問題」、「鉄道の奪取戦」、「港湾修築の前後」等々である。しかし樺太庁長官を議長とする公選諮問機関で「樺太全島としての諸問題を討議決定」すれば、「全島民の融和」を実現できる上に、「現在の如く問題毎に陳情請願を試む可く、上京委員を設けて、而も其労功の伴はざる幣〔ママ〕」も解消できると述べたのである。(41)

つまり『樺日』は樺太庁に対する批判の存在を否定しながらも、住民間の利害対立を調整する場の欠如や、住民の要望が本国政府・議会への陳情・請願に向かうという問題を解消する必要は認め、南樺太単位の公選諮問機関を提案したのである。(42) 同じ時期、『樺日』が「植民施政」に対する「母国議会」の「干渉」はできるだけ避けるべきだと主張したことにも明らかなように、この構想は南樺太の本国編入を意味しなかった。あくまで樺太庁による属領統治と植民地開発政策の維持を前提として、地方自治制度の延長線上に、樺太庁の政策をめぐる日本人移民の対立や不満を緩和するための構想だったのである。

なお『樺日』は公選諮問機関を設置する根拠として、「爾余植民地」と異なり、南樺太の住民が「母国」では

「参政を許されたる国民」であることを挙げた[43]。この時期までの台湾・朝鮮では原則として日本人と台湾人・朝鮮人とが等しく政治参加から排除されていたのであるが、『樺日』は南樺太の日本人を「参政を許されたる」本国の日本人と一体視したのである。このような民族意識は、後述する一九二〇年代後半の参政権獲得運動ではより明瞭に現れることになる。それは一八九〇年代の北海道における大和人の政治運動や、同時代の台湾・朝鮮における日本人の政治運動と基本的に共通するものであった（第1章、補論1参照）。

もっとも『樺日』は一九二〇年二月、「我樺太島民」が「政治に容喙参議する権利獲得の要」について「無関心冷炭《ママ》」であると不満を述べ、みずからの提案に対する反応が乏しかったことを明らかにした。樺太庁が主導する地方制度の導入や『樺日』が唱えた公選諮問機関の構想に対して、住民側から呼応する動きは起こらなかったのである。さらに『樺日』は、「彼の手段方法に於ては許容す能はずとするも、被征服者たり、新附の民たる朝鮮台湾人にして、尚且参政権を要求するに非ずや、〔樺太島民は〕政治的自覚の程度に彼ら台鮮民にすら、尚ほ一籌を輸すべし」と訴えた[44]。『樺日』にとって、南樺太の日本人がみずからの提案に示した無関心は、この時期の朝鮮人・台湾人による民族運動の高揚と比べるとき、本国で「参政を許されたる」日本人としての民族意識を裏切るものと映ったのである。

樺太庁が一九二〇年に本国議会に提出する予定だった地方制度法案は、衆議院の解散を経て、一九二一年に改めて提出された。可決・制定された「樺太の地方制度に関する法律」（法律第四七号）は、樺太町村制（一九二二年、勅令第八号）による細目規定を経て一九二二年に施行されたが（以下、第一次樺太町村制）、住民の政治参加は官選諮問機関である町村評議会に限られ、町村長も官選とされた。衆議院における永井金次郎樺太庁長官の説明によれば、地方制度の導入は「樺太の住民」が「総て内地から移住した人」であり、「樺太土着の土人と云ふ様な者は殆どない」ことを前提としていたが、「最大急務」は租税権と事務官を有する「下級行政機関」としての町村の設置であり、「完全なる自治」は「公民」としての「民度」の低さから「尚早」であると判断したのである。これは結果として、一九二〇年に朝鮮・台湾で制定された地方制度が、基本的に官選諮問機関による政治参加を認めたのと大差ない措置であった（ただし朝鮮では一部の日本人集住地域〔府・指定面〕で公選制を導入）。朝鮮・台湾との重要な相違は、両地域では朝鮮人・台湾人に対して人口上のマイノリティであった日本人が、制度的操作によって人口比をはるかに上回る議席を占めたのに対し（補論1）、南樺太では先住民をほとんど考慮せず、人口のほとんどを占める日本人を対象として地方制度が導入されたことである。やはり永井の説明によれば、「土人だけの部落」には町村制を適用しなければよく、またそもそも戸籍を付与されていない先住民から徴税するつもりもなかったのである[45]。

　このように領有当初の南樺太では、樺太庁の漁業政策や開発政策に関して利害を異にする日本人移民の間に支持─批判を軸とする対立が生じ、政治参加が不可能な属領統治の下で不満が蓄積した。北海道への合併論に対する一定の支持は、属領統治そのものへの批判につながる可能性をもっていた。こうした状況に危機感を抱いた樺太庁と『樺日』は、一九二〇年代初め、限定的に政治参加を認める地方制度によって、属領統治と開発政策の維持を図った。ただし以上の政治過程は、ロシア人の退去を前提とし、また先住民を除外して、樺太庁と日本人移民の間だけで進行したものだったのである。

三　南樺太の参政権獲得運動

(1) 日本人移民社会の変容

本節では、南樺太の日本人移民が一九二〇年代後半に展開した参政権獲得運動の過程とその論理を分析し、また本国政府がこれに対応して南樺太の地方自治制度を整備したことを示す。まず本項では、一九二〇年代以降の南樺太における日本人移民社会について概観しよう。

南樺太でかつて中心産業であった漁業は、一九一〇年代末以降、ニシン漁獲量の減少を要因として一時的に低迷し、林業がこれに替わった。樺太庁は一九一〇年代を通じて、漁業料に替わる収入源を求めて国有森林の払い下げ制度を整備しており、一九一六年以降、第一次世界大戦下における製紙業の成長によって林業が本格化したのである。樺太庁の農業移民奨励によって農業も徐々に成長し、一九二〇年代後半には漁業も回復したが、南樺太には林業と製紙業を中心とする産業構造が確立した。なお森林資源の枯渇を恐れた樺太庁は、一九三〇年代以降、新たな財源を求めて石炭資源の開発を推進した㊻。

このような産業構造の変化の中で、南樺太の人口は商工業・農業・労働者人口の増加に牽引されて、一九二〇年の一〇万五八九九人から一九三〇年の二九万五一九六人へと増加した。それぞれの年で、日本人は一〇万二八四一人（九七・一％）、二八万四一九八人（九六・三％）と人口のほとんどを占めており、この時期にも南樺太の人口増加の主要因は本国からの日本人移民であったといえる。ただし一九二〇年代の新たな現象は、韓国併合によって日本国籍保有者となっていた朝鮮人の急増である。朝鮮人の来住は、一九一〇年代後半に朝鮮で行われた炭鉱労働者の募集を端緒として本格化し、加えて一九二〇年代前半には、日本軍のシベリア出兵に伴う北サハリン保障占領・

撤兵の過程で、沿海州・北サハリンから朝鮮人が南下したのである。一九二〇年に九三四人（〇・九%）だった朝鮮人は、一九三〇年には八三〇一人（二・八%）に達していた。この間、先住民は一九五四人（一・八%）から二一六四人（〇・七%）へと、人口上は漸増しながらマイノリティ化が進んだ。[47]

朝鮮・台湾の日本人が、官吏や会社員が多かったために定住志向が低かったのに対して（補論1）、南樺太の日本人の多くは中小商工業者や労働者、農業者であったが、定住志向はやはり低く、労働力の不足は朝鮮人労働者導入の一因にもなった。それでも日本人人口に占める南樺太出生者は、一九二〇年の二〇・七%から一九三〇年の二五・六%へと増加した。なお一九二四年には南樺太に本国の戸籍法が施行されたため、日本人は南樺太に本籍を置くことが可能になった。一九三四年の時点では、日本人三一万三一三〇人（ただし樺太アイヌ一五一二人を含まない「内地人」）のうち、南樺太を本籍とする者は三三・八%に達していた。[48]

(2)「植民地」と「自治制度」

第一次樺太町村制の導入は、南樺太の日本人移民社会に政治意識の高まりを生むと同時に、政治参加と属領統治下の植民地開発とのディレンマに対する関心をもたらした。

樺太庁による地方制度の導入を、南樺太単位の公選諮問機関という構想と結びつけて称揚していた『樺日』は、第一次樺太町村制を「立憲」政治の前提となる「自治制」とみなして歓迎した。まず「樺太の地方制度に関する法律」の制定直後の一九二一年四月、遠藤米七や沖島鎌三（一九一八年より『樺日』社長）は、豊原で「自治制の施行」を受けて「利害関係を同うする者の結合」を企図する立憲公友会なる団体を結成した。同会は「本島初の政党」を自称し、「来るべき豊原町民会議員の推薦」などを主な目的とした。さらに一九二二年、第一次樺太町村制の施行を前にした『樺日』は、「自治制度」のもとでの「公務」は、「参政権」付与の前提となる「立憲治下の国民としての政治的要素」の「訓練」として必須だと説いたのである[49]。

しかし「立憲」の文言に本国同様の政治参加への期待を込めながらも、『樺日』は「植民地」の「自治」を本国への編入とは区別した。同紙によれば、確かに第一次樺太町村制は「形式」上は「自治」とはいいがたい。しかし「発展の途中にある植民地」は「内地同様の取扱ひ」を受けると「却て不利なる場合」があり、「内地同様の進歩」と「発達未開の半面」との「使ひ分けの芸当」を行うことで、「多少無理な要求も通り、其結果は、島民の利福増進ともなる」。また「植民地統治」には「本国本位」と「植民地本位」の二つがあり、「今日の北米合衆国」など「英の自治的に成功した幾多の植民地」は後者に属する。したがって「母国の行政整理」を理由に、「新興植民地を内地同様の法制に従属せしめよ」「樺太を以て北海道庁に合併せしめよ」と唱えるのは「全然無理解」なのであった[50]。『樺日』は第一次樺太町村制の施行によって、南樺太が制度的に本国の立憲政治に近づいたことを評価する一方、それゆえにこそ本国編入によって植民地開発の自律性を失う可能性を認識し、むしろ不完全な「自治」が望ましいという態度をとったのである。

『樺日』が示した「自治」への両義的な態度は、樺太庁を支持しない勢力にも共有されていた。一九二二年、豊原の『サガレン新聞』は第一次樺太町村制の町村長官選に不満を示し、また「官僚政治の弊風」を批判して、現在の樺太庁の施政は「樺太発展」のためには不十分であり、「早く樺太をして純然たる自治制を施行し而して代議士でも出すやうに」する必要があると、本国議会への参政権を求めた。しかしその狙いは、「政党との連絡」によって「資本家を招来する」ことにあった。ゆえに同紙は「現状のままにグズグズして居ては北海道と併合云々の風説が或いは実現されないとも限らない」と、本国編入を意味するはずの北海道への合併には警戒した[51]。南樺太の開発を求める立場が、一方では本国議会への参政権への期待、他方では属領統治解体への危機感へと結びついていたのであり、これは一九二〇年代後半に南樺太で起こった政治運動に通底する志向であった。

ただし南樺太の開発という問題を離れても、第一次樺太町村制の施行は、本国同様の地方自治制度への要求を広く喚起した。一九二四年一月、本斗町では「深く信頼する」町長が「突然の不意打」で大泊町長に転任となったことに町民が強く反発する事件が起こった。町評議員全員の集会では、「民意を無視された」ことへの抗議のため総辞職の申し合わせが行われ、加えて「樺太自治制の欠陥」などについて「当局の弁明」を求めることが決議された。この事件は、樺太庁内務部長が「専制」を謝罪し、「変態自治制」の早期「常態」化などを約束することで和解に至った。(52)

(3) 北海道・南樺太合併反対運動から参政権獲得運動へ

南樺太で本国議会への参政権の獲得に対する関心が急激に高まったのは、一九二四年のことである。ただし注意すべきことに、その発端は北海道との合併に対する反対運動であった。

一九二四年六月三〇日、衆議院では福島選出の中野寅吉が「樺太に衆議院議員選挙法施行に関する建議案」を提出した。南樺太への衆院選挙法施行が提案されたのはこれが最初であり、『樺日』もただちに速報を行っている。(53)しかし、この建議案が南樺太で参政権獲得運動を引き起こしたわけではない。『樺日』の報道も、紙面にみる限り全く反応を呼ばなかった。

いっぽう同年八月、加藤高明内閣の行政整理の一環として北海道・南樺太の合併が再び提案されたことが伝えられると、南樺太では大規模な反対運動が起こった。豊原、大泊、真岡、落合町、栄浜村など各地では合併に反対する住民大会が開かれ、さらに各地の運動は、『樺日』の沖島鎌三を発起人代表として豊原で結成された樺北合併反対同盟会に集結した。豊原・大泊・真岡の商業会議所は反対運動のため連合大会を開催し、また『樺日』に加えて、大泊の『樺太民友新聞』『樺太毎日新聞』や真岡の『樺太時事』『樺太実業』などの新聞も反対運動に参加した。[54]同盟会は豊原・大泊・真岡の代表、および前衆院議員（千葉、憲政会）で敷香（シスカ）に在住する実業家・鵜沢宇八を上京委員に選び、本国政府・議会での陳情運動を展開した。[55]この反対運動では、南樺太の各地に広く提携が形成されたといえよう。

反対運動の当初、『樺日』は南樺太における属領統治の維持・強化を訴えた。「内地延長の政治が既に行はれている」北海道とは異なり、南樺太は「現在の樺太庁の組織を以てしても不満足」な「プリミチーヴな植民地」であるから、合併どころか「寧ろ親任官の総督を置く」べきだと主張したのである。[56]しかし合併反対運動の中では、本国議会への参政権への関心が高まった。大泊の西田彦平は、北海道・南樺太合併論などという「馬鹿気切った問題」が「もち上らぬやう予防」するには、「樺太から速やかに代議士を選出し得るやうに運動」すべきであり、「樺太人が反対しても政党に影響する虞はない」から「結局弱いもの虐めとなつて合併論などが持上る」のだと主張した。[57]つまり、南樺太の利益代表を本国政治に送るためにこそ参政権を必要とするという論理が生まれたのである。

さらに樺北合併反対同盟会も、本国における代表への関心を示した。加藤内閣の北海道・南樺太合併案は八月末には消滅したが、同盟会では同会を解散せず、「島民の輿論を実行する政治結社に変更」し、「中央に出て拓殖開発の為め大いに飛躍を試む機関」とすれば、「何等政治機関を持たない島民として」非常に有益だという主張が出たのである。一部には解散を主張する者もあったが、九月に行われた住民大会では、「殆ど満場の賛成」で同盟会の存続が決議された。[58]この決議の直後、『樺日』は南樺太への衆院選挙法施行について、「今後に於ける島民が期待の標的として、今より直に実現運動に移る」ことを提言した。同紙は「開発の遅々として進ま」ないのは「直接且権威ある民意上達の途なき」ためであり、合併論のような「不合理なる議論」が出るのは「樺太の事情を理解し、これを代表して忠実に弁明する代議士」を持たないからであると主張した。[59]『樺日』もまた、南樺太の利益代表のための本国議会参政権の必要という論理を採用したのである。

ただし他方で、『樺日』によれば、「大泊町某有力者」は参政権獲得の要求に「樺太庁の専制」への是正という意義を見出していた。すなわち、「樺太には口が無」く「内地人」は「知らぬが仏」を決め込んでいるため、「樺太人」は殆ど樺太庁の同情（特に同情と云ふ）に依りてのみ発展し得る」のが現状である。ゆえに「樺太人」には樺太庁の「批政」を「あばき立て」ることはできず、また樺太庁自体も「国庫の補給金」のためには「政府や政党の御機嫌取りに従事」せざるを得ない。しかし結局は、「樺太庁の専制」がもはや「社会状態も全く内地に比し遜色なき」南樺太には不適当なのであり、今日は「民意上達の途を開」くことこそが「樺太を開発する所以」なのだと述べたのである[60]。この「有力者」は本国議会に利益代表を送るため参政権を求めたのではなく、南樺太の開発に最優先の価値を認めながらも、そのためには政治参加によって属領統治の弊害を是正すべきだと主張したのである。

このように第一次樺太町村制の施行を経て「自治」への関心が高まった南樺太では、一九二四年に北海道への合併に反対する運動が地域間に提携を生み出し、さらに本国議会への参政権獲得の主張に転換した。この結果、一九一〇年代に樺太庁の開発政策に反発する勢力が北海道への合併を容認する傾向を示したのと異なり、参政権獲得の主張には南樺太開発のための政治代表の要望と、属領統治への是正という狙いとが同居するようになったのである。なお一九二五年初めには、南樺太で町村評議員の公選を求める「一般輿論」が高まり、また豊原の新聞記者団の提唱によって「模擬樺太島議会」が開催された。本国議会への参政権を求める動きだけでなく、地方制度の拡充や南樺太単位の議会によって自治を求める動きも生じていたのである[61]。

（4）参政権獲得運動と町村会議員選挙

参政権獲得運動は、一九二六年に本格的に始まった。まずこれに先立って『樺日』は一九二五年八月、「国民並みの権利」と題して、南樺太への衆院選挙法施行を要求すべきだと呼びかけ、その根拠について、主に二つの論点を提示して論じていた[62]。この二つの論点は、その後の参政権獲得運動でも繰り返し唱えられたものであった。

第一に、何より強調されたのは住民構成である。南樺太は「今尚プリミチーヴな時代」ではあるが、「十六万島民中、先住民族が三千人位であるから、大局から云ふならば純然たる内地の延長」であって、「風俗習慣を異にする先住民族が大部分を占め、純内地人が其何十分の一に過ぎない」台湾・朝鮮とは異なり、「無意味に他の植民地のおつき合をさせらるべき筋合」はなく、参政権の付与は可能だというのであった。つまり実際には属地的である本国議会への参政権を、民族としての日本人に与えられるべき権利と捉え、人口のほとんどを日本人が占める南樺太では衆院選挙法を施行すべきだと主張したのである。なお一九二六年に豊原町の住民が樺太庁に提出した陳情書は、「北海道に居住する『アイヌ』人でさへ選挙権を行使しつつある今日、本島に参政権なきは既に権衡を失せる」ものだと主張した。一九〇三年に衆院選挙法が北海道（千島除く）に施行されて以後、納税条件を満たすアイヌは有権者となっていたはずだが、恐らく念頭に置かれていたのは一九二五年の衆院選挙法改正による男子普通選挙の実施であろう。このような論理は、「樺太には先住民なく、人口の九割九分は内地人」として参政権を民族としての日本人に結びつける認識と一体であった[63]。これらの主張に示された、多数派意識と結びついた植民者意識は、一八九〇年代の北海道における大和人移民と酷似していたといえよう（第1章）。

ただし第二に『樺日』は、南樺太の法制度が本国に準拠していることも指摘していた。南樺太には「自治制度」もあり、「戸籍法や徴兵令も本国と同様に施行され、国税も徴収されているが、「義務」の「強制」に対して「権利」の付与は「閑却」されていると主張したのである。南樺太に戸籍法が国籍法とともに施行されたのは直前の一九二四年七月であり、徴兵令の施行も同年八月だった（勅令第八八号、勅令第一二五号）。本国政府が、南樺太の住民のほとんどが日本人であることを前提に行った措置といえるこれらの法令の施行は、参政権獲得運動にとって、南樺太を台湾・朝鮮と区別する有力な論拠たり得たといえよう。なお『樺日』は、第一次樺太町村制は「自治制度」ではないという反論を予期してか、「変態の自治制」である伊豆諸島にも衆院選挙法が施行されていることを指摘した。

一九二六年に入ると、各地で参政権獲得運動の組織化が始まった。二月には、大泊の樺太自治会が「変態自治制改正」「貴衆両院選挙法施行」「船舶航路」問題について豊原と提携して運動を行うと決定する一方、豊原では樺太拓殖協会が「島民大会」を開催し、「自治制改正」「参政権獲得」「常備軍設置」を決議した。この大会では大泊自治研究会のメンバーや大泊の新聞『大北新報』『新日本』の記者も演説を行い、久春内自治研究会から祝電が送られた。[64]このように各地の支持を得て、三月には遠藤米七・沖島鎌三をはじめとする豊原・大泊・真岡の上京委員により、樺太町村制改正および南樺太への衆院選挙法施行のための陳情活動が開始された。[65]

衆議院では一九二六年三月、つまり陳情活動が始まった直後に、南樺太への衆院選挙法施行に関する議員法案が二件提出された（林田亀太郎など）。法案は衆議院の委員会で満場一致で可決されており、会期終了のため本会議に上程されなかったとはいえ、運動側の期待は高まったと思われる。同趣旨の議員法案は一九二七年、一九二九年、一九三一年と繰り返し提出され、中でも一九二九年の法案は、郷里の島根県から衆議院議員に選出された沖島（政友会）が提出者だった。しかしこれらの法案は、いずれも衆議院では賛成多数で可決されながら、貴族院で審議未了となった。[66]

参政権獲得運動に対して衆議院は一貫して肯定的だったが、本国政府は運動側の主張に理解を示しながら消極的な態度を示した。一九二六年に法案を提出した林田は、南樺太に今日まで衆院選挙法が施行されないのは、一八九六年に台湾総督の律令制定権を定めた法律第六三号の制定過程で、憲法制定以後の「新版図」では憲法が施行されないという「間違った解釈」が生まれたために過ぎず、しかも南樺太は「名は新版図」だが、樺太・千島交換以前は「我帝国の一部」であり、「風俗習慣」「人口」からみても「内地」同様であって、台湾や朝鮮とは区別すべきだと主張した。[67] このような主張に対して、一九二七年、政府委員の俵孫一内務政務次官は、「樺太は他の植民地とは其住民の民族関係に於て、又其他の関係に於て、其選を異にすることは勿論」であり、「大体」においては「樺太に選挙法を施行することに付て反対はありませぬ」と認め、また「樺太に憲法施行と云ふことは無論政府が認めて居る」のでこれは「憲法論」の問題ではないと答えながら、「自治制度」や「交通機関」の未整備を理由として時期尚早という立場をとった。[68] 本国政府は参政権運動の核にあった、日本人が人口のほとんどを占める南樺太には衆院選挙法を施行すべきだという主張を認めた上で、なお消極的な姿勢をとったのである。

本国政府の説明に対して、運動側は「不完全の自治制、交通不便等は反対理由としては実に薄弱」とみなし、真相は「樺太に選挙権を与ふれば多年問題となつてゐる朝鮮や台湾等に対しても附与せねばならぬと云ふ皮相の観察から反対された」のだと推測していた。運動側は、本国政府は台湾、朝鮮との関係で衆院選挙法を南樺太に施行しないのだと捉えていたのである。そこで運動側は、「他の植民地に対する均衡上の問題」を解消するためにも、まず「理論的根拠を有力に」すべく「自治制を改正し内地と同様にする」ことを目指した。[69]

樺太町村制の改正は、政府の法案提出によって一九二九年に実現した（法律第二号）。本国政府がこの改正を実行したのは、後述するように、南樺太への衆院選挙法施行の準備のためであった。この第二次樺太町村制は、公選議決機関としての町村会を有し、一級町村の町村長は町村会での選挙、二級町村の町村長は官選という、北海道一級・二級町村制に近い制度であった。一九二九年八月末には初の町村会議員選挙が実施され、『樺日』はこれを「参政権への第一歩」と歓迎した。同年一二月には松田源治拓相（浜口雄幸内閣）が、「樺太に選挙法を施行するに最早何等躊躇すべき理由なし」と言明するまでに至った。[70]

一九二九年に南樺太で行われた第一回町村会議員選挙の結果で特に注目されるのは、当選した五三四人のうち四人（〇・七％）が朝鮮人だったことである。[71] 既に述べたように、一九二〇年代を通じて南樺太には朝鮮人移民が増加しており、一九三〇年の時点では日本国籍保有者の二・八％が朝鮮人であった。そして参政権は属地的に付与されるため、朝鮮人は日本本国に移民した場合と同様に有権者となった。『樺日』によれば、本斗町町会議員選挙で最高得票で当選した朝鮮人の朴炳一（元朝鮮総督府官僚、農場経営）は、「鮮人の投票は僅かに四十票ぐらゐ」で、「他の七十票」近くは「悉く内地人」であったと述べ、これは「内地人」の「吾々鮮人」に対する「大きな同情と親愛」を示すものであり、「日鮮人親善のうえに実に喜ばしい」と「感涙」した。また『樺日』自身も朝鮮人四名の当選について、「大和民族」の「同化の力」、「内鮮融和の表象」であると称揚した。日本人と朝鮮人がともに南樺太に移民した結果、両者の植民地主義的な関係もまたこの地に持ち込まれたのである。加えて南樺太では、朝鮮人は人口上のマイノリティでもあったため、日本人の「同情と親愛」に依存せざるを得ない境遇にあったといえよう[72]。

いっぽう樺太アイヌ、ウイルタ、ニヴフをはじめとする先住民は、町村会議員選挙の選挙・被選挙権を与えられなかった。南樺太領有に際して、先住民は日本戸籍を付与されず、台湾人や朝鮮人のように日本戸籍とは別の民籍・戸籍を付与されることもなかったためである。『樺日』は前述のように朝鮮人の当選を称賛すると同時に、「先住民族無籍問題」は「誤れる政治」だと批判し、朝鮮人と同じく「新付の民」であり、「帝国の臣民」として「目覚めつつある」先住民に「籍を与へよ」と主張した。これまで参政権獲得の論拠としては、南樺太の人口のほとんどが日本人で、先住民はわずかであることが強調されてきたが、地方レベルの政治参加が実現すると、恐らくやはり日本人の圧倒的多数を前提として、先住民は朝鮮人と同様に「同化」による包摂の対象とみなされたのである。また『樺日』は、北海道から帰還した樺太アイヌに限って「籍を有す」るのは「不可思議」だと訴えた。一九三三年、先住民のうち樺太アイヌは民事慣習の「内地化」を理由として、北海道からの帰還者以外も民法の適用を受け、これに基づいて日本戸籍を付与された（一九三二年、勅令第三七三号および司法省令第四七号）。「原始的風習」

を維持しているとみなされた他の先住民は、その後も戸籍を付与されないままだった[73]。

四　南樺太の本国編入問題

(1) 南樺太の内務省移管案

参政権獲得運動が本国議会で支持を獲得し、本国政府が樺太町村制の改正を手始めに衆院選挙法施行に向けた準備を始めたことは、南樺太の日本人移民を深刻なディレンマに陥らせることとなった。本国政府は、南樺太を本国に編入する案の検討を本格的に始めたのである。

南樺太の本国編入案は一九二六年、若槻礼次郎内閣（憲政会）のもとで、台湾総督府・朝鮮総督府・関東庁・南洋庁を管轄する拓殖省の設置案に伴い、それまで両総督府・関東庁とともに内閣拓殖局の管轄下にあった樺太庁を内務省に移管するという案として初めて登場したものと思われる。前述のように、設置当初の樺太庁は北海道庁・台湾総督府とともに内務省の管轄下にあったが、この内務省移管案は、南樺太を台湾・朝鮮などの植民地開発と切り離し、北海道と同様に本国に編入することを意味した。一九二七年にも田中義一内閣（政友会）のもとで再び、拓殖省設置案に付随して、「樺太の諸般の事情は内地に類するものあり」として「樺太庁管轄換」が提案された。しかしこの提案は結局「留保」となり、一九二九年に設置された拓務省は樺太庁を管轄することとなった[74]。

内務省移管による南樺太の「内地併合」案に対して、『樺日』は一九二六年の時点で、「植民政策に理解がなく、その統治上における特殊事情を無視せる人々」が「自治制」「選挙権」の要望に接して「誤解」したことによる「愚論」だと批判した。南樺太が「他の植民地と沿革を異にし」、「所謂新附の民少」ないことは、参政権や自治制の論拠とはなっても、それを理由とする内務省移管は「植民政策」の必要上あってはならないというのであった。しかし「内務省に移管されると参政権問題も自然解決が付く」ことは明らかであり、このため一九二七年には、『樺日』の立場は「総合行政・特別会計の全部又は主要部維持」という「条件付の移管」という妥協案に変化した。樺太庁の属領統治と一体であった植民地開発のための行財政制度を、本国編入以後も残すように求めたのである。しかし一九二八年にも『樺日』は、「樺太が植民地扱を受けて拓殖省の管下にある方が利益であるか」「内務省の管下に移され（中略）総合行政の主要なものを維持し、事実に於て植民地としての特恵を維持し、他方に於ては内地延長政治の特権を享受する方が利益であるか」と述べており、「条件付の移管」による参政権獲得にさえ路線を絞りきれずにいた。[75]『大北新報』（大泊）の中村正次郎は一九三〇年、雑誌『樺太』に発表した論説「樺太よ何処に行く？」で、「民権伸張」のため「内務行政に移」すべきか、「開発」・「拓殖」のため「植民地並の制度」、すなわち総合行政・特別会計を固守するかという選択を、「痛し痒しのヂレンマ」と表現した。[76]後述するように、中村や大泊グループは間もなく「民権」のための内務省移管論へと転換していくが、彼らもまた『樺日』と同じ「ヂレンマ」を認めていたのである。

南樺太の本国編入案は、一九三〇年六月以降、浜口雄幸内閣（民政党）のもとで行財政整理政策の一環として再浮上した。「内地の状態に近」く、「殊に異人種問題は殆んど」なく、「拓殖問題を存するのみ」の南樺太は「北海道に近似」しているという認識のもと、「立憲制の発達を抑制」する属領統治、「適正」な「監督」の困難な総合行政、「理由」や「意義」の乏しい特別会計を維持する必要はないとし、加えて「衆議院議員選挙法の施行は屢々民間より要望せられ唯時期の問題なりと解せらる」ことにも鑑みて、南樺太に「北海道各府県に近似したる行政制度」を敷く、端的には「樺太県」を設置する案が作成されたのである。[77]これは明らかに、『樺日』の望んだ「条件付の移管」とは相容れない案であった。いっぽう参政権問題については、同年九月に拓務省の樺太調査委員会が、

「衆議院議員選挙法は速かに之を樺太に施行するを適当と認む」との答申を作成した。その理由は、「住民の大部分は内地人」である「樺太は他の植民地とは別箇の取扱を為すことを得」る上に、「交通機関」、「町村制」という以前の「消極的条件」が「殆ど除去」されたことであった[78]。

以上の南樺太本国編入構想は公表こそされなかったが、松田源治拓相は一九三〇年八月に「『樺太拓殖の根本方針』は内地の延長主義である」と言明し、『樺日』はこれを、「議決機関としての島会」が設置された段階で特別会計が廃止され「内地の府県並」になると解釈した。そして「島会」設置に対して、同紙は「間然する処なき拓計〔拓殖計画〕案があり、選挙法の施行があれば島会設置の遅延は余り問題視すべき事柄ではない」と、消極的な姿勢を示した[79]。「島会」すなわち南樺太単位の議会の欠如は、以前から樺太庁長官への陳情・請願が後を絶たない根本的要因として指摘されていた。『樺日』もその必要を認めており、特に一九二九年に政友会から民政党への政権交代とともに樺太庁長官が更迭されると、「永続ある島民の為政意志を反映保留すべき機関」として「島会設置」を提唱し、一九三〇年四月頃には樺太中央協会を中心として陳情書を提出していた[80]。それにもかかわらず、『樺日』は「島会」設置が特別会計の廃止をもたらすとみると、一転して消極的な態度を示したのである。そもそも参政権要求の目的自体が、南樺太の植民地開発のために本国議会に利益代表を送ることであったため、同紙が望んだのは、つまるところ「所謂内地延長の小部分に過ぎない処の選挙権だけの要求」であった[81]。

しかし参政権に限った「内地延長」という要望は、本国政府によって否定された。一九三一年、「樺太に衆議院議員選挙法施行に関する法律案」の貴族院特別委員会審議で、政府委員の武富済（拓務参与官）は「趣旨に於ては適当である、決して之を回避すべきでない」と認めながら、衆院選挙法施行のための三つの「条件」を挙げた。第一に「法律制度が内地と全然同様」になっていない点の「改廃」の必要、第二に「特別会計」から「一般会計に組入るる」こと、第三に「拓殖計画ノ樹立」であった。一方、「朝鮮台湾の関係を顧慮する必要」の有無について、小久保喜七（政友会）が質問したのに対して武富は次のように答えた。曰く、「多少顧慮する必要」はあるが、南樺太は「内地の延長と云ふよりは、所謂内地で、内地そのもの」であるから「遠からざる中に、調査遂行後選挙権を与へなければならぬ」。しかし朝鮮・台湾は「樺太とは大分状況が違」い、参政権を与えれば統治に「余程の影響」がある。よって「樺太に選挙権を与へたと云ふことが、朝鮮人並に台湾人の心持を刺激いたしまして、我にも亦之を与へよと云ふ叫びの起ってくる起縁となるには相違ない」けれども、「只今の所」、朝鮮人や台湾人に参政権を与える考えは「政府としては持って居らぬ」と。[82]

つまり武富は、確かに朝鮮人や台湾人への「顧慮」を認めたが、それは南樺太への衆院選挙法施行を妨げる根本的要因ではなかった。既にみてきたように、浜口内閣下で南樺太の本国編入を前提に、衆院選挙法施行が計画されていたことから考えれば、この「顧慮」は南樺太を本国編入によって、台湾・朝鮮の属領統治と切り離すことで解消されるはずだったとみるべきだろう。法制度・財政制度上の本国編入は、衆院選挙法施行へのほとんど最後の「条件」だったのである。以上の審議について、縣忍樺太庁長官が「樺太島民に選挙権を附与するには、何れかといへば内務省に移管してから是を行ふのが合理的ではないかとの意見が有力であつた」と述べたのは、この解釈と符合するものだろう。かくして第二次若槻内閣（民政党）では、拓務省の廃止を含む大型の行政整理案で、改めて樺太庁特別会計廃止を含む内務省移管（本国編入）案が検討されることとなった。[83]

（2）内務省移管反対運動への転換

一九三一年の本国議会における審議結果は、参政権に限った「内地延長」という可能性を完全に否定した。同年六月、『樺日』は「此の運動は蓋し逆であつた」と述懐して、次のように述べた。「樺太は他の植民地と異な」って「内地と同様だから選挙権を与へよ」というなら「独り選挙権のみの内地延長を行はず、島の行政全体を内地延長にするならば、必然的に選挙権は付いて来る」。問題は「内務省移管の可否」なのだ、と。豊原では一〇月に、遠藤米七らの樺太庁移管対策協議会が総合行政・特別会計存続を決議して「全島に檄」した。『樺日』もこれに歩調を合わせて、「選挙権を与へよ、と云ふことは内地人として取り扱つて呉れと云ふ叫び」であり、また「樺太が内務省管下に移されることは樺太人を内地人として取扱ふこと」で、「樺太人として誰しも悦ばぬものはない」が、問題は財政上「大人扱ひを受けるだけの実力」がないことであり、ゆえに「総合行政は其儘にして置いて内地の仲間入」をしたいのだと述べた。『樺日』は、南樺太は制度上本国に準拠するという従来の主張をみずから半ば否定して総合行政や特別会計の存置を要望し、「内地人」扱い、つまり住民のほとんどが日本人であることだけを根拠に参政権を求めたのである。以後の陳情運動でも樺太庁移管対策協議会は、参政権の獲得は「日本国民として当然なる権利に基づくものにして、断じて行政の内務省移管と交換を条件とするものにあらず」と主張した[84]。

このとき大泊グループは、豊原グループと『樺日』の運動に対して「意志」に「相当間隔」があり、統一運動のための交渉も決裂した[85]。大泊では中村正次郎の提案により、樺太庁の事業のうち鉄道・逓信（特に電信電話）事業だけを切り離してそれぞれ鉄道省・逓信省に移管し、後は総合行政・特別会計を維持したまま内務省に移管して「参政権」「地方自治権」を得るという案に決していたのである。その狙いは、「欠損を続け」ていた鉄道・逓信事業だけを本国政府に移管して、土木・拓殖・勧業費の支弁や、樺太庁の主収入である森林事業を維持し、加えて地方税の負担を軽減することにあったと思われる。しかしある豊原商業会議所議員によれば、それは「全島的に見ていいかも知れない」し、「大泊では鉄道、逓信を切放しても良いであらう」が、「豊原の商工業と云ふ立場から見れば、反対しなければならぬ」選択であった[86]。豊原と大泊との地域的な利害対立が、内務省移管の是非やその条件をめぐる対立として顕在化したのである。

しかし大泊を除く多くの町村は豊原グループの運動に同調し[87]、南樺太第三の都市である真岡も、内務省移管問題について「豊原の猛然起つたのは樺太庁の所在地なるが故」で、また「大泊の意見を異にするのは選挙権の附与を望まんがため」だと観測しながら、結局移管反対に決した。[88] 真岡では、かつて漁制改革運動の指導者の一人であった杉本善之助も移管反対を積極的に主張した。それは大泊の移管賛成が「不可能なる条件」を前提としており、「果して総合行政の今日により以上に、樺太に親切な、そして誠意ある施設がなされるであろうか」という「危惧の念」が払拭し得ないためであった。実際、森林事業は農林省への移管が「相当有力」であると既に報じられており、大泊案の実現可能性は乏しかったが、杉本の「危惧の念」とは、根本的には「明日の生活」への「不安」であった。[89] 移管反対運動の根底にあったのは、いかに樺太庁の施政に不満があっても、本国編入によって従来の「生活」の基盤を失うことは避けたいという日本人移民の心情であったといえよう。

一一月七日、「樺太庁移管対策島民大会」は豊原、真岡、本斗、久春内、留多加など各地町村から上京委員を送り出し、移管阻止のため陳情運動を展開した。しかし内務省移管案は一一月五日には若槻礼次郎内閣の行政審議会を通過しており、一四日に陳情を聴取した若槻首相（兼拓相）も、樺太庁が「森林収入」を「主要財源」とする限り「拓殖事業の円満なる発達」は期待できず、「現行の総合行政を解体して分割行政としもつと北海道や内地並の組織にして、開拓した方がいいと思う」と答えた。南樺太の本国編入は確実となったのである。[90]

ところがこの直後、南樺太の本国編入は政権交代によって廃案となった。若槻内閣は九月の満洲事変勃発を受けて試みていた政友会との提携工作に失敗し、一二月一一日に総辞職した。そして犬養毅内閣（政友会）は「産業立国」路線のもと、九月末にいったん廃止が決まっていた拓務省を復活し、樺太庁財政の一般会計編入も中止したのである。[91]

（3）参政権獲得運動の途絶

以後、参政権問題と本国編入問題とをめぐる意見は大きく分裂した。大泊の古株有力商人である大野順末（町長、町評議会・町会議長、商工会議所会頭など歴任）は、若槻礼次郎内閣の行政審議会が内務省移管案を決定した時点で、前述した中村正次郎の鉄道・逓信移管案を「手前勝手」であったと批判し、総合行政が「領有以来二十五年」に及びながら「何等実績は挙がってゐない」以上、「今回はいい機会」だと完全な内務省移管論に転じた。大野は移管中止後も、「樺太の漁業」の「行詰」りは「樺太庁の独裁政治のもたらした代表的な罪悪」だとして、「水産行政の確立」のためにも内務省移管は「絶好のチャンス」だ、「参政権」「地方自治制」により「樺太の行政は島民の意志が反映して、いやが上にも良くなる」と説いた。大野には内務省に移管すれば大蔵省から漁業資金の借り入れが可能だという思惑もあったが、いずれにせよ樺太庁の統治に見切りをつけて、本国編入により「島民」の政治参加を通じて施政を改善することを選んだのである。[92]

いっぽう内務省移管反対運動の中心となっていた豊原でも、雑誌『樺太』は内務省移管・参政権獲得を選択した。同誌は「農民漁民」の「窮状」をもたらした「樺太庁の放任主義的な植民」を批判するとともに、「現制度のまま」でも「森林収入の減少」によって樺太庁の予算縮小は不可避だと指摘した。そして内務省移管反対運動は「無定見」であり、とりわけ「豊原派は三年前より参政権獲得の運動をしてゐながら、総合行政を解体しての参政権付与には反対」を唱えるのは「無理解」の極みだと批判したのである。[93]

しかし、『樺日』の主張には大きな変化はなかった。一九三二年三月の論説で同紙は、内務省移管は「財政」の「逼迫」のため将来的には不可避だと認めながら、「樺太は未だ一本立ちの出来る成人ではない」と移管尚早の立場を固守し、加えて「開発の程度」は「参政権問題とは別個」であるとして、「総合行政でも特別会計でも選挙法を施行する上には何等差し支へが無い」と、本国編入抜きでの参政権要求という立場を改めて示したのである。[94]つまり南樺太の本国編入（内務省移管）に対する賛否は、もはや地域間対立の問題ではなく、樺太庁の属領統治と結合した植民地開発を支持するかどうかだけで分裂するに至った。しかも本国編入反対派が、その主張と両立困難な参政権要求に固執したため、参政権獲得の是非は明確な争点とならなかったのである。

かくして本国議会への参政権獲得運動は、本国編入の是非をめぐる分裂で暗礁に乗り上げた。その後に起こった大きな変化は、南樺太単位の政治参加への転換である。『樺日』は一九三六年に至って、「独裁行政と民意との調和」のため、南樺太単位の諮問機関の設置を改めて提唱した。同紙は「樺太居住者」の「民権伸暢の要望」について、単に「日本人として有する民権の全部を内地居住者と同様に享受したいとの慾望」であれば、総合行政・特別会計の解体によって「樺太の開発を犠牲にする」ほどの必然性はないと退けながら、「或種の重圧感に対する反発と自己救済とを動機とする地方自治権なり参政権なりへの要求」には、「一歩を誤れば樺太の開発に一時的打撃を与ふることありとするも已むを得ずとする真剣さ」があると認めた。そして将来的な「島政上の議決機関」設置の前提として、台湾総督府評議会に倣った諮問機関を設置して「民意暢達機関」とすることを提言した。当時も本国政府・議会は繰り返し南樺太の内務省移管を検討しており、「民意暢達機関」の提案は、樺太庁に対する南樺太住民の不満が本国編入への賛成に向かうのを防ぐためだったと思われる[95]。

一九三七年四月、樺太庁は官選諮問機関として樺太庁評議会を設置した（樺太庁訓令第一〇号）。雑誌『樺太』は評議会の制度に対して、「如何なる識見も、若しそれが当局の識見と相反する場合は、結局泣寝入りに終らなければならぬ」「第一人物選定の最初に於て官に強硬意見を吐露するやうなものをオミットするであらう」と批判しながら、「従来全くの秘密独裁でやられた島政」が「概略ながら公開されるだけでも、今後何かの足しにはならう」と評価した。一九三九年には、さらに棟居俊一樺太庁長官が「地方議会即ち樺太島会」の設置を本国政府に提案した。これに対して『樺太』は「今日の評議員会より一歩前進したもの」であり、衆院選挙法施行の「前提をなす」、また「樺太庁当局と島民との有機的統一」をもたらすと「期待」を寄せたが、実現には至らなかった。[96]

いっぽう樺太庁評議会設置直前の一九三七年三月、衆議院では再び南樺太への衆院選挙法施行を求める法律案が提出されていた。この法案の提出者の中には、元樺太庁事務官の石坂豊一（富山、政友会）や敷香在住の鵜沢宇八（千葉、民政党）などがいた。石坂によれば、法案提出のきっかけは、前年に南樺太で開かれた「施政第三十周年記念の博覧会」に訪れた衆院議員団が、「此の地に衆議院議員選挙法を実施せぬと云ふことは、洵に遺憾なことであると云ふことを異口同音に申され」たことであった。同法案は委員会で可決された後、衆議院の解散により審議未了に終わった。雑誌『樺太』はこれを「樺太島民の最も遺憾とする所」と評したが、『樺日』の反応は管見の限り不明である。[97] 一九四〇年に衆議院で石坂が再び提出した法案も審議未了に終わり、以後同趣旨の法案はみられない。[98] 一九四一年、『樺太』は「樺太の内地移管」に反対する「拓務省と樺太庁に巣喰ふ一部官僚」を批判したが、『樺日』の沖島鎌三は「現在の特別会計総合行政制度」の「維持」のため、「拓務省の管下の儘で」の衆院選挙法施行を主張している。[99]

以上のように一九二〇年代後半以降、南樺太への衆院選挙法施行については、住民のほとんどが日本人であることを主な根拠として、可能かつ必要であるという認識が、南樺太側の参政権獲得運動だけでなく本国政府・議会にも共有されていた。しかし本国政府がその要件として、地方自治制度を整備しただけでなく、南樺太を内務省に移管し、台湾・朝鮮と切り離して本国に編入しようとしたのに対して、参政権獲得運動は、樺太庁のもとでの植民地開発体制を失うことへの恐れから内務省移管反対運動へと一転し、その後は本国編入の是非をめぐって長期にわたり分裂したのである。

（4）南樺太の本国編入

最後に、戦時下における南樺太の本国編入過程について考察しよう。一九四二年九月一日、東条英機内閣は大東亜省の設置とともに「樺太はこれを内地行政に編入する」と閣議決定した。同年一〇月一三日の拓務省案では、樺太庁は「北海道庁に準ずる独立官庁」とされ、鉄道・逓信行政の各主務省移管、特別会計廃止、地方費会計設置などが立案された[100]。しかし総合行政・特別会計の廃止に対して、樺太庁と日本人移民からはただちに反対の声が挙がった。

まず一〇月一九日、小河正儀樺太庁長官は、「内地編入に関しては樺太現地の特殊事情に鑑み拓殖の進展を阻害せざる」必要があるとして、次のように提案した。

①鉄道・逓信行政移管後における樺太庁長官への広範囲の権限委任、②鉄道・逓信を除く特別会計の存置、③一九四四年度より地方費設定・地方議会開設、④「可及的速か」な衆院選挙法の施行・貴族院多額納税者議員の選出[101]

さらに一〇月三〇日、南樺太各地の市町村長、市会・町会議長、商工会議所会頭ら二四名は、樺太庁の内務省移管に関して行政上の「特殊制度」の必要、特別会計の「絶対的」存続を訴える陳情書を拓務大臣に提出した。提出者の中には、一度は内務省移管に賛成した大野順末（大泊町会議長、大泊商工会議所会頭）の名もあった[102]。

樺太庁および日本人移民の運動は、本国政府の南樺太編入案に影響を与えた。拓務省は一〇月末に廃止され、編入案の検討は内務省に引き継がれたが、一一月二四日の内務省案は「樺太の地理的特性、開発の現状並に統治の沿革等の諸事情に鑑」みて、次のように変更されていた。

①鉄道・逓信（一九四三年度より移管）を除く「広汎なる行政権限」と「総合的管理」、②特別会計を「差当り」一九四三年度は存置、③地方費・地方議会に関する「慎重考究」、④衆院選挙法の「可及的速」な施行についての「考慮」

この内務省案に記された、「立案に当っては政府の方針を体すると共に長官、樺太島民の意嚮もきいた」というメモは、原案修正の経緯を如実に物語っている。なお「地方費及び地方議会」については別の文書で、財政的見地から「設置するも殆んど其の機能は一小部分に限定さるることとなる」という観測が示されていた[103]。

以上の修正を経た本国編入案は、一九四三年一月二〇日に閣議決定された[104]。同年四月に樺太庁官制は全改され、また「樺太に施行すべき法令に関する法律」（一九〇七年）が廃止された（勅令第一九六号、法律第八五号）。後者は法制上、南樺太が本国に編入されたことを意味する。しかし前者の樺太庁官制改正については、鉄道・逓信行政の分離を除くと、各主務省の大臣が樺太庁長官に監督・指揮を行うと定められただけで、総合行政の体裁は維持された。そして樺太庁特別会計は、結局廃止されなかった[105]。南樺太の本国編入は、総合行政・特別会計を解体せずに行われたのである。内務省が枢密院審議のために作成した「予想質疑」（一九四三年三月）は、特別会計維持の理由を問われた際の説明案として、地方費の設定が困難であることに加えて、「樺太島民の意嚮として特別会計の存続を一種の安心感として強く希望して居りますので之も考慮に入れた次第であります」と記していた[106]。樺太庁の植民地開発体制を維持したまま南樺太を本国に編入するという要望は、確かに叶えられたのである。

ただし衆院選挙法は、本国編入から丸二年を経た一九四五年四月の改正で、朝鮮・台湾とともにようやく南樺太に施行された。一九四四年九月、小磯国昭内閣は朝鮮人・台湾人への兵役の対価などを理由として朝鮮・台湾に衆院選挙法を施行する方針に決定したため、南樺太もこれと一括して処理されたものと思われる[107]。戦時総動員や皇民化政策によって朝鮮人・台湾人から民族間の平等を求める圧力が強まる中で（補論1）、住民のほとんどが日本人である南樺太だけに先行して衆院選挙法を施行するという選択は採られなかったのである。南樺太単位の「地方議会」は結局設置されなかったが、これについても前述した財政的理由に加えて、朝鮮議会や台湾議会が設置されなかったことを考慮すべきだろう。いずれにせよ日本敗戦の結果、これら三つの地域で衆議院議員選挙が実施されることはなかった。

おわりに

南樺太の属領統治制度は、北海道庁に類似した樺太庁による統治や、本国に準ずる法制度を特徴としており、その前提には、南樺太がその人口のほとんどを日本人が占める移住植民地だという認識があった。ただしこの枠組みは、日露戦争以前に入植していたロシア人を退去させ、また樺太アイヌ、ニヴフ、ウイルタなど少数の先住民を日本人と対等な存在として扱わないことによって成り立っていた。

南樺太の属領統治が北海道を含む本国と大きく異なっていたのは、第一に樺太庁が台湾・朝鮮両総督府と同様の総合行政・特別会計を有したこと、第二に地方自治制度や南樺太単位の議会がなく、衆院選挙法も施行されなかったことである。漁制改革問題や開発方針をはじめ、日本人移民の間では樺太庁の政策をめぐる対立が早くから発生したが、政治参加を通じた解決の道は閉ざされていた。彼らの不満が北海道への合併など、樺太庁の植民地開発体制を覆す方向に向かうのを樺太庁や『樺日』が恐れた結果、一九二二年には官選諮問機関である町村評議会が設置された（第一次樺太町村制）。

一九二四年、本国政府・議会で北海道・南樺太合併案が再び検討されたのに対し、南樺太では各地の日本人が一致して反対運動を組織し、廃案後には南樺太の利益代表の必要という認識のもと、本国議会への参政権獲得を求めた。一九二六年以降に本格化する参政権獲得運動は、南樺太の住民のほとんどが日本人であること、法制度が本国に準拠していることを主な論拠としていた。本国政府・議会はこの要求に理解を示したが、政府は地方制度の整備を必要として一九二九年に町村会を設置しただけでなく（第二次樺太町村制）、さらに南樺太を台湾・朝鮮の属領統治と区別すべく、本国に編入しようとした。しかし本国編入が総合行政・特別会計の廃止を意味すると認識した南樺太の日本人は、一転してこれに反対する運動を展開した。このため南樺太の本国編入は戦時中の一九四三年まで実現せず、衆院選挙法は一九四五年に朝鮮・台湾とともに施行された。樺太庁長官や日本人移民の要望により、総合行政と特別会計は廃止されなかった。日本人移民の政治運動は、当初は南樺太の本国編入を推進する要因となったが、後には本国編入を遅らせ、植民地開発体制を維持させる要因となったのである。

南樺太が日本人の移住植民地であったことは、本国に準ずる制度の存在や本国への編入と全く矛盾しない。それは北海道が本国編入以前・以後を通じて、少数の先住民を囲い込みながら日本人（大和人）によって移住植民地化されたのと同じことである。またもし日露戦争時にロシア人が退去させられていなければ、南樺太も台湾・朝鮮と同様に、異民族統治を重大な課題とする属領となったであろう。しかし日本人移民が人口のほとんどを占めた結果、日本人であることを根拠に本国同様の政治参加を求める彼らの民族意識は、朝鮮や台湾においてと異なり、マジョリティとしての意識と結びついた（補論1参照）。一九二〇年代に増加した朝鮮人移民が、第二次樺太町村制のもとで日本人移民とともに政治参加した際の「感涙」に示されるように、日本人と朝鮮人との間にも人口構成と結びつきながら植民地主義が維持された。加えて南樺太住民の政治参加問題は、本国政府にとっては、現地民が人口上のマジョリティである朝鮮・台湾のそれと常に連動していた。南樺太における日本人移民の政治運動が、本国への近さや日本人の多さを強調したこと自体が、この地域に日本の支配領域の変動とヒトの移動に伴う民族間政治が生じたことを示しているのである。

補論1　朝鮮・台湾における日本人移民の政治行動

はじめに

二〇世紀前半の朝鮮と台湾は、第5章で扱った南樺太と同じく日本の属領統治下に置かれ、数多くの日本人が移住した地域である。ただし移住の経緯についてみると、朝鮮は一九一〇年の韓国併合に先立って、一八七六年の開国以後、既に開港地を中心に日本人社会が形成されていたのに対し、台湾への移住は基本的に一八九五年の領有以後であった。なお南樺太ではロシア領時代にも出稼ぎ漁業者などの日本人はいたが、移住が行われたのは一九〇五年の領有以後である。日本人（日本戸籍保有者）の人口は、一九四〇年の時点で朝鮮が約六九万人、南樺太が約三八万人、台湾が約三五万人という順だったが、南樺太で日本人（ただし樺太アイヌ除く）が人口の九五・五%を占めたのと異なり、日本人は朝鮮では人口の二・九%（朝鮮人が九六・八%）、台湾では人口の五・八%（台湾人が九三・四%）に過ぎなかった。日本人の職種を比較すると、南樺太では農林漁業の比率が高かったのに対し、朝鮮と台湾では官吏・自由業や商工業の比率が高かった。移住植民地化した南樺太に対して、朝鮮と台湾では投資植民地の性格が強く、さらに朝鮮人・台湾人を統治するため、南樺太に比べて著しく多数の日本人官僚が必要とされたの

である。(1)

属領統治下の朝鮮・台湾における日本人移民は、朝鮮人や台湾人と等しく従属的地位に置かれたことに不満を募らせ、みずからが日本人であることを根拠に本国と同様の政治的権利を求めた。これ自体は南樺太と同様だったが、朝鮮・台湾では南樺太と異なり、政治秩序の主要な問題は人口の大部分を占める朝鮮人・台湾人が日本の統治を受け入れるか否か、さらにいかなる条件で受け入れるかだった。人口上のマイノリティである日本人は、支配民族としての優位を保持しようとしながら、民族の自治や日本人との平等を求める朝鮮人・台湾人の圧力に直面したのである。

一　朝鮮・台湾における日本人移民社会の形成

朝　鮮　日朝修好条規（一八七五年）によって朝鮮が一八七六年に日本に対して開国すると、中小の商業者を主として朝鮮に渡る日本人が現れた。開港地の釜山（一八七七年）、元山（一八八〇年）、仁川（一八八三年）には居留地が設けられ、さらに朝英条約（一八八三年）の均霑によって居留地の周囲一〇里以内は朝鮮人・外国人の雑居地となった。中朝商民水陸貿易章程（一八八二年）の均霑によって雑居地となった首府・漢城にも、一八八四年に日本人居留地が設置された。これら各地で日本領事は日本人居留民に対する片務的な領事裁判権を有しただけでなく、居留民の保護・取締のため領事館警察を設置した。日本人の朝鮮渡航は日清戦争以後に急増し、日本政府も一九〇二年に韓国（一八九七年、国号を大韓帝国に改称）・中国への渡航を移民保護法による規制から除外するなど便宜を図った。日露戦争の始まった一九〇四年には、韓国への渡航にはパスポートが一切不要となった。日清戦後には開港地が増加する一方、居留地・雑居地以外における日本人の違法な居住や土地・家屋の所有が増大し続けていたが、日露戦後における韓国の保護国化とともに日本が設置した統監府は、一九〇六年に朝鮮における外国人の内地雑居を、土地・家屋の所有も含めて認めるに至った。一八九〇年の日本人人口は七二四五人だったが、韓国併合が行われた一九一〇年時点の人口構成は日本人が一七万一五四三人（一・三%）、朝鮮人が一三一二万八七八〇人（九八・六%）、外国人（ほとんどが中国人）が一万二六九四人（〇・一%）となった。[2]

韓国併合により、朝鮮の日本人移民は外国人としての居留民から、日本の属領における入植者に性格を変えた。日本人は増加の一途をたどり、また従来同様の中小商業者などに加えて、官吏や会社員などの比重が増した。日本政府が一九〇八年に設立した東洋拓殖会社は、朝鮮人小作人を立ち退かせて日本人の農業移民を推進したが、結果として日本人の大土地所有や不在地主化が進む一方、入植する日本人はわずかだった。日本人の大部分は旧居留地を中心とする地域に集住し、朝鮮人とは隔絶したコミュニティを形成した。官吏の割合が高かっただけでなく、家族を本国に残した者や出稼ぎ者が多く、定住志向は低かったが、一九三〇年の時点では日本人のうち朝鮮出生者が二九・四%に達した。学校教育、特に初等教育では日本人は朝鮮人とは別の学校で、本国に準拠した教育を受けた。朝鮮生まれの日本人には、日本人としての民族的な自覚が求められた。[3]

台　湾　一七世紀以降、台湾では大陸からの漢人による移住植民地化が急速に進み、先住民の生活空間が縮小していた。日清戦争の結果として中国から日本に割譲された台湾に居住する日本人は、一八九六年には八六三三人に過ぎなかったが、一九〇五年時点の人口構成は日本人が五万九六一八人（一・九%）、台湾人が漢人二九七万九〇一八人（九五・四%）および先住民七万六四四三人（二・五%）、外国人（主に中国人）が八二二三人（〇・三%）となった。日本人は官吏や自由業を主として増加し、これに商工業者などが続いた。台湾総督府は一九〇九年に官営の農業移民事業を開始したが、未墾地の多かった台湾東部に数ヶ所の日本人農村が創設されただけで、一九一七年に打ち切られた。一九二九年の時点で、これらの農村に住む日本人は約三八〇〇人にとどまっていた。日本人の大多数は台北や基隆などの都市に集住し、朝鮮においてと同様に台湾人とは別個のコミュニティを形成した。日本人の定住志向は、官吏や会社員の多さゆえにやはり低かったが、一九三〇年の時点では日本人のうち台湾出生者が三三・一%に達した。学校教育、特に初等教育では日本人は台湾人と別の学校で、本国に準拠した教育を受けた。長年居住した日本人でも、子供の教育のために本国に帰る者もいた。(4)

二　朝鮮・台湾における日本人移民の政治参加

朝鮮　併合以前の朝鮮（韓国）における日本人居留民は、居留地において日本人内部での一定の自治権を保有していた。各居留地では、それぞれ開港とともに総代や居留民会が設けられ、一八八七年には各地の日本領事館によって、総代および居留民会を公選制とする居留地規則・居留民規則が制定された。居留民会は日本人居留民から費用を徴収して、土木・教育・衛生などの自治行政を行った。日露戦争開戦直後、韓国各地の居留民会は日本人の激増を理由として、日本政府に「居留地の自治制施行」を求めた。一九〇五年には中国・韓国の居留地や雑居地における日本国籍保有者を対象として、居留民団法が制定された。居留民団は、天津の居留民会がイギリスに倣って求めた警察権の移譲こそ認められなかったが、日本（本国）の法に基づく自治団体となり、課税権も強化された。(5)

韓国併合とともに、日本人のみの自治を維持するのは困難になった。既に一九〇八年には、統監府令によって居留民団長が官選となっていたが、これは統監府によれば、将来日本人と朝鮮人を同一管理下に置いたとき、朝鮮人に選挙・被選挙権を与えないための措置だった。さらに韓国併合直後の一九一一年、朝鮮総督府は居留地の撤廃に伴い居留民団を廃止すると通告した。居留民団長の官選化にも反発していた各地の居留民団は、揃って廃止に強く反対し、「内地人」による「自治制度」の存続を総督府や本国政府・議会に求めた。彼らは「地方の状況」によっては「日鮮人合同」の自治も認めたが、基本的には朝鮮人は日本の「臣民」であっても「日本人」ではないとして、本国では立憲政治のもとにある日本人が、朝鮮人と同一の制度下で自治を失うことに強く抵抗した。結果として一九一四年、総督府は居留民団を廃止するとともに、居留民団を有した一二の地域に府制を施行した。府（本国の市に相当）には官選の諮問機関として府協議会が設けられ、協議員の約六割が日本人、約四割が朝鮮人となった。日本人協議員の多くは、旧居留民会の議員だった。また旧居留民団の自治権は、教育行政に限って学校組合の形で残された[6]。

朝鮮総督は後述する台湾総督と同様に、朝鮮での委任立法権である制令（法律の効力を有する命令）の制定権を有していた。朝鮮には衆議院議員選挙法が適用されなかっただけでなく、朝鮮人の抗日運動を抑圧するとともに「一視同仁」を標榜した総督府は、日本国籍保有者である日本人・朝鮮人のどちらにも、府協議会以外では政治参加を認めなかった。雑誌『朝鮮』の釈尾春芿は、総督府の「武断政治」を対朝鮮人政策としては支持しながら、日本人への統治は区別せよと批判した。しかし一九一九年の三・一独立運動で朝鮮人ナショナリズムの高揚をみると、本国政府（原敬内閣）・総督府が統治の安定のため「文化政治」に転換しただけでなく、日本人移民にも朝鮮における利益や地位を維持するため、朝鮮人の民族的反感を避ける必要があるという認識が生まれ、日本人有力者は総督府の「内鮮融和」政策に積極的に関与していった[7]。

総督府は一九二〇年と一九三〇年の地方制度改正によって、政治参加を拡大した。一九二〇年には府協議会が公選制の諮問機関となったのに加えて、諮問機関として面協議会・道評議会が設けられた。面（町村に相当）では日本人の集住する指定面で公選制が敷かれ、道（県に相当）では議員の三分の二が府・面議員が選出した約二倍の候補者から官選されることとなった。選挙権は納税額の条件を満たす男子に限られ、一九二六年の時点では日本人の人口比率が府で二七・五％、指定面で一七・四％だったのに対して、日本人の有権者数比率は府で五八・四％、指定面で五〇・八％だった。日本人議席比率は、一九二〇年に道では公選の九・九％、全体の二四・〇％、府では七〇・〇％、指定面では五〇・八％、普通面（官選）では二・二％だった。次いで一九三〇年には、公選制議決機関として府会・邑会（邑は旧指定面）、議員の三分の二を公選する議決機関として道会が設けられ、面協議会も公選制諮問機関となった。一九四一年の日本人議席比率は、道では公選の一三・四％、全体の二八・九％、府では五一・二％、邑では三六・四％、面では四・五％だった。総督府は朝鮮人の支持調達のために地方レベルで政治参加を拡大しながら、選挙で日本人が人口比をはるかに上回る代表を出せるように制度を操作したのである[8]。

地方議会における政治参加は、日本人・朝鮮人の対立と提携の場を生んだ。朝鮮人の多くが求めた朝鮮単位の議会による自治に対して、理解を示す日本人は一部にとどまり、大部分は「内地延長」すなわち衆議院への参政権付与を主張した上、日本人の集住する地域に限って選挙区の設置を求める者もいた。これは朝鮮人が「内鮮融和」のレトリックを逆手にとり、日本統治下における〈民族の自治・日本人との平等〉を求めたのに対し、日本人が〈朝鮮人の同化・日本人の優位〉に固執したことを意味する。しかし総督府の専制を批判する際や、本国に朝鮮の開発を求める際には、日本人有力者と朝鮮人支配層との間に一定の利害が共有され、互いに利用し合う関係が生じたのである[9]。

同様の対立と提携は、一九一五年以降に総督府の奨励で日本人・朝鮮人の合同が進んだ各地の商業会議所（一九三〇年より商工会議所）でも展開された。納税額を会員資格とする商業会議所で、日本人商工業者は経営規模の大きさゆえに会員数・議員数で圧倒的多数を占め、「朝鮮本位」の開発を求める朝鮮人代表と対立した。しかし地域市場へのアクセスを求める日本人にとって、朝鮮人商工業者の協力は不可欠であり、また総督府は統治の安定のため朝鮮人の要望を無視できなかった。地方議会や商業会議所で展開された民族間政治において、日本人は人口上の圧倒的多数派である朝鮮人に優位を奪われるという不安に苛まれながらも、朝鮮人に協力を求めざるを得なかったのである。満洲事変以後は、満洲開発も地方議会や商工会議所で日本人・朝鮮人にとって共通の争点となった[10]。

台　湾　一八九六年に設置された台湾総督府では、総督が律令（法律の効力を有する命令）の制定権、すなわち台湾における委任立法権を与えられた。台湾に衆院選挙法は適用されず、総督府は日本人、台湾人を問わず住民の政治参加を認めなかった。地方行政組織の機能は、ほとんど徴税と治安維持に限られていた[11]。

台湾に渡った日本人は、総督府の統治を専制的として批判したが、それは日本人を台湾人より優遇すべきだという要求と一体だった。一九〇〇年から〇四年に日本人弁護士たちが刊行した『台湾民報』は、総督府に対して台湾の政治に「民意」を反映せよと求めたが、「民意」とは「在台内地人」のそれを指し、「土人」すなわち台湾人の「民意」は含まなかった。日本人には本国と同様の政治的権利を与え、台湾人には「台湾的」な扱いを行うよう求めたのである。さらにこの要求は、総督府が台湾人有力者の「鼻息を伺」っているという批判と結びついていた。総督府が台湾の開発（投資植民地化）を進めるため、マジョリティである台湾人との関係構築を重視したことは、日本人には不満の種であった。また一九一四年に台湾人有力者が板垣退助の協力を得て組織した台湾同化会が、日本への同化を通じた参政権の付与（恐らく本国議会）、日本人・台湾人の平等待遇を企図すると、日本人から強い反発が示された。属領統治への批判を共有しながらも、同化会の目標は日本人の優位喪失を意味したため、日本人は総督府側に立ってこれを退けたのである[12]。

朝鮮の三・一独立運動への対応を契機として、本国政府は台湾でも属領統治の軌道修正を行った。本国法の指定による施行が原則となり、律令の制定が特例化されるとともに、総督府のもとで地方制度の改正が行われたのである。ただし朝鮮と異なり、公選制は導入されなかった。一九二〇年には州・市・街庄（それぞれ本国の県・市・町村に相当）に諮問機関として協議会が設置され、一九二一年には総督府の諮問機関として評議会が設置されたが、これらは全て官選であった。当初の日本人議席比率は、州では六四・三％、市では六八・六％、街庄では二三・四％、府評議会では六四・〇％だった。日本人有力者は、これらの機関を通じて総督府の統治機構に入り込み、「民勅（民間勅任官）」と呼ばれる支配者層が形成された。これらの制度改正は台湾人にとって政治的権利の獲得にはほど遠く、台湾人有力者は一九二一年以降、総督府の律令制定権を通じて台湾単位の自治議会を実現しようとする台湾議会設置運動を展開した。ただし地方行政への関与を通じて、日本人・台湾人有力者の間には、公共機関の誘致や地域振興など共通の利害に基づく政治行動がみられるようになった[13]。

長きにわたる台湾議会設置運動に対して、本国政府は一貫して内地延長主義の立場から否定的であり、まず地方レベルでの自治を求めた。総督府も台湾議会設置運動を抑圧する一方、地方制度の改正は必要と認めた。台湾人側は、一九三〇年に台湾地方自治連盟を結成して地方自治の要求へ重点を移した。自治連盟は普通選挙を主張しており、台湾人による主導権の掌握を望んでいたと考えられる。いっぽう日本人側では、唐沢信夫らの『新高新報』が地方行政において「台湾島民の政治参与」、すなわち台湾人を含む公選制を求めたが、同紙は台湾議会設置運動に対しては「台湾人のための台湾」として退け、公選制も日本人の集住する地域から導入せよと求めた。さらに一九三三年に台中の日本人有力者が結成した台湾改進党は「内地人第一主義」を唱えて、台湾議会設置運動だけでなく地方制度改正にも反対し、官公吏にも台湾人を採用せぬよう求めた。日本人の中には、総督府が「一視同仁」の結果として台湾人に「迎合」していると批判する者もいた。このような日本人優位への固執は、人口上のマイノリティとしての不安と表裏一体だった[14]。

台湾の地方制度には、一九三五年にようやく公選制が導入された。議決機関として州会・市会が設置され、諮問機関の街庄協議会とともに、議席の半数が公選となったのである。選挙権は納税額の条件を満たす男子に限られ、一九三五年時点で、日本人の人口比率は市では二一・三%、全体では五・二%だったが（ただし分母にわずかに外国人含む）、日本人の有権者数比率は市では五一・九%、街庄では七・五%、全体では一七・六%だった。同年の日本人議席比率は、州では公選で四七・四%、全体で六一・八%、市では公選で五〇・八%、全体で五八・八%、街庄では公選で七・六%、全体で一九・六%だった。朝鮮と同様に、公選制の導入後も日本人は人口比をはるかに上回る代表を保持したといえよう。(15)

なお台湾における商工会議所は、一九三六年にようやく設立された。日本人商工業者は早くから台湾人商工業者とともに商取引について協議する場を求め、一九〇八年には既に総督府に商業会議所の設立を要望していたが、日本人商工業者も総督府も、議員の多数を日本人とするのが当然とみなした。しかし台湾では納税額を会員資格とすると、日本人より経営規模の大きい台湾人が会員・議員の大多数となることが避けがたかったため、設立は頓挫した。総督府は一九三六年、恐らく前年の地方制度改正を契機として商工会議所の設立に踏み切ったが、会員では台湾人が過半数だったにもかかわらず、議員の半数は官選として日本人に主導権を握らせた。このような制度操作は、商工会議所自体の機能を形骸化させた。一九四四年、各地の商工会議所は戦時統制団体として商工経済会に改組された。(16)

三　総力戦体制下の朝鮮・台湾における日本人移民

朝鮮・台湾　一九三七年に日中戦争が始まると、朝鮮と台湾では総力戦体制の構築と、朝鮮人・台湾人の皇民化政策が遂行された。これにより、朝鮮人・台湾人は以下のように日本人と同一の制度下に置かれた。第一に兵役は従来、日本人（日本戸籍保有者）に対する徴兵制に限られてきたが、一九三八年には朝鮮人陸軍志願兵制度が導入され、一九四一年には台湾人特別志願兵制度が導入された。第二に朝鮮人・台湾人の初等教育制度は、志願兵制度の導入と連動して日本人と同じ枠組みに改組された。朝鮮では普通学校（朝鮮人初等教育機関）が、一九三八年に小学校に改組され、随意科目（選択制）となった朝鮮語は廃止されていった。台湾では、公学校（台湾人初等教育機関）において漢文科が一九二二年には既に随意科目となり、さらに一九三七年一月には全廃されていたが、日中開戦後は国語（日本語）常用運動が推進され、一九四一年には公学校が小学校とともに国民学校に改組された。国民学校は、一九四三年に義務化された。第三に一九四〇年には朝鮮で創氏改名政策が実施され、朝鮮人が強制的に日本式姓名に変更させられる一方、台湾でも戸口規則が改正され、日本語常用家庭に対して日本式姓名への改姓名が許可・奨励された。第四に徴兵制も、一九四二年には朝鮮人、一九四三年には台湾人に対して施行された[17]。

朝鮮人・台湾人の有力者たちは、総力戦体制下で民族主義運動や社会主義運動を厳しく弾圧され、動員と同化を強く要請される中で、戦争への協力と同化の受容を手段として日本人との平等を求める戦略をとった。朝鮮人は朝鮮総督府が唱える「内鮮一体」のスローガンを逆手にとり、兵役の交換条件として日本人との差別撤廃を求めた。また台湾人有力者で、同化会運動や台湾議会設置運動に携わってきた林献堂は、台湾人志願兵制度や台湾人徴兵制の推進者となった。一九四二年に本国政府が「内外地行政一元化」の方針を示すと、台湾人有力者たちは日本人と同様の権利が得られるという期待を示した。ただし戦争協力を通じて、朝鮮人と台湾人は日本人とともに「大東亜共栄圏」における支配者側に立つ結果にもなった[18]。

いっぽう朝鮮・台湾の日本人移民にとって、朝鮮人・台湾人の戦争協力と皇民化は両義的なものだった。一方で、日本人の中には両総督府の総動員・皇民化政策に積極的に協力する者がいたが、その動機の一つは同化の強制が日本人の優位につながるという期待だった。台湾の日本人は国語常用運動を歓迎し、中には「湾語」の禁止を求める者もいた。戦時下で人口上のマイノリティとして孤立感を深めた日本人にとって、台湾人が「台湾語」で「私語」するのは不安の種だったのである。しかし他方で、朝鮮人・台湾人が同化を通じて日本人との平等を求めることには、強い忌避反応がみられた。朝鮮の日本人の中には朝鮮人の兵役に対して、兵役は日本人の特権だと主張する者や、参政権の付与につながるとして反対する者、朝鮮人の忠誠への疑念を示す者がいた。また創氏改名に対しても、民族の純粋性が失われるという懸念を示す者がいた。台湾の日本人にも、台湾人の改姓名に対しては日本人と台湾人との区別がなくなるという懸念から、反対や尚早論が根強く存在した。[19]

一九四四年に朝鮮総督から首相に転じた小磯国昭は、朝鮮人・台湾人に本国議会への参政権を付与する方針をとった。その主な理由は、朝鮮人・台湾人に対する徴兵制施行の対価、そして連合国側の「宣伝」（恐らくカイロ宣言など）が朝鮮・台湾の「独立運動を企画」しているのに対抗した「処遇改善」であった。衆院選挙法は属地法だったため、朝鮮人・台湾人に参政権が付与される結果、朝鮮・台湾の日本人も初めて参政権を得る見通しとなった。しかし朝鮮の日本人は朝鮮人への本国参政権付与に対して、「朝鮮人の増長的機運増大」「将来半島〔朝鮮〕に於ける内地人の地位危険」などの懸念から消極的意向を示した。朝鮮人との制度的な平等が、日本人の優位の喪失につながると受け止めたのである。結果として衆院選挙法は一九四五年四月に改正され、一九四三年に法的に本国に編入された南樺太とともに、朝鮮・台湾に選挙区が設置された。ただし南樺太で都道府県と同じく男子普通選挙が適用されたのと異なり、朝鮮・台湾では特例として一五円以上を納税する二五歳以上男子に選挙権が付与された。これにより、朝鮮では有権者の二三・三％、台湾では有権者の一四・三％を日本人が占める見込みとなった。朝鮮人・台湾人は多数を占めたが、日本人は人口より大きな有権者比率を確保したのである。もっとも、この衆院選挙法に基づく選挙が実施されることはなかった。[20]

おわりに

一九世紀末から二〇世紀前半に朝鮮・台湾に渡った日本人は、かつては基本的に日本人の活動領域ではなかった両地域に、民族集団としてコミュニティを形成した。韓国併合以前に朝鮮に渡った日本人は明らかに国境を越えた移民であり、また日本領となった後の両地域に渡った日本人も、国外移民と比較可能なさまざまな特徴を有していた。定着志向の低さ（＝出身地域との紐帯）や日本の学校教育への固執、そして日本国家への依存は、ハワイや南北米の日本人移民にも顕著にみられた傾向である（第3章、第7章、補論2参照）。台湾人・朝鮮人がそれぞれ圧倒的多数を占める両地域で生活の拠点を築こうとした日本人は、とりわけ日本国家の支援を求めた。ハワイや南北米との大きな違いは、何より日本政府が、韓国併合以前の領事館行政や両地域の属領統治を通じて、実際に強力な後ろ盾となったことである。日本領となった両地域では、日本人は人口上のマイノリティとしての意識と、植民地主義に基づく支配者意識とが複合した民族意識を形成していった。

しかしシティズンシップの側面に関してみると、属領統治下では日本人と朝鮮人・台湾人との間で民族的区分は困難だった。確かに戸籍やそれに基づく徴兵制は属人法ゆえに日本人に限られた。しかし参政権は属地主義が原則であり、かつ「一視同仁」イデオロギーの拘束力ゆえに、両総督府は当初、日本人にも朝鮮人・台湾人にも等しく権利を与えなかったのである。これに対して、両地域で日本人は民族的特権としての政治参加を強く求め、特に朝鮮では、併合以前に居留地で自治権を有した日本人がその維持を強く求めた結果、先に領有された台湾より早く、旧居留地（府）における日本人・朝鮮人の地方行政への参加（ただし官選）が実現した。しかし一九二〇年以後の朝鮮・台湾における政治参加の拡大は、基本的に朝鮮人・台湾人の民族主義運動への対応としてもたらされた。確かに両総督府は納税額による制限や官選・公選の併用を通じて、日本人の代表が人口より大きくなるよう制度的操作を行ったが、統治の安定のため現地民に政治的権利を付与するという本国政府・両総督府の転換なしには、日本人の権利獲得自体があり得なかった。すなわち朝鮮・台湾における日本人は、人口上のマイノリティとしての孤立ゆえに、支配民族としての優位に固執して制度的平等に抵抗したが、日本人が得た政治的権利は、日本人と台湾人・朝鮮人との相違が認められた結果というよりは、属領統治体制全体の変容に付随するものだった。

地方行政や商業会議所などの場において形成された日本人と朝鮮人・台湾人との民族間政治においては、いかに日本人に総督府の優遇があったとはいえ、現実に社会で圧倒的多数を占める朝鮮人・台湾人から合意・支持を調達するという目的がある限り、朝鮮人・台湾人の要求を完全に抑えることは困難であり、また実際に地域利害や開発政策などでは、共通利害による政治行動が存在した。朝鮮人・台湾人の要求の焦点が民族の自治にある限りは、日本人は本国政府・両総督府とともにこれを封じ込める側に立つことができた。しかし日中開戦以後の総力戦体制下で朝鮮人・台湾人が動員・皇民化の受容と引き換えに民族間の平等を求めると、日本人は優位喪失を強く恐れるようになった。

次の第6章で検討する「満洲国」の日本人移民も、日本の支配下で優位に立つ一方で人口上はマイノリティであったという点では朝鮮や台湾と共通していた。しかし、「満洲国」は対外的には日本の領土ではなく独立国と規定されたため、日本人のシティズンシップをめぐる政治過程は全く異なる形で展開されることとなった。

第6章　「在満日本人」か、「日系満洲国民」か

——「満洲国」における日本人の政治参加

はじめに

本章では、「満洲国」（一九三二〜四五年）における日本人（日本戸籍保有者）の政治参加をめぐる政治行動を分析することにより、彼らが実質上の日本支配下で植民活動を行いながら、同時に満洲国という国家への移民として規定され、当初は「在満日本人」として、後には「日系満洲国民」としての政治参加を追求したことを明らかにする。

日本の関東軍が満洲事変を通じて中国東北部に建国した「満洲国」は、日本軍（関東軍）が駐留して防衛を担当し、関東軍と日本人官僚が統治組織を掌握した日本の支配植民地であり、日本人の開発・入植活動の対象となった投資・移住植民地でもあった。しかし同時に日本政府・軍部は、中国への領土拡張に対する国際社会の批判を回避するため、日本と不可分の特殊関係を有するとしながらも、満洲国に主権国家としての統治形式をとらせた。満洲国で植民活動を行う日本人は、日本とは異なる満洲国という国家の存立を前提とする限り、南米移民などと同様の外国への移民だった。さらに、国際社会の有力な規範となっていた民族自決の理念に対応して、満洲国は日本人と

現地諸民族との「民族協和」に基づく国民国家として建国されたため、満洲国の日本人は中国人（主に漢人）やモンゴル人、そして日本国籍保有者である朝鮮人などとともに、「日系」の「満洲国民」としての統合が要請されていた。ただし、にもかかわらず満洲国における日本人の植民活動は、この地域があくまで台湾や朝鮮と同様に日本の支配領域だという認識に基づいて推進され、また満洲国の統治もその活動を保障すべきものとして行われたのである。

以上のように、満洲国における日本人は植民者としての「在満日本人」なのか、「日系満洲国民」たるべき国外移民なのかという問題は、満洲国と呼ばれる領域の、アジア太平洋の帝国・国際秩序における位置づけの根幹に関わるものだった。それは言い換えれば、満洲国で日本人はいかなる政治的帰属を有するのかという問題だった。

この問題は先行研究では、主に満洲国の国籍という観点から検討されてきた。山室信一や浅野豊美が明らかにしたように、満洲国では国民を規定する国籍法の制定が建国当初から検討されながら、その制定が実現しないまま満洲国は崩壊した。その最大の要因は、在満日本人による満洲国国籍の取得が必要視されながら、そのために日本人を日本国籍から離脱させることは回避されたことにあった[1]。また遠藤正敬が明らかにしたように、満洲国では領域内に生活の根拠を有する人民を全て「満洲国人民」とみなすという慣習法的な国籍概念により、日本人を日本国籍のまま国民とみなしたが、成文による国籍法はついに制定されなかった[2]。

しかし国籍は政治的帰属の全てを規定する要因ではなく、政治参加あるいはシティズンシップという観点からは異なる側面を見出しうる。山室や浅野は在満日本人自身が日本国籍の離脱を望まなかったことを指摘しており、その指摘自体は妥当かつ重要だが、満洲国における日本人がいかなる政治行動をとり、みずからの政治的帰属をどのように捉えていたかは、先行研究で十分に明らかにされたとはいえない。本章では在満日本人の政治行動を中心的に分析し、特に在満日本人の重要な要求の一つに政治参加があったことを重視する。満洲国統治下では、それが日本人としての参加なのか、「満洲国民」としての参加なのかが重大な問題となったのである。

在満日本人は満洲国建国以前から、関東州租借地・満鉄附属地・開放地では日本側機関のもとで、日本人として一定の政治参加が可能だった。しかし満洲国建国以後、日本の治外法権撤廃と、それに伴う日本から満洲国への附属地行政権移譲（一九三六～三七年）により、在満日本人の政治的地位は大きく変化した。他方、平野健一郎が明らかにしたように、満洲国において「民族協和」理念に基づく国民統合の中心として組織された協和会は、一党制による「満洲国民」の政治参加と、それによる政治的安定を追求した。[3] 治外法権撤廃と附属地行政権移譲以後、在満日本人はこの協和会の構成要素と位置づけられたのである。

本章では、第一節で満洲国建国の時点における在満日本人の政治的地位を整理し、建国過程において彼らの政治的帰属がどのような形で争点化されたかを考察する。第二節では、満鉄附属地に集住していた在満日本人が、満洲国における日本の治外法権撤廃と満鉄附属地行政権移譲によっていかなる政治的地位の変動に直面したかを確認し、その過程で彼らがいかなる政治行動をとったかを明らかにする。最後に第三節では、治外法権撤廃・附属地行政権移譲と並行して行われた協和会による在満日本人の組織化、すなわち「日系工作」と協和会改組との関係を論じた上で、在満日本人が「日系満洲国民」として協和会に参加したことが満洲国の政治的統合に何をもたらしたか、全国連合協議会の政治過程を中心に分析する。

本章で主に使用した史料は、日本陸軍や日本外務省の各種文書、協和会の作成した各種文書（特に全国連合協議会に関する文書）に加え、一九〇七年に創刊され一貫して満洲の主要新聞だった満鉄機関紙『満洲日報』（『満洲日日新聞』）[4]、一九三一年に満洲青年連盟（のち協和会）の小山貞知らが創刊し橘樸が編集責任者となった雑誌『満洲評論』、一九三九年に創刊された協和会の機関誌『協和運動』などである。

一　「満洲国」の建国と在満日本人

（1）満洲事変以前の在満日本人

清朝中国では、満洲（中国東北部）は満洲族の祖国として、外部からの、主に漢人による移住を抑制する封禁政策のもとに置かれていた。しかし漢人の開拓入植は後を絶たず、一八九四年にはついに移住が全面的に自由化され、漢人の移住が激増した。ロシアによる中東鉄道の敷設（一九〇三年）は、さらに満洲における漢人の移住・入植を加速させた。二〇世紀初頭の満洲では、日本とロシアが政治的覇権を争奪し、また日本・ロシア・アメリカが争って投資を行う一方で、漢人による移住植民地化が進行していたのである。(5)

在満日本人社会の形成は日露戦争の終結後、満洲各地における日本側機関の設置とともに本格化した。ポーツマス条約（一九〇五年）により、日本はロシアから関東州租借地と中東鉄道（東清鉄道）の一部（大連〜長春）を獲得したが、関東州が関東都督府、のち関東庁の管轄のもと日本統治権下に置かれただけでなく、鉄道沿線にはその大部分を日本がロシアから継承した、「絶対的排他的行政権」を有する鉄道附属地があり、鉄道経営のため日本政府が設立した南満洲鉄道株式会社（満鉄）が行政を管轄した。また戦前は開港地の営口のみにあった外務省管轄の領事館が、第一に日露戦争中の占領地軍政署を引き継いで奉天と安東に、第二に日中が締結した「満洲に関する条約」附属協定（一九〇五年）により外国人に開放された満洲各地の都市（開放地）に設置された。関東州と満鉄附属地、および開放地には日本人の居住が認められ、満鉄社員・関東庁官吏や貿易業者、およびこれらを顧客とする商工業者などの日本人が居住するようになった。(6)

また農業入植などを目的とする朝鮮人の満洲（間島）移住は一九世紀末から増加していたが、一九〇九年に日中

表6-1　満洲における日本人人口分布（1915〜38年）

（人）

年	関東州	満鉄附属地	開放地	その他
1915	50,197	32,766	13,283	5,336
1920	73,896	61,671	19,701	4,794
1925	90,542	81,633	11,960	3,853
1930	116,052	96,813	12,215	3,704
1931	119,770	97,530	12,036	3,384
1932	125,935	113,412	20,689	9,133
1933	139,016	136,416	34,648	23,632
1934	149,492	161,237	55,954	41,141
1935	159,559	186,507	89,112	57,386
1936	166,369	199,006	117,053	69,510
1937	174,587	411,995		
1938	178,594	492,947		

出所）副島円照「戦前期中国在留日本人人口統計（稿）」『和歌山大学教育学部紀要　人文科学』第33集，1984年より作成。

注）1915〜30年は5年ごとに推移を示した。1937年，1938年は関東州と満洲国（全体）。

が締結した間島協約で中国が間島における朝鮮人の居住や土地所有権を認め、さらに一九一〇年に日本が韓国を併合して以後激増し、その規模は日本人をはるかに上回った。彼らには日本国籍が強制的に付与されていたが、独自の在満朝鮮人社会を形成した。朝鮮人の中には政治的理由で満洲に逃れた人々もおり、その一部は満洲で抗日武装闘争を展開した。(7)

さらに一九一五年には、いわゆる対華二十一ヶ条要求を経て日中が締結した「南満洲及東部内蒙古に関する条約」により、日本国籍保有者は南満洲における移動・居住・営業の自由と、土地商租権（三〇年間の、かつ更新可能な土地租借権）を獲得した。日本が治外法権を保持したまま、南満洲は日本国籍保有者に対して内地開放されたのである。(8) ただし関東州・満鉄附属地・開放地以外に居住する在満日本人は、満洲事変（一九三一年）以前はごくわずかだった（表6-1）。また日本側が土地所有権と同一視した土地商租権の獲得は、中国ナショナリズムの強い批判の対象となり、一九二〇年代後半には国民政府・東北政権が中国人に日本人・朝鮮人への土地・家屋の貸与を禁止し、既に貸与された土地・家屋も回収するなどの手段をとったため、実際の行使は困難となった。(9)

在満日本人の政治的地位は、日本のさまざまな権益によって保護されていた。まず関東州租借地では、主権こそ中国にあったが、憲法と本国法令が適用されないことを除けば日本の領土に準ずる統治が行われた。大連市・旅順市には一九一五年に議員の半数を公選する議決機関である市会が設置され、関東州市制（一九二四年）により議員の五分の四以上が公選となった。政治参加も本国地方自治制度に準ずる形で整備されたのである。ただし市会議員の選挙権・被選挙権が日本国籍保有者（主に日本人）男子のみに与えられる一方、官選議員の一部には中国人が選出された。[10]

次に関東州以外の、後に満洲国が建国される領域では、日本人は日清通商航海条約（一八九六年）に基づき片務的な治外法権の下に置かれていた。日本が欧米列国とともに中国で保有した治外法権とは領事裁判権だけでなく、これに付随する領事警察権や課税権をも含んでいた。[11] このため開放地の居留民は、各地の領事館警察の保護下にあった。[12] さらに満鉄附属地で日本が保有した「絶対的排他的行政権」は、関東州租借地における完全な統治権とは異なるが、鉄道守備兵の駐屯権、関東庁が管轄した警察などの行政権、そして満鉄が管轄した課税権および土木・衛生・教育行政権など極めて広範なものだった。[13] また満鉄附属地と開放地では、以下にみるように在満日本人に一定の政治参加も可能となっていた。

満鉄附属地では、行政を管轄する満鉄地方部の各地の地方事務所ごとに当初から諮問機関が設置された。特に一九二一年に設置された地方委員会は、「欧州大戦後に於ける政治思想の発展と附属地居住者の増加及民意尊重等の立場」への考慮により委員公選制となった。地方委員の選挙では、国籍によらず男子に被選挙権が与えられ、国籍・性別によらず満鉄が徴収する公費の分担者に選挙権が与えられた。委員の半数以上は日本国籍保有者（主に日本人・朝鮮人）という制限があったが、他国人（主に中国人）の参加も可能としたのである。[14] さらに一九二四年に満鉄は各地地方委員会代表の要望に基づき、附属地行政全体に関する諮問機関として、地方委員会の代表会議である地方委員会連合会を設置した。[15] 地方委員会連合会では、附属地に「自治制」を施行する要望がしばしば討議され、決議に至ったこともあった。[16]

いっぽう開放地において各地の領事館は一九〇六年以降、領事館令によって居留民会を組織し、官選または公選の議決機関のもとに居留民の教育・衛生行政などを執行させた[17]。在満日本人の大半は附属地内に居住し、その傾向は強まる一方だったため、居留民会の活動は必ずしも活発でなく、満鉄地方事務所に業務を委託して廃止となったものもあるが、中でも奉天居留民会は公選制の評議員会（一九一三年設置）のもと、自治機関としての活動を継続した。この評議員会では、日本人だけでなく朝鮮人も限定的に選挙・被選挙権を与えられた。奉天総領事館から認可を受けて一九一七年に設立された奉天朝鮮人会が一九二〇年、恐らく三・一独立運動の影響を警戒した同館から解散を命じられたとき、奉天居留民会は朝鮮人会を合併するとともに、副会長二名中一名、および評議員二一名中五名（のち二五名中七名）を朝鮮人と定めたのである[18]。

以上のように満洲事変以前の在満日本人は、関東州と満鉄附属地では日本側機関の支配下に置かれ、開放地でも領事館行政による保護を受けた。一九一五年に南満洲全域で移動・居住・営業の自由を得た後も、在満日本人はこれらの限られた区域に集中していた。それは在満日本人が経済的に関東庁や満鉄に依存していたためだけではない。漢人による移住植民地化が不断に進行し、日本本国とは異質な社会秩序が支配する満洲で、さらに中国ナショナリズムも強まる中にあって、在満日本人は日本側機関のもとから離れようとしなかったのである。

また在満日本人は、関東州では大連・旅順市会（準公選制議決機関）、満鉄附属地では地方委員会（公選制諮問機関）、開放地では居留民会により一定の政治参加が可能だった。これは一面で、一九一〇年代～二〇年代前半に日本本国で拡大しつつあったシティズンシップが日本側機関のもとで延長されたものといえる。ただし他面で、日本国籍保有者である朝鮮人や人口上のマジョリティである中国人にも形の上で限定的に政治参加を認めたように、在満日本人社会は日本側機関のもとにあっても日本人のみでは完結し得なかったといえよう。

このような環境下で、一九二八年に在満日本人が結成した満洲青年連盟は、日本側機関の支配と開発のもとでの在満日本人の発展を中国ナショナリズムと両立させる理想として、「日華和合」「満蒙自治」を唱えた。さらに張学良政権の排日政策に直面した満洲事変直前期には、在満日本人の「生存」のため日本からの独立の可能性にも言及し、「満蒙に於ける現住諸民族の協和」を唱えるに至った。[19]「民族協和」は、中国ナショナリズムに包囲された在満日本人が満洲の「現住諸民族」の一員となることを正当化する理念として形成されたのである。

(2)「満洲国」の建国と在満日本人の国籍・公民権問題

一九三一年九月の柳条湖事件を引き金とする満洲事変を通じて、関東軍の石原莞爾、板垣征四郎らはソヴィエト連邦に対する安全保障を主目的とする満蒙領有計画の実現を企図していた。しかし事変勃発後まもなく、陸軍中央部が領有に反対し親日政権樹立を提案したのに対し、関東軍は「在満蒙諸民族」の独立国家建設案へと大きく転換し、一九三二年一月には日本政府もこれを認めた。独立国家建設は、満洲の直接支配という関東軍の目的を、列国との協調を損なう日本の領土拡張とは異なる形で実現するための手段だった。[20]ゆえに必要とされた独立国家の条件とは、①完全な独立国家であると同時に、②日本の国策に従い、③共同防衛の名の下に日本軍が駐兵し国防を担うことだった。そして①と②の条件を整合させるべく関東軍が導き出した構想こそが、満洲現住諸民族が建国する満洲国において、日本人を官吏の一部とすることで実権を掌握することだった。[21]これにより独立国家の建設と、支配植民地化との両立を図ったのである。この構想は、満洲事変以前に満洲青年連盟が唱えていた民族協和の理念を採用することで説明された。[22]民族協和の理念は中国ナショナリズムを制御するためだけでなく、国際社会に対し、満洲国の建国と民族自決原則との整合性を説明するためにも有効とみなされたのである。[23]

ただし民族協和の理念と日本人官吏の実権掌握とをどう折り合わせるのかという問題を別としても、日本人が満洲国の官吏となることと、満洲国が独立国であることとを両立させるためには、日本人官吏が満洲国の一員、つまり満洲国民となることが必要と認識された[24]。そして民族協和の理念からいえば、官吏に限らず在満日本人および朝鮮人が漢人、モンゴル人などとともに満洲国民となることが必要と考えられていた[25]。

問題は、在満日本人が満洲国国籍を取得して日本国籍を離脱することを受け入れるのかどうかだった。満洲事変以前の一九二九年、既に満洲青年連盟では「満蒙自治国」が成立した場合に日本人が「参与」するため「国籍を移」す必要が認識され、賛否両論が提出されていた[26]。そして一九三二年一月、奉天で『東京朝日新聞』が主催した座談会では、関東軍の石原が「新国家に活動したい」在満日本人は「その国家に国籍を移す」ことになると発言したのに対し、奉天居留民会長の野口多内が「国籍を脱して日本人が新国家にれい《〔隷〕》属するといふやうなことは賛成出来ない」と反論した。日本国籍からの離脱を拒絶する意向を明確に示したのである[27]。

ただし在満日本人が満洲国の下で日本国籍の保持を必要とした場合にも、単に外国人としての地位を望んだとみなすことはできない。野口は前述の発言に続けて、次のように述べていた。

> 国籍を脱しなくてもその住民としてあるひは五年なり十年なり在住してゐた日本人は、その国の参政権を得るとかあるひはその他の方法によって支那人と少くとも同等の権利と待遇とを与へられ利益をきやう《〔享〕》有することが出来ればよろしい[28]。

つまり日本国籍を保持したまま、満洲国民と同等の資格で政治参加などが可能なシティズンシップを得ることを求めていたのである。

野口の発言に示されるような在満日本人の意向を把握し、また満洲国国籍への帰化が満洲国政府に「日本人側の人材を吸収」する上で障害となることを懸念していた[29]関東軍や自治指導部などの建国運動関係者は、第一に二重国籍の付与、第二に国籍によらない公民権の付与を考案していた。

二重国籍案とは、満洲国内の居住者全てに「同一権利」を与え、在満日本人・朝鮮人を「二重国籍」とするものだった[30]。日本の国籍法（一八九九年、法律第六六号）は第二〇条で「自己の志望に依り外国の国籍を取得したる者は日本の国籍を失ふ」と規定しており、満洲国の国籍を帰化（本人の意思）により取得する場合は、日本国籍の離脱は免れなかった。しかし満洲国国籍を属地主義により満洲国居住者に強制的に与えれば、在満日本人は日満二重国籍となるはずだったのである。なお在満朝鮮人については、日本国籍法は朝鮮には施行されておらず日本国籍離脱の自由がなかったので、満洲国国籍を付与すれば必ず二重国籍となるはずだった[31]。ただし二重国籍は、出生地主義で国籍（市民権）を付与するアメリカで一九一〇〜二〇年代に日系二世が排日運動に直面した要因であり、そのため日本国籍法にアメリカ（・カナダ）出生日本人の国籍離脱を可能とする改正が加えられた重大な問題だった[32]（第3章、第7章、補論2参照）。在満日本人・朝鮮人の二重国籍の法制化に、日本司法省は一貫して否定的だったとみられる[33]。

これに対して公民権案とは、満洲国領土内の全住民に、国籍と関係なく属地主義的に「公民権」を与えるものだった[34]。特に久保田忠一（満鉄社員、関東軍嘱託）は、満洲国に「公民議会」（または「国民議会」）を設置し、「日本民族」「鮮民族」が「漢民族」「満洲民族」「蒙古民族」「回教民族」と並んで代表を送る、「公民」の「民族連合国家」を構想していた。国籍と公民権を分離することで、日本人・朝鮮人も国籍を問わず「民族」として満洲国の「公民」となることを可能としたのである。

なお、「公民議会」には民族ごとの代表者数比率が、漢七、満三、鮮二、回二、蒙二、日七、白（白皙民族または白系ロシア人）一と定められた[35]。「個人的デモクラシーの要求」、つまり個人に属する参政権が数（人口）としての側面を持つことを認めつつも、「各民族」の「民族団体」としての「対等権」と、「建国の功績者たる日本及満洲在住日本人の立場」とを理由としてあらかじめ代表に比率を設け、人口比（表6-2）より「漢民族」をはるかに少

表 6-2　「満洲国」における民族別人口・人口比（1933〜43年）

（千人）

年	漢・満・蒙人	日本人	朝鮮人	その他	合　計
1933	30,426 98.5%	179 0.6%	580 1.9%	100 0.3%	30,879
1934	32,304 98.3%	242 0.7%	691 2.1%	79 0.2%	32,869
1935	33,536 98.1%	319 0.9%	775 2.3%	73 0.2%	34,201
1936	34,515 97.7%	393 1.1%	895 2.5%	68 0.2%	35,338
1937	35,533 96.2%	418 1.1%	932 2.5%	66 0.2%	36,950
1938	36,979 95.7%	522 1.4%	1,056 2.7%	66 0.2%	38,624
1939	37,582 95.3%	642 1.6%	1,162 2.9%	67 0.2%	39,454
1940	39,385 94.5%	862 2.1%	1,345 3.2%	67 0.2%	41,660
1941	40,640 94.1%	1,017 2.4%	1,465 3.4%	66 0.2%	43,188
1942	41,756 93.9%	1,097 2.5%	1,541 3.5%	68 0.2%	44,462
1943	42,475 93.7%	1,148 2.5%	1,634 3.6%	66 0.1%	45,323

出所）小林英夫監修『日本人の海外活動に関する歴史的調査』第13巻（満州編1），ゆまに書房，2002年より作成。
注）1943年の漢・満・蒙人のうちモンゴル人は1,116,000人。一部の年では合計が合わないが，そのままとした。

なく、「日本民族」をはるかに多く定めたのである。代表比率の設定という発想は、後述する協和会における全国連合協議会の前提としても注目される。

結果として一九三二年三月一日の満洲国建国にあたり、満洲国政府は建国宣言で次のように、満洲国内（関東州は含まない）に居住する全住民に「平等の待遇」を与えることを約束した。

凡そ新国家領土内に在りて居住する者は皆種族の岐視尊卑の分別なし。原有の漢族、満族、蒙族及日本、朝鮮の各族を除くの外、即ち其他の国人にして長久に居留を願ふ者も亦平等の待遇を享くることを得。(36)

つまり日本以外の国籍を有する外国人にも満洲国内に居住する限り平等の待遇を保障し、それを通じて、「民族」としての在満日本人・朝鮮人を、日本国籍を保有するか否かは問わずに「漢族、満族、蒙族」と並ぶ満洲国の構成要素と認めたのである。これは明確な公民権の規定ではないが、久保田の「民族連合国家」に近いものだったといえよう。[37]

このとき満洲国に憲法は制定されず、憲法制定までの暫定法として一九三二年三月九日に制定された政府組織法にも満洲国の国民に関する規定はなかったが、同日に制定された人権保障法は、「満洲国人民」に公務参与権、官公吏就任権を認めた。[38] 建国宣言に照らせば、「満洲国人民」とは日本国籍を有する在満日本人・朝鮮人を含むものだった。ただし政府組織法が規定した立法機関である立法院に実体はなく、満洲国の統治機構に政治参加のシステムは存在しなかったので、実際は満洲国政府における日本人官吏の存在を正当化する効果のみが生じた。[39] 日本人官吏は、日本国籍を保有しながら「日系満洲人」「日系官吏」と称されるようになった。[40] 以後、成文法としての国籍法の制定が絶えず検討されながら実現しない状況下での実務上の必要から、建国宣言は、満洲国内に生活拠点を有する全てのものを「満洲国人民」として扱うという慣習法上の国籍法として認識されていった。[41]

ただし属地主義に基づく「満洲国人民」を実質上の国民として扱うという処理は、単に成文の国籍法に比べて不明確だというだけでなく、建国当初において、満洲国における日本の治外法権のため深刻な亀裂を抱えていた。

満洲国は建国に際して中華民国が各国と締結していた条約を継承したため、日本は満洲国において引き続き治外法権を有し、満鉄附属地の行政権を保有した。日本側の認識としては、治外法権の撤廃は日本が満洲国をより完全な主権国家と認めることを意味し、満洲国が国際的承認を得る上で有効だが、満洲国の司法制度・法典の整備を必要とするため時間を要するとみていた。[42] しかし満洲国内に居住する日本人・朝鮮人が既に「満洲国人民」であるにもかかわらず、日本国籍を有するため満洲国の法律や課税に服していなかったことは、民族協和の独立国でなければならない満洲国にとって重大な問題だった。それは満洲国政府の一員として「日系満洲人」「日系官吏」とみなされた日本人官吏については特に深刻であり、実際に「日系官吏」が満洲国法上の犯罪を犯しても、領事裁判権のために満洲国によって処罰できないという事態が頻発していた[43]。

このような日本の治外法権下の在満日本人・朝鮮人と他の「満洲国人」「外国人」との「不権衡」を除去するため、満洲国外交部は一九三二年五月、満洲国に五年以上在住する外国人に対し、満洲国の法律・課税への服従を条件に「一切の公権及び私権」を与える「公民権法案」を作成した[44]。しかし満洲国の国内法によって国家間の条約に基づく治外法権の作用を解消することは不可能であり、それは在満日本人に二重国籍を付与する場合にも同様だった[45]。また前述の通り、在満日本人にただちに日本国籍を離脱させることは困難だった。そのため治外法権の撤廃は、国籍法の制定が難航する状況下で、後述するように「満洲国人民」における「民族協和」のための先決課題として推進されるようになった。

ところで治外法権の問題を別とすると、満洲国外交部の作成した「公民権法案」がなぜ廃案となったかは必ずしも明確でない[46]。久保田らが提起した、国籍とは区別される公民権によって満洲国の「民族協和」を実現するという構想は、これによって途絶したのだろうか。久保田の「公民」による「民族連合国家」構想が「公民議会」を「最高機関」として想定していたことが示すように、それは公民権に内実を与える政治参加システムが、満洲国の統治機構に存在し得たかという問題を抜きにしては考えられないだろう。

関東軍が建国運動に協力させた中国人有力者の一部（特に漢人）は元首公選や議会制度などを要望していたが[47]、関東軍は建国構想の当初から「代議政治」、つまり新国家の統治を制約しうる議会制度を認めない意向を固めており、ゆえに立法院は名目上の存在にとどまった[48]。それは漢人が主導権を握る可能性を排除するためだけとはいえない[49]。そもそも関東軍は、日本本国における議会政治・政党政治に著しい不信感を抱いていたのである[50]。

しかし関東軍は「代議政治」を否定すると同時に、「人民代表より成る機関をして国政特に立法に参与せしむること」の意義は認めていた。[51]関東軍の片倉衷は、建国直前の一九三二年二月に「伏臥居士」の筆名で発表した論説で、満洲国で「議会政治」を行うことを否定しながら、「在満民族の融合混和」のために「公的代表権」を「日本人にも」与えることは、「二重国籍問題を解決しなくとも」必要であり、それは「代議制度」とは異なる「自治機関」「公的機関」による「意志発表」によるべきだと述べていた。[52]議会制度の否定にもかかわらず、満洲国の建国は「全人民」の「民意」に基づくべきだという政治的要請は認識されており、[53]ゆえに議会制度とは異なる政治参加システムの模索の中で、在満日本人の参加も必要視されていたのである。そして議会制度に代わる「統制主義による民衆の代表機関」（石原莞爾）たるべく一九三二年七月に設立されたのが、満洲国唯一の政治団体としての協和会だった。[54]満洲国における政治参加と「民族協和」をめぐる政治過程は、やがてこの協和会をめぐって展開されることとなるのである。

（3）「満洲国」建国後における日本人の政治運動

満洲事変勃発後、在満日本人は総じて関東軍の行動を積極的に支持したが、満洲国建国後の在満日本人は、二つの相異なる方向において政治化した。第一に建国運動の延長上における協和会の結成、第二に満鉄および領事館の下における「自治」の継続である。

満洲国の建国運動に従事した在満日本人団体として、大雄峰会と前述の満洲青年連盟があった。笠木良明らが一九二九年に結成したアジア主義団体の大雄峰会は、関東軍が指揮し于冲漢を部長とする自治指導部の主導権を握り、県単位の自治を通じた地方統一を推進した。満洲国が建国されると自治指導部は解散し、大雄峰会のメンバーは国務院資政局に入った。これに対して関東軍による抗日勢力鎮圧の前線で宣伝・宣撫活動を行っていた満洲青年連盟は、建国前後から関東軍の支援の下で「協和党」の設立を計画し、一九三二年四月に結党した。笠木らがこれに対抗する政治結社設立の動きをみせたのに対し、関東軍は資政局を解散させ、一九三二年七月に首都新京（長春）の国務院で名誉総裁を執政溥儀、名誉顧問を関東軍司令官本庄繁、会長を国務総理鄭孝胥とする「協和会」が発足した。主な構成員が協和会の重要ポストに就いた満洲青年連盟は、同年一〇月に解散した。[55]

満洲青年連盟の協和党構想は、彼らの持論である民族協和主義を一党制と結合することによる満洲国の「国民」統合を目指すものだった。「封建軍閥」の張学良政権に代わる「民衆自治の新国家」としての満洲国において、「満蒙現住諸民族」が「民族的偏見」を捨て「大同団結」することが協和党の目的とされた。協和党は各地方における職業・団体ごとの分会（細胞）の結成を通じて、各民族（主に「日系」と「漢系」）を党員として組織することを計画した。[56] そして協和会への改名直後と思われる一九三二年五月に発表された「全満の愛国者よ手を握れ」は、満洲国における「平等無差別」の「国民」の誕生を説いた。「従来日、鮮等の種族は国民となることは許され」なかったため「国家の保護」を受けられず排斥され、「満、漢、蒙の諸種族」も同一の保護を受けられず「種族的な闘争」を繰り返していたが、建国宣言と人権保障法によりこれらは「種族宗教の別」なく等しく「満洲国家の国民」となったとして、「新国家」の「完成」のため分会組織への参加による「愛国者」「先覚者」の協力・団結を呼びかけたのである。[57] 恐らく意識的に日本の治外法権や満鉄附属地の存在を捨象した主張だが、その上で注目すべきなのは、外国人だった在満日本人・朝鮮人が満洲国建国によって「漢、満、蒙」と平等の「国民」になったという認識である。ただし建国宣言と人権保障法によってのみ根拠づけられたこの認識には実体が伴わないために、これを「完成」する組織・運動として協和会が必要だとされたのである。

一方、関東軍の石原莞爾が協和会に見出した利用価値は、国家・政府とは区別される単一の政治結社としての協和会を関東軍の指導下に置くことを通じて、独立国家である満洲国の政府を「漢民族の自尊心を傷けざる」形でコントロールすることにあった。[58] そのためには、満洲国の最高権力は「専制君主」（溥儀）であっても「自由主義による民衆の代表機関立法機関」であってもならず、「統制主義による民衆の代表機関たる一の政治的団体」としての協和会でなければならない。そして日本人は満洲国で「国権の掩護」によって「優越せる位置を占め」ようとするのをやめ、「裸一貫」で協和会に参加し、「実力により各民族の指導者たる位置を獲得し、三千万大衆を掌握」する必要があった。[59] これは結果として、満洲青年連盟の構想した一党制モデルおよび民族協和イデオロギーと基本的に合致するものだった。

協和会は石原の構想に沿って、「唯一政治団体」としての協和会が「民衆の支持を獲得し、之により国家の根本政策を決定」することにより、満洲国を「日本国家の政治的支配に依らずして日本人の参加する民族協和の独立国家と」することを目標とした。[60] 協和会は民族協和の理念に基づき日本人・朝鮮人を日本国籍のまま満洲国の「国民」に統合すると同時に、一党制と日本人の参加を通じて、独立国家である満洲国を日本の国策に従わせるものとして期待されたのである。同時に協和会は在満日本人に対して、建国宣言と人権保障法を根拠に「在満邦人」はもはや「日系満洲国々民」になったとして、「今更附属地がどうの国籍がどうのと枝葉末節に捉はれて満洲国民になる事を逡巡するに於ては日本人自らが、排日をやる結果となる」、従来の在満日本人としての地位に拘泥すべきではないと説いた。[61]

ただし設立された協和会の実体は、以上の構想とかなりの隔たりがあった。設立当初の組織は中央事務局に重点が置かれ、地方で分会組織活動を行うための拠点は極めて脆弱であり、[62] また分会代表によって組織される諮問機関である全国・地方の連合協議会[63]は、当初、実際には開催されなかった。満洲事変によって生み出された満洲国の統治それ自体が極めて不安定だったため、協和会の主要な任務は満洲青年連盟と同じく、満洲国内の漢人や朝鮮人、モンゴル人などに満洲国の統治を受け入れさせるための宣撫工作だった。協和会の目的とされた「建国精神」の普及とは、「各民族の民族的自恣運動」への「対抗宣伝」であると同時に、まず満洲国の存在自体を否定する反満抗日活動（「匪賊」「共産主義」「三民主義」）への「対抗宣伝」だった。[64] それどころか「擾乱の策源地北満の治安の確立の緊要なるを認め（中略）兵匪跳梁の各地に日軍及満洲国軍の第一線部隊に従属して、身に寸鉄を帯びず建国精神の宣伝ポスターを唯一の武器として決死的敵前工作」を行うといった「特別工作」が、協和党結成から協和会設立当初の、地方での中心的活動だったのである。[65]

また関東軍や満洲国政府の一部には、協和会が政党として政治運動を行うことを忌避する意向が根強かった。協和党から協和会への改名自体、関東軍の本庄らが政党を忌避したためであり、協和会の綱領冒頭には「本会は政治上の運動をなさ」ずと定められた。小磯国昭参謀長（一九三二年八月着任）は協和会を国務院総務庁の監督下に置いて「教化団体」にとどめる方針をとり、満洲国政府の日系官僚はしばしば協和会と対立して協和会自体の不要を唱えた。[66] 一九三四年に至っても、協和会は「近き将来に満洲国の独裁政党」たるべきことを自認しながら、「当分は所謂思想建国団体」たることに甘んじざるを得なかった。[67] そこで協和会が起死回生の手段としたのが、一九三四年三月の帝制実施にあたっての帝制樹立運動である。同年一月、政府の帝制実施声明の直前に協和会は帝制請願市民大会を開催し、帝制実施直前の二月二八日には第一次全国連合協議会を開催して皇帝推戴決議を行った。協和会はこの運動により、唯一の帝制促進団体としての政治的権威を獲得した。[68] これは単なる権力への追従とはいえない。帝制請願市民大会に対して国務院総務庁長の遠藤柳作は、皇帝溥儀の即位は「天の啓示」によるものであり、「人民の推戴」はこれへの「順和」に過ぎないとして協和会を牽制した。しかし協和会の小山貞知はこれに対し、「民意即天意、天意即民意」であり、「天意の啓示は官吏にのみ映つるものではありません」「民意を排撃して天意を全からしむることは出来ない」と、満洲国の国是である「王道政治」の論理によって批判した。[69] 政府が国策とした帝制実施を、政府の意向に逆らってでも進んで支持することにより、「民意」の代表機関としての地位を獲得しようとしたのである。

関東軍・満洲国政府は政府と協和会との対立の可能性を取り除くべく、一九三四年九月に協和会を改組して日系官吏と協和会幹部の入れ替えを行った。[70] しかし協和会の「独裁政党」志向がこれで消えることはなかった。この改組に際して協和会は、北満で特別工作にあたっていた会務職員の、「政治上の運動」を放棄せず「会自体の地盤」を獲得すべきだとする主張を取り入れ、[71] 改めて「国民運動」の方針を立て直した。特に地方機構を拡充し、農村における地域別分会と都市における同業分会の組織に重点を置いた。[72] このような組織活動への関心は「独裁政党」の志向と結びついており、「天意を完璧する為には先づ民意の尊重を第一と為すべき」との見地から、協和会は「唯一無二の民衆的国民的統一機関」として「立法院監察院〔行政監察機関〕の国民的支援の任務を遂行する義務がある」と、満洲国政府に対する支持を通じた統治機構上の権力獲得を企図していた。[73]

一九三四年の改組の大きな特徴は、全国、地方（省）、県・旗・市の各級連合協議会を改めて設置したことである。協和会の最高諮問機関と位置づけられた全国連合協議会は年一回の定例開催が一九三五年に開始され、地方レベルの連合協議会の開催も一部で開始された。[74] しかし連合協議会は、協和会の組織活性化にとって必ずしも決定打とならなかった。

第一に、全国、地方、県・旗・市の連合協議会は各地分会代表から代表を選んだが、公選制ではなかった。第二に各地分会から提出された議案は、上程前に「整理」され、また議決には満場一致制が採られた。[75] 第三に全国・地方の各級連合協議会の決議は「国民の正なる輿論」とされながら、[76] その機能は協和会の諮問機関にとどまり、満洲国政府との連絡も規定されなかった。当初、全国連合協議会の協議員はほとんどが漢人（「満系」）から選出されたが（後掲表6-5）、それは「日系」会員がごくわずかだったためだけでなく、平野健一郎が指摘したように、「日本人以外の満洲国国民」に「『民意反映』の幻想」を与えるためだったといえよう。[77]

表 6-3　協和会の会員数・組織率（1934〜43 年）

年	会員数	組織率（%）
1934	300,000	0.9
1935	330,000	1.0
1936	370,000	1.0
1937	814,897	2.2
1938	1,093,634	2.8
1939	1,491,397	3.8
1940	1,771,852	4.3
1941	2,789,962	6.5
1942	3,208,223	7.2
1943	4,116,341	9.1

出所）会員数は野町融「会組織の研究」『協和運動』第 7 巻第 1 号，1945 年 1 月より。組織率は会員数とそれぞれの年の満洲国人口（表 6-2）より作成。

実際、一九三五年三月に初めて各地分会の提出議案を集めて開催された全国連合協議会は、議案九五件中二九件のみを会議に上程し、また上程された議案も「解決に関する方針を協議」したのみで、以後は「政府と交渉」するとされた。各地代表の不満に対して協和会中央本部の阪谷希一（兼国務院総務庁長）は、次のように明言した。すなわち連合協議会は「宣徳達情工作」すなわち政府が「民意を反映」し協和会が「政府の意向を知る」ためのものであり、「民衆代表より成る議会」ではないので、政府との「権利義務関係」はなく、あくまで「道義的」な関係、「道徳的な義務」があるだけである。ゆえに議案を過半数で票決する方法は「絶対に採ら」ず、上程以前の「提案の整理」に重きを置き、上程議案の採決は「満場一致の形式」を採る。さらに議決を経ても「提案の実行を迫る」ことはできない、と[78]。多数決原理と議決事項の政府による実行の義務化により協和会全国連合協議会が事実上の満洲国議会となることを、満洲国政府は拒絶したのである。このような連合協議会の「官僚的限界」は、「民衆の協和会への魅力」を失わせるものと認識されていた[79]。そもそも反満抗日活動が完全に収束することはなかったが、満洲国の統治に服した漢人などの住民にとっても、協和会への参加は動機付けに乏しいものだったといえよう。協和会の会員は、満洲国総人口の一％前後だった（表6-3）。

そして協和会の不振は、「民族協和」の重要な構成要素であるはずの在満日本人が、会運動に従事する会務職員以外ほとんど加入していなかったことにもよる。満洲国の建国後も、在満日本人のほとんどは満鉄附属地や開放地に居住していた（表6-1）。彼らは附属地の地方委員会や各地領事館管轄下の居留民会による「自治」を続けていただけでなく、むしろその強化を望む傾向にあった。

特に注意すべきは、満鉄附属地の動向である。満洲国建国直後の一九三二年三月、附属地の地方委員会連合会は満洲における「日本側諸機関」（関東軍、関東庁、満鉄、外務省）の統一と「総督政治」の実現という議案（奉天、鉄嶺）を満場一致で可決し、また地方委員会に予算案議決権を与え、満鉄の諮問機関から議決機関にする議案（奉天）を可決した[80]。台湾や朝鮮と同様の総督府を設置せよという要望は、満洲国を事実上の日本の領土とみなす認識に立っていたといえよう[81]。これは翌一九三三年にも、「今や満洲国は建設せられ対外関係を考慮する必要」はないので、地方事務所・地方委員会の名称を「地方行政事務を処理するに相応しき名称」に変えるべきだとの議案（新京）が満場一致で可決されたことからも明らかである[82]。したがって地方委員会を議決機関にせよという要望は、満洲国を事実上の日本領とみなす認識から、満鉄附属地における政治参加を実質的な自治権として確立しようとの意向だったと考えられる。なお一九三四年にも「附属地自治制」施行促進の要望（新京）が提出され、前回同趣旨の決議があったとして撤回された[83]。地方委員会連合会には、「満洲議会」との通称さえあった[84]。これらに示された満鉄附属地における日本人の政治意識は、民族協和の理念が要請する「日系満洲国民」とはほど遠いものであり、支配植民地化の実態を率直に表現していたといえよう。

居留民会もまた、その存在理由からいえば当然だが、「日系満洲国民」の観念とは全く相容れない行動を取っていた。その端的な事例は、一九三二年四月、奉天居留民会がリットン卿（Lord Lytton）率いる国際連盟調査団に対して「在満日本国民の立場」から、張学良政権が一九一五年に対華二十一ヶ条要求で日本が獲得した権利を認めず、在満日本人・朝鮮人の活動を圧迫してきたと陳情を行ったことである[85]。そして居留民会は前述の通り満洲事変以前は低調だったが、満洲事変後、満鉄附属地以外にも在満日本人が増加したことを受けて各地で結成が増加し、一九三三年には共有する問題を協議すべく、全満居留民会連合会が結成された[86]。なお、連合会結成の主な契機は在満日本人小学校の経営費用の問題だった。満洲事変以前から、附属地では満鉄が日本人学校を経営し、附属地以外では領事館の管轄と満鉄の財政補助のもと、居留民会が日本人学校を経営していたが[87]、事変後、附属地外での日本人の人口急増で小学校の需要が急激に拡大し、各地居留民会は財政負担に苦しんでいたのである[88]。満洲国における日本人教育権は、後に治外法権撤廃に際して改めて問題となる。

もう一つ触れておくべきなのは、関東州租借地の日本人についてである。関東州は満洲国の領域に含まれず、中華民国からの租借による日本（関東庁）の統治が継続した。つまり満鉄附属地や領事館管轄下の日本人とは異なる国家に居住することになったのであり、満洲国建国に伴う政治的地位の変動、とりわけ「満洲国人民」ないし「日系満洲国民」としての政治的帰属が問われる事態には直面しなかった。しかし例えば満洲商工会議所連合会に満洲国建国後も大連商工会議所が参加していたように、実際の在満日本人社会では、特に関東州と満鉄附属地の間で密接なつながりが維持され続けていた[89]。満洲国内と関東州の日本人の関係もまた、やはり治外法権・附属地行政権の政治争点化を通じて問題となってゆくのである。

以上のように、満洲国の建国と民族協和の理念は、在満日本人（官吏、民間人）を「日系満洲国民」として統合することを要請したが、在満日本人に日本国籍を放棄させることが困難だっただけでなく、在満日本人は日本の治外法権のもとに置かれ、また大半が日本側機関のもとでの「自治」に依拠していたため、満洲国の公式イデオロギーに服する必要を認めていなかった。ゆえに満洲国の独立性を高めるべく日満間で推進された治外法権の撤廃と附属地行政権の移譲は、在満日本人にとって重大な政治問題となった。

二　治外法権撤廃・附属地行政権移譲と在満日本人

(1) 治外法権撤廃・附属地行政権移譲の政治争点化

一九三二年九月一五日、日本と満洲国は日満議定書を締結した。日本が満洲国を住民の意思に基づく独立国として、リットン調査団の報告を待たずに承認するとともに、両国が日中間の条約・協定に基づく満洲国内の日本権益の継承と、日満共同防衛のための満洲国における日本軍の片務的駐兵に合意したのである。そして同日に日本政府が発表した声明では、「治外法権の撤廃及一般外国人に対する内地開放問題」への満洲国の取り組みに対する評価が示された[90]。日満議定書は日本と満洲国という独立国家間の特殊関係という形による支配―従属関係を定式化したが、それは日本の満洲国承認を前提とするゆえに[91]、日本は満洲国の独立を不完全としていた治外法権を撤廃する必要を間接的に認めたのである。

治外法権の撤廃と同時に「内地開放」、すなわち国内における外国人の移動・居住・営業の自由が課題とされたのは、満洲国における日本の治外法権が満鉄附属地・開放地の存在と不可分だったためにほかならない。これは第2章で論じたように、一九世紀末の日本の条約改正に際して、欧米列国の領事裁判権の撤廃とともに居留地制度を廃止し、欧米人に対する内地開放（内地雑居）を行ったことと構造的には同じ問題であった。しかし欧米人に対する日本の内地開放と比較すると、満洲国が実質上は日本支配地域だったという根本的な違いがあっただけでなく、実のところ満洲国では、治外法権撤廃を待たずに日本人・朝鮮人への内地開放が事実上行われていた。第一に、一九一五年の「南満洲及東部内蒙古に関する条約」に基づく南満洲での移動・居住・営業の自由は日満議定書により承認された。第二に、一九二〇年代に中国側の国権回復運動により空文化していた土地商租権は、一九三三年には満洲国により国内全域に拡張のうえ保障された[92]。そして第三に土地商租権に付随して、移動・居住・営業の自由も事実上満洲国内全域に拡張されたのである[93]。ゆえに治外法権撤廃の意味は、何より在満日本人・朝鮮人を満洲国の法令に服せしめることにあった。とりわけ在満日本人・朝鮮人が満洲国の課税対象とならないことに対する漢人の不満は、事実上の内地開放や土地商租権の確立とともに強まっていた[94]。

満鉄附属地における日本行政権も、事実上の内地開放にもかかわらず治外法権とともに維持されていた。在満日本人の大半は附属地に居住しており、その人口は増加する一方だった（表6-1）。前述した協和会の在満日本人批判が示すように、附属地への集住は民族協和イデオロギーとは相容れないものだった。また開発・植民政策の観点からも、日本人が満洲国に「安定の基礎」を築き「満蒙今後の開発」を実現するには、「国中更に国を建設」する附属地は望ましくないと認識された[95]。ゆえに満洲国への附属地行政権の移譲は、治外法権撤廃と併せて満洲国の独立という体裁を整える意義に加え、在満日本人の依存する日本支配地域を撤去し、内地開放をより実質化する意義を有していた。

しかし日本政府と満洲国政府が治外法権撤廃・附属地行政権移譲を遂行する過程において、在満日本人は従来のみずからの地位を維持すべく活発な政治運動を展開した。

一九三三年六月から七月にかけて、日本政府と満洲国政府が治外法権の撤廃を本格的に検討していること、治外法権の撤廃は満洲国への附属地行政権への移譲を伴うことが報道された[96]。このとき附属地の地方委員会連合会や奉天居留民会は、治外法権の撤廃は時期尚早との意向を示しているが、詳細は明らかでない[97]。

満鉄附属地の日本人の関心が、とりわけ附属地自体にあったことは明らかである。一九三三年一一月には満鉄での改組案において、治外法権とは直接の関係なく満鉄地方部の附属地行政権を満洲国政府に移譲し、満洲国による課税を可能とすることが検討された[98]。これに対して地方委員会連合会は臨時総会を開いて、「満洲国の形式実質とも完備してをらず」との多数意見により、移譲は時期尚早とする決議を行った。[99] 一九三四年三月の全満地方委員会連合会では、治外法権撤廃・附属地返還は「理想」だが「満鉄が三十年来莫大な資本と努力を払」った附属地は「如何なる形に於てか残るべきもの」との発言（奉天）や、「附属地は満洲国の財政収入を軽減する所の伏魔殿だと云ふやうなことを平然として叫んで」いる「満洲国の日系官吏」に「非国民売国奴と叫びたい」との発言（新京）があった。ただしその一方で、満鉄が委任経営する満洲国の国有鉄道にも附属地を拡張したいとの議案（大石橋）については、「今日既に有する所の附属地を返還する」のは「以ての外」だが、満洲国の鉄道に附属地を設置するのは「日満融合」の趣旨に反する上、「奥地奥地に日本の領土見たやうなものを建設」するのは「外国から非常に疑を掛けられる」との反対（新京）があり保留となった。[100] 総じて、治外法権撤廃・附属地行政権移譲を将来的には不可避と認めつつ、附属地における生活環境を極力維持したいとの意向だったといえよう。

一方、附属地外の居留民は開放地における治外法権の可能な限りの維持を求める一方、附属地「主権」の返還を機として、附属地内外を問わない日本人の「自治」を要望した。奉天居留民会は一九三三年一一月の評議員会で、次のような意向を明らかにした。すなわち第一に治外法権の撤廃を認めた上で、日本人が「多年居住経営」する開放地を「漸次実行区域」として、撤廃に「相当年月の準備期間」を設け、また日本人に対する教育・課税・警察行政について「自治的規定」を設けるよう求めること。第二に附属地の「主権」返還についても認めた上で、やはり教育・課税・警察行政について、附属地内外を問わず「在留邦人の自治」を「属人的に区分」するよう求めることである。[101] 同時期、奉天居留民会の座談会で会長の野口多内が、附属地が返還された場合には附属地・居留民会の区別をなくして、「奉天にゐる日本人の一大自治体を組織」すればよいと主張したのはこれと同趣旨といえよう。[102] 教育・課税・警察行政における「自治」の要望は、「居留民会が経営しつつある教育衛生等の諸事業を満洲国に一任する事は同国の現状より見て到底不可能」といった同会の認識[103]に立脚していたと思われる。また奉天居留民会の管轄地域自体が奉天の満鉄附属地に隣接していたため、以前から同会は附属地内外の日本人に待遇の格差が生ずることを問題としていた[104]。その結果、在満日本人の属人的な「自治」という、附属地の内外を問わず日本人が満洲国の統治に服する範囲を最小限にとどめようとする構想が生まれたのである。

一九三四年七月以降、日本政府（岡田啓介内閣）において陸軍の要求により在満機構の改革が検討される中で[105]附属地行政権の満洲国移譲が俎上にのぼると、在満日本人の活発な附属地行政権移譲反対運動が展開された。この運動には、以下の三つの特徴が指摘できる。

第一に、奉天などを中心とする満鉄附属地において、治外法権撤廃・附属地行政権移譲に対する反対の核心にあったのは、附属地における満洲国課税、特に営業税への反対だった[106]。とりわけ駐満日本大使館の試案として、附属地行政権移譲に伴い満洲国課税を検討していることが新聞紙上に公表されると、奉天商業会議所をはじめとする各地の団体が続々と満洲国課税反対の陳情を行った。附属地で課されていた公費は極めて低率であり、満洲国の課税のもとでは在満日本人商工業者は漢人商工業者と競争できなくなると認識されていたのである[107]。奉天で開かれた附属地町内会連合会は「法権撤廃時期尚早」「附属地行政権返還絶対反対」に加えて特に「附属地課税権承認反対」を決議し[108]、同じく奉天で開催された附属地在住邦人代表者懇談会では、治外法権撤廃は「尚早」で合意、附属地行政権移譲は「尚早」「絶対反対」「反対」でまとまらず「大体に於て反対」となり、課税については「反対」で合意した[109]。治外法権の撤廃は満洲国を独立国と認める以上は時間の問題と認識されていたが、これと分離してでも附属地行政権を維持する要望が存在し、さらにそれが不可能であっても満洲国課税だけは回避ないし軽減を要望するというのが、附属地在住日本人の最大公約数的な意向だったといえよう。

第二に、附属地行政権移譲反対運動の中心となったのは満鉄附属地だけではなく、関東州の大連でも激しい反対運動が起こった。大連で開催された在満機構問題市民大会では附属地行政権移譲への反対が決議され[110]、また大連商業会議所は治外法権撤廃は漸進的にすべく、附属地行政権移譲は絶対不可との陳情を行った[111]。新京の在満洲国日本大使館が開催した全満民団代表懇談会でも、大連が提出した「附属地行政権返還反対」の議案について、「関東州代表者」と「附属地を有する土地の代表者」が中心となって意見を主張した[112]。関東州の日本人は、満鉄附属地の行政権移譲により関東州との経済的な結合が失われることを懸念したのであり[113]、それは言い換えれば、同年九月の関東州民大会で示されたように、同じ日本支配下にあった関東州と満鉄附属地に居住する「吾等三十万の在満邦人」の一体性が失われることへの懸念だった。ゆえに「在満政治機構改革」が「日本国民を中心と」して行われず、「満洲国を以て純然たる外国と同視する」ことを彼らは強く批判したのである[114]。

第三に、満洲国内の満鉄附属地外に居住していた日本人は、この反対運動では目立った活動がみられず、前述の民団懇談会でも、「附属地を有せざる地方の代表者は附属地代表者に気兼ねし居るが如く」に附属地行政権移譲反対に同意したと観察されていた[115]。ただし全満居留民会連合会は満洲国課税に際して、徴税分を従来の民会賦課金に代えて満洲国から日本人教育費として補助するよう要望していた[116]。すなわち治外法権撤廃についての態度は不明だが、附属地行政権移譲については消極的にのみ反対する一方、日本人教育における「自治」には強い関心を持っていたといえよう。

一九三四年一〇月に決定し、同年一二月に実施された日本在満機構改革の主な内容は、関東軍司令官による駐満全権大使の兼任、関東庁・関東長官の廃止と関東局・関東州知事の設置、対満事務局の設置だった。この機構改革直後から日本政府と満洲国政府は治外法権撤廃・附属地行政権移譲に向けた作業を開始するが、在満日本人の要望は、治外法権撤廃・附属地行政権移譲という原則を除くとある程度反映されていった。しかしその過程で改めて問題となったのが、在満日本人の政治参加をめぐる問題だった。

（2）治外法権撤廃・附属地行政権移譲の実施と在満日本人の「自治」

一九三五年二月、日本政府は外務省を中心とする「満洲国治外法権撤廃に関する委員会」を設置し、新京にも関東軍・日本大使館・関東局・満洲国政府の代表者から成る「治外法権撤廃現地委員会」が設置され、治外法権撤廃・附属地行政権移譲に向けた審議が開始された。同年五月には、治外法権の撤廃はまず産業・課税法規、次に警察、そして司法という「事項別漸進主義」によることが決定した。課税権は附属地の在満日本人が最も反対していた事項だったが、満洲国の財政上の要請と、漢人の不満を解消するという統治上の要請のため最優先されたのである。同年八月に閣議決定された日本政府の基本方針は、「在留帝国臣民の生活に急激なる変動を与へ」ず、「満洲国の全領域に於ける帝国臣民の安住発展を一層確保」するよう撤廃・移譲を漸進的に行うことであり、また治外法権の撤廃を通じてこそ、「満洲国の健全なる発達」「満洲国に於ける我国民の全面的発展」「日満両国善隣不可分の関係」が可能となると意義づけられた。またこのとき、関東州は満洲国に編入されないことが確認された(117)。

治外法権の一部撤廃について課税権を優先する方針が明らかになると、奉天の商工会議所、居留民会、地方委員会などの日本人団体は関東軍の意見聴取に対して、課税権よりも司法権と警察権の移譲を優先すること、営業税を実施延期しまた軽減すること、地方税を当分賦課しないことなどを要望し(118)、地方委員会連合会や満洲商議連合会もこの方針で運動を展開した(119)。しかしその効果は不明であり、在満日本人の関心は課税権移譲後の問題に向かった。

第一に、政治参加の問題である。奉天居留民会は一九三五年四月の時点で、満洲国課税を附属地外のみに実施するという新聞報道を受けて「差別的取扱」をしないよう日本政府・満洲国政府に請願していたが、その際に附帯事項として、「満洲国の課税権を認むる場合は同時に在住帝国臣民に対し満洲国の国政又は市政等に参与するの権能を附与する」よう要望していた(120)。前述した日本人の「自治」構想が、満洲国への納税を通じて満洲国における政治参加という構想につながったものといえよう。一九三五年一〇月に開催された「治外法権に伴ふ教育行政及び課税問題善処方協議会」でも、参加者の詳細は不明だが、請願決議には課税の軽減や猶予、課税権の移譲に伴う満洲国からの教育費交付などとともに、「満洲国に速かに自治制度を確立し日本人をして参与せしむること」が挙げられた。[121]

第二の問題は、それまで在満日本人が有してきた「自治」組織の存廃である。課税権移譲について「現地における一部の反対意見により今更これを変更するが如きことは殆ど不可能」[122]と報じられていた一九三六年二月、奉天の居留民会、商工会議所、地方委員会、連合町内会では治外法権撤廃後の居留民会の存廃について試案が作成された。一つは教育行政を満鉄、兵事行政を領事館、神社行政を氏子に管理させて居留民会を解散するとともに、「現在の町内会を拡大した如き集団的社交機関」を設ける案、もう一つは満鉄地方事務所と居留民会とを「一丸とした総合日本人会」を組織して教育・兵事・神社行政を担当させる案である。[123]後者は属人的な日本人「自治」の構想を意味するが、いずれにせよ満洲国課税への転換により居留民会の基本的機能が失われることが認識されていたのである。

同じく一九三六年二月の全満地方委員会連合会では、奉天代表が「附属地は関東州の延長と同様の歴史的存在」として治外法権とは別個に存続すべきだと主張し、もし行政権移譲が不可避なら「附属地を特別地域として主として日系を以て経営せらるること」を提案したが、反対意見もあり決議には至らなかった。[124]しかし治外法権撤廃現地委員会に「附属地居住民の唯一の民意代表機関」として出席を特に要望して認められていた満鉄は、同委員会で「附属地居住邦人の発言権を確保すること」、附属地を「当分の間特別行政区域」とすることを要望した。一九三六年四月、同委員会は附属地を「特別の行政区」とはせず「現行満洲国機構に吸収」する一方、これまで地方委員会の置かれた地域については「当該地方行政に参与する為諮問機関を設」けると決定した。ただしこの諮問機関（後の諮議会）は、「民選」とはしないこととなり、満鉄によればその理由は、「満洲国に於ては他民族との関係上民選の参与制度を認めない方針」であるためだった。[125] この理由は、第一に日本人のみの公選制は認めないという意味、第二は日本人と他民族が参加する公選制も認めないという意味の二つの解釈が可能である。第一が民族協和イデオロギーの必然的な要請である一方、第二は満洲国で選挙制議会が否定されていた基本的理由の一つと関係する。前述の「公民議会」構想や後述する協和会連合協議会が示すように、公選制は票決を通じて民族間の人口比を顕在化させるため避けられたものと考えられる。

一九三六年六月一〇日に調印された「満洲国に於ける日本国臣民の居住及満洲国の課税等に関する条約」および「附属協定」は、第一に「日本国臣民」に満洲国内における移動、居住、営業、土地所有について「満洲国臣民」と完全に同等の権利を付与した。[126] これにより在満日本人・朝鮮人は、既に事実上行われていた満洲国の内地開放を改めて公認されただけでなく、土地商租権に代わる完全な土地所有権をも手に入れた。彼らはあくまで「日本国臣民」としてではあるが、「満洲国臣民」と等しい権利を得たのである。満洲国の内地開放とは、要するに日本人による投資・移住植民地化のための環境整備だったといえよう。第二にこの条約は、治外法権を一部撤廃し、日本人への課税権（営業税、地税など）を移譲した。ただし課税については、在満日本人の要望を考慮して段階的な軽減措置が行われた。[127] また居留民会の要望に基づき、満洲国が日本人教育費を分担することも定められた。[128] なお治外法権の完全な撤廃は、一九三七年末に実施することが決定された。[129]

この条約に対して、野口多内は全満日本居留民会連合会常任理事・全満朝鮮人民会連合会会長として、満洲国における内地開放・土地所有権獲得を「往年の夢」と歓迎し、[130] 満洲商議連合会会長の石田武亥は、「多年馴致された重要なる広範囲の特権を一朝に放棄して在住邦人に急激なる脅威を与へることは大に警しむべき」だとして、「適当の漸進期間」を設けたことを評価した。[131] 在満日本人は、権利の獲得と義務の軽減とをともに要望に適ったものと認めたといえよう。しかし満洲国において日本人の「自治」を維持するという要望は、これによって満たされてはいなかった。

一九三六年七月一日の治外法権一部撤廃実施とともに、各地の居留民会は課税・衛生事務を市公署などに引き継ぎ、教育・兵事・神社行政事務を残すのみとなった。[132] このとき新京居留民会の事務を引き継いだ新京特別市長の韓雲楷は、「従来満洲国民側より言へば、日本人に対する特別の待遇等に関し、不平、不満もなきを保し難きものがあった」が「今後は全く一様になる」として、「真の日満親善を実現」したいと述べた。[133]

各地の居留民会は治外法権の完全撤廃後にも存続することを求め、[134] またそれが不可能としても「在留日本人の自治的団体」としての居留民会の機能を引き継ぎ、「在留邦人の総意を代表」する団体の創設を求めていた。注目すべきことに、一九三七年三月末の乾重雄（在白城子日本総領事館分館主任）の報告によれば、これに対して協和会関係者は、居留民会に代わるべきものは協和会の「日本人分会」と連合協議会だと主張していた。次節で詳論するように協和会は関東軍の指導のもとで、治外法権一部撤廃を機として、在満日本人を組織する大規模な「日系工作」を展開していたのである。乾の観察によれば、協和会に賛同していたのは「一部の日系官吏」などの居留民会役員のみであり、乾自身も「日本人会の創設」が「最も妥当」だと主張していた。[135] しかし一九三七年四月に関東軍や満洲国政府、協和会関係者の参席のもと開催された全満居留民会連合会では、「飽くまで公法人による」居留民会の存続を求める主張に対し、「五族協和の精神からして日本人のみの民意を暢達する日本人会は不必要だ、よろしく協和会を通じて日本人の民意をも反映すべきである」との意見が出され、折衷案として「協和会説」を取りつつ「民会に代るべき団体」も作るとの決定がなされた。[136] 一九三七年六月には植田謙吉関東軍司令官兼在満全権大使のもと開催された領事会議で、居留民会は治外法権撤廃とともに解消し、居留民会の扱ってきた「日本人関係事務」は可能な限り協和会で扱うことが決定された。[137] 関東軍の強力な指導のもと、在満日本人団体である居留民会の機能を、「満洲国民」の団体である協和会で吸収することになったとみるべきだろう。

いっぽう附属地では、一九三七年三月に開催された「最後の」全満地方委員会連合会が、目前に迫った附属地行政権返還の後も「地方委員会の如き行政参画機関」を設けるよう満洲国に請願することを検討した結果、「行政首脳者」への日本人任命を要望する案が撤回された一方、「市政運用の諮問機関」設置を要望する案が可決された。[138]地方委員会に代わる「民意暢達の機関」はやはり協和会とされており、この会議にも協和会関係者が参席していた。会議後の座談会では各地方委員から「協和会による民意暢達の方法は如何なる形式において行はれるか、またその実現については何等の懸念もなきや」と質問があり、協和会側からは「連合協議会の決議は為政当局を道徳的に義務づける」との回答がなされた。[139]次節で論ずるように、このように在満日本人が求めた「自治」は、間もなく連合協議会の政治的機能を争点化することとなった。

一九三七年六月の満洲国新民法・新商法の制定をうけて、日中戦争開始後の同年一一月五日に「満洲国に於ける治外法権の撤廃及南満洲鉄道附属地行政権の移譲に関する日本国満洲国間条約」が締結され、治外法権撤廃と附属地行政権移譲が完了した（一二月一日実施）。ただし極めて重大な、二つの相異なる形の例外が設けられた。第一に「附属協定」により、日本は満洲国内において日本国籍保有者に対する神社・教育・兵事に関する行政権を留保することとなった（朝鮮人は一部地域の初等教育のみ）。[140]附属地行政権の移譲とともに、日本行政権の一部がかえって満洲国内全体の日本人・朝鮮人に属人的に拡大したのである。[141]なお在満日本人は、この後も一貫して日本の徴兵制の下にあった。[142]そして第二に、日本国籍保有者に対する司法権・警察権行使は、満洲国政府の日本人司法官・警察官が担当することとなり、特に警察官は日本側機関（関東局警察、領事館警察）からそのまま引き継がれた。また日本国籍保有者が刑法上の重犯罪に問われた場合は、日本の関東州法院の管轄となった。[143]治外法権撤廃・附属地行政権移譲は、いわば「日系官吏」と「日系満洲国民」との関係に置き換えられる形で骨抜きにされ、またそれさえも貫徹しなかったのである。

以上のように日本行政権は留保されたが、教育・神社行政事務は大使館、兵事行政事務は関東軍・大使館に引き継がれ、[144]それまで日本側機関のもとで「自治」を行ってきた満鉄附属地の地方委員会、そして居留民会は全て解散となった。なお「附属協定」の「了解事項」として、一九三六年四月の現地委員会で決定された通り、附属地の地方委員会があった地域には原則として満洲国政府が諮問機関を設置することになった。[145]満洲国における日本側機関のもとでの日本人の「自治」は、各種の行政権へと分解されて一部は満洲国に移譲され、一部は日本に留保された。しかし最後に残った「自治」そのもの、つまり政治参加については、居留民会廃止の経緯に明らかなように日本行政権によって維持することが認められず、また附属地返還の経緯に明らかなように、満洲国政府も公選制による政治参加を認めなかった。選挙制議会を持たない満洲国で在満日本人の「自治」に代わるべき役割を新たに与えられたのは、協和会だったのである。

三　協和会と「日系満洲国民」

（1）協和会の「日系工作」

一九三六年以降、協和会は在満日本人を会員として組織する「日系工作」を展開した。そのきっかけとなったのは第一に治外法権撤廃・附属地行政権移譲であり、第二に日本人開拓移民の入植だった。

第一の日満間における治外法権撤廃・附属地行政権移譲は、協和会が在満日本人を「日系満洲国民」として統合するための契機となり、協和会はこれを通じて、民族協和の一党制システムという創設理念の実現を改めて試みた。

一九三六年二月以降、協和会は関東軍の指導のもとで新京特別工作と呼ばれる日本人に対する組織活動を開始した。組織対象となったのは首都新京に居住する日本人、とりわけ官吏（満洲国、日本側機関）および満鉄などの特殊会社の社員だった。[146] この新京特別工作は、治外法権一部撤廃条約と密接に関係していた。同条約の締結を目前にした一九三六年六月一日、関東軍の板垣征四郎は新京特別工作官民懇談会で、「従来の特権を持続し附属地に固着してきた在満日本人は、治外法権撤廃・附属地行政権移譲とともに「いよいよ五族の一員」として「建国の大業に総動員」されると述べた。[147] さらに条約締結に際して協和会中央事務局長の呂栄寰は、「在満日本臣民はその形式上は兎も角実質上においては今日より以後真個の満洲国民構成要素」として「公私法上一切の権利を享有」するのであり、これを機縁に従来の「一部の特志家」だけでなく、在満日本人全体が協和会に参加するよう呼びかけた。[148]

また同年七月、協和会は全面的改組を行った。改正された章程と綱領では「政治上の運動をなさ」ずとの文言を削除する一方で協和会は「政府と表裏一体」だと定め、また工作方針には「各民族」の「国民的融合」、「全国民」の「動員」による「国民的組織体」の結成などを定め、分会・会員数を急激に増大させた。[149] この改組には日本の国策に応じた満洲国の国家動員体制の確立に協和会を利用する目的があったが、そのためにも協和会は「国民組織」でなければならないため、[150] 同時に在満日本人の組織化が推進された。改組と同時に開催された全国連合協議会では、満系（漢人）の田紹文（吉林省）が「民族協和の実質的具体化」のため「日鮮系の国民」を少数でも入会させるべきだとする議案を提出し、協和会中央本部も「至当」と認めた。[151] このとき新京では諸官署、特殊会社ごとに組織された分会を統括する首都本部が設置され、[152] 同年八月には奉天市公署への課税・衛生事務引き継ぎを終えた奉天居留民会によって、「全満日本人各種団体に魁けて」奉天民会分会が創設された。[153]

さらに同年九月一八日、関東軍司令官の植田謙吉から「満洲帝国協和会の根本精神」と題する声明が発表された。東京に移っていた石原莞爾（参謀本部）や片倉衷（陸軍省）が、七月の改組を協和会の「官僚化」だと批判したのを受けて出されたこの声明は、[154]協和会を満洲国国制上の単一政党として改めて意義づけた。すなわち「満洲国の政治」は「民主主義的議会政治」とも「専制政治」とも異なる形で「正しき民意を反映」すると述べた上で、協和会を「国家機構として」の「団体」、「政府の精神的母体」と規定し、「建国精神即協和会精神」は協和会によって「実践」されるとともに、満洲国政府において「真の協和会員」である官吏によって「顕現」すると説いたのである。[155]植田声明が「正しき民意を反映」するための一党制として協和会を位置づけたことは、「民意の暢達も協和会によって決し得らるのである、治法撤廃以後においては必然的に在満日本人は又等しく加入すべきである」、つまり協和会は在満日本人の「自治」に代わる受け皿だと主張する根拠を与えた。[156]

協和会を通じた在満日本人の政治参加は、基本的には全国・地方各級の連合協議会によることが想定されていたが、加えて一九三六年一〇月の奉天市諮議会を最初に、附属地地方委員会を代替する諮問機関として設置された諮議会にも、協和会との連絡が設けられた。日本人と満洲国人からなる諮議員は、各地の協和会の推薦候補から市長が選任することとなったのである。[157]

それでも日本人のみの団体を維持しようとする要望は、古くからの在満日本人を中心に強かったが、一九三七年一二月の治外法権撤廃・附属地行政権移譲以後、満洲国側はこれを民族協和に反するとして協和会分会組織に合流させていった。[158]協和会は、「治外法権撤廃により日本人が満洲国の構成分子となりたる以上」、在満日本人の「政治生活は協和会によつて且つ協和会によつてのみ行はるべき」だと説いた。[159]

また在満日本人の側でも、治外法権の撤廃は協和会参加の一定の動機付けとなった。一九三七年五月以降、吉林省敦化県で分会組織活動を行ったある日系会務職員に対して、満洲事変当時から居住する在満日本人の反応は「満洲国は日本人のために出来た国であり、まずわれわれの利益を守らなければならない。君は日本人でありながら、日本人を差措いて他民族のご機嫌ばかりとっている」といったものだった。しかし「治外法権の撤廃」とともに領事館警察の保護を失い、反満抗日活動による「治安の悪化」に直面すると、在満日本人は協和会の「意義を理解」し、一九四〇年末頃に「ついに日、鮮、満をもって構成する街分会を結成するに至」った[160]。満洲国の統治自体が常に動揺していた状況下で日本領事館の保護を失った彼らは、「民族協和」の理念を受け入れたかどうかは別として、よりよい「治安」を求めて協和会に頼ったのだといえよう。

第二に、一九三六年以降に本格化した日本人開拓移民は、満鉄附属地など鉄道沿線を中心に居住してきた従来の在満日本人とともに、新たな「日系工作」の対象となった。満洲国の建国当初から関東軍と拓務省は日本人農業移民の入植を計画して募集を行ったが、反満抗日勢力の存在を前提とした在郷軍人の「武装移民」が中心であり、人数はごくわずかだった。しかし日本政府（広田弘毅内閣）は一九三六年、関東軍と拓務省によって改めて立案された大規模な移民計画を国策と定め、大量の日本人移民の入植が開始されたのである[161]。一九三〇年代前半に日本人移民の主な行き先となっていたブラジルが一九三四年の憲法改正以後、移民受け入れを大幅に制限したことも、満洲国移民への転換をもたらした[162]（補論2）。開拓移民の総数は二二～二七万人ほどで、満洲国における日本人総数の約五分の一とされるが[163]、一九三〇年代末以降の日本人の急激な人口増加（表6-2）の大きな部分を占めた。開拓移民の入植は治外法権撤廃・附属地行政権返還と時期を同じくして、日本人の活動範囲を満洲国全体に広げる意味を持ったといえよう。ただし入植地の大部分は、既に漢人や朝鮮人が開墾した土地を満洲拓殖公社が強制的に買収することで確保された[164]。

日本人移民団・開拓団の協和会分会は千振移民団の分会が一九三七年九月に結成されたのを最初に、各地の移民団・開拓団ごとに結成されていった。これら「日系移民」は、「将来満洲国民の中堅たり且つ指導者たるべきもの」として、「先住土着民」との対立に陥ることなく、「相提携」して「民族協和を実践的に表現」することが求められた[165]。また開拓移民が農業を通じて「満洲の国土社会」と結びつけば、そうした結びつきを持たなかった従来の在満

表 6-4　協和会会員の民族別人口・人口比・組織率（1939，43年）

年		日	満	鮮	蒙	露	その他	合　計
1939	人　口（人）	129,839	1,061,938	63,834	6,689	3,481	286	1,266,067
	人口比（%）	10.3	83.9	5.0	0.5	0.3	0.0	100.0
	組織率（%）	20.2	不明	5.5	不明	不明	不明	3.2
1943	人　口（人）	345,647	3,702,647	195,580	39,268	5,453	215	4,288,810
	人口比（%）	8.1	86.3	4.6	0.9	0.1	0.0	100.0
	組織率（%）	30.1	9.0	12.0	3.5	不明	不明	9.5

出所）1939年の会員数は満洲帝国協和会『康徳六年度全国連合協議会会勢報告』満洲帝国協和会，1939年より，1943年の会員数は塚瀬進『満洲国』吉川弘文館，1998年，83頁による。組織率は会員数とそれぞれの年の満洲国民族別人口（表6-2）より計算した。

注）会員数には表6-3と若干の相違がある。「満」は満洲人を含むが，基本的には漢人を指す。

日本人とともに、「初めて在満日本人全般が満洲国々民として」定着する契機になりうるとも期待された。[166]

もっとも実際には日本人開拓移民の大部分は協和会に対して極めて冷淡であり、[167] 分会結成が進まないだけでなく、分会が結成されても実際の活動は不振だった。また民族協和の独立国という満洲国の公式イデオロギーについても、例えば一九三八年に国策移民のモデルケースとされた大日向村は、一九四〇年の協和会の報告で「満洲国に対する認識は極めて低く殆ど植民地的思念を抱きつつあり」と観察されていた。[168] ここでの「植民地的思念」とは、日本支配地域とみなしていたという意味だろう。蘭信三によれば日本人開拓移民は、漢人や朝鮮人が大多数を占める満洲国現地で民族的アイデンティティを顕在化させ、「開拓共同体」と化した。[169] それ自体は、同じく人口上のマイノリティだったブラジルの「日系コロニア」とも共通するが[170]（補論2）、異なるのは関東軍と日系官吏が支配する満洲国において、前述のように強制的買収で得た土地でさらに漢人や朝鮮人を小作として地主階級化するなど、日本人開拓移民が民族間の支配—従属関係に依存したことである。[171] 開拓移民を通じた「日系満洲国民」の統合という満洲国公式イデオロギー上の理想と移民団・開拓団の現実との間には、従来の在満日本人の場合と同様あるいはそれ以上に大きな乖離があったといえよう。

以上のような在満日本人に対する協和会の「日系工作」の結果についてみると、一九四三年の時点でも在満日本人の協和会会員への組織率は約三〇%だった（表6-4）。朝鮮人や漢人と比べれば大きく上回っていたが、大半の日本人は参加していなかったのである。「日系工作」は新京や奉天など旧附属地とその周辺の日本人から先行して進められたが、[172]これに加えて続々と満洲国に来住する日本人を協和会に加入させること、また彼らに「民族協和」を理解させた上、みずからを「満洲日系国民」だと認識させることは極めて困難だったといえよう。[173]ただし以前はほとんど会務職員のみだった日系会員の構成は、「日系工作」によって、他民族と同様の一般会員中心へと大きく変化したと考えられる。そして協和会に加入した在満日本人がそこに意味を見出そうとする限り、問題となるのは実際の機能だった。そこで特に焦点となったのが、前述の通り満洲国における「民意暢達」機関とされ、在満日本人の「自治」に代わるべき役割をも付与された連合協議会だったのである。

(2) 全国連合協議会と「日系満洲国民」

既に述べた通り、満洲国における日本人への満洲国国籍付与は建国当初から追求されたが、そのために日本国籍の離脱を要することが障害とされた。治外法権の撤廃以後、日本人に二重国籍を与える満洲国国籍法は改めて検討されたが、結果としては「満洲国人民」の住民登録法である暫行民籍法（一九四〇年）が制定されるにとどまった。[174]しかし満洲国における政治参加あるいはシティズンシップという観点からみると、前述の通り治外法権撤廃・附属地行政権移譲を期として、第一に日本国籍を通じた政治参加は満洲国では不可能になり、第二にこれに代わるものとして、在満日本人を「日系満洲国民」として統合しようとする協和会の日系工作が推進された。本項では最後に、協和会の代表会議である全国連合協議会（以下、全連）において、在満日本人が「日系満洲国民」としての政治参加を実質化しようとした過程について考察しよう。

一九三五年から四五年まで、全連は一九四二年二月の第九回（「大東亜戦争」開戦を受けた「詔書奉戴臨時全国連合協議会」）を除くと年一回の開催を続けた。記録が残されている一九四四年までの代表の民族別構成をみると（表6-5）、第四回（一九三七年）から第七回（一九四〇年）にかけて、それまでわずかだった日系（日本人）の比率が三〇%近くまで大幅に上昇し、また鮮系（朝鮮人）も三～四%から一〇%前後まで漸増する一方、満系（基本的に漢人を指す）の比率が八〇～九〇%台から五〇～六〇%台へと縮小していた。全連の代表は一貫して公選制を採らなかったので、比率の変化は協和会の意図的な調整によるといえるが、治外法権撤廃・附属地行政権移譲に伴

表6-5　協和会全国連合協議会の民族別代表数・代表比（1934～44年）

（人）

回／年	日	鮮	満	蒙	露	合　計
1	2	4	90	1	0	97
1934	2.1%	4.1%	92.8%	1.0%	0.0%	100.0%
2	1	4	84	2	0	91
1935	1.1%	4.4%	92.3%	2.2%	0.0%	100.0%
3	3	4	104	6	0	117
1936	2.6%	3.4%	88.9%	5.1%	0.0%	100.0%
4	19	8	138	5	0	170
1937	11.2%	4.7%	81.2%	2.9%	0.0%	100.0%
5	30	12	126	4	0	172
1938	17.4%	7.0%	73.3%	2.3%	0.0%	100.0%
6	41	18	105	6	0	170
1939	24.1%	10.6%	61.8%	3.5%	0.0%	100.0%
7	50	16	102	6	0	174
1940	28.7%	9.2%	58.6%	3.4%	0.0%	100.0%
8	50	14	102	5	0	171
1941	29.2%	8.2%	59.6%	2.9%	0.0%	100.0%
9	59	25	215	16	3	318
1942	18.6%	7.9%	67.6%	5.0%	0.9%	100.0%
10	61	13	92	10	1	177
1942	34.5%	7.3%	52.0%	5.6%	0.6%	100.0%
11	32	10	62	5	1	110
1943	29.1%	9.1%	56.4%	4.5%	0.9%	100.0%
12	60	7	42	4	2	115
1944	52.2%	6.1%	36.5%	3.5%	1.7%	100.0%

出所）満洲帝国協和会『第十二回全国連合協議会協議員名簿』1944年より作成。

注）いずれも政府側代表の人数は含まない。「満」は満洲人を含むが，基本的には漢人を指す。第10回は職能代表15名（日系15）を含む。第11回は部会代表10名（日系10）を含む。第12回は部会および職場代表39名（日系39）と指名代表20名（日系9，鮮系1，満系10）を含む。

う日系・鮮系会員の増加が考慮されたことは明らかだろう。[175] さらに第一二回（一九四四年）では、日系の割合が過半数に達している。これは第一〇回（一九四二年）以降、地方代表と別に加えられた開拓・科学技術部会などの代表（職能または職場代表）が第一二回に大幅に増加し、その全員が日系だったことによる。また第一二回には指名代表として文化関係、宗教教化団体、婦人団体（国防婦人会）も加えられた。[176] なお連合協議会は、基本的に日本語と中国語（「満語」）の通訳付きで運営された。[177]

注意すべきなのは、一方で日系の増加が実際の会員比率（表6-4）よりはかなり大きく反映されたこと、他方で第一二回を除くと満系が過半数を維持したことである。会員比率より大きい代表比率は、「仮に『数』を以て基礎とし多数の意を以て行ふことを尊ぶなれば、例へば満洲では数において少い日本人の発言は封じられる」し、それは「蒙古人」も「鮮人」も同じだと（片倉衷）[178]、かつての公民議会構想に通ずる民族別代表権という論理によって正当化された。ただしそうして日系会員に一定の満足を与える一方で、会員比率あるいはその前提である満洲国の人口構成とかけ離れた代表比率を設定することは、「『民意反映』の幻想」を維持するため抑制されていたといえよう。そしてこのように満洲国統治の正統性を高めるための民族別代表比率の調整と不可分の前提条件は満場一致制、つまり多数決原理による票決の否定だった。[179]

ただしその一方で、満洲国は「複合民族国家なるが故に絶対多数民族の恣意を抑える為」に「多数決主義」が否定されているという見方に対して、ある協和会幹部は「皮相」だと反論し、「複合民族国家」か「単一民族国家」かを問わず、協和会および連合協議会の「政治運営形式」は「現代政治の世界的最先端」なのだと主張した。[180] 前述の通り関東軍の指導の下で協和会が「専制政治」とも「民主主義的議会政治」とも異なる一党制を追求していたことが、異論の併存を前提とする多数決原理が否定されたもう一つの基本的要因だったのである。しかし、その上でさらに生ずる問題は、このような一党制を追求するならば、多数決原理の否定に立脚する全体主義的な政治運営が連合協議会で可能になった場合、これに対して満洲国政府に義務が生ずるのではないかというものだった。前述の通り全連と満洲国政府（および地方各級連合協議会と地方各級政府）との関係は「道義的」とされており、議決事項の執行について法的義務は存在しなかった。そしてまさに全連の満洲国政府に対する議決権の獲得こそが、日系代表の参加とともに同会の重大争点となったのである。

第四回全連（一九三七年九月）は、治外法権一部撤廃・附属地行政権一部移譲に伴う「日系工作」をうけて、初めて一定規模の日系代表が参加する会議となった。このとき奉天代表は、「日本人分会」の提案した連合協議会の運営に関する議案を提出した。その要望には全連の開催日を満洲国の予算編成・施政方針決定直前である七月中とすること、そして「議決事項の処理」が含まれていた。「議決事項の処理」の詳細は不明だが、これは以後一貫して全連で争点となる問題であり、連合協議会で議決された議案、特に満洲国政府側の措置を要する議案について結果を明確にせよという要望と考えられる。これとともに予算編成・施政方針決定前の開催を求めたのは、明らかに全連を満洲国の立法機関とすることを意図したものといえよう。しかし協和会中央本部は「実現に努力する」として明確な回答を避け、後日の説明でも議決事項の処理には「徹底を期し」ているが、議案には「会自体解決に努むべき」ものもあり、「分会の能動的活動に期待」すると答えるにとどまり、政府の実行については明言しなかった。[181]

日系代表が一層重大な問題提起を行ったのは、治外法権撤廃・附属地行政権移譲が完了し、日系代表がさらに増加した第五回全連（一九三八年九月）においてである。第一の重要争点は、議事運営であった。会議の冒頭で、三江省代表の吉良文乙は緊急動議を行い、全連に「法律的には何ら根拠のない」ことを踏まえて、代表が会議の場で「毫も制裁を受けること」なく「思ふ存分に発言」できるよう保障することを求め、議事録署名人を代表から選ぶことも要求した。これに対し協和会中央本部総務部長の皆川豊治は、「日本の帝国議会」とは異なり法的な保障はできないが、「正しい政治的の意見」は保障する、また議事録は作成しないと答えた。この発言保障の要求については『満洲日日新聞』も「代表大多数の希望を率直に表明した」と評したが、国務院総務長官の星野直樹（兼協和会参与）は会議閉幕後に「賛意を表しがたい」と退け、「全体主義的観点」を強調した[182]。

また全連の満場一致制にも日系代表が疑義を呈した。牡丹江省代表の田村太平次は、ある議案の処理で副議長が拍手により満場一致の賛成を得たとしたのに対し、「私は之に賛成しておりません」と反論して議場を「騒然」とさせたのである[183]。このため、翌年の第六回全連からは「衆議統裁制」が導入され、議長が「個々の意見を単に量的に総和せず団体の意思を質的に判定裁決」する、つまり異論の表明があっても議長の判断で裁決しうる「質的」な満場一致制となった[184]。

第二の争点は、前回にも日系代表から提出された連合協議会の議決事項処理に関する問題だった。「連合協議会議決事項の徹底処理」を提案した熱河省代表の増田七郎は、「実行を避け曖昧に処置され」た議決事項の多さを指摘し、「民意が政府に反映しないことになる」と批判して、「議決事項を〔協和会〕各級本部と政府関係者との協力の下に実践」せよと要求したのである[185]。会議開催の前から、日系代表の参加とともに連合協議会の「法制化」や決議事項への「強制権」付与の要望が高まっていると観察されており[186]、議場では多くの代表が熱河省の提案に賛意を示した。特に日系代表だけでなく、濱江省代表の賀万秀（満系）や孔慶堯（満系）も同省の連合協議会で議決した事項が実行されないと述べて賛同したことは注目される。この議案に対しては、協和会中央本部（皆川）も満洲国政府（星野）も可能な限り議決事項の実行を期すと答え、明確な回答を避けた[187]。

会議終了後に関東軍の片倉（兼協和会中央本部委員）は、「治廃に伴ふ日本人の参加」によって、日本の帝国議会や府県会、そして在満日本人の居留民会や地方委員会の経験が影響して「議会的の立場」が持ち込まれたとして、議決事項実行要求も満場一致制に関する議論も発言保障要求も「協議会の本質を理解」しないものだと批判した[188]。

しかし発言保障要求や満場一致制への批判が全体主義的・一党制的な会議運営に対する異論を意味したのに対して、議決事項実行要求は協和会が標榜した一党制に適合的だったといえよう。片倉は議決事項について「政府直接の責任」はない、「徒らに政府の施政を責め」ずにみずから「実践」せよと説いたが、「政府当局」も「協和会精神の体得者」として政府を通じた「実践」を要することは認めざるを得なかったのである。[189]

この点で注目されるのは、協和会の設立当初からの幹部だった小山貞知の主張である。小山は一九三七年一〇月の時点で、「満場一致でものが定まり、それは只政府当局の道義心に訴へてのみ実行に移される」連合協議会は「全体主義」の観点から「日本の議会」より進んでいると評価し、さらに「明日の政治様式」を実現するために、『提案は自由に』『決議は実践に』」を両立させることを説いていた。そのために小山が提案した方法は、連合協議会の事前に「提案審議委員会」で長期間にわたる議案の審議を行い、「宣徳達情工作」、つまり政府側と代表側との意思疎通を「この審議会に集中」することで、「協議会の決議となった場合は直に『決議は実践に』移す」ことだった。[190]つまり小山は、政府側が実行可能と認める議案のみを会議に上程し議決することによって、連合協議会に事実上の議決権を与えようとしたといえよう。ゆえに小山は第五回全連の争点に対しても、発言保障要求を批判しまた満場一致制を支持する一方、議決事項処理問題（「精神的母体問題」）については「未だ釈然としない向」を認め、事前の議案整理委員会で上程議案の決定と議案の却下・撤回を通じた「宣徳達情」を行うことを改めて主張したのである。[191]

協和会中央本部は「議決事項の徹底的処理」を求めた熱河省代表の議案に対して、全く対応せずに済ますことはできず、全連議決事項の「事後処理」のため「処理委員・幹事」を設置し、中央本部、政府、特殊会社などの関係機関から委員を任命するという措置を行った。[192]政府に議決事項の実行義務を課したわけではないが、政府側が協和会の一員としての「道義的責任」のため、みずから処理結果を明らかにする制度を設けたのである。しかしこれによって、連合協議会の運用に関する不満が解消することはなかった。

以後、第六回（一九三九年九月）、第七回（一九四〇年九月）、第八回（一九四一年九月）の全連でも、連合協議会の議決事項を満洲国政府に実行させることを求める議案が繰り返し提出された。第四回、第五回の全連も含め、この政治過程については四つの重要な特徴を指摘できる。

第一に、議案提出の中心は奉天省などの日系代表だったが、満系や鮮系の代表も関与していた。特に第六回全連で奉天省代表の古賀初一とともに「諸法令制定に際し民意暢達徹底」に関する議案を提出し、全国・地方の各級連合協議会・本部委員会を満洲国政府・地方政府の法令・予算諮問機関にすることを要求した安東省代表の金東昊（鮮系）は、「最近出て来る幾多の統制法令」は「国民の偽らざる赤裸々なる実情に及ぼす影響」が考慮されておらず、それは「法令の制定に関し、本当のそれこそ偽らざる民意が、徹底的に暢達されて居なかつた」からだと批判した。[193] 日中戦争開始後の満洲国における食料・原料供出をはじめとする本格的な総動員政策が住民に強いていた重大な負担[194]について、民意暢達の論理を逆手にとって不満を表明したのである。

第二に、連合協議会を満洲国の議決機関とする要求は、議会制度との共通性を問題として満洲国政府・協和会中央本部から拒絶された。前述の「諸法令制定制定に際し民意暢達徹底」に関する議案（第六回）に対して国務院総務庁次長の岸信介は、「民意暢達」に異論はないが、「協和会の議」に付さない法令は不当・無効であり、「必ず協和会の議に附すべき」だとするのは「民主主義的な議会制度と、何等選ぶところなき、恐るべき状態」だと退けた。[195] また第八回全連に奉天省代表の美座時省らが提出した「連合協議会の運営強化」に関する議案は、全国・地方各級の連合協議会を「会の最高意思の決定機関」とし、各級本部委員会はその「執行機関」と位置づけることを要求し、本部委員も連合協議会で任命することを提案した。これを美座は、連合協議会を「議会」「民主主義」によらず満洲国の意思決定を行う機関とするためと説明したが、協和会中央本部総務部長の菅原達郎は「観念の遊戯」

であり、「当然の結論として民主主義的なものになる」と一蹴した。[196] 満洲国統治を制約しうる権力を連合協議会に与えることは、一切認めなかったのである。

第三に、連合協議会の位置づけと密接に関連して、協和会を満洲国の組織法（一九三四年に政府組織法を改正）などの法制上に規定することを求める議案が繰り返し提出された。[197] これは直接に連合協議会の議決事項実行の問題（第七回、奉天省）[198] に限らず、金起銑（第六回、熱河省、蒙系）[199] や坂宮茂（第八回、四平省、日系）が述べたように、満洲国政府官吏や満鉄社員が協和会の一員として行動しない実態を改善することを意図していた。[200] しかし協和会中央本部と満洲国政府は、既に協和会は「不文の憲法的機関」であり、[201] 将来に組織法を満洲国の「国家の性格」「国体の根本」を規定する基本法に改正する、つまり満洲国憲法を制定する際には協和会についても規定すると答えた。[202] 満洲国政府に関する基本法である組織法を憲法に改正するためには、満洲国の国民に関する規定を要するはずであり、[203] したがって成文の国籍法を制定できない状況が障害になっていた可能性が高い。

そして第四に、以上に通底するのは、政府官吏が協和会会員として議決事項を「実践」するのは「民意暢達」のため必要な「道義的責任」だという論理、つまり一党制による政治参加の実質化要望であり、それ自体は協和会中央本部、満洲国政府とも認めざるを得なかった。そもそも「一般国民」が連合協議会に「極めて無関心」である現状を変えうる手段は、「議案の事後処理を実行し政治に反映させる」ことだけだったのである。[204] 第六回全連の終盤、八木元八（安東省、日系）らは「全連議決事項の実践」に関する緊急議案を提出し、議決事項を「会員として実践すべきは必ず実践」し、「官民協力」の実を挙げることを主張した。これは明らかに満洲国政府官僚も協和会会員だという前提に立脚しており、岸は「政府を構成して居ります役人」も「協和会員の一員」として「実践すべき事項」には「身を以て之に当る」と答えた。[205] 第七回全連から、議案処理委員を構成する協和会中央本部・政府官吏・特殊会社社員が、形の上で地方代表と同格の全連構成員として会議に参席したことはこれと無関係ではないだろう。

さらに第四点に関係する重大な変化は、一九四〇年から四一年頃、「衆議統裁制」の確立によって連合協議会の「民意暢達」機関としての有効性を認識した満洲国政府が関東軍と協議し、立法機関開設の必要性が薄らいだとして当初から実体のなかった立法院を閉鎖して、これに代えて連合協議会を活用する方針に決したことである。[207]また旧附属地の市公署などに設置されていた諮議会も、協和会によって「十分民意を反映し得る」との判断で一九四一年一月に廃止された。[208]満洲国政府自身が、一党制あるいは全体主義システムとしての協和会および連合協議会を、立法府に代わるべき存在として認めるに至ったのである。

一九四一年一月から三月にかけて協和会では、人事交流を名目に大半の会務職員が政府に転出させられるとともに、「二位一体制」と称する機構改革で政府官吏や地方首長が協和会役員を兼任することとなり、協和会における満洲国政府の主導権が確立した。[209]これは従来の協和会幹部の影響力を決定的に奪う一方で、政府の側から協和会の一元化を行ったものといえよう。さらに日本と連合国との開戦後である第一〇回（一九四二年一〇月）以降の全連では、あらかじめ「必勝必成信念の確立」「生産への国民総動員」に関する議案以外は上程せず整理すると定められた。しかしその一方で、協和会中央本部と満洲国政府官吏が構成する「処理委員・幹事」が協和会会員としての「道義的絶対責任」のもと「議決事項の処理徹底」を行うことが定められ、また中央本部は事前の議案整理をも直接行うこととされた。[210]かつて小山が提案した「提案は自由に」「決議は実践に」のモデルに、さらに近づいたといえよう。

地方代表側は上程議案の著しい制限にもかかわらず、その範囲内で協和会と連合協議会を通じた政治参加の実質化を要望した。その一つは、第一〇回に奉天省代表、第一一回（一九四三年九月）に三江省代表が提案した代表（協議員）の任期制である。[211]これは地方代表が連合協議会の会期以外にも「事後処理実践」の活動を行うための身分保障を意味したと考えられる[212]。しかし「議会政治の痛弊たりし職業政治家」を忌避していた中央本部側は、「弊害を慮り」この時点では任期制を採用しなかった[213]。またもう一つは第一〇回に大沢広三郎（奉天省、日系）が提案した、「真の民意暢達」のため協和会各級本部委員会に「民間委員」を参加させる議案である。二位一体制により政府官吏が本部委員を独占したことと、前述した諮議会の廃止（一九四一年）がその主な理由であり、大沢はこれを「四千三百万の総動員をする体制として芳しくない」と批判した[214]。協和会中央本部、満洲国政府はこの要望を考慮する姿勢をみせたが、結果は明らかでない[215]。

戦局の悪化とともに総動員体制の負荷が満洲国の政治的統合を深刻な危機にさらすにつれて、協和会にとって連合協議会の「民意暢達」機能により「国民」をつなぎ止める必要はいっそう高まったといえよう[216]。第一二回の全連（一九四四年九月）では、協和会中央本部から「近時連合協議会の機能稍々低調」との認識を踏まえ、「民意暢達を適正ならしむべき改善要点」があえて諮問された[217]。これに対して代表側は「事後処理の責任の所在を明かにすることと、代表の任期制を提案しただけでなく[218]、事後処理委員に代表を参加させ、「政府と一緒になって事後処理に当たる」という要望をもっていた（濱江省、松本瑄根、鮮系[219]）。これは極めて限定的だが、一党制を通じた政策決定への参加要求を意味したといえよう。結果として処理委員に代表は任命されず、代表の一部からは「失望落胆の声」が起きたが、その不満を「当然」と認めた中央本部は、「第十二回全連議決事項処理事後方針」に処理委員会に地方代表を加えることを明記した。ただしその実現は「近い将来」と述べるにとどまった[220]。さらに一九四五年三月に協和会が制定した連合協議会協議員規則は、ついに代表の任期制を規定しただけでなく、政府官吏と中央本部委員を含む構成員の「議決事項の事後処理に於ける道義的絶対責任」をも明文化した[221]。この頃には既に「経済と戦局の見透し」から、「数万数十万の大陸日本人」の「民族の転進」が予期されていたが[222]、恐らくそれゆえにこそ、形の上だけでも一党制による政治参加を実質化することの必要が認識されていたのである。それは一面で、衆議院議員選挙法が一九四五年四月に台湾・南樺太・朝鮮に施行されたこととも共通する事態だったといえよう。なお一九四五年七月に開催された最後の全連で[224]、これらの制度改正がどう反映されたかは明らかでない。[223]

以上のように協和会における政治参加の実質化は、「日系代表」の連合協議会参加とともに争点化され、関東軍と満洲国政府が公認する全体主義システムないし一党制の論理を通じて追求され続けた。関東軍と満洲国政府は「民主主義」「議会制度」を一貫して否定していたが、満洲国統治の正統性強化のため、協和会による「民意暢達」に対する制度的保障の要求を完全に抑圧することは困難だったといえよう。「正しき民意」、つまり満洲国の公式イデオロギーに則った〝政治的に正しい〟意見を封ずれば、かえって「挙国体制を乱す」と懸念されていたのである[225]。

この政治過程において、日本人と漢人や朝鮮人、モンゴル人とが一定の共同行動を取ったことは注意すべきだろう。そもそも漢人やモンゴル人にとっては、協和会への参加自体が満洲国の統治を受容する行為を意味した[226]。また朝鮮人は協和会では「鮮系」の「満洲国民」として扱われたが、日本の朝鮮支配とそれに起因する日本国籍によって、日本人に対する従属的地位と、漢人との対立の双方に直面せざるを得なかった[227]。連合協議会は日系代表が参加とともに「指導民族」として主導権を握る場となり[228]、「日系代表に対する他民族の態度は遠慮控目」だった[229]。さらに戦時下で連合協議会による「民意暢達」の内実は物資総動員への合意取り付けに限られてゆき、基本的に乏しい漢人らの「信頼」と「関心」はいっそう失われた[230]。

しかし連合協議会は、第一に特に漢人からは陳情のための機関と認識されており[231]、また第二に「民族協和」をはじめとする〝政治的に正しい〟議案であれば、実際の効果は別として、満洲国統治に対する一応の異議申し立ても可能だった[232]。平野健一郎が指摘したように、満洲国の統治に対して何らかの政治行動を取ろうとすれば、反満抗日活動に加わる以外には協和会を通じた政治参加しかなかったのであり[233]、その限りで、日系代表とともに連合協議会を通じた政治参加の実質化を要求することにも一定の利用価値があったといえよう。

これに対して在満日本人にとっては、協和会における「日系満洲国民」としての政治参加は日本行政下での「自治」に代わるべきものだったが、「民族協和」の満洲国統治下でそれを日本人限定の権利として要求することは不可能だった。確かに「日系代表」は人口や会員数以上の代表比率を得たが、原則的に協和会を単位とする政治参加を要求するほかなかったのである。要するに、連合協議会は日本人と他民族との間にあった支配―従属関係を解消するものでは全くなかったが、にもかかわらず全体主義システムを通じた民族間政治の場となったと考えられる。

以上のように満洲国における日本人は、協和会および連合協議会を通じて限られた形で政治参加を行い、その実質化を追求した。ただしそれは、あくまで在満日本人が同時に「日系満洲国民」だと認めることを前提としていた。一九四四年九月の第一二回全連で、協和会中央本部は「日系協議員」に対して、「日本人の戦争感覚を生のまで他におし売しない」ことを要請し、次のように注意した。

> 戦争を最も身近に感じ、その完遂意欲にたぎり立つ日系協議員が、燃ゆる情熱を協議にぶちまけるは当然であるが、その感覚をそのまま他民族にまで強制するは、かへつて他をして口を緘せしむる所以であり、共に戦ふ態度ではない。(234)

一貫して日本の教育と徴兵制のもとにあった在満日本人が、戦局の悪化に伴い顕在化させた日本へのナショナリズムは、単に漢人などに共有され得ないものだっただけでなく、彼ら在満日本人が同時に「日系満洲国民」として「民族協和」の満洲国に帰属するという擬制を成り立ち得なくしていたといえよう。

おわりに

満洲における日本人は、中国から日本が獲得した治外法権と満鉄附属地行政権・関東州租借地統治権の保護のもとに移住して社会を形成し、日本側機関のもとで政治参加を含む「自治」を営んでいた。しかし満洲事変以後の「満洲国」建国（一九三二年）は、関東軍と日本人官僚による支配のもとで日本人の活動可能な範囲を満洲全域に広げる一方、「民族協和」の独立国という公式イデオロギーのもと、満洲国の日本人を「日系」国民として統合しようとする要請をもたらした。ただし彼らに日本国籍を放棄させることは困難であり、二重国籍の可能性が模索される一方で、国籍以外の何らかのシティズンシップを通じて政治的統合を生み出す構想も生まれた。この中心となったのが、満洲国の単一政党たるべく生み出された協和会である。

満洲国建国後も在満日本人は、従来の附属地を中心とした日本人の「自治」に依拠しており、協和会とは没交渉だった。しかし満洲国の独立国としての体裁を整えるべく日満間で治外法権の撤廃が行われるとともに、建国後に事実上行われていた内地開放が公認され、附属地行政権の移譲が行われた。この間、在満日本人は従来の社会的基盤の維持を求めて盛んに政治運動を行ったが、日満両国政府が満洲国課税の軽減や日系官公吏による行政、日本の神社・教育・兵事行政権の留保といったさまざまな措置を行った一方、満洲国統治下での日本人の「自治」は関東軍の指導によって否定された。関東州を除く在満日本人は、他民族とともに「日系満洲国民」として協和会に加入すべきものとされたのである。

一九三六年、治外法権撤廃・附属地行政権移譲と並行して開始された協和会の「日系工作」は、この時期から開拓移民を含めて急激に増加した在満日本人の一部を組織化したに過ぎないが、協和会における日系会員の比率は大きく上昇した。彼らは協和会の代表会議である連合協議会を、在満日本人の「自治」に代わる政治参加の経路として捉え、議決事項を満洲国政府に実行させることを要求して政治参加の実質化を追求した。その要求は漢人や朝鮮人などにとっても利用価値のあるものであり、また連合協議会が「民主主義」「議会制度」となることを否定した関東軍や満洲国政府も、全体主義システムないし一党制による「民意暢達」のため、この要求を完全に退けることはできなかった。ただし連合協議会を通じた政治参加は在満日本人が同時に「日系満洲国民」だという擬制によって成り立っていたが、アジア太平洋戦争末期に在満日本人が顕在化させた日本へのナショナリズムは、その限界を明らかに示していた。

満洲国が日本の支配植民地だったことと、満洲国が独立国として建国されたこととの間には、一貫して極めて大きな乖離があった。ただしその乖離とは民族自決原理、あるいは国民国家規範を前提として顕在化するものであり、ゆえにその乖離を可能な限り縮小すべく導入されたのが民族協和イデオロギーだった。このような満洲国の性格が、満洲国における日本人を規定していた。彼らには満洲国の投資・移住植民地化を進め、漢人や朝鮮人、モンゴル人などに対する支配―従属関係を形成しながら、同時に日本という異なる国家からの移民として位置づけられるという二つの側面があった。国民国家規範のもとでこの両面は相容れないものとして認識され、ゆえに民族協和イデオロギーのもとで、彼らは「日系満洲国民」として統合されるべき存在となったのである。

実際には在満日本人は日本国籍のまま「満洲国人民」として認められ、また治外法権撤廃以後は日本国籍保有者として満洲国国籍保有者と同等の権利を与えられた。彼らは人口上のマイノリティであり、みずからを「移民」として認識してはいても、実質上の日本の支配地域である満洲国において「国民」になる必要はほとんど認めなかったといえよう。しかし満洲国統治下における政治参加に限っていえば、治外法権撤廃・附属地行政権移譲以後、彼らは「日系満洲国民」の擬制を受け入れざるを得ず、その枠内で他民族とともに政治参加の実質化を追求したのである。満洲国は確かに他の独立国とは異なっていたが、同時に日本の公式の属領だった台湾や南樺太、朝鮮とも同一視できない、植民地主義と国民国家規範とが拮抗しながら同居する政治空間を形成したといえよう。

第III部　国民国家規範と移民・植民

大泊の日本人引揚者

出所）J. J. ステファン（安川一夫訳）『サハリン――日・中・ソ抗争の歴史』原書房，1973 年。

第7章　帝国日本の植民者か、「東洋人系市民」か

——米領ハワイにおける日系住民の政治行動

はじめに

本章では二〇世紀前半の米領ハワイにおける日系住民（日本人および日系アメリカ人）の政治行動を、アメリカの属領統治とアジア系住民による移住植民地化、そして日本の帝国化のもとで形成された民族間政治の中に位置づけて分析する。すなわち二〇世紀前半、ハワイはアメリカの属領であり、また実質上は少数の白人の支配下にあったが、東アジアからの移民は人口の大半を占め、中でも日系住民はハワイ最大の民族集団を形成した。本章では彼ら日系住民が、二世の「日系市民」「東洋人系市民」としての政治参加を通じた安定的発展を追求しながら、同時にアジア太平洋地域における日本の帝国化から強い影響を受け続けたことを明らかにする。

ハワイは第3章で論じたように、一九世紀を通じて欧米系住民（白人）によって投資植民地化・軍事植民地化され、一八九八年にアメリカに併合された。アメリカ領となったハワイは、準州、すなわち米国憲法下にはあるものの限られた自治権のみを有する属領として統治された。新領土を一定期間準州として統治した上で州として承認(立州)、つまり本国に編入するのはアメリカ独立以来の慣行だった。しかしハワイでは、少数の白人による社会・

経済的支配を維持し、移民労働力として来住して人口の大多数となったアジア系住民の影響力を最小限に抑えるべく、準州統治が一九五九年まで維持された。これは根本的には人種主義に根ざしていたが、特に第二次世界大戦の終結以前には、ハワイで最大の民族集団だった日系住民が、アジア太平洋地域における日本の勢力拡張と結びついたアメリカの安全保障上の脅威として危険視された。帰化不能外国人とされ日本国籍のみを保有した一世と異なり、市民権を保有した二世（以降）の政治参加は、日系住民にとっては定住と社会統合のための重要な足掛かりだったが、白人からはアメリカのハワイ支配を危うくする重大な問題とみなされたのである(1)。

この主題は先行研究では、白人が支配的地位を占めた米領ハワイの人種主義的な統治と、それに対する日系住民の適応、特に二世のアメリカ市民としての承認獲得という観点から検討されてきた。ゲイリー・オキヒロは、移民労働力としての日系住民に対する搾取から、一九二〇年代の二世市民に対する米化（同化）運動を経て、パール・ハーバー奇襲後のハワイにおける軍政と一部日系住民（日本人・日系市民）の強制収容、二世兵士の従軍による忠誠証明に至るまでを一貫した排日運動の過程として描き出した(2)。またロジャー・ベルは、日系を主とするアジア系市民に対する人種主義が立州の一貫する阻害要因だったこと、彼らアジア系市民が特に第二次大戦後に戦争経験を踏まえて、ハワイの白人支配構造に対する是正のためアメリカ統治下での完全に平等な民主政治と自治を求め、立州を積極的に支持するとともに、有権者人口の増加と相まって各民族の政治代表を獲得したことを明らかにした(3)。

以上のようなハワイの日系住民に関する先行研究は、アメリカにおける人種主義とハワイの白人支配に対して、日系住民をはじめとするアジア系住民がアメリカ市民としての承認とハワイの民主化を求めた過程について多くを明らかにしてきた。しかし日系住民をはじめとするアジア系住民の政治行動と、その出身地域である東アジアとの関係については、必ずしも十分な注意が払われてこなかった。

第一に、近年のハワイ研究で重視されているように、多民族社会としてのハワイはアメリカによる支配植民地化

（U.S. colony）とアジア人による移住植民地化（Asian settler colonialism）の両面から捉える必要がある[4]。王国を失ったハワイ人の存在を前提とすると、白人だけでなく、移民として来住して社会の中核を占めるに至ったアジア系住民（日系を含む）もまた、植民者と位置づけられるのである。

そして第二に、ハワイの中国系・朝鮮系・沖縄系住民に関する研究[5]から読み取れるように、ハワイに来住したアジア系住民は、特に二〇世紀前半にはそれぞれの出身地域との強い結びつきを有し、ゆえに日本の帝国化はハワイのアジア系住民間の関係にも影響を及ぼさざるを得なかった。アジア系住民の一世がアメリカで帰化不能外国人として処遇され、出身地域の国籍を保持したことも、東アジアにおける国際秩序の変動がハワイのアジア系住民に直接の影響を及ぼす要因となった。

このように二〇世紀前半の米領ハワイにおける日系住民の政治行動は、アジア太平洋地域において帝国化するアメリカがハワイを属領統治するとともに、労働力として導入されたアジア人がハワイを移住植民地化し、さらにアメリカと競合・衝突する日本の帝国化がハワイの民族間政治に影響を及ぼすという構造において捉えるべきものである。本章ではこの問題を、ハワイの日系住民が帝国日本といかなる関係にあり、それが白人との関係、およびアジア系住民間の関係に対してどのような影響を与えたかという観点から捉え、中心的争点として、ハワイ生まれでアメリカ市民権を有した日系二世の政治参加をめぐる政治過程を分析する。ハワイの民族間政治はアメリカと日本というアジア太平洋における二つの帝国秩序の作用のもとにあったのであり、その作用の結節点として日系住民の政治行動、特に日系市民の政治参加を捉えることが、本章の課題である。

本章では、第一節で米領ハワイにおける属領統治の構造について説明し、その下に形成された多民族社会について東アジアからの移民を中心に整理し、さらに各民族の政治参加の指標として市民権保有者の推移について検討する。第二節では、日系住民と他民族との相互関係について、白人支配と出身地域との関係の双方が及ぼした影響を中心に考察する。第三節では、第一次世界大戦を契機として東アジアでの日本の帝国支配がハワイのアジア系住民に紛争を生む一方、ハワイ出生市民の成長とともに「東洋人系市民」の政治参加への期待が形成されたことを示す。最後に第四節では、ハワイの日系二世市民が本格的に政治参加を開始し、またハワイ立州が政治課題となった一九三〇年代以降において、日本の中国侵略と日米戦争がハワイの日系住民と民族間政治にもたらした変容を分析する。

本章で主に使用した史料は、ハワイで刊行されていた日系新聞の『日布時事』（一九〇六～四二年）、および『布哇報知』（一九一二年～）である。『日布時事』は、一八九六年に日本からハワイに渡った相賀安太郎が社長兼主筆を務め、一九〇九年の日系労働者のストライキで指導的な役割を果たしたのをはじめ、ハワイの日系住民に一貫して影響力を持った。『布哇報知』の中心人物である牧野フレデリック金三郎（Frederick Kinzaburo Makino）は、一八七七年に横浜で貿易商のイギリス人男性と日本人女性との間に生まれ、一八九九年にハワイに渡った。『布哇報知』は後述する一九二〇年代の外国語学校取締法に対する訴訟運動で人気を集め、『日布時事』に匹敵する影響力を持った。[6] また本章では、ハワイで発行されていた中国系新聞なども使用した。

なお、本章でアジア系住民について「日系住民」などの名称を用いるのは、各民族集団の出身地域の国籍を有する場合（主に一世）とアメリカ国籍・市民権を有する場合（主に二世以降）とを総称するためである。「日本人移民」のような名称は後者を含むのか否かが不明確であり、逆に「日系人」という名称は一般的に前者を含まない。なおかつ、この双方がアメリカで「外国人」と「市民」という区分を越えて一括して「民族」「人種」として認識されたこと自体の重要性をも考慮して、このように呼称することとする。

一　米領ハワイの属領統治と移民社会

(1)　米領ハワイの属領統治体制

米連邦議会は一八九八年にハワイ共和国の併合を決議した後、一九〇〇年にハワイ基本法を制定して、ハワイを準州（incorporated territory）として統治することを定めた。準州とは、州によって構成される本国（連邦）に含まれない属領のうち、米国憲法の適用を受ける領土を意味する。準州としての認定は前例からみて、将来的に州に認定して本国に編入する見通しを含意していた。併合の過程では共和国政府にも連邦議会の一部にも、非白人住民が多数を占めるハワイの将来における立州の可能性を否定する意向があったが、結果的に準州と規定されたのである。当時のアメリカ準州には他にアリゾナ（一八四八年）とニューメキシコ（一八四八年）、アラスカ（一八六七年）があったが、前二者は一九一二年に立州され、準州はアラスカとハワイのみとなった。一方、ハワイ併合と同時期にアメリカは米西戦争の結果としてプエルトリコ、フィリピン、グアムをスペインから獲得し（全て一八九八年）、さらにウェーク島（一八九九年）、米領サモア（一八九九年）、米領ヴァージン諸島（一九一七年）をも獲得したが、これらは憲法適用範囲外の属領（unincorporated territory）と定められた(7)。

準州としてのハワイは米国憲法の下で一定の自治権を与えられたが、その内容は州に比べてはるかに限られていた。準州知事は大統領によるハワイ市民からの任命制であり、準州議会（上院・下院）の議員についてはハワイ市民に選挙・被選挙権が与えられたが、その立法に対しては準州知事と米連邦議会に拒否権が与えられた。準州は連邦議会に議席を持たず、下院に投票権のない代議員を送るのみだった。ハワイ市民は本国（連邦）に対する納税・兵役の義務を有しながら、与えられたのはこの代議員の選挙・被選挙権のみだったのである。このように限られた自治権と代表権について、ハワイの支配層だった白人住民は当初、みずからの特権的地位を温存するため有効とみなし、連邦議会に対してはロビー活動によって影響力を行使した。しかし後述するように、連邦議会が一九三四年にハワイに不利な砂糖割当量を定める立法を行ったのを契機として、ハワイでは白人支配層をも含む住民によって立州運動が展開されることとなる。[8]

（2）アジア人によるハワイの移住植民地化

東アジアからハワイへの移民労働力の導入は、白人のサトウキビ農場経営のため王国時代の一九世紀半ばに始まった後、米布併合以後も形を変えながら継続し、ハワイの人口構成を大きく変えていった。一八七八年から一九五〇年までのハワイの民族別人口の推移（表7-1）を参照しながら、アジア系住民の来住の経緯を中心に各民族集団について概観しよう。

ハワイの最初の住民として王国を築いたハワイ人の人口は、欧米人が初めてハワイに上陸した一八世紀末から一九世紀を通じて減少した。その主な要因は、欧米系やアジア系の来住者が持ち込んださまざまな疫病と考えられる。二〇世紀に入るとハワイ系人口は増加に転じたが、これは白人およびアジア系との混血のハワイ人人口の増加によるものであり、混血を除くハワイ人の人口は一貫して減少を続けた。また人口比でみると、一九世紀中期まで人口の大部分を占めたハワイ人（混血を含む）の比率はその後急激に縮小し、二〇世紀前半には一五％前後となっていた。[9]

アメリカやヨーロッパ諸国を出身地とする白人は前述の通り一八世紀末からハワイに来住し、サトウキビ農場の所有・経営などを通じて投資植民地化を進め、さらに一九世紀後半には政治権力をも掌握したが、その人口はわずかだった。白人人口は一八七八年の時点では全人口の五～六％に過ぎず、その後、ポルトガルからの労働力移民と

～1950年）

（人）

アジア系					その他
合　計	中国系	日　系	朝鮮系	フィリピン系	
6,045 10.4%	6,045 10.4%				684 1.2%
29,362 32.6%	16,752 18.6%	12,610 14.0%			1,067 1.2%
86,878 56.4%	25,767 16.7%	61,111 39.7%			648 0.4%
108,243 56.4%	21,674 11.3%	79,675 41.5%	4,533 2.4%	2,361 1.2%	1,071 0.6%
158,762 62.0%	23,507 9.2%	109,274 42.7%	4,950 1.9%	21,031 8.2%	658 0.3%
236,323 64.2%	27,179 7.4%	139,631 37.9%	6,461 1.8%	63,052 17.1%	780 0.2%
246,099 58.1%	28,774 6.8%	157,905 37.3%	6,851 1.6%	52,569 12.4%	834 0.2%
285,066 57.0%	32,376 6.5%	184,598 36.9%	7,030 1.4%	61,062 12.2%	4,269 0.9%

より作成。

アメリカ（本国）からの移住を中心に増加するが、一九三〇年頃までは全人口の二〇%前後にとどまった。白人人口が目立って増加するのは一九三〇年代以降であり、その主な要因はハワイの軍事的重要性の増大によるアメリカ本国からの駐在軍人・軍属の増加だった[10]。

以上のハワイ人や白人に対して、アジア系住民は一九世紀後半から、サトウキビ農場の過酷な労働条件に耐える低廉な労働力として大量に導入され、二〇世紀前半を通じて全人口の六〇%前後を占めた。日系住民は、その中で最も大きな割合を占めた。

東アジアからハワイに最も早く来住した中国系住民は、当初（一八世紀末）は白檀の買い付けを目的としたが、一八三〇年代にはサトウキビ農場で働くようになった。一八五〇年には中国からの契約労働移民が開始され、一八七〇年代後半に本格化に人口が増加した。しかし人口増加は白人労働者からの排斥を招き、一八八五年から八六年には契約労働移民が事実上中止され、入国者数も大幅に制限された。米布併合によりアメリカの排華法（一八八二年）はハワイにも適用され、移民はほぼ不可能になった[11]。ゆえに以後の中国系人口には大きな変化がなく、後続するアジア

表 7-1　ハワイの民族別人口構成（1878

年	合　計	ハワイ系			白人（欧米系）			
		合　計	ハワイ系	混血ハワイ系	合　計	ポルトガル系	プエルトリコ系	その他
1878	57,985	47,508	44,088	3,420	3,748	486		3,262
	100.0%	81.9%	76.0%	5.9%	6.5%	0.8%		5.6%
1890	89,990	40,622	34,436	6,186	18,939	12,719		6,220
	100.0%	45.1%	38.3%	6.9%	21.0%	14.1%		6.9%
1900	154,001	37,656	29,799	7,857	28,819	18,272		10,547
	100.0%	24.5%	19.3%	5.1%	18.7%	11.9%		6.8%
1910	191,909	38,547	26,041	12,506	44,048	22,301	4,890	16,857
	100.0%	20.1%	13.6%	6.5%	23.0%	11.6%	2.5%	8.8%
1920	255,912	41,750	23,723	18,027	54,742	27,002	5,602	22,138
	100.0%	16.3%	9.3%	7.0%	21.4%	10.6%	2.2%	8.7%
1930	368,336	50,860	22,636	28,224	80,373	27,588	6,671	46,114
	100.0%	13.8%	6.1%	7.7%	21.8%	7.5%	1.8%	12.5%
1940	423,330	64,310	14,375	49,935	112,087	不明	8296	不明
	100.0%	15.2%	3.4%	11.8%	26.5%	不明	2.0%	不明
1950	499,769	86,090	12,245	73,845	124,344	不明	9551	不明
	100.0%	17.2%	2.5%	14.8%	24.9%	不明	1.9%	不明

出所）Eleanor C. Nordyke, *The Peopling of Hawaii*, 2nd ed.（Honolulu：University of Hawaii Press, 1989），178–181
注）各民族人口は国民（ハワイ国民，アメリカ市民）・外国人の双方を含む。

系住民などの増加によりその人口比は縮小した。

日本からの契約労働移民は、第3章で述べたように、中国からの契約労働移民の中止と重なる一八八五年に開始され、一八九〇年代半ばから急増した。米布併合によって労働契約は非合法となり、自由移民に転換したが、移民は増大の一途をたどった。その中にはアメリカ本国への「転航」を目的とするものも含まれており、本国における排日運動の批判対象となった。日本からハワイを含むアメリカへの移住は、日米紳士協約（一九〇七年締結、一九〇八年発効）によって家族呼び寄せのみに制限され、一九二四年のアメリカ移民法改正（いわゆる排日移民法）によって全面的に禁止されたが、日系住民はこの時点でハワイ全人口の四〇%以上に達していた。[12]

この日系住民の一部には、沖縄系住民が含まれていた。一八九九年に始まった沖縄人のハワイへの移民は、序章で触れたように、日清戦争の決着（一八九五年）による琉球併合の不可逆化を経て、沖縄人が日本国籍保有者（沖縄県民）として初めて行った日本国外への移住である。以後、ハワイは一九一〇年代前半まで沖縄人の主要な国外移住先となり、詳細な統計は得られないが、日本からの移民が不可能となった一九二四年の時点までに日系住民の一五％前後を占めるに至ったと推定される。[13]

朝鮮系住民は、一九〇二年から〇五年に韓国から送られた約七五〇〇人の労働力移民を基礎とする。その規模はわずかだが、注意すべきは日本との関係である。一九〇五年に日本が韓国を保護国化すると、日本政府は日本人と競合するハワイへの朝鮮人送出を中止させ、またハワイの朝鮮人をホノルル日本総領事の保護下に置いた。日本の韓国併合（一九一〇年）により、彼らは強制的に日本国籍を付与された。日本総領事の登録命令に対して大半の朝鮮人は応じようとしなかったが、ハワイと朝鮮・日本との往来には登録が必要だった。さらに一九一〇年から二四年に、日米紳士協約下の家族呼び寄せの形をとったいわゆる写真花嫁として、六〇〇人から一〇〇〇人ほどの朝鮮人女性が日本国籍のパスポートでハワイに移住した。[14]

フィリピン系住民が他のアジア系住民と最も異なるのは、同じアメリカ領となった後のフィリピンからハワイへと移住してきたことである。ハワイがアメリカ領であるため中国と日本からの移民が制限・禁止され、またサトウキビ農場で多数を占めた日系労働者の労働運動が高揚する中で、白人農場主は同じアメリカ領ゆえに入国規制のないフィリピンから労働力を導入した。アメリカ国籍保有者であるフィリピン人の移住は一九一〇年代から二〇年代に盛んに行われ、フィリピン系住民はハワイ全人口の一〇％以上に達した。[15]

以上のようにハワイにおける民族別人口構成の変容を概観すると、まずいえるのは、低廉な労働力に対する白人サトウキビ農場主の需要が、一貫してアジア系住民の人口を増加させる要因となったことである。しかし他面で、各々の出身地域からの人口移動は大きく変動していた。その要因は、出身地域の社会・経済状況や、労働者の民族的団結に対する白人農場主の忌避志向[16]だけでなく、ハワイおよびアメリカと中国、日本、韓国などとの国家間関係と、アジア太平洋地域においてアメリカと日本が行った国境の変更にあったといえるだろう。

（3）ハワイにおける市民権と民族間政治

二〇世紀前半の米領ハワイでは、人口上の多数派となったアジア系住民の市民権が、民族間政治を規定する基本的要因となった。移民としてハワイに来住したアジア系住民の一世はアメリカ市民権から排除されており、市民権を有するハワイ出生の二世以降が成人することで、アジア系住民は初めて各々の人口を反映した政治参加が可能になったのである。

ハワイ基本法（一九〇〇年）はハワイ共和国の市民権保有者にアメリカおよびハワイにおける市民権を付与し、またアメリカ市民権保有者にハワイにおける市民権を認めた。これによって全てのハワイ人とほとんどの白人は市民権を得たが、アジア系住民は、併合までに共和国の市民権を得ていたわずかな人々を除いて、ほとんどが外国人として排除された。またアメリカへの併合により、白人とアフリカ系以外の外国人を帰化不能外国人とする帰化法制がハワイにも適用され、中国人、日本人、朝鮮人の帰化は不可能になった。さらに、以上はアメリカ国籍とアメリカ市民権の一致を前提としているが、米領フィリピンを出身とするフィリピン人は前述の通りアメリカ国籍保有者だったにもかかわらず、彼らの与えられた市民権はフィリピン以外には適用されないものであり、またアメリカ市民権の取得も認められなかった[17]。

アジア系住民の一世が以上のように市民権から排除された一方、出生地主義の原則により、ハワイ出生のアジア系住民は全てアメリカ国籍・市民権を取得した。ゆえに時期が下るにつれてアジア系住民の構成は市民中心へと変化し（表7-2）、またハワイの有権者（二一歳以上の市民）におけるアジア系の比率が増大した。既に述べたように二〇世紀前半を通じてハワイではアジア系人口が全体の六〇％前後を占めたが、政治参加においては当初、ハワイ系と白人が有権者の大多数を占めていた。中国系の有権者は一九二〇年頃から増加したが、その人口規模は限られていた。しかし一九三〇年代後半以降、はるかに大きな人口規模を有した日系市民が有権者になったのを中心に、アジア系の有権者人口比は急速に増大し、ハワイの民族別人口構成を反映するようになっていったのである（表7-3、表7-4）[18]。

以上のように、アメリカの属領統治下にあったハワイでは、市民権によって可能な政治参加はごく限られていた上、労働力移民として来住し人口の大多数を占めたアジア系住民の一世は、市民権自体から排除されていた。人口

表 7-2　ハワイの各民族における成人の市民率（1910，30，50 年）

（%）

民　族	1910 年	1930 年	1950 年
ハワイ系	99.2	99.8	99.0
ポルトガル系	40.4	77.6	63.9
その他白人	76.7	50.1	
中国系	5.9	45.5	82.1
日系	0.2	16.0	70.8
フィリピン系			14.9
全成人	24.7	37.1	65.7

出所）Andrew W. Lind, *Hawaii's People*（Honolulu : University of Hawaii Press, 1955), 89.
注）1910 年の有権者は男性のみ。

表 7-3　ハワイの民族別有権者（成人市民）人口比（1910～50 年）

（%）

民　族	1910 年	1930 年	1950 年
ハワイ系	47.5	26.8	18.5
ポルトガル系	9.6	12.2	25.4
その他白人	25.4	36.9	
中国系	3.9	8.0	8.6
日系	0.4	12.0	40.2
朝鮮系		0.3	不明
フィリピン系			3.0
プエルトリコ系	7.5	3.5	不明
全有権者人口（人）	20,748	81,079	189,616

出所）Lind, *Hawaii's People*, 91.
注）各年とも合計は 100％に満たないが，そのままとした。1910 年の有権者は男性のみ。1950 年のプエルトリコ系は，白人に含まれる可能性もある。

上の少数派である白人とハワイ人が有権者の大多数を占めたことは、サトウキビ農場主を中心とするハワイの白人支配層が政治的影響力を確保するため極めて有利に働いた。日系を主とするアジア系住民がハワイ生まれの市民の成長とともに政治参加を拡大することに対して、一九一〇年代末頃から白人支配層は強い危機意識を持つようになった。ゆえに彼らは、現に掌握する政治権力を通じて米化運動や排日運動を推進してゆくのである。なお先住民であるハワイ人も、市民として白人支配のもとでの現状維持を志向したため、アジア系住民とは対立関係にあった[19]。

表7-4　ハワイの民族別選挙登録者人口・人口比（1902〜40年）

（人）

年	ハワイ系	白　人	中国系	日　系	その他	合　計
1902	8,680 68.8%	3,786 30.0%	143 1.1%	3 0.0%	0 0.0%	12,612 100.0%
1910	9,619 66.6%	4,414 30.6%	396 2.7%	13 0.1%	0 0.0%	14,442 100.0%
1920	14,650 55.6%	9,886 37.5%	1,141 4.3%	658 2.5%	0 0.0%	26,335 100.0%
1930	19,858 38.1%	20,269 38.9%	4,402 8.4%	7,017 13.5%	603 1.2%	52,149 100.0%
1940	21,581 24.7%	26,322 30.1%	7,422 8.5%	27,107 31.0%	4,880 5.6%	87,312 100.0%

出所）Lind, *Hawaii's People*, 93 より作成。
注）1902年と1910年の有権者は男性のみ。

二　ハワイの「東洋人」と東アジア

（1）「東洋人」としての中国系住民・日系住民

二〇世紀初頭の米領ハワイにおいて、日系住民のほとんどは日本国籍を保有しアメリカ市民権を持たない一世であり、またその大部分は白人の経営するサトウキビ農場で雇用される労働者だった。彼ら日系住民は、少数の白人が支配的地位に立つハワイで労働条件や生活環境の改善を求めた点で、ともに白人から「東洋人」として扱われた中国系住民などと境遇を共有していた。しかし中国系や日系をはじめとするハワイのアジア系住民は、出身地域での国籍のみを保有する一世のもと、各出身地域との社会的・政治的な紐帯を維持していた。ゆえにアジア系住民間の関係は東アジアの国際紛争や秩序変動、とりわけ日本の帝国化から影響を受けざるを得なかった。

中国系住民はアジア系住民の中で、最も早くハワイに来住した民族集団だった。彼らは日系住民にとって、ハワイに先行して来住し、みずからと同様の境遇のもとで定住の基礎を築いた民族集団であると同時に、日清戦争を戦った隣国の出身者であるという両面を有していた。

また中国系住民は出身地域との紐帯を維持し、二〇世紀初頭には政治的にも中国における革命の動向と密接な関係を持つようになった。中国系住民の大半は広東出身であり、その中には孫文の親族も含まれた。孫文はハワイで一八九四年に興中会を結成し、以後も同地を革命運動の重要な拠点とした。さらに一九〇〇年にハワイを訪れた梁啓超による保皇会の結成以後、ハワイの中国系住民は革命派・立憲派に分かれ、双方の支援者となった。一九一一年の辛亥革命以後、前者は孫文らの革命党、後者は袁世凱政権を支持した。大部分は前者に属したが、その後もハワイの中国系住民は中国の政治変動に連動して離合集散した[20]。

いっぽう初期の米領ハワイにおける日系住民は、第3章で明らかにしたように、移民会社を通じて旧自由党系の政治活動家と結びついており、またホノルル日本総領事の保護・監督は彼らに強い影響力を持っていた。中央日本人会が一九〇五年に解体した後、同種の団体を設立する運動は成功せず、確かに日系住民は日本という国家から一定の距離を置くようになったが、日系住民の日本との紐帯が消滅したわけではない。国籍に限ってみても、アメリカの国籍・市民権が得られない一世の日本への帰属は否定し得ないものであり、またアメリカ国籍・市民権を有する二世も、一九二四年に日本国籍法が改正されるまで日本国籍の離脱は困難だった[21]。郷里への送金などを通じた一世と日本との関係は、日米開戦まで長く持続した[22]。また一九〇〇年代後半には二世教育のための日本語学校の設立が増加し、これに対する白人住民の排日運動に直面する中で、二世を「日本国民」として教育するのか「米国市民」として教育するのかという問題は、一世にとって重大な争点となった。[23]

このようにハワイの中国系・日系住民がそれぞれ中国・日本の政治社会の延長としての側面を維持する一方で、次にみるように、両住民は白人支配下の「東洋人」として境遇や利害をある程度共有していた。

日清戦争、そして北清事変が併合前後のハワイで中国系・日系住民間に緊張関係を生んだことは明らかであり、サトウキビ農場において中国系・日系労働者の衝突が殴り合いの喧嘩になった事例もあった。[24]日中間の軍事紛争は、両住民に出身国に対するナショナリズムの高揚をもたらしたのである。しかしこのような対立は同時に、ハワイ現地における両住民の境遇や利害関係の反映でもあった。中国系住民の側では、中国からの移民が禁止されたハワイに、日本からの移民が日本政府の保護下で急激に流入する状況に反感を募らせていた。[25]また日系住民の側では、サトウキビ農場で「平生支那人の勢力が強く、日本人がいつも圧され気味であつた」ため、日清戦争の勝利によって「年来の溜飲を下げてゐた」のである。[26]

したがって両住民は、ハワイ現地で利害の共有を認識した問題に関しては、協力する場合もあった。一八九五年以降、共和国政府は日系住民だけが増加するのを抑制すべく一時的に中国からの移民を許可したが、契約労働終了後の強制帰国を条件とした。これに対して一八九七年、中国系住民の指導者は日系住民の指導者とともに条件の撤廃を共和国政府に要求して認められた。[27]また第3章でも触れたように、一九〇〇年、準州認定直前のハワイ政府がチャイナタウンでペスト予防焼却によって大火災を起こした際、共に多数の被災者を出した中国系・日系住民は共同で賠償要求を行った。[28]

両住民の協力が顕著にみられたのは、白人支配層が経営するサトウキビ農場においてだった。とりわけ一九〇八年から〇九年に日系労働者が中心となって行った初の大規模で組織的なストライキでは、中国系商人による米の掛け売り、中国系住民による運動費寄付などの経済的支援が行われ、また農場主によってスト破りに動員された中国系労働者の一部が、逆にストライキに参加したのである。[29] このストライキへの支持が農場労働者の多かったポルトガル系住民からも表明されたことが示すように、[30] 中国系・日系住民の間に何らかの特別な関係があったとはいえない。中国系住民の社会移動が進み農場労働者が減少した後年には、彼らは日系労働者のストライキに対して消極的な態度をとった。[31] つまりサトウキビ農場における境遇の共有こそが、中国系・日系住民の協力をもたらしたのである。[32]

その上で重要なのは、米領ハワイにおける「東洋人」(Orientals) としての地位こそが、中国系・日系住民の共通の境遇として大きな部分を占めたことである。一九一〇年に米政府からハワイにおける「移民状態」の調査に訪れた移民局長官 (Commissioner General of Immigration) のダニエル・J・キーフ (Daniel J. Keefe) は、ハワイで増加している「日本人初め支那人或は其の他の東洋移民」は、ハワイの「米化」という課題のためには不要な「好ましからざる移民」であり、必要なのは「独り白皙人種のみ」だと発言した。『日布時事』の社説はこれに対して「米化と白化を混同」していると批判し、「今日布哇の支那人青年」の「米化」が示すように、「布哇の東洋人」は「白化」は不可能であろうが時間とともに必ず「米化」するのであり、「布哇に於ける東洋人否な寧ろ日本人」は「布哇の繁栄」に不可欠だと主張した。[33] 論者の関心は基本的にハワイにおける日系住民の安定的発展にあったが、「東洋人」への人種主義的な排斥は中国系・日系住民に等しく向けられていたため、ハワイ出生の中国系住民の「米化」は、二世以降の日系住民も「米化」することを示す論拠としての意味を持ったのである。

日系・中国系住民の関係にとって、現地社会における境遇・利害と異なり、それぞれの出身国との紐帯は、両国の関係に変化がない限り影響を及ぼすものではなかった。しかし日本の帝国化とともに、日中関係は両住民の関係に重大な影響を与えることとなる。

（2）沖縄系住民・朝鮮系住民と帝国日本

米領ハワイにおける日系住民と日本との紐帯は、アメリカとの関係や、中国系住民との関係に影響しただけではなかった。ハワイに来住したアジア系住民には沖縄系住民と朝鮮系住民という、日本の帝国化によって日本という国家と結びつけられた民族集団があり、日系住民は日本との紐帯を通じて帝国日本の植民地主義をも抱え込んでいたのである。

沖縄系住民は、既に述べたように一八九九年以降、日本統治下の沖縄県から日本国籍保有者として米領ハワイに来住しており、ハワイおよびアメリカ本国でも日系住民として扱われた。しかしハワイの日系住民内部における沖縄系住民の位置は、日本統治下で沖縄人が強いられた、大和人と沖縄人との間の支配―従属関係の延長上にあった。[34]『日布時事』は一九〇九年、ハワイにおいて「内地人士」が、「大日本帝国の臣民として、何ら内地人と相違懸隔」のない「沖縄人士」を「継子扱い」していると批判し、沖縄系住民自身も「自ら内地人よりも劣等に位する者」と考えないよう助言した。[35]大和系住民が日本の沖縄支配を前提として、沖縄系住民をしばしばみずからとは異なる、劣った存在として扱っただけでなく、それに対する『日布時事』の批判も、沖縄人は大和人と同じ日本国籍保有者だという、日本の沖縄支配を前提とする論理に則っていたのである。

ハワイの沖縄系住民の立場をさらに複雑にしたのは、朝鮮系住民の存在である。日本の韓国併合（一九一〇年）直後、ホノルル日本総領事の上野専一は新聞での談話で「朝鮮人でも沖縄県人でも等しく帝国の民であるから区別する必要を認めない」と発言した。これに対し、ある「沖縄県人」は匿名で投書し、「廃藩置県以来茲に三十有余年忠良なる帝国国民」である「我が県人」を、「昨今漸く合併の実を挙げたる朝鮮人と同一の下に置く」ことへの「憤慨」を表明した。[36]ここには日本国籍保有者である大和人、沖縄人、朝鮮人の間の重層的な支配―従属関係が、米領ハワイにまで延長されていたことが示されている。投書者は、沖縄人と朝鮮人に対して日本の大和人官僚がる。

「等しく帝国の民」と名指すこと自体の植民地主義を看取して反発した。しかし両者がともに日本の領土拡張によって日本国籍保有者となった事実を受け入れながら、投書者の抵抗の論理は大和人からの抑圧への恐れに規定され、日本の支配を受けて間もない朝鮮人との差異化という形をとった。重要なのは、日本統治下で形成されたこのような民族間関係[37]が、アメリカ統治下のハワイにおいて、日本総領事館と日本国籍とを通じて再現されたことである。

一方、ハワイ現地社会では沖縄系住民は基本的に日系住民の一部だった。『日布時事』が「内地人士」による「沖縄人士」への「継子扱い」を批判した一因は、日系労働者のストライキに沖縄系住民が参加しなくなることへの懸念だったが、実際には沖縄系住民は労働運動に積極的に参加し続けた[38]。それは民族意識などの問題というより、彼らが農場から日系労働者として雇用されており、利害の不一致がなかったためと考えられる。

ハワイにおける沖縄系住民は来住初期から雑誌『沖縄同胞』（一九〇八年）の発行や、球陽倶楽部（一九一〇年）・沖縄県人同志会（一九一七年）の結成をはじめとするコミュニティ形成活動を行った[39]。それは大和系住民による日本語新聞の発行や各県人会の結成と共通する面を持つとともに、ハワイの沖縄系住民を沖縄人という「同胞」「民族」の一部とする意識によるものだった[40]。米領ハワイの沖縄系住民は、日本国籍（・戸籍）保有者としてハワイに来住した日系住民という民族集団の一部だったが、同時に日本国家との関係においては他の日系住民（大和系住民）とは異なる位置にあり、彼ら自身で一つの民族集団を構成したのである。

これに対して、ほとんどが韓国籍保有者としてハワイに来住した後、日本の韓国併合によって日本国籍を強制的に付与された朝鮮系住民は、以後も日系住民と異なる民族集団だっただけでなく、日本の朝鮮支配に対する拒絶・抵抗こそが、彼らにとっての日本国家との結びつきだった。米領ハワイは李承晩らによる朝鮮独立運動の重要な活動拠点の一つとなり、朝鮮系住民は国家としての日本だけでなく、ハワイ現地の日系住民ともしばしば敵対した。

ハワイ来住当初から、さまざまな自治・互助団体とともに民族主義団体をも組織した朝鮮系住民の抗日運動は、一九〇五年、日本が日露戦争に勝利し韓国を保護国化したのを契機に始まった。特に保護国化の過程で、日本政府がハワイの朝鮮人をホノルル日本総領事の管轄下に置いたことは彼らの反発を呼んだ。一九〇九年には統一団体である国民会が結成され、一九一〇年に日本が韓国を併合すると運動は頂点に達した。一九一三年以後、抗日独立運動は李承晩らの同志会と朴容萬らの国民会に分裂した。前者が主にアメリカ政府に独立の支援を求めたのに対して、後者は軍事力による独立を主張した。(41)

日本の朝鮮支配は、ハワイにおける日系住民と朝鮮系住民との関係にも影響を及ぼした。一九一〇年九月の韓国併合直後に『日布時事』は朝鮮系住民を「新同胞」と呼び、「同情」を示しながら併合を「運命」とみなして、「無益の政治的運動」を避けよと主張した。(42) さらに同年一二月、同紙は「朝鮮人団体」が日系住民に「教育勅語の謄本」を求めたと報じて、「新同胞」は「漸次日本国民化せんとしつつある」と評し、日系住民は彼らを「亡国の民」として扱ってはならないと「熟慮」を求めた。(43) 日本による韓国の保護国化・併合の過程で、一部の日系住民は朝鮮系住民に対して見下した態度をとるようになり、朝鮮系住民の反発を買っていた。(44)『日布時事』はこのような日系住民に対しては批判的だったといえるが、朝鮮系住民の独立運動に対しては正当性を認めず、沖縄系住民に対してと同じく、あくまで「日本国民」の一部とみなしたのである。

一方、朝鮮系住民の側は、日本政府とその出先機関であるホノルル日本総領事を敵視するだけでなく、ハワイの日系住民に向かっても日本の朝鮮支配への反感を表出した。朝鮮系住民に親近感を持つ日系住民も一般に朝鮮独立には否定的だったため、両住民はしばしば衝突した。(45)

ハワイの現地社会では、朝鮮系住民は中国系住民と同様に、アジア系労働力移民として来住したことによる境遇・利害を日系住民とある程度共有していた。サトウキビ農場における日系労働者のストライキに際して、彼らは農場主によってスト破りに動員されたが、一部には運動費を寄付する者もいた。ただし抗日ナショナリズムは、彼らがスト破りに協力する重要な動機となった。(46) 沖縄系住民と比較するなら、朝鮮系住民が日本の韓国併合以後もハワイ現地で日系住民としては扱われなかったことが、このような行動の前提条件だったといえよう。しかし朝鮮系一世の日本国籍は、後述する日米開戦後には大きな問題となった。

以上のように一九世紀末から二〇世紀初頭に東アジアにおける日本の帝国化と、東アジアからハワイへの労働力移民とが並行して進行した結果、米領ハワイの民族間政治には、大和系住民と沖縄系住民、日系住民と朝鮮系住民という、日本国家とのつながりによって規定される民族間の重層的な支配—従属関係が織り込まれていた。沖縄系住民はみずからの民族意識を育みながらも、大和系住民からの抑圧を避け日系住民の一部として行動したが、日系住民と朝鮮系住民との関係は緊張をはらんでいた。既にみたように朝鮮系住民の人口規模は沖縄系住民と比べても小さく、日系住民にとって、朝鮮系住民との関係がそれ自体で大きな問題だったわけではない。(47) しかし第一次世界大戦を契機として、東アジアにおける日本の帝国化はハワイの日系住民にとって軽視しがたい影響を及ぼすようになった。

三　第一次世界大戦期・戦間期におけるハワイの日系・アジア系住民

(1) 第一次世界大戦とハワイの日系・アジア系住民

ハワイの中国系・朝鮮系住民は第一次世界大戦中から戦後にかけて、中国・朝鮮で日本の帝国化に対して興隆した抗日ナショナリズムに呼応し、ハワイにおける両者と日系住民との関係も緊張した。それは民族自決規範の広まり、そして白人住民の排日運動とも結びつき、日系住民のハワイにおける安定的発展に影響を及ぼす問題と認識されるようになった。

一九一四年に第一次世界大戦に参戦した日本が山東半島のドイツ租借地を占領し、翌年に対華二十一ヶ条要求を行ったことは、中国でナショナリズムが勃興する決定的な契機となったが、それはアメリカ本国や米領ハワイの中国系住民にとっても同様だった。ハワイの中国系住民における反日ナショナリズムの高揚は、彼らと日系住民との関係にも影響を及ぼした。

前述のように中国の政治社会と深く結びついたハワイの中国系住民にとって、日本の対華二十一ヶ条要求は中国へのナショナリズムを強く喚起する事件となり、中国系新聞の『自由新報』（革命派）や『新中国報』（立憲派）はともに日本を強く非難した。[48] さらに、ハワイの中国系住民と日系住民との間にも緊張関係が生じた。ハワイ出生の中国系住民からなる少年演説社は演説会を開き、「強盗」日本に対する抗戦もやむなしと主張し、加えてアメリカ西海岸などで中国系住民が日系住民の商店に対して行っていたボイコット（不買運動）に賛同する意思を表明したのである。[49]

中国系住民の中心的組織である中華総会館は、袁世凱政権に対して二十一ヶ条要求に関する決定の前に議会の召集を求める決議の一方で、「在留支那人」の「社会に於ける位地を保持」すべく、戦費募集や義勇軍、ボイコットを否定する決議を行った。[50] また『新中国報』は、中国系住民に対して「愛国熱誠」を認めながら、「海外僑民」として米領ハワイにいることを自覚するよう呼びかけた。[51] しかし中華総会館の決議以後も中国系住民の一部には戦費募集やボイコットの動きが見られ、また少年演説社の存在にも示されるように、アメリカ市民権を有するハワイ出生の中国系住民がこれに積極的に関与していた。[52] これに対して日系住民の側では、『日布時事』が二十一ヶ条要求は正当だと支持しながら、日中の国家間の問題で「第三者たる外国」にいるハワイの両住民が衝突すべきではないとして、ボイコットに対抗しないよう日系住民に自制を求め、『布哇報知』も中国系住民の日本に対する「悪評」は「遺憾」だと述べながら、「布哇在留民は等しく布哇の県民」だとして、「支那人と口論する事勿れ」と説いた。[53]

以上のように対華二十一ヶ条要求がハワイの日系・中国系住民間に緊張をもたらした際には、両者の双方で、日中の国家間の関係とハワイにおける日系・中国系住民の関係とを区別することで衝突を回避しようとする態度がみられた。中国系住民は中国へのナショナリズムを高揚させ、日系住民は日本を支持したが、それと同時に、両住民間の衝突は米領ハワイにおける各々の立場を危うくするとの懸念が双方にあったのである。しかし日本が中国に権益を強要するという非対称的な関係ゆえに、中国系住民が日本に対する反感を日系住民に対して表出することを抑制するのは容易でなかったといえよう。ハワイ出生の中国系住民も、その例外ではなかった。

さらに第一次世界大戦の終結をうけて一九一九年にパリ講和会議が開催されると、ハワイの日系住民は朝鮮の三・一独立運動に呼応した朝鮮系住民の抗日ナショナリズムと、山東問題をめぐって再燃した中国系住民の反日ナショナリズム、そしてこれらと結合した白人住民の排日運動に直面することとなった。

そもそもパリ講和会議の過程でハワイの日系住民が強い関心を寄せたのは、日本代表が国際連盟の規約に人種差別撤廃条項を入れるよう提案したことだった。人種差別撤廃条項案は、それ自体アメリカやカナダ、オーストラリアにおける日本からの移民の入国規制を念頭に置いていたが、さらに日系住民は、これを同時期にハワイ準州議会に提出された外国語学校取締法案[54]と直結する問題と捉えたのである。一九一九年三月一〇日に開催された布哇在留日本人大会は、日・仏・英・米・伊の講和会議代表に日本の提案を支持する決議を送るとともに、日本語学校への法的規制に反対する決議を準州知事・議会に送った。[55]

布哇在留日本人大会で行われた演説では、日本が人種差別撤廃条項を提案したのは「凡ての黄色人種のため」だとの主張がなされたが、それは恐らくハワイにおける日系住民の問題意識を反映していた。彼らが反対した外国語学校取締法案の規制対象は全ての外国語学校であり、中国語学校や朝鮮語学校も数は少ないが含まれていた。『布哇報知』は「支那人も必らず之を侮辱とすべし」と利害の共有を主張し、さらに中国系住民から反対運動への協力を取り付けることにも成功した。特に同紙は、中国系住民が「多くの投票権」を有し、日系住民よりも準州議会に影響力を持つことに注目していた。法案は、四月二八日に準州議会で否決された。日系住民にとって外国語学校取締法案は、白人支配層の排日運動への対抗において他のアジア系住民との協力が有効なことを示す争点だったのである。(56)

しかし日系住民の運動と並行して、ハワイでは朝鮮系住民による独立運動が高揚をみせていた。一九一八年にはウッドロー・ウィルソン（Woodrow Wilson）米大統領が戦後世界秩序のための一四ヶ条で提起した民族自決原則は、日本統治下の朝鮮人だけでなくアメリカ本国やハワイの朝鮮系住民をも触発したのである。一九一九年三月、朝鮮における三・一独立運動の勃発をうけて国民会が集会を開き、朝鮮独立宣言の承認とともにアメリカ政府に援助を求める電報を送ったのを最初に、朝鮮系住民はデモや集会などを通じて独立運動を展開した。(57) その一部には、ハワイ出生者も含まれた。(58) なお李承晩は同年四月に上海に設立された大韓民国臨時政府の大統領に就任したが、以後もハワイを重要な拠点とした。(59)

日系住民にとって問題だったのは、朝鮮系住民の独立祝賀会に白人宣教師が祝辞を送り、また現地の有力英字新聞である『ホノルル・アドヴァタイザー』や『スター・ブレティン』が日本の朝鮮支配を批判し、朝鮮系住民の運動を「一大痛快事の如く」報道するなど、ハワイの白人支配層が独立運動に対して理解を示したことである。『日布時事』は英字紙の態度をみずからに対する「排日的圧迫」の一環だと批判し、三・一独立運動に関する英字紙の報道の影響で「在留日鮮人間の感情」が「益々離隔」しているだけでなく、「日本人学童」は公立学校で「各国人学童」から敵視されていると述べた。また一九一九年一月から『日布時事』は英語欄を設けていたが、その主張も英字紙からは「日本主義を布哇で宣伝」するものと批判され、朝鮮系住民からは「独立運動に邪魔せんとする」と批判されていると同紙は観察していた。なお両紙はともに、朝鮮系住民の独立運動を認めるのはハワイ人の独立運動を認めるのと同じではないかと、日本の朝鮮支配とアメリカのハワイ支配の共通性を指摘して白人支配層の態度に疑問を呈した。[60]

さらに一九一九年五月、パリ講和会議で日本の山東権益が承認されたことに対して、中国系住民のナショナリズムも再燃した。中国系新聞は中国代表に対して「国賊」「売国奴」との批判や「同胞」としての「憤激」を表明し、また少年演説社などが米国議会に講和条約批准拒否を請願する運動を行う一方で、日本に対する反感は、一部の中国系住民、特にハワイ出生者と思われる「青年会」「青年団」を中心に、日系商店へのボイコットに発展した。[61] 日系住民はボイコットの経済的影響を問題とするだけでなく、中国系住民の運動が朝鮮系住民の運動と同じく白人支配層の排日運動と結びつくことを懸念した。『日布時事』は、「同種同文の支那国民や〔日本人と〕興亡浮沈を共にする朝鮮人の一部」が「無謀の行動」を取るのはともに「排日新聞」の影響であり、また他方で「米人」の「排日」の一因は、「山東省問題」や「朝鮮問題」について「無理解」であるためだと観察したのである。[62]

中国系・朝鮮系住民の抗日ナショナリズムと白人支配層の排日運動との結合を恐れた日系住民には、二つの対応がみられた。第一の対応は、日本の国策に対する一定の相対化である。『布哇報知』は、「排日」とは「実は排東洋人を意味する」にもかかわらず日本が「他の東洋諸国」から「同情」を得られないのは、「日本が彼等に対する態度の誤れる」ため、また「日本人」が「支那人」「朝鮮人」を「軽視」するためだと指摘し、「白人の圧迫軽視を防ぐ」ためには「日本及び日本人が先づ其態度を一変」すべきだと主張した。また『日布時事』は前述のように「米人」の「無理解」を批判すると同時に、「同胞」は「故国に於ける政策の全部を賛成し居る」わけではなく、「早晩当然其の改革を要すべき多くの点も認め居る」と述べた。[63]

特に両紙は共通して、朝鮮統治に対する改善の必要を認めた。『布哇報知』は、「在布朝鮮人」が「祖国の独立を希望」するのは「愛国者として当然」と認め、「独立運動」はあくまで否定しながら、「世界改造の好機を利用」して「自治政を布く運動」を行うよう提案した。『日布時事』も吉野作造の朝鮮統治改革論に言及し、朝鮮独立は「遠き未来」としながら「完全なる自治政治」を主張するに至った。[64] ただし原敬内閣が発表した朝鮮施政改善宣言に対し、朝鮮系住民の指導者が「中途半端」と批判して独立運動の続行を表明すると、『日布時事』は「飽く迄気儘勝手を云ふ」「縁無き衆生は度し難し」と反発を示した。[65]

第二の対応は、ハワイにおける日系住民の人口規模への依拠である。ある論者は『日布時事』紙上で「布哇の排日熱」に対し、「布哇は政治上米国の領土であるが、布哇の社会其者は日本人の社会」であり、「主要産業たる糖業」も「日本人あつて初めて維持」できる以上、「在留同胞」の「前途は好望」だと「楽観」した上で、「今日の排日論」に対しては「表面上」、「米人」に「花を持たせ」るべきだと主張した。[66] アメリカ統治下のハワイで白人に反抗するのは現時点では不利だと認める一方、日系住民の人口規模や経済的重要性からみて排日運動に永続性はないと期待を示したのである。

日系住民の人口規模を利点とする態度は、白人支配層への順応の一方で、他のアジア系住民に対しては圧力として現れた。まず朝鮮系住民にも独立運動のため日系商店に対してボイコットを行う動きがあったが、一部の朝鮮系住民は食料品や日用品の大半を日系商店に依存することを理由に拒絶しており、『布哇報知』は朝鮮系住民のボイコットを「児戯に類する」とみなしていた。[67] そして中国系住民のボイコットに対して、『日布時事』と『布哇報知』は日中関係とハワイの日系・中国系住民の関係との区別を訴えるだけでなく、日系住民が中国系商店にボイコットを行えば、中国系住民ははるかに大きな打撃を受けると主張し、『布哇報知』は「支那商人有力家」に対して直接の意思表示も行った。これらの主張の論拠は、「支那人レストラント」などが日系住民を多く顧客とする一方、日系商店にとって「支那人顧客」はさほどの比重を占めないとの認識だった。[68] 両住民の経済的相互依存、そして人口規模の相違を前提に、中国系住民にボイコットへの報復を示唆して自制を訴えたのである。中国系住民のボイコットは「自縄自縛」だとする日系新聞の主張を知った中国系新聞は、強い反発を示した。[69]

以上にみたように、第一次世界大戦中から戦後にかけて、日本の朝鮮支配と中国権益の拡大はハワイにおける日系住民と中国系・朝鮮系住民との対立をもたらした。この対立が白人支配層の排日運動と結びつくことを懸念した日系住民は、ハワイ現地社会における安定的発展のため、一方では日本という国家とみずからの立場を区別して、日本の国策に対しても一定の距離を取り、他方では中国系住民のボイコットへの対応に示されるように、みずからのハワイにおける人口規模を通じて影響力を行使したのである。

(2) 戦間期ハワイにおける「東洋人系市民」意識

ハワイにおけるみずからの人口規模を安定的発展のための利点とする日系住民の認識は、ハワイ出生の市民が増大するとともに、政治参加を通じた影響力の行使への期待という形を取った。しかしこの時期、日系市民の増大は白人支配層による米化運動の圧力をももたらし、また日系市民のうち有権者＝成人はまだわずかだった(表7-4)。このような状況で、日系住民は先行して政治進出を開始した中国系住民に注目し、利害関係を共有する「東洋人系市民」の形成を期待した。

『日布時事』は一九一四年のハワイでの選挙に際して、「選挙に狂奔する米国市民」と「何等の関係もな」い「我々多数日本人」とが、「布哇の如き此狭き小社会」で「冷熱殆んど別天地」のように同居することを「異様」と評した上で、「今後十ヶ年の間」には「在留同胞間の市民権所有者」が「布哇の政界」の「一勢力」になるとの展望を示していた。[70] アメリカ市民権を有するハワイ出生の日系住民は既に増大しており、彼らが成人することによる日系住民の政治参加が待望されたのである。

しかし大規模な人口を有する日系アメリカ市民の政治参加という見通しは、ハワイの白人支配層にとって重大な脅威を意味した。彼らはしばしば、ハワイに準州統治に代えて委員会制による統治（commission government）を導入し、市民の参政権を剝奪する可能性さえも議論した。[71] さらに一九二〇年、サトウキビ農場で日系労働者がフィリピン系労働者と協力して行った大規模かつ長期のストライキは、白人支配層に強い危機感を与えた。英字紙は日系労働者の運動を反米ナショナリズムによるものとみなし、また日本の東アジアにおける植民地化（colonize）政策の延長上にあると主張した。白人支配層やハワイ駐留米軍は、日系市民も日本と結びついた日本人（人種）であり、彼らがハワイを政治的に支配することはアメリカの国防を危機にさらすと主張するようになった。日系市民が日本国籍を保有する二重国籍者だったこと、また日本語学校の存在に加えて、日本で教育を受けて「帰米」した日系市民の存在は彼らの批判材料となった。このような認識のもと、一九二〇年代のハワイでは日系市民に対してアメリカへの同化と忠誠を強く要求する米化運動が推進された。[72]

米化運動が当初から標的としたのは日本語学校であり、一九二〇年には前年に廃案となった前述の法案と同趣旨の外国語学校取締法が、準州議会の可決を経て制定された。これにより外国語学校は準州政府の監督下に置かれ、教員は資格試験制（民主主義、アメリカの歴史・制度、英語）、カリキュラムや教科書は許可制となった。さらに準州政府は一九二三年、同法に基づき外国語学校の幼稚園と小学校第一・第二学年を廃止する学年短縮規則を制定した。日系住民の側では、キリスト教宣教師の奥村多喜衛らが排日の要因を取り除くためみずから米化運動に参加・協力する一方、『布哇報知』や日本語学校関係者は一九二二年以降、外国語学校取締法の合憲性を問う訴訟運動を開始し、一九二七年には連邦最高裁の違憲判決を勝ち取るに至った。[73]

このように準州政府・議会で主導権を掌握する白人支配層が、日系住民を標的として米化主義に基づく政策を推進する中で、日系住民の間には二世市民の政治参加による白人支配への是正を望む声がいっそう高まっただけでなく、同じ「東洋人」、特に中国系住民との境遇・利害の共有という意識が高まった。

一世を帰化不能外国人とする処遇や外国語学校取締法が示すように、日系住民が受けた法的規制は基本的にアジア系住民全体に対するものだった。一九二四年の移民法改正による日本（朝鮮を含む）からの移民の全面禁止は、この点でも日系・朝鮮系住民と中国系住民とを同じ境遇に置いた。[74] また一九二四年から二五年頃、『日布時事』はハワイ出生の「東洋人系市民」がアメリカ本国に渡航した際に、外国人の入国と同様に検査されることを問題視した。[75] ハワイにおける「東洋人」の境遇の共有という認識は、第一に協力の必要、第二に市民権の必要という問題意識に結びついた。一九二六年に白人住民が行った日曜閉店法の励行運動を『日布時事』は「東洋人の小店虐め」と評し、これに対して「支那人、日本人、朝鮮人、比島人《フィリピン》その他のコンミユニチー・リーダーと提携」して対抗することを提案した。また同紙はこの日曜閉店法を含めて、準州議会で「市民権無き東洋人虐めを目的とした」立法がしばしば行われていると批判したのである。[76]

このような状況で、中国系市民が日系市民に先行して、有権者の増大とともに政治進出を開始したことに対し、『日布時事』は「東洋人系市民の擡頭」として関心と期待を寄せた。一九二六年の選挙に際し、同紙は日系市民が「ただ一人」立候補したことと以上に、四名の「支那系市民」が立候補したことに注目した。また下院代議員候補のヴィクター・カレオアロハ・ヒューストン（Victor Kaleoaloha Houston, 共和党、ハワイ人と白人の混血）が政見に「東洋人の権利承認」を挙げたことに対し、同紙は「東洋人市民の政界に於ける勢力が漸次強くなつた」ためだと評した。選挙の結果、日系候補は落選したが、同紙は中国系候補二名の当選（準州下院議員、市参事員）を「日系市民に取つては大きな暗示であり又刺戟」だと特筆し、さらに彼らが「東洋人」だけでなく「一般投票民」から得票して当選したことを、「一般東洋人系市民の誇りとして祝賀」した。[77] なお、初めて選挙で公職を得た日系市民は、一九三〇年に準州下院議員に当選した二名である。[78]

日系・中国系住民の双方で、一世だけでなくハワイ出生の市民にも、白人支配の下で非白人が日常的に不平等な処遇を受けているという認識は共通にみられ、[79] 中国系住民の側にも日系住民との境遇・利害の共有という認識が生まれていた。中国系新聞の『檀華新報』（*Hawaii Chinese News*）は一九二六年、ハワイ出生の「東洋人系アメリカ市民」の本国上陸時の待遇について、『日布時事』と同様に不公平として批判した。[80] さらに一九二六年の選挙に立候補したある中国系市民は、選挙広告（英文）で「準州の現在の問題は、この地の中国系および日系のアメリカ市民に関する問題だ」、つまりハワイの中国系・日系「市民」には共通の利害があると訴えた。[81]

日系住民との利害の共有を中国系住民に意識させた争点の一つは、外国語学校の問題だった。中国語学校は日本語学校に比べると少数であり、通っていた児童の割合も小さかった。[82] しかし外国語学校の学年短縮規則の制定に際して、『新中国報』は日系住民の反対運動に注目するとともに、同規則は「美化〔米化〕主義」に基づく「苛例」であり、「民意」にも「人類道徳之思想」にも反すると批判し、「華日僑」はともに反対だと報じた。[83] また一方で『檀華新報』は、アメリカの支配下に帰したハワイに「巨額之資本」を投下して「壟断」する「美国人」だけでなく、後から来住した「日人」も「華僑之勁敵」だと評し、「日僑子弟教育」の「学校」が「林立」していることに注目した。[84] このような日系住民との競合という認識も、白人支配層に対しての境遇・利害の共有という認識に結びつき得たといえよう。一九二七年に外国語学校取締法に対する違憲判決が出されると、ハワイ出生の中国系住民でハワイ大学の教員（政治学）だったカルフレッド・ラム（Kalfred Dip Lum, 林疊）は、この判決を支持する論説を英字紙に発表した。[85]

以上のように日系・中国系住民の双方でハワイ出生のアメリカ市民が成長し、また相互に境遇・利害の共有が認識される中で、一部では日系・中国系市民の提携という動きも生じた。一九三〇年に結成されたマウイ中国系・日系市民協会（Chinese-Japanese Civic Association of Maui, 以下、中日市民協会）である。

ハワイ日系市民協会（Society of American Citizens of Japanese Ancestry）や華人士生会（Hawaii Chinese Civic Association）をはじめ、ハワイ出生の日系・中国系住民による民族別の市民団体は一九一〇年代以降に各地で組織されていた。これらと異なりマウイ島在住の日系・中国系市民の統一団体である中日市民協会は、一九三〇年三月に中国系市民の発起により同地の両市民が集まった懇親会の場で結成された。その趣旨はアメリカ市民として義務と責任を自覚し、民主主義の理想を体得することなどであり、会長には中国系市民（準州議会議員）が、副会長には日系市民が選出された。[86] 一九三一年三月の時点で会員は約四〇〇名であり、四分の三が日系市民、四分の一が中国系市民だった。[87]

中日市民協会の結成に対して、日系の『馬哇新聞』は「現在布哇における市民の過半数」を占める「東洋人系市民」が、「他人種」よりも「不利不遇の立場」から脱却して「社会的進出」を実現するため提携することを称賛した。[88] また中国系の『檀華新報』も、人種主義者から「新たな『黄禍』」とみなされ、ブロック投票などを疑われる可能性を懸念しながら、「東洋系のアメリカ市民」が米領ハワイの政治・社会で今後さらに活躍することを示す動きとして期待を示した。[89]

しかし中日市民協会の活動は長続きしなかった。結成直後は中国の大飢饉に対して義捐金の募集を行うなど積極的に活動し、創立一周年記念大会ではハワイ日系市民協会と華人士生会の代表も祝辞を述べた。さらに満州事変勃発後の一九三一年一二月に開かれた総会も「大盛会」だったが、一九三二年末以降の同会の消息は不明である。一九三三年九月にマウイ島日系市民協会が、「本島日系市民」の「激増」を理由に「純然たる日系市民協会」として結成された時には、既に活動を停止していたと考えられる。[90]

中日市民協会が短命に終わった一因として、マウイ島の中国系住民がホノルルなど都市部への移住で減少していたことは考慮すべきだが、同会に呼応する動きが他地域に広がらなかったことも含めて考えれば、以下の二点がより重要と思われる。まず、満洲事変以後の日中関係の悪化が日系・中国系住民間に緊張関係をもたらしたことは明らかである。これについては、次節で改めて考察しよう。もう一つの要因は、白人支配層が「東洋人系市民」の結集を危険視するという予測である。『檀華新報』が黄禍論の可能性に言及したように、日系住民の側でも同会が「人種的陰謀」への疑念を払拭する必要は認識されていた。[92] 日系・中国系市民が明確な提携関係を築くことは、白人支配層からの圧力を一層強めると懸念されたのではないだろうか。

以上のようにマウイ中日市民協会の活動は局地的で短期間だったが、同会の結成に示されるように、一九二〇年代を通じて日系・中国系の住民がともにハワイ出生のアメリカ市民の増大を迎える中、両者は白人支配下の米領ハワイで共有する境遇を改善するため、「東洋人系市民」として政治参加を通じて協力する可能性を認識した。中国系の市民がいち早く政治進出したこと、大規模な人口を有する日系住民が外国語学校問題などで積極的な運動を行ったことは、両者が互いに関心を高める要因になったといえよう。一方、アジア系住民の中でも人口の少ない朝鮮系住民や、アメリカ市民権保有者がわずかだったフィリピン系住民に対して、日系・中国系住民が「東洋人系市民」として強い関心を示した形跡はみられない。[93]

また日本の中国権益拡大がワシントン体制下で抑制された結果として、この時期のハワイの日系・中国系住民の関係が日中関係から大きな影響を受けなかったことも、「東洋人系市民」意識の形成における重要な背景だったと考えられる。[94] これに対して日系住民と朝鮮系住民との関係、大和系住民と沖縄系住民との関係は、米領ハワイでの定住を通じて変容しながらも、日本の帝国支配による影響を受け続けた。

三・一独立運動以後、日本政府はハワイとアメリカ本国における朝鮮系住民の独立運動を、上海や満洲、極東ロシアの朝鮮独立運動とともに「在外不逞鮮人」の活動とみなして監視対象としたが、一九二〇年代後半にはハワイの朝鮮系住民に対する警戒は解かれた。ホノルル日本総領事館は一九二五年、一部の「職業的独立運動者」を別として朝鮮系住民は「日本に対する感情」を「緩和」させており、「帰国」など同館での手続きが必要な際に「直接用を弁ずる者」が増えただけでなく、日系住民への「同情」も生まれていると報告した。同館の観察では、その一因は前年の移民法改正をはじめ、米領ハワイでの「東洋人に対する各種の差別的待遇」を認識したことにあった。「東洋人」としての境遇の共有が、日本と日系住民に対する反発を緩和させていると分析したのである。[95]

ただし、以上はあくまで日本政府からみた独立運動の危険性如何に関する評価だといえよう。確かに朝鮮系住民は、祖国の独立がただちに実現しがたい状況を次第に受け入れたが、日本への反感は消えず、日系住民との関係も二世市民同士を含めて疎遠なままだった。にもかかわらず彼らが日系住民との関係悪化を避けた一因は、人口規模上の著しい劣勢だった。「東洋人」としての境遇の共有も必ずしも日系住民との接近にはつながらず、むしろ日本への反感を共有する中国系住民との関係の方が良好だった。さらに朝鮮系住民は祖国の喪失と人口の少なさゆえに、日系・中国系住民よりもアメリカへの同化に積極的であり、朝鮮語学校の活動は低調だった。[96]総じて朝鮮系住民は、米領ハワイでの安定的発展と日本の支配からの離脱とをともに志向したのである。

ハワイの大和系住民と沖縄系住民との関係は、両者がともに日系住民として扱われた以上、「東洋人」の境遇・利害の共有という認識によって変わるものではなかった。しかし第一次世界大戦後の国際規範の形成は、両住民の関係を取り巻く環境に一定の変化をもたらした。『日布時事』は一九二五年末から二六年初頭に「『内地』の日本人」による「沖縄県人」への「差別観念」を批判して、「同じ同胞を人種的に排斥」する限り「日本人は外に向って平等待遇の要求を為し得る資格はない」、「全日本人対白人、黄色人種対白色人種の間に起こりつつある問題と、同一のもの」と主張した。あくまで沖縄系住民を「同じ同胞」と規定し、「同胞」内部の「差別」を批判するという論理ではあるが、それを日系住民、そしてアジア系住民に対する白人の人種主義への批判と共通の規範によって意味づけ、まずみずから人種主義を克服せよと説いたのである。[97]

沖縄系住民、特に二世市民にとって、ハワイの多様なアジア系住民との接触は、大和系住民との関係に規定されずに民族集団としての自己認識を形成する機会になった。ただし日本語学校への児童の通学などを含め、沖縄系住民は基本的に日系住民の一部をなしており、沖縄系住民を異質で劣った存在とみなす大和系住民の態度は、ハワイ出生の二世にも引き継がれた。[98]

以上のように一九二〇年代の米領ハワイで日系住民は二世市民の成長を迎え、白人支配層から米化運動の圧力を受けながら、中国系住民とともに「東洋人系市民」を形成することを志向した。その際に規定要因となったのは、第一に白人支配層に対して日系住民と中国系住民が境遇と利害の共有を認識したこと、第二に朝鮮系住民やフィリピン系住民と異なり、日系・中国系住民が有権者人口の増大を通じて政治的影響力を行使しつつあったこと、第三にワシントン体制下の東アジアで、日本の帝国支配が維持される一方で日中の衝突が抑制されたことだといえよう。このうち第二の要因は、以後も各民族集団の人口比が大きく変わらないままアジア系の有権者人口が増加し、また準州の政治参加システムが維持されたことにより、重要性を増し続けた。しかし日本の中国侵略、さらに日米戦争によって、第一・第三の要因は重大な変化を受けることとなった。

四　アジア太平洋戦争とハワイの日系・アジア系住民

(1)　満洲事変と日系市民の「忠誠」

一九三〇年代前半から日系市民の有権者人口に占める割合が急速に増大し（表7-5）、本格的な政治進出が始まると、懸念を募らせた白人支配層による米化運動の圧力は一層強化された。[99] それゆえ、この時期に日本が開始した中国への侵略は日系・中国系住民の間に緊張をもたらしただけでなく、ハワイの「東洋人系市民」の大部分を占めるようになった日系市民に対して、白人支配層が忠誠を疑う材料にもなった。

既に一九二八年、日本の第二次山東出兵に伴って起きた日中両軍の衝突（済南事件）は、ハワイの中国系住民を強く刺激していた。「中華青年互助会」が中国語学校で中国語による演説会を開催し、山東出兵を国際法違反と批判するカルフレッド・ラムの演説や、日本軍が中国人を「虐殺」する「時局劇」が行われたのである。[100]『日布時事』は日中関係とハワイの「日支人関係」とを区別する立場から、この演説会を「軽挙妄動」と批判した。[101] しかし当時、ラムが国民党のハワイ支部長であり、一九三一年以降は中国での国民党大会に参加したことが示すように、[102] 中国系住民はハワイ出生の市民を含めて中国との紐帯を維持していた。以前の外国語学校問題における日系住民との利害の共有という認識と、中国へのナショナリズムに基づく日本批判とは、ラムのような中国系市民の関心において同居するものだったといえよう。

表7-5　ハワイの民族別有権者人口・人口比（1930～36年）

（人）

年	ハワイ系	白　人	中国系	日　系	その他	合　計
1930	16,894 38.8%	16,528 38.0%	3,697 8.5%	6,012 13.8%	390 0.9%	43,521 100.0%
1934	19,444 31.1%	22,570 36.2%	5,447 8.7%	13,630 21.8%	1,341 2.1%	62,427 100.0%
1936	18,918 29.5%	21,901 34.1%	5,701 8.9%	16,215 25.3%	1,448 2.3%	64,183 100.0%

出所）Sidney L. Gulick, *Mixing The Races In Hawaii* (Honolulu : The Hawaiian Board Book Rooms, 1937).
注）1934年は合計が合わないが，そのままとした。

一九三一年九月に起こった満洲事変は、中国系住民の反日ナショナリズムを高揚させた。国民党ハワイ支部は米大統領および国際連盟に対して日本軍の行動に抗議するよう請願し、ホノルル中華総商会と中華総会館も、米大統領に対する同様の請願書を駐米中国公使に託した。[103] 加えて翌年一月の上海事変は、広東出身者の多い中国系住民を強く刺激した。国民党関係者が組織した華僑救国会をはじめとする救国献金運動は中国系住民に広まり、同郷団体や同業団体、中国語学校、学生団体なども参加して大規模に行われた[104]。

日系・中国系住民の関係も、満洲事変の勃発直後から緊張した。中国系住民の一部は日本批判にとどまらず、日系の養豚業者や理髪店などにボイコットを行って一定の打撃を与えた。これに対して『日布時事』や『布哇報知』は日中関係とハワイの「日支人」とを区別する主張に加え、両住民の経済的相互依存と人口規模を踏まえてボイコットへの報復の可能性に言及し、中国系住民の自制を促した[105]。これらの主張の一部は、一九二〇年代後半から日系紙が拡充していた英語欄にも掲載された。英語欄には増大する日系二世を読者に取り込む目的とともに、他の民族集団にも日系住民の主張を伝える意図があった[106]。

ただし満洲事変後の日系住民にとって、中国系住民との関係だけが問題になったわけではない。ボイコットに対する批判の中で以前と異なるのは、『布哇報知』が日系・中国系住民の「子女」は「米国市民」であり、彼らを「日支紛争の渦中に捲き込」んで「米国の厳正中立を犯す」ことはあってはならないと説いたことである[107]。このように「米国市民」の存在を重視する主張は、以下にみるように、日系・中国系住民の関係悪化が排日・米化運動と結びつくことへの危機感、そしてアメリカが満洲事変での日本の行動を批判したことによる懸念から発していた。

事変勃発直後、日系住民の間に一つの「噂」が広まっていた。ハワイ島のある公立学校が生徒に「日支問題討論会」を行わせ、教師が「挙って支那側に味方」した上、日系の生徒に対して、「目下の日支問題が悪化すればお前達の両親は日本に帰らねばならぬ。然しお前達は日系米国市民だから日本に帰る必要はない」と述べたというのであった[108]。『日布時事』はこの話が「事実とすれば由々敷問題」として、「日本人種、支那人種でこそあれ、何れも米国市民」である児童に「日支問題の曲直を論じさせる」ことに疑問を呈した[109]。また伝えられた教師の発言は明らかに、アメリカが中国を支持して満洲事変に介入した場合、日本人（一世）が敵性外国人となるだけでなく、「日系米国市民」も敵性外国人の子として窮地に立たされることを示唆していた。

以上の「噂」は、真偽は別としても、満洲事変が日系住民にもたらした危機感を反映していた。第一に、排日運動への懸念である。『布哇報知』は、「日支紛争」に際して日系・中国系住民は「故国に対する同情」より「米国に対する忠誠を第一とせねばなら」ず、特に「布哇に生れし日系市民」は「米国に対する絶対忠誠を立証」せねばならないと主張した。満洲事変をめぐって日系・中国系住民が対立すれば、排日・米化運動によって日系住民、特に日系市民と日本との結びつきを批判する材料にされると危惧したのである。それは第二の懸念、すなわち日本がアメリカの敵国となる可能性と密接に結びついていた。『布哇報知』は「日支問題」が「日米の国交断絶を招」くという憂慮に対して、「恐らくそんな事はあるまい」と否定しながら、仮に現実となっても「日系市民たる其の子女を全部引連れて日本へ帰れるものでない」「如何なる場合にも布哇に止まらねばならぬ」以上、「我々従来の態度行動」を改めるべきだと説いた。満洲事変がもたらした不安に対し、アメリカ市民である二世とともに米領ハワイでの定住を維持することを、日本人である一世にとっての最優先事項と認識したのである。[110]

事実として、日系市民のアメリカへの忠誠を問う圧力は一九二〇年代末から加えられており、満洲事変以後の時期には一層強まった。米化運動に呼応した奥村多喜衛らは一九二七年から四一年までの毎年、二世市民を集めて日系市民会議（New Americans Conference）を開催した。会議では白人支配層の要人や奥村が日系市民に対してアメリカへの忠誠を繰り返し説き、また選挙でブロック投票を行わないよう促した。特に一九三二年以降はハワイ駐留米軍の指揮官が毎回出席して、日系市民に忠誠を要請した。満洲事変および上海事変以後、米軍部はハワイの軍事的重要性と「日本人の脅威」を強く意識し、日系市民の政治進出をも国防上の危険とみなしたのである。[111]

また米連邦議会では一九三二年末、軍事基地としての重要性にもかかわらず非白人の有権者が大多数を占めるという理由により、ハワイに委員会制による統治を導入する法案が提出された。ハワイの白人支配層はかねて同様の考えを抱いていたが、高等弁務官（high commissioner）が連邦政府から派遣されるこの法案に対して、かえってみずからの支配的地位が奪われるとみて猛反対した。法案は廃案となり、白人支配層は市民の参政権剝奪という選択肢を放棄した結果として、日系市民に対する米化運動に力を注ぐこととなった[112]。

すなわち、満洲事変後のアメリカでは対日戦争の想定によりハワイの日系市民の政治参加に対する危険視が強まったが、日系市民の政治参加を阻止するようハワイの統治制度を変更する可能性は否定された。満洲事変の収束によって日系・中国系住民間の緊張が緩和しても、日系市民の忠誠を問う米化運動の圧力は持続した。一九三四年以降に本格化したハワイ立州運動は、さらにハワイ市民の完全な自治権・代表権の獲得を目指し、日系市民の忠誠問題をアメリカ国政上の争点とした。

(2) ハワイ立州問題と日中戦争

従来、ハワイの立州に対しては日系や中国系を含め、有権者は一般的に積極的だったが、実権を掌握する白人支配層が準州統治の維持を望んだため、立州を求める本格的な運動は起こらなかった。しかし一九三四年に連邦議会がハワイの砂糖割当量を大幅に削減する法律を制定すると、ハワイの製糖業は猛反発した。ハワイが連邦税を負担し、また連邦議会にはハワイ（準州）に対する立法権があるにもかかわらず、ハワイに連邦議会での投票権がないことを致命的問題と認識したのである。白人支配層を含むハワイ市民の大多数は即時立州を支持するに至り、翌一九三五年、連邦議会に対して立州を求める法案提出とロビー活動が開始された[113]。

連邦議会はハワイ立州法案の検討にあたって、ただちに日系市民に焦点を当てた。一九三五年一〇月にハワイで開催された連邦下院属領委員会の公聴会では日系市民の米化と忠誠、ブロック投票の有無などが議論の中心となり、準州下院議員などの公職者を含む日系市民も証言を行った。関心の焦点は明らかに日系市民の忠誠にあったが、基本的な問題設定は「東洋人系市民」の政治参加の是非だった。ハワイの白人支配層の一部は、なおも立州による日系市民の政治進出拡大に対して消極的であり、『アドヴァタイザー』は公聴会の会期中、日本語学校の存在や日系市民の二重国籍を根拠に「東洋人系市民」の「二重忠誠」を論じた。これに対して『日布時事』は、「東洋人系市民がハワイの人口の大部を占めてゐる」のは不可逆の「事実」であり、また「東洋人」の「責任」ではないとして、「一部のアメリカ人」が「過去に於て散々に東洋人の汗と膏を利用して今日のハワイを建設しながら、今になつて殊更に種々の難癖を付けてこれを排撃しやうとする」ことを批判した。属領委員会はハワイ市民の大多数が立州を望んでいると認めながら、「東洋人系市民」の米化は不十分だとして立州不可を結論づけた。[114]

ただし日系市民と中国系市民が、立州問題を通じて「東洋人系市民」としての意識を強めたとはいえない。一九三六年一一月に『日布時事』が行った日系市民による座談会では、選挙での「支那系市民」の政治進出が話題となった。ウィルフレッド・ツキヤマ（Wilfred C. Tsukiyama, 築山長松、ホノルル市郡検事）によれば、一九三四年の選挙で「［ホノルル］市郡参事として三人の支那人系が当選」し、「市郡参事会の殆んど半数を占め」たが、「白人は余りやかましく云はなかった」。その一方、ツキヤマは「日系市民の進出」については、「陸海軍に直接関係してゐる人は色眼鏡で見るかも知れない」と認めた。また堀田繁（建築請負業）は、日系市民が批判を恐れてブロック投票を避けているのに対し、白人市民や中国系市民はブロック投票を行っているという観察を示した。[115] 日系市民が国防上の危険分子とみなされた結果、政治参加に関して日系市民と中国系市民が共有する利害は乏しくなっていたのである。[116]

一九三七年七月の日中戦争開戦によって、満洲事変以後に変容したハワイにおける民族間政治の構図はさらに明確になった。以下にみるように、日系住民と中国系住民との間に緊張関係が生じただけでなく、それ以上に、日中戦争は白人支配層や米軍部、連邦議会が日系市民のアメリカへの忠誠に対する疑念を強化する要因となったのである。

日中戦争はハワイの日系・中国系住民双方の出身国へのナショナリズムを喚起し、開戦直後から、中国系住民だけでなく日系住民も、それぞれ中国、日本への献金活動を行った。『日布時事』や『布哇報知』は日中の国家間の関係とハワイの両住民の関係とを区別し、衝突を避けるよう訴えながら、日本の立場自体は支持し、さらに日本への「恤兵献金」の窓口となった[117]。

アメリカ本国で中国系住民の日系住民に対するボイコットなどが顕在化したのとは異なり、ハワイで両住民の関係が決定的に悪化することはなかった。その要因は、以前と同様に両住民の経済的相互依存と人口規模に求められる。中国系住民の日系商店に対するボイコットは一部にとどまり、組織的ボイコットはみられなかったが、『日布時事』はこのような中国系住民の態度を「賢明」と評して、日系住民がボイコットに報復した場合の中国系住民側の損害の大きさを指摘した。また一九三九年の調査報告によれば、中国系住民自身も「彼ら〔日系住民〕は我々に数で勝っているので、〔ボイコットをやれば〕我々が負けるだろう」と認識していたのである[118]。

その一方で、日系住民は日本に対するナショナリズムが排日・米化運動を刺激することを懸念していた。前述した日系・中国系住民の献金活動の大きな違いは、中国系住民の献金にはハワイ出生の市民も積極的に参加したのに対し、日系住民の献金はほとんど日本人（一世）からに限られたことである。日系市民の献金は、恐らく意識的に抑制されていた。『日布時事』は、日系住民の日本への献金は「僅かな例外を除き、悉く第一世」からの「純然たる自発的」な献金であり、「何処の何人からも絶対に非難を蒙」る理由はないと主張する一方、「第二世の日系米国市民」が同様に献金するのは「遠慮」すべきであり、「支那人系市民」が中国への献金を行っていても、「日系市民は、その特殊なる環境を考慮せねばならぬ」と説いた[119]。これは明らかに、日系市民が中国系市民と異なり、アメリカ国防上の危険分子として忠誠を疑われているという状況認識を示していた。

日系市民の置かれた立場への懸念は、献金問題に限らなかった。準州政府の教育局長が、ハワイの公立学校で日中戦争に関する討論を行うのは「東洋との地理近接と文化関係の密接」ゆえに「自然」だと認めたのに対し、『布哇報知』は強く反対した。それは「米国市民」とはいえ「日支両国の国民」を「父兄」とする生徒の間に「不必要な反感」を煽る危険な行為であり、「米国中立の精神」に反すると主張したのである。[120]「中立」への言及は、日中戦争に対するアメリカの立場を意識したものであろう。同紙が日系・中国系市民の関係悪化とともに憂慮したのは、日系の生徒が日本を支持して窮地に立たされる可能性だったと思われる。

そして事実、日中開戦後のハワイ立州問題の展開の中で、日系市民の忠誠はいっそう厳しく問われることとなった。一九三七年一〇月に連邦上院・下院合同委員会はハワイで立州法案に関する二度目の公聴会を行い、再び日系市民の忠誠問題を議論の中心とした上、「国際情勢の混乱」、つまり日中戦争を理由として、日系住民が「単一の多数派民族集団」をなすハワイの立州を否定した。以後、ハワイでは立州運動が継続する一方、日系市民の忠誠問題を主な争点とする立州反対派も支持を集めた。この間、一世を中心とする日系住民が日本に献金や慰問袋を送っていたことは、二重国籍や日本語学校の問題とともに、日系市民の忠誠に対する疑惑の根拠とされた。[121]

立州問題の公聴会などでは、朝鮮人・韓吉寿（Kilsoo Haan）の活動が事態を複雑にした。朝鮮（韓国）生まれで一九〇五年にハワイに移民した韓は、一九三〇年代初頭から朝鮮独立運動に従事し、満洲事変後は連邦政府や米軍部に日本のハワイ侵略の可能性を訴えた。韓は公聴会で「日本政府はホノルルの総領事館を通じ布哇の東洋人を大同団結して白人種に対立せしめんとしてゐる」と述べたのをはじめ、日系市民の日本との結びつき、アメリカに対する不忠誠を主張する証言を行い、これに日系市民の証言者や『日布時事』は事実無根として論駁した。韓の意図は日米関係の悪化を利用した朝鮮独立の追求にあり、戦時に備えたアメリカの外国人登録法施行（一九四〇年）に際しては、朝鮮人を日本帝国臣民（日本国籍保有者）ではなく朝鮮人として登録する許可を獲得している。しかし日系住民にとって、韓の活動は彼らをいっそう窮地に追い込むものでしかなかった。[122]なお、日中戦争開戦直後のブリュッセルでの九ヶ国会議にハワイの朝鮮系住民（国民会）が朝鮮独立を請願したのに対し、『日布時事』は日中戦争の解決を阻害すると非難し、また以前と同様に、日本の朝鮮支配はアメリカのハワイ支配と同じく動かし得ないと主張した[123]。

日系市民が日中戦争下でアメリカへの忠誠を厳しく問われたことは、彼ら自身にも変容をもたらした。彼らが受けた最も重大な打撃は、二重国籍への批判だった。

一九二四年、法律第一九号で日本国籍法が改正された後も、相当数の二世市民が日本国籍を保有していたのは事実であり、一九三三年の時点で日系市民の約六九％は二重国籍者だった。その最大の要因はごく単純に、制度上、二重国籍の維持が可能だったことにある。日本国籍法改正以前に出生した二世は、申請による日本国籍の離脱が可能になったが、申請手続きには日本からの戸籍抄本の取り寄せをはじめ手間と時間を要し、二世自身にとって離脱申請の動機は乏しかった。いっぽう改正以後に出生した二世は、日本国籍の取得には出生直後に日本総領事館での登録が必要となったが、当初は親たち（一世）の大部分が登録を行った。二世の中には前述のように日本で教育を受ける者（在日二世、帰米二世）も存在し、また二世が、白人支配下のハワイでは限られていた就職機会を日本、あるいは「満洲国」などに求めることは、決して異例ではなかった。ゆえに日系住民には、二世も日本国籍を保持した方が有利だという認識もあったのである[124]。

しかし日中戦争下で、日系市民の二重国籍は日本への忠誠を意味するという批判は急激に高まり、一九三七年一〇月の立州法案公聴会以後、この批判に対処する必要を認識した日系市民の中で、日本国籍離脱運動が始まった。特に一九四〇年後半以降は日米関係の悪化で増幅する圧力のもと、「愛国」運動の一環として日本国籍離脱のキャンペーンが行われ、日米開戦直前までに二重国籍者は日系市民の約三分の一にまで減少した[125]。一方、連邦政府は一九四一年秋、二重国籍禁止法案を連邦議会に提出した。同法案はアメリカに忠誠を誓うことを条件に、二重国籍者を事実上の単一国籍者と認めるものであり、『日布時事』はこれを歓迎した[126]。しかし法案成立を待たずに、日米は開戦を迎えた。

また日系市民（男子）にとって、忠誠証明の手段となったのは兵役だった。彼らがハワイで従軍することは一九二〇年代から米軍の意向で禁止されており、満洲事変以降、日系市民会議などで二世市民は国防への参加を認めるよう要求していた。日系市民の従軍は一九四〇年八月に施行された徴兵法によってようやく可能となり、日米開戦までに志願兵約三〇〇名、応召兵約一四〇〇名が兵役に就いた[127]。

なお一九四一年八月頃になると、日本の米領フィリピン侵攻が予想され、サトウキビ農場などで「時局に興奮した」フィリピン系住民が日系住民に「不穏の言動を示」していると報じられた。また日系の「青年」が「日本軍が比島を占領するのは朝飯前だ」と発言して、フィリピン系住民を「激昂」させる事件も起こった[128]。フィリピン系住民と中国系・朝鮮系住民との相違は、フィリピンがアメリカの属領だったことにあるといえよう。日系住民とフィリピン系住民との関係は、日米の敵対が顕在化したことによって、初めて東アジアにおける日本の帝国化の影響を受けるに至ったのである。

(3) 日米戦争とハワイの日系・アジア系住民

一九四一年一二月七日（アメリカ時間）の日本軍によるパール・ハーバー奇襲と、それに続く日本の対米宣戦布告は、ハワイおよびアメリカ本国における日系住民の境遇を完全に変えた。彼らの出身国である日本はアメリカの交戦国、しかも復讐の対象となったのである。ただし、パール・ハーバー奇襲に際して米軍関係者約二三〇〇人とともに死亡した約五〇人のハワイの民間人のうち、約二〇人が日系住民（全てアメリカ市民）とみられることは指摘しておきたい。日本軍の攻撃は一部の地上掃射を除いて軍事施設に限られており、市街地に落ちた爆弾は米軍の不発弾だった。しかしいずれにせよ、アメリカにより軍事要塞化される一方で日系住民が最大の民族集団を構成した米領ハワイを日本軍が攻撃した結果、日本を祖国とする人々も犠牲となったのである。[129]

ハワイでは一二月七日の奇襲後ただちに、一九四一年一〇月に準州議会で制定されたハワイ防衛法に基づいて準州知事に特別権力が付与された。ハワイ駐留米軍は事前の計画に基づいて軍政（戒厳令）の実施を要請し、準州知事は大統領への確認を経て速やかに軍政を宣言した。これらの処置自体、日系住民の危険性に対する軍事的必要を理由としていたが、さらに米軍は、やはり事前の計画に基づき、一二月八日までに三九一名の日系住民（日本人と日系市民）を拘束し、サンド島に設置した収容所に送った。彼らは日本語学校教師や仏教・神道関係者、新聞記者など、破壊活動の可能性とは無関係に、米軍が日系住民の指導者と目した人々だった。一九四二年二月一七日には、このうち一七二名が本国の収容所に移送された。以後、日本人・日系市民に対する米軍のスパイ・破壊活動の調査で、忠誠を証明できないと判断された人々も強制収容の対象となった。合計すると、一九四五年までにハワイの日系住民のうち一四六六名がハワイ各地の収容所に送られ、それらからの移送を含む一八七五名が本国の収容所に送られた。[130]

日系住民以外の強制収容対象が敵性外国人（ドイツ人、イタリア人）に限られたのに対し、日系住民に関しては前述の通り、日本人（Japanese aliens）と日系市民（Japanese citizens）がともに対象となった。日系住民は国籍によらず、破壊活動を行う可能性のある「人種」（Japanese race）として扱われたのである。この重大な相違は、アメリカ本国（主に西海岸）における日系住民の強制立ち退きと共通だった（補論2参照）。ただし強制立ち退き・収容の範囲は、本国では日系住民全体だったのに対し、ハワイでは日系住民の一部のみだった。これはハワイの日系住民が、人口規模の大きさゆえに全体を立ち退かせるのが極めて困難なだけでなく、製糖業や軍需の労働力として不可欠と認識されたためだった。ゆえに彼らは、軍政によって監視下に置かれたのである。[131]

軍政下で著しく増大した忠誠証明の圧力は、ハワイの日系市民の市民権にも深刻な影響を与えた。一九四二年に行われた選挙では、共和党から日系市民の立候補自粛が提案された。共和党現職の日系市民のうち二名はこれに従ったが、カウアイ島の四名は従わずに立候補し、全て再選を果たした。彼らは全米からの激しい批判を浴びて辞退を余儀なくされたが、それにより「忠誠」「愛国心」を示したと称賛された(132)。

日系市民（男子）にとって、忠誠証明のほとんど唯一の有効な手段となったのは兵役だった。日米開戦後、日系市民は徴兵資格上の「敵性外国人」と分類され、彼らに対する徴兵は停止された。開戦前に従軍していた日系兵士のうち、志願兵約三〇〇名は除隊され、彼らの抗議と要望により軍属として再配置された。一方、日系応召兵約一四〇〇名は武装解除された後、一九四二年五月に本国の駐屯地に移送され、第一〇〇歩兵大隊として編成され訓練に従事した。一九四三年、米軍はハワイの日系市民の強い要望、および補論2でみる本国の日系アメリカ市民協会（JACL）の要求に応じて志願兵を募集する一方、第一〇〇歩兵大隊をヨーロッパ戦線に派遣した。当初、志願兵の割り当ては本国三〇〇〇名、ハワイ一五〇〇名だった。しかし収容所での生活を強いられていた本国西海岸の日系市民が、忠誠登録という手続きを通じてアメリカへの忠誠とともに従軍意思を尋ねられた結果（補論2参照）、志願者一二五六名、入隊者八〇〇名にとどまったのと対照的に、ハワイでは一万名近い日系市民が志願し、増員されて二六八六名が入隊した。かくして本国・ハワイの志願兵によって編成された第四四二連隊は、一九四四年にヨーロッパ戦線で第一〇〇歩兵大隊と合流した。彼ら、いわゆる日系二世部隊は多くの犠牲者を出しながら、日系市民の忠誠に対する疑惑の払拭に成功した。志願兵以外の日系市民も、一九四四年以降は徴兵によって兵役に就いた(133)。

一方、アメリカ市民であるにもかかわらず強制収容の対象となった日系市民の一部は、度重なる忠誠証明の要請に対して抵抗するに至った。本国の収容所に送られた日系市民は、一九四三年以降、西海岸の日系市民とともに前述した忠誠登録の対象となったが、彼らの一部は忠誠宣誓を拒否した。さらに連邦政府が一九四四年に市民権放棄法を制定すると、「不忠誠者」や日本「帰国」希望者を中心とする二世が市民権（国籍を含む）の放棄を申請したのである。これらの行動は、アメリカ市民である彼らの強制収容を不当として抗議する性格が強かった。連邦政府が市民権放棄者として日本「送還」の対象とした二世は本国・ハワイを合わせて五五八九名、うちハワイ出身は二七五名だった。彼らのうち約二〇〇〇名は戦争終結直後、実際に日本に「送還」された[134]（補論2）。

日米戦争は以上のようにハワイの日系住民の境遇を一変させただけでなく、ハワイのアジア系住民に、それぞれの出身国・地域と日本・アメリカとの関係に応じた境遇の変化をもたらした。

沖縄系住民にとっては、日本がアメリカの敵国となった結果、大和系住民（「内地人」）との関係において、みずからが「日本人」とは異なる「沖縄人」だと自認しうるという転換が生じた。しかしアメリカとの関係においては、沖縄系住民は完全に敵性外国人・敵性市民としての日系住民の一部だった。そして沖縄系住民が日系住民として、軍政や強制収容、二世市民の従軍など以上に述べてきた戦時経験を共有したことは、沖縄系住民と大和系住民との間にあった障壁を崩す役割をも果たした[135]。

朝鮮系住民は、日米戦争は朝鮮の独立をもたらすと予期して開戦を歓迎したが、朝鮮人（一世）が日本国籍保有者であるために敵性外国人に指定され、強い衝撃を受けた。朝鮮人は強制収容などの対象にはならず、また朝鮮系市民（二世）は敵性市民としては扱われなかったが、朝鮮人にとっては、日本帝国臣民としての認定自体が受け入れがたかったのである。朝鮮系住民は連邦政府・米軍部に対し、敵性外国人指定の解除とともに、朝鮮仮政府の承認を求める運動を展開し、さらに朝鮮はアメリカの同盟国だと訴えた[136]。

この朝鮮系住民の運動に対するアメリカの対応は、戦争目的の一つとしての民族自決原則と密接に関係していた。一九四二年の時点で、米軍部は朝鮮独立承認の要求には疑問を抱きながら、朝鮮人を「友好外国人」と認定する可能性を考慮した。そして一九四三年一二月に米・英・中によるカイロ宣言が朝鮮の解放と独立を標榜した直後、ハワイの朝鮮人は敵性外国人外出禁止令の指定を解除され、一九四四年五月には敵性外国人指定自体が解除された。また朝鮮人の敵性外国人指定が長く維持された理由には、彼らの要求を認めたら「台湾人や沖縄人」にも同様の地位変更を認めねばならないとの考慮もあった。[137] 第二次世界大戦の展開の中でアメリカが朝鮮の日本からの独立を認めた結果、ハワイの朝鮮人は日本国籍保有者としての認定を解かれたのである。

中国系住民の境遇は、アメリカと中国が連合国として同盟した結果、アメリカ全体で、日系住民とは対照的に好転した。特に大きな変化は、一九四三年に連邦議会が排華法を廃止したことである。これにより「中国人種」の入国が年一〇五名の割当てながら許可され、また「中国人および中国系の人々」には他の移民と同条件で帰化権が与えられた。ハワイの中国人（一世）も、アメリカ市民権の獲得が可能になったのである。結果的に、これはアメリカが長きにわたるアジア人移民禁止政策から転換する最初の契機となった。[138]

ただし排華法の廃止などの中国系住民の境遇の改善は、米中の同盟国化の結果としてもたらされたのであり、中国系住民自身の要望を踏まえたものではなかった。他方、ハワイでは一九四三年、日本語学校を標的とした外国語学校学年制限法が準州議会で可決され、これに対して中国語学校は異議申し立てを行った。[139] アメリカと中国が日本と交戦するという状況でも、ハワイの日系住民と中国系住民との間には一定の境遇・利害が共有されていたのである。

またアメリカ市民としての兵役も、日系住民を含むアジア系住民が第二次世界大戦下で共有した境遇だった。ハワイから兵役に就いたアジア系市民（男子）は日系市民だけではなく、中国系・朝鮮系・フィリピン系市民も含まれていた。彼らにとってアメリカ兵としての従軍には、各々の祖国を侵略・支配する日本との戦いという意味もあったが、一方で日系市民と同様に、従軍は人種主義を払拭して対等なアメリカ市民としての承認を得る手段だった。とりわけフィリピン人（一世）は、アメリカ国籍保有者でありながら、市民権がないため従軍資格がなかった。全米のフィリピン人の運動により、連邦政府は一九四二年一月に彼らをアメリカ市民として再分類し、従軍を許可した[140]。

以下では、戦後のハワイにおける日系・アジア系住民の帰趨について概観しよう。白人支配層を中心とするホノルル商業会議所は一九四二年一二月、ハワイの軍政を歓迎し、憲法による統治の復活に反対する意見を大統領に伝え、連邦政府を困惑させていた。統制下でアジア系住民の安価な労働力を得られる軍政を、属領統治以上に有益とみなしたのである。しかし軍政は一九四四年一〇月、軍部が日本人・日系市民の強制収容権限などを保持した上で解除された。強制収容されていたハワイの日系住民は、一九四五年七月から一二月にかけて釈放・送還された。ハワイの軍政は、一九四六年二月には連邦最高裁で憲法違反と判定された[141]。

憲法による統治が復活した戦後の米領ハワイでは、アジア系市民の政治進出と、それによる民主化の進展が戦前以上に揺るぎない基調となった。アジア系の有権者はいっそう増大し、また日系市民の政治参加に対する従来の批判は、二世兵士の従軍を象徴とする忠誠証明によって退けられた。日系市民は他のアジア系市民と提携して、政治参加を通じてハワイにおける白人支配層の社会的・経済的既得権に挑戦するとともに、ハワイの立州による自治と市民権の拡充を求める運動に従事していった[142]。日本の敗戦と脱帝国化は、ハワイのアジア系住民が現地社会での境遇・利害に基づいて関係を構築する上での障害を取り除いたといえよう。

また連邦議会は一九五二年に、一九二四年の移民法で設けられた「帰化不能外国人」のカテゴリーを撤廃した移民国籍法（マッカラン＝ウォルター法）を制定し、中国人だけでなく日本人と朝鮮人にも、人数割当て制による入国、および市民権の獲得を可能とした[143]。人種主義を強く残しながらも、アメリカはアジア系住民の国民統合へと舵を切ったのである。

以上のようにアジア太平洋戦争期のハワイにおける日系住民は、日本の東アジア侵略が日米間にもたらした敵対と、日系市民の政治進出に対する白人支配層の圧力との結合によって苦境に立たされた。アジア系住民間では、白人支配層に対する境遇・利害の共有はあり、また日系住民の人口規模ゆえに衝突は顕在化しなかったが、日本の侵略や帝国支配によって日系住民は全体として孤立したといえよう。日米戦争、そして日本の敗戦と脱帝国化を決定的な契機として、ハワイの日系住民はアメリカ市民としての国民統合を不可逆の選択とし、人口規模に相応する政治勢力を獲得していった。かくしてハワイにおける民族としての日系住民は、日本という国家から分離していったのである。

ただし日本の敗戦と脱帝国化によって、戦後ハワイの日系住民が完全に日本との紐帯を失ったわけでも、東アジアの政治変動と無縁になったわけでもなかった。まずハワイの日系住民は、戦後ただちに日本難民救済委員会を組織し、アメリカのララ（アジア救済連盟）を通じて救済物資の寄贈を行った。日系住民は日本という国家からは離脱しても、郷土との紐帯は失わなかったといえよう。しかも一世の一部には日本勝利を信ずる「勝った組」が存在し、日本救済運動とは対抗関係にあった。彼らはブラジルの日系住民と同様に（補論2）、軍政下のハワイで孤立を深め、日本国家への帰属意識を強めていたのである。「勝った組」は一九四六年以後は影響力を失い、一部は傷痍軍人への援護運動に転換して敗戦も認めたが、以後も根強く活動を続ける者がいた。なおハワイから日本へのララ物資には、ホノルルの中国系住民の商社からも「相当額」の寄付があった。これは恐らく、日系住民との関係修復の意思によるものであろう(144)。

次にハワイの沖縄系住民は、アメリカの沖縄支配の影響を強く受けながら、民族意識を変容させた。戦後、彼らは一方では日本救済運動に参加し、また一部は「勝った組」にも加わっていたが、他方では地上戦を経て米軍に占領された沖縄の惨状を知るとともに、伊波普猷ら東京の沖縄人やアメリカ本国・南米の沖縄系住民と呼応して沖縄救済運動を開始していた。一九五一年のサンフランシスコ講和条約締結に際してアメリカによる沖縄（琉球諸島）統治の継続が決まると、彼らは「ハワイ沖縄人連合会」を結成した。沖縄系住民の間では、沖縄のアメリカ領化と日本復帰をめぐる論争が起こり、また「沖縄人」だけの団体を作ることに異論もあった。いっぽう米軍は日本復帰運動が激化する沖縄での統治安定のため、ハワイの沖縄系住民を「琉球系アメリカ人」と呼んで、アメリカ統治下の沖縄人（「琉球人」）と交流させた。しかし一九七二年に沖縄が日本に復帰すると、ハワイ沖縄人連合会は「ハワイ沖縄県人連合会」に改称した。[145] 沖縄の政治的帰属の変動が、ハワイの沖縄系住民の民族意識に強く影響したのである。

大和系住民との関係の変化や、戦後の沖縄統治をめぐる変動を経て、ハワイの沖縄系住民は、沖縄系であり、日系であり、同時にアメリカ市民だという自己認識を持ちうるようになった。[146] ただし沖縄系一世である湧川清栄の次の発言（一九八八年）が示すように、「沖縄人」でもあり「日本人」でもあるという彼らの意識は、ハワイの民族間政治にも規定されていた。

沖縄系はせいぜいハワイで四万人程度です。ところが日本人全体をとりますと、二十五万人もおる。ハワイの人口の四分の一を占めている。沖縄系が日本人の一部であればこそ、日本人と同じ政治勢力をもって社会で働けるわけなんです。ところが、沖縄人が日本人でないということになりますと、わずか四万人では、中国人、韓国人と同じ程度の政治勢力しか持てないことになってきます。[147]

ハワイでほとんどの住民がアメリカ市民となった後も、民族集団の政治代表の必要という認識は存在し続けた。一方、アメリカの一州となったハワイでは、人口規模は「政治勢力」と等価となった。ゆえに人口規模は、民族意識を規定する一要因となったのである。

おわりに

米領ハワイの日系住民は、アメリカの属領（準州）となったハワイに、白人支配層の経営するサトウキビ農場の安価なアジア系労働力の一部として来住した。二〇世紀前半にハワイの人口の六割前後を占めたアジア系住民の中でも、日系住民はハワイ最大の民族集団となった。アジア系住民は、準州統治下のハワイで実権を掌握する少数の白人のもと、「東洋人」としての境遇を共有していた。しかし同時にアジア系住民はそれぞれ、帰化不能外国人である一世を中心として各々の出身地域との紐帯を維持しており、ゆえに日本と中国との関係や、日本の沖縄・朝鮮支配はアジア系住民間の関係に強く影響した。

第一次世界大戦から戦後にかけては、日本の対華二十一ヶ条要求に反発する中国系住民のナショナリズムと、三・一独立運動に呼応する朝鮮系住民のナショナリズムとがともに高揚し、日系住民との緊張関係が生じた。日系住民にとって特に問題だったのは、白人支配層の排日運動が中国系・朝鮮系住民の日本批判と結びつくことだった。白人支配層は日系住民の労働運動や将来の二世市民の政治参加を警戒し、日本語学校などに対する圧力を強めていたのである。日系住民は、日本国家とみずからとを区別して白人支配層の排日圧力や中国系・朝鮮系住民との衝突を避ける一方、中国系住民のボイコットに対しては、みずからの人口規模を利用して自制を促した。

一九二〇年代には、日系住民と中国系住民の間に、「東洋人系市民」の政治参加に対する共通の関心が生まれた。白人支配層や米軍は、軍事拠点ハワイでの日系市民の政治参加を国防上の危機と主張して米化運動を推進したが、それは外国語学校取締法など、中国系住民が日系住民と利害を共有する争点をもたらした。また中国系のハワイ出生市民は日系市民より早く増大して政治に進出したため、日系住民は日系市民の先例として期待を寄せたのである。ただしマウイ中日市民協会の例を除いて、「東洋人系市民」の団結はみられなかった。また有権者人口がごく少なかった朝鮮系・フィリピン系住民は、「東洋人系市民」への関心の外にあった。

満洲事変以後の日本の中国侵略と、それに伴う日米の関係悪化は、ハワイの日系住民を窮地に追い込んだ。日系・中国系住民がともに出身国に対するナショナリズムを高揚させ、中国系住民との緊張関係が生じただけでなく、日米戦争の可能性が高まり、日系市民のアメリカに対する忠誠が重大な政治争点となったのである。日系市民の政治進出の拡大とハワイ立州運動の本格化は、忠誠証明の圧力を増大させた。日系市民の多くが日本国籍を保有していたことは批判の的となり、特に日中開戦後から日米開戦直前期には国籍離脱運動が行われた。

日米開戦後、ハワイにはただちに軍政が敷かれ、一部の日本人・日系市民が強制収容されるとともに、他の日系住民は監視下に置かれた。ハワイ最大の民族集団だった日系住民に対しては、西海岸の日系住民と異なり、全住民の立ち退きよりも労働力としての確保が優先されたのである。日系市民（男子）の従軍による忠誠証明などを足掛かりとして、戦後の日系住民はアメリカ市民としての完全な統合に向かった。日系住民と中国系・朝鮮系住民との関係は、戦時下のアメリカの中国との同盟と朝鮮独立支持、そして日本の敗戦と脱帝国化によって変化した。また日系住民内部の沖縄系住民の位置は、戦争経験と戦後アメリカの沖縄支配によって変容した。総じて戦後ハワイにおける日系住民は、郷土との紐帯を維持しながらも日本国家からは離脱し、他のアジア系住民とともに、アメリカ市民として人口規模に比例した政治勢力の獲得を追求した。

二〇世紀前半の米領ハワイは、アメリカの属領であると同時に、日系住民の移住植民地だった。ただし、それは白人支配層やハワイ駐留米軍が米化運動の過程で主張したように、ハワイの日系住民が日本のアジア太平洋戦略の延長上にあったという意味ではない。ハワイで日系住民が最大の民族集団を形成したのは、サトウキビ農場の労働力として大量に導入された彼らが、現地での定住を選択した結果に過ぎない。にもかかわらず、これを単なる移民ではなく移住植民地化とみなすのは、第一に日系住民の人口規模自体のためであり、第二に日系住民と日本との結びつきが、彼らのハワイ定住志向と同居してさまざまな形で持続したためである。

まず、米領ハワイでは当初、少数の白人植民者が先住民のハワイ人とともに政治権力を掌握していた。しかし日系住民は人口上の最大民族集団となっただけでなく、ハワイ出生者のアメリカ市民権を通じて、ハワイの民族間権力配分に大幅な変動をもたらした。白人支配層が排日・米化運動を行い、また一九三〇年代半ばまでハワイの本国編入（立州）に否定的だったことは、このような意味での日系住民による移住植民地化への抵抗だったと理解できる。もっとも日本統治下の台湾・朝鮮の地方選挙や「満洲国」協和会において、制度操作によって日本人が人口比以上の代表を得たのとは異なり（補論1、第6章）、人種別参政権や委員会制などの提案は実現に至らず、これに類する措置は戦時下の軍政にとどまった。

次に、日系住民は日本の国家権力の保護によってハワイに入植したわけではなく、アメリカ統治下での安定的発展、二世のアメリカ市民としての国民統合を志向したが、同時に日本の政治社会の一部としての性格を持ち続けた。一世（帰化不能外国人）および一部の二世（アメリカ市民）の日本国籍保有だけでなく、日本への遠隔地ナショナリズムの形成も顕著だった。さらにアジア系住民の間では、東アジアにおける日本の帝国化によって民族集団間でナショナリズムが衝突し、また植民地主義も継続した。加えて日系住民が最大の民族集団だったことは、他のアジア系住民がナショナリズムによる日系住民との関係悪化を避ける要因となった。ハワイのアジア系住民の中での日系住民は、一方で政治参加を通じた白人支配是正のため「東洋人系市民」の形成を志向しながら、他方で出身国・地域間の関係をめぐる紛争では、マジョリティとしての影響力を行使したのである。

このような日系住民による米領ハワイの移住植民地化は、アジア太平洋地域における活発な人口移動と日米両帝国の形成との帰結であるとともに、ハワイという地域をアメリカの国民国家規範の外部に置く結果となったといえよう。ハワイの属領統治こそが、大規模な日系住民の存在、日系市民の政治参加を許容させたのである。しかし一九三〇年代に一方で日米が敵対し、他方でハワイの白人支配層が本国編入を要望するようになると、日系住民は二世市民の二重国籍への批判をはじめ、アメリカの国民国家規範と人種主義の圧力に本格的に直面した。そして第二次世界大戦を通じた国際秩序の変容と、日系住民自身の戦争経験とによって、彼らは日本の国家の延長としての側面を持たずに、アメリカ市民としての統合を志向する民族集団となっていったのである。

補論2　南北アメリカの日系住民と第二次世界大戦

はじめに

近代を通じて日本人の主要な移住先の一つだった南北アメリカ地域には、ヨーロッパ諸国からの移住植民地化を経て形成された国々が存在していた。これらの国々では、ヨーロッパ系（白人）の移民が先住民に対して支配的地位に立ち、さらに中国や日本などからのアジア系移民が、奴隷制（主にアフリカ系移民）廃止後の低廉な労働力として導入されるという構造が広くみられた。(1) 角度を変えてみれば、ヨーロッパ系移民とアジア系移民との間には人種主義と結びついた支配─従属関係があったが、先住民と対比すれば、両者はともにこの地域の開発のため来住した植民者だったのである。

以上に述べたことは、基本的には第7章で検討したハワイの事例にも当てはまる。ここから類推できるように、南北アメリカの日系住民（日本人移民と現地生まれの日系人）の歴史に共通の特徴は、彼らが日本との紐帯を維持しながら、南北米の諸国家における定住と発展を追求する民族集団となったことである。ただし南北アメリカではハワイと異なり、日系を含むアジア系住民は人口上のマイノリティだった。ゆえに日系住民は現地で重大な影響力を持つ民族集団ではなく、その地位はハワイにおいてよりも一層不安定なものだった。

日本がアメリカ合州国をはじめとする連合国と対決した戦争は、南北アメリカにおける日系住民の境遇を変え、他のアジア系住民とは異なるものにした。この戦争は南北アメリカ諸国全体を巻き込んだため、各地の日系住民の経験はかなりの部分で共通するものとなった。ただし戦争に対する各国の関与の相違や、各国における日系住民の地位の相違によって、それぞれの経験は異なるものであった。

この補論では代表的事例としてアメリカ、カナダ、ブラジル、ペルーを中心に、日系住民の移民・定住過程と戦争経験について論ずることとする。

一　南北アメリカ諸国における日系社会の形成

アメリカ　アメリカ合州国への日本人の渡航は、一八八五年以降に本格化した。その主な構成は、学生や起業家、そしてとりわけ出稼ぎ労働者だった。日本での資本主義経済の浸透に伴う農民層の分解を背景として、ハワイ以上の賃金が見込まれるアメリカでの出稼ぎは注目された。日本の勢力を平和的に「膨張」させるという国家主義イデオロギーと、個人的な「成功」「立身出世」のイデオロギーとがないまぜになって、渡米は盛んに行われた。日本人は主にカリフォルニア州など西海岸諸州に生活の拠点を置き、農業などに従事して定住を志向する者も増加した(2)。

日本人労働者の増加に対し、一九世紀末には白人労働者を中心に排日運動が高まった。既に中国からの移民は一八八二年の排華法で禁止されていたが、これに代わる低廉な労働力として導入された日本人もまた、新たな「東洋人」として排斥の対象となったのである。一九〇〇年、日本外務省はアメリカ本土への日本人渡航をほぼ全面的に禁止し、一九〇二年以後は労働者に限って渡航禁止を続けた。このため、入国を禁止されていなかった米領ハワイからの転航や、メキシコからの入国によりアメリカ本土に入る日本人が急増したが、一九〇七年にはセオドア・ローズヴェルト（Theodore Roosevelt）大統領の行政命令で、ハワイからの転航も第三国からの入国も禁止された（その後も日本人の不法入国は続いた）。一九〇八年には日米紳士協約により、新規のアメリカ移民は禁止された。以後も家族呼び寄せを通じた移民は可能だったため、既に移民した独身男性と結婚する女性（いわゆる写真花嫁）をはじめとする日本人は盛んに渡航したが、一九二四年にはアメリカの移民法改正によって日本からの移民は全面的に禁止された。アメリカ本土における日系住民の人口は一九二〇年時点の一一万一〇五五人（うちアメリカ出生者は二万九六七二人、二六・七％）から、一九三〇年には一三万八八三四人（同六万八三五七人、四九・二％）、一九四〇年には一二万六九四七人（同七万九六四二人、六二・七％）と推移し、アメリカ出生者が増加する一方で、一世の急減により全体の人口が漸減した。これは一九二四年以後、移民の禁止に加えて、一世を中心に日本帰国者が増加したためと推測される。(3)

アメリカの日本人移民は、郷土の親族への送金などを通じて日本社会との紐帯を維持しただけでなく、彼らにとって日本国家との結びつきを断ち切ることは困難だった。まず日本人（一世）は、アメリカ国籍を取得できない帰化不能外国人だった。帰化権が「自由な白人」とアフリカ系住民に限られていただけでなく、一八八二年の排華法は中国人の帰化権を否定した。その後、日本人の帰化が例外的に認められた場合はあったが、一九〇六年には行政措置によって完全に禁止されたのである。次にアジア系住民についてもアメリカ出生の二世には市民権が付与されたが、日本国籍法（一八九九年）は日本人（日本国籍保有者）を父とする者に国籍を付与したため、両国に出生の届け出がなされた日系二世は自動的に二重国籍者となった（第2章、第3章、第7章参照）。さらに日本政府も、日本の行政権が及ばないアメリカの日本人移民を、日本国籍を通じてコントロールしようとした。日本外務省のサンフランシスコ総領事は一九〇八年以後、日本人移民指導者に在米日本人会を組織させ、一九〇九年に日本人に対して義務化された領事館での在留登録証明の権限を日本人会に与えた。日本人会を日本政府の下部機関化することにより、移民の統制を行ったのである。(4) これは第3章で論じた米領ハワイの中央日本人会とよく似ているが、同会はこの時点では既に解体しており、以後ハワイで同種の日本人会は実現していない。

なお以下でも触れるように、アメリカ合州国以外の南北アメリカ諸国家は、アジア系移民にも原則的に帰化権を認めていた。いっぽう日本人を父とする二世が二重国籍となったのは、出生地主義で国籍を付与する南北アメリカ諸国家で共通の現象だった。

アメリカでは排日運動の中で、一九一三年にカリフォルニア州で外国人土地法の改正により帰化不能外国人の土地所有権が否定されたのをはじめ、一九一〇年代から二〇年代にかけて、借地権なども含む日本人の農業経営上の権利が大幅に制限された。これに対して日本人は法廷での闘争を試みたが敗北に終わり、また一九二二年には小沢孝雄試訴の敗北によって日本人の帰化権が法的にも否定された。一九二四年の移民法改正は、こうした日本人排斥の合法化の到達点だった。日本人移民は、白人支配下のアメリカにおけるマイノリティ集団としての民族意識を強めるとともに、市民権を持つ二世の成長に期待を寄せた。(5) 二世の二重国籍は、排日運動側が二世の市民権剝奪を唱える根拠となっていたため、アメリカ本土各地の日本人会の日本政府・議会に対する運動により、日本国籍法は一九一六年の改正で二世の国籍離脱規定が設けられ、さらに一九二四年の改正で、満一七歳以上の男子は日本での兵役を終えない限り国籍を離脱できないという規定も廃止された。(6) 二世の市民権は、日系住民がアメリカで安定的に発展するための鍵であり、また土地所有権を持たない日本人一世にとって、農地取得のためにも死活問題だったのである。

アメリカの日系住民は、その後も日本という国家とのつながりを保持していた。一世が帰化不能外国人だったのに加え、日本国籍法の改正後もかなりの二世たちは日本国籍を離脱しないままだった。一世はしばしば二世を、日本の学校教育を受けさせるなどの目的で日本に送った。また前述のように、アメリカでの生活を切り上げ日本に帰国する一世は特に一九二四年以降に増加したが、一世が二世を日本に連れ帰った場合、彼らは二重国籍のまま日本で暮らすことになった。さらに二世の中には、人種排斥下のアメリカでは困難な専門職に就く機会を求めて日本に渡る者もいた。一九三四年の時点でアメリカ本土には約七万人、ハワイには約一〇万人の二世市民がいたが、同時期に日本にいたアメリカ（本土・ハワイ）出生の「在日二世」は、少なくとも一万五〇〇〇人、多ければ五万人と推定されていた。在日二世のうち、日本での生活や教育を経てアメリカに帰った二世は、「帰米二世」と呼ばれた。しかしこのように日本とアメリカという二つの国家をまたぐ日系住民の生き方は、両国間の緊張が高まる中で困難になった。満洲事変と日中戦争に際して、一世を中心とする日系住民は日本を支援する運動を行い、中国系住民のボイコットと白人の敵視を招いた。日本にいた二世はアメリカ人として警察当局から監視され、日本社会でも迫害された。一九四〇年にはアメリカ国籍法改正に伴い、日本国籍を離脱せねば市民権を剥奪されるとの恐れが生じたためもあり、日本から帰米する二世は急増した。彼ら帰米二世は、アメリカにおける忠誠への圧力をとりわけ強く受けることになる。なお一九四〇年一月末の時点では、本土在住の日系市民七万六六四二人のうち一万四〇〇〇人以上が二重国籍者と推定されていた。(7)

カナダ　英領カナダ連邦への日本人の移住は一八八〇年代に次第に増加し、一八九〇年代末に本格化した。日系住民の大部分は西海岸のブリティッシュ・コロンビア（BC）州に集中し、当初の主な職業は漁業や製材所での労働だった。日系住民は、イギリス本国やアメリカへの原料供給地としてのカナダの開発を担う労働移民の一部となったのである。(8)

カナダでは現地出生者がカナダ籍（イギリス臣民）となるだけでなく、アジア系移民の一世も、三年間の居住を条件に帰化してカナダ籍を取得することが可能だった。さらに一八九二年以後、漁業のライセンスにはカナダ籍が必要となったため、日系漁業者は必要に迫られてカナダに帰化した。一九四一年の時点ではカナダの日系住民約二万二〇〇〇人のうち、二世市民が七六・六%、帰化市民が一四・五%、日本人（一世）が八・九%となっている。しかしカナダにおいても、アジア系移民の排斥は合法化された形で存在した。とりわけBC州では一八七二年に中国系、一八九五年以降は日系を含む「アジア系イギリス臣民」が、カナダ出生の二世も含めて選挙権から排除されたのである。なお日本人の帰化自体も、一九二三年以降は極めて困難になった[9]。

アジア系移民のカナダ入国は、白人による排斥運動を要因として制限された。中国人の入国制限は一八八五年に人頭税の形で開始され、その額は一九〇一年から〇八年に高額化した。一九〇七年にはアメリカ・カリフォルニア州の排日運動の影響を受けて、ヴァンクーヴァーで中国人街・日本人街を襲撃する白人労働者の暴動が発生し、日本・カナダ両政府の間では同年、日本人の渡航を家族呼び寄せや契約移民など年間四〇〇人に制限するルミュー協約が結ばれた。一九二三年には中国人移民が事実上停止され、一九二八年にはルミュー協約の改訂により、日本人移民が年間一五〇人に制限された[10]。

アジア系住民の権利も、制限が進んだ。一九一〇年代にアメリカの影響を受けてBC州で提出された東洋人土地所有禁止法案は、帰化権との関係や日英関係への影響ゆえに実現に至らなかった。しかし同州では一九一九年以降、白人および先住民以外への漁業ライセンス発給を制限する立法がなされ、カナダ籍の日系住民が漁業から排斥された。彼らはカナダ籍にもかかわらず、選挙権がないためこの立法に影響を及ぼすことはできず、また日本領事館は、彼らがカナダ籍であることを理由に不干渉の方針を採った。この制限は日系漁業者が一九二七年に起こした裁判によって、一九二九年にようやく撤回された。二世もまたBC州の立法や非公式な差別によって、肉体労働以外の就業は困難だった。[11] カナダの日系住民は、一世も含めてカナダ籍への統合が進む一方で、二世も含めて東洋人として合法化された排斥の対象となったのである。

一世は帰化市民も含めて日本への帰属意識を保持しており、大部分は二世を公立学校とともに日本語学校に通わせた。しかし一九三〇年代に日本とイギリス・カナダとの関係悪化の中で排日の風潮が強まると、一世の日本への帰属意識が高まる一方、二世はカナダへの統合を志向した。二世が結成した日系カナダ人市民連盟は、一九三六年以降、選挙権をはじめ市民としての平等を求める運動を展開し、日系二世の意見を表明した新聞『ニュー・カナディアン』は、一九三九年に第二次世界大戦が始まると、カナダへの忠誠を表明したのである。ただし二世の中には職業機会を求めて、日本や「満洲国」に向かう者もいた。また一九四一年の時点でカナダにいた二世の一一％は、日本で教育を受けてカナダに帰った「帰加二世」だった。[12]

ブラジル　一九〇八年に始まった日本人のブラジル移民は、コーヒー農場での契約労働を目的として家族単位で渡航した。奴隷制（アフリカ系移民および先住民）を一八八八年に完全に廃止したブラジルでは、一八八〇年代以降、コーヒー栽培のためイタリア、スペイン、ポルトガルなどから大量に移民労働者を受け入れており、日本人もその一部となったのである。日本人移民の多くは経済的自立を求めて、コーヒー農場での賃金労働から借地農や自作農へと転じ、日本人の集団入植地を形成した。このような入植地はブラジルでは「コロニア」と呼ばれ、日本人もまたこれを「植民地」と呼んだ。なお一九〇八年に笠戸丸に乗船した第一回移民七八一人のうち、三二五人は沖縄県出身（第一位）だった。外務省は沖縄人のブラジル渡航を、大和人との風俗の違いや逃亡者の多さを理由に一九一三年から一七年まで禁止し、一九一九年から二六年まで厳しく制限した。この措置は沖縄人に対する植民地主義を如実に示すが、それでも沖縄人にとってブラジルは有望な移民先であり続けた。カンポ・グランデのように、ほとんどが沖縄人の入植地も生まれた。[13]

日本では一九二四年に内務省社会局によってブラジル移民への渡航費全額支給が始まり、一九二九年には新設の拓務省に移管された。従来、移民行政を専管してきた外務省はこの政策に批判的であり、また拓務省は「満洲国」やシンガポール、フィリピンとともにブラジルに技師の派遣を行ったため、外務省との間で事務の不統一が問題となった。この渡航費補助やアメリカの移民法改正、そして世界恐慌の影響などにより、ブラジルへの日本人移民は一九二〇年代末から三〇年代前半にかけて急増した。戦前にブラジルに渡航した日本人一八万八九八六人のうち約七割が、一九二四年から三四年に渡航している。[14] 一方、ヨーロッパからブラジルへの大量移民は一九三〇年頃、やはり世界恐慌の影響などにより終息を迎えていた。日本人の入国は、一九三四年の憲法改正で国別割当て制度が導入されてから急減したが、一九三〇年代のブラジル入国者数は国籍別で日本人が最多だった。一九四〇年の時点で、ブラジルの国勢調査によれば日系住民は二四万八八四八人に達した。ただしこれは、ブラジル全人口の約〇・六%に過ぎなかった。同年の日本外務省の調査では、ブラジル在住日本人（日本国籍保有者）は二〇万二五一四人、うち日本出生者は一二万九三五六人だった。二つの統計の差が日本側に出生届け出がなかったブラジル出生者だと仮定すると、ブラジル出生者は合計で一一万九四九二人と推計される。日本出生者のうち沖縄県出身は六・九%で、熊本県（一〇・五%）、福岡県（八・三%）に次ぐ割合だった。なお日系以外のアジア系移民は、戦前にはほとんどみられなかった。[15]

ブラジルでは現地出生者に国籍が付与され、一世の帰化も可能だった。しかし日本人の帰化は、外国人に禁止されていた沿岸漁業を目的とする者など、例外にとどまった。日系住民は総じて、「植民地」に集住して民族集団としての一体性を維持した。特に日本政府の渡航費支給をうけて日本人が急増した一九二〇年代末以降には、各「植民地」で日本人会や日本語学校が盛んに創設された。ブラジルの日系社会は各地の日本人会を中心に統合され、その頂点に行政機関としての日本領事館を置く、いわば「日本の飛び地」（前山隆）となった。一世にとって定住志向は将来の帰国という願望と同居しており、二世に対しても、彼らが「ブラジル市民」として生きる必要は認識されながら、日本語を話し「日本精神」を持つことが求められた。ブラジル出生者の国籍についてみると、一九三八年のバウルー日本領事館管内における調査で、日系住民の八割強と推定される一万一五七六家族から得た回答によれば、二万三五四九人の現地出生者のうち五二・二%が二重国籍、四五・一%がブラジル国籍のみ、二・七%が日本国籍のみだった[16]。また前述した一九四〇年のブラジル国勢調査と外務省調査から仮に推計すると、ブラジル出生者のうち二重国籍を含む日本国籍保有者が六一・二%、ブラジル国籍のみが三八・八%となる。

ブラジルでは一九三〇年に権力を掌握したジェトリオ・ヴァルガス（Getúlio Vargas）のもとでナショナリズムが高まり、移民、中でも増加を続けていた日系住民は、排斥と同化の強い圧力を受けた。人種主義に加えて、日本の満洲侵略も日本人排斥の有力な論拠とされた。一九三三年にはサンパウロ州で外国語学校の規制が強化され、一九三四年の国別割当て制度は、実質的に日本人の入国制限を狙ったものだった。さらに一九三七年に成立したヴァルガス独裁政権は、資源の国有化や外国人・帰化市民の所有権・営業権制限など包括的なナショナリゼーション政策を行い、一九三八年には外国語学校の閉鎖を命じた。外国語出版物の発行も厳しい制限を課され、一九四一年には全面的に禁止された。日本語学校の閉鎖と日本語新聞の発禁は、日系住民に強い衝撃を与え、「帰国熱」をもたらした。日本語学校の閉鎖は、二世を教育のため日本に送る、あるいは家族ごと帰国するという願望を強めた。さらに日本帰国だけでなく、満洲や海南島などの日本支配地域への再入植も盛んに論じられた。前述した一九三八年のバウルー領事館管内における調査では、「帰国か、永住か」という質問に対して八割五分が帰国を希望し、永住を選んだのは一割だった（回答者は家長）。実際に帰国に踏み切った者や二世を日本に送った者は、ごく一部にとどまった。しかしこのような「帰国熱」は、日本との紐帯を維持しながらブラジルに定住するという希望を絶たれ孤立する中で、一世を中心とする日系住民が日本へのナショナリズムに深く傾斜したことを示していた[17]。

ペルー　日本からペルーへの移民事業は、ハワイ移民を扱っていた森岡商会によって一八九九年に始まった。一八四九年に始まった中国からペルーへの苦力貿易は一八七二年のマリア・ルス号事件で廃止され、以後も中国人の移民は続いたが、労働力の不足が生じていたのである。日本人はゴム林、銀山、サトウキビ農場などの契約労働者として導入され、その後は都市に進出して商業などに従事した。契約移民は一九二三年に廃止されたが、以後も家族などの呼び寄せを通じて移民は盛んに行われ、一九四〇年の時点でペルーの日本人は約二万一二〇〇人に達していた。そのうち五八％が、沖縄県出身だった。[18]

ペルーの日系住民は中国系住民とともにアジア人として人種主義の下に置かれたが、現地出生者には国籍が付与され、一世の帰化も可能だった。しかし日系住民は一般に将来の日本帰国を前提としており、実際に蓄財を遂げて帰国する者も少なくなかった。ゆえに一九三二年にペルー政府がペルー人失業者の救済策として、企業の従業員の八割以上をペルー人とする法令を制定すると、日系住民は激しく動揺した。現地に定着した有力者の中にはペルーに帰化した者もいたが、それは日系住民の一部だったと思われる。二世についても日本語学校での教育にとどまらず、裕福な一世には二世（主に男性）を日本に送って教育を受けさせる者がいた。国籍登録無効法の制定（一九三七年）により、出生後八日以内に届け出がなかった者の国籍が認められなくなるまでは、二世の出生を日本総領事館のみに届け出て、ペルー政府に届け出ない者も珍しくなかった。[19]

一九一七年に斎藤和総領事の提案で組織されたペルー中央日本人会は、日系住民の日本国家への紐帯の中核となった。移民の呼び寄せを領事館に申請する際には同会の会費納入が条件とされるなど、同会と領事館とは密接な関係にあったが、この移民呼び寄せをめぐって、一九三〇年代半ばには領事館・中央日本人会と沖縄系住民との衝突が起こった。呼び寄せ手続きは領事館に公認された出身県の県人会を通じて行われ、県人会は中央日本人会の会費徴収にもあたったが、一九三三年に就任した春日廓明総領事は、沖縄県人の呼び寄せについて、言語や習慣の違いを理由に制限を設けようとして、沖縄県人会として公認されていた沖縄県海外協会ペルー中央支部の猛反発を招いた。総領事と中央日本人会は、海外協会と対立する沖縄系住民が結成した新沖縄県人会を公認し、海外協会の公認を取り消したが、海外協会が対抗して中央日本人会の会費徴収への協力を停止すると、中央日本人会は運営難に陥った。一九三六年、後任の藤村信雄総領事は県人会に代えて再び海外協会を公認団体とした[20]。沖縄人移民規制の試みは、ブラジル移民の場合と同じく植民地主義の所産といえるが、それは日系住民に占める沖縄系住民の割合の大きさゆえに挫折したのである。

一九三〇年代後半のペルーでは、移民及び営業制限令（一九三六年）や前述の国籍登録無効法など、日系住民への圧力が強まった。これに拍車を掛けたのが一九四〇年、中央日本人会および総領事と対立した古屋時次郎が、既にペルーに帰化していたにもかかわらず領事館から日本送還処分に附された事件だった。この過程で中央日本人会関係者が古屋を襲撃し、居合わせたペルー人女性が死亡した結果、リマ市などで大規模な排日暴動が発生したのである。なお従来、内乱などで暴動が起こった際には中国系商店と日系商店は区別なく襲撃の対象となったが、このとき中国系商店は青天白日旗を掲げて被害を防いだという[21]。

二　南北アメリカ諸国の日系住民と第二次世界大戦

アメリカ　一九四一年一二月七日、日本が米領ハワイのパール・ハーバーへの奇襲を行うと、アメリカにおける日系住民の境遇は決定的に変わった。一二月七日当日から一九四二年二月までに、日系住民の指導者または疑わしい組織に属すると目された日本人約二三〇〇人が本土で逮捕・拘留され、また一二月八日の対日宣戦後ただちに、全ての日本人（一世）はドイツ人、イタリア人とともに敵性外国人の指定を受けた。日本語新聞は発行禁止となり、西海岸以外（ハワイ含む）の一部の新聞のみ英語訳の併記を条件に再開が許された。さらに一九四二年二月一九日の大統領行政命令九〇六六号に基づき、軍事地域に指定された西海岸から、日本人・日系市民を合わせた日系住民全体（老人や幼児も含む）が立ち退きと内陸の収容所への移送を強制された。その人数は約一一万人で、一九四〇年時点の西海岸の日系人口とほぼ一致する。(22)

劣悪な環境の収容所で監視下の生活を強いられた日系住民は不満や屈辱感を募らせ、二つの収容所では集団的な抵抗運動が起こった。一九四二年一一月、アリゾナ州ポストン収容所では、ある帰米二世が連邦警察への内通者と疑われて暴行を受け、収容所当局は二人の別の帰米二世を逮捕した。日系住民は彼らの無実を主張して釈放を求め、さらに集会を開いて収容所での作業に対するストライキを決行した。当局との交渉の結果、日系住民は二人の釈放・保釈だけでなく、収容所内での自治を認めさせた。以前から当局は被収容者のため公選制の諮問会議を設けていたが、その選挙・被選挙権がアメリカ市民（二世）に限られたことに一世は反発しており、新たな自治組織では区画ごとに一世・二世各一名ずつ代表が選出された。いっぽう同年一二月、カリフォルニア州マンザナー収容所では、日系アメリカ市民協会（Japanese American Citizen League, 以下ＪＡＣＬ）の指導者の一人だった二世が一部の日系住民からの暴行で重傷を受けた。戦前から米化運動を推進してきたＪＡＣＬは、強制収容以後は収容を担当する戦時転住局（ＷＲＡ）に協力しながら収容所内での日系住民の待遇改善を求めてきたが、他の日系住民からは当局に内通する「犬」と目されていた。当局が暴行の主導者として一人の帰米二世を逮捕すると、数千人の日系住民が集会を開いて釈放を求めた。さらに日系住民がデモ行進を行って警察署を包囲すると、当局は軍を導入して鎮圧した。発砲により二人の二世（または三世）が死亡し、一〇人以上が負傷した。ポストンでもマンザナーでも、日系住民は日本の歌を歌い日章旗を掲げるといった行動をとったが、これは単に日本への帰属意識を示すというより、アメリカへの抵抗を象徴する行為だったといえよう。一世か二世か、あるいは帰米二世かにかかわらず、日本との紐帯を持ちながらアメリカで生きてきた日系住民が、アメリカに強いられた収容所生活に対して異議申し立てを行ったのがこれらの抵抗運動であった。[23]

一九四二年一二月、マンザナーで事件が起こる数日前に、JACLはWRAの許可を得て各地の収容所からの代表による会議を開き、日系住民の兵役復活を求める決議を行っていた。彼らは兵役に就くという「市民としての平等の権利」を手に入れ、アメリカの戦争に身をもって貢献することを通じて、戦後の地位向上の地歩を築こうとしたのである。米陸軍省はJACLの要求と第7章でみたハワイの日系市民の要求を受けて、一九四三年一月に日系志願部隊（第四四二連隊）の創設を決めた。ただしこの決定は、次にみる日系住民の忠誠登録と結びつけられていた。[24]

米陸軍とWRAは一九四三年二月、一七歳以上の日系住民に対する忠誠登録を行い、アメリカへの忠誠と従軍の意思について質問した。これに対して、一世は日本人でありながら九二・八％が忠誠を誓ったが、忠誠を誓った二世市民は八二・一％であり、その他の日系住民は忠誠への問いに否と答えるか回答せず、あるいは忠誠登録自体を拒否した。忠誠を誓い従軍の意思を示した二世男子についても、家族を収容所に残すことへの不安もあって、ハワイの二世兵士と同様に志願兵となった者はごく一部にとどまった（一九四四年以降は徴兵された）。総じて、一世を含む日系住民の大部分が忠誠宣誓によりアメリカに受け入れられようとした一方、一定数の日系市民が、アメリカ市民であるみずからに対する強制立ち退き・収容、そして忠誠登録自体に対する不服の意思を示したのである。また強制立ち退きの直後から米陸軍やWRAが日系住民に対して行っていた日本への「帰国」希望者の調査に対して、「帰国」を希望した者は二世市民を含めて存在したが、忠誠登録は希望者増加の一因となった。忠誠登録で否と答えた市民や「帰国」を希望した市民には二重国籍者や帰米二世が含まれたが、それはあくまで一部に過ぎず、より重大な要因はアメリカへの失望だったといえる。忠誠登録で「不忠誠」となった日本人・日系市民、および日本「帰国」を希望した日本人・日系市民は、家族とともにカリフォルニア州ツールレイクの収容所に隔離された[25]。

連邦政府は一九四四年、司法省が「敵国に忠誠心を持つ」アメリカ市民を敵性外国人として扱えるよう立案した市民権放棄法を制定した。同法に基づく意向調査により、一九四四年一二月から四五年八月までに日系市民五六九二人（本土・ハワイ出身含む）が市民権放棄を申請して承認された。うち九四・五％はツールレイク収容所に隔離された者であり（「不忠誠者」以外も含む）、市民権放棄の重要な動機は、みずからの市民としての権利が現に認められていないことへの抗議と、アメリカへの失望だったと考えられる。市民権放棄者は敵性外国人としてWRAから司法省に移管され、全員が強制的に日本に「送還」される手筈となった。市民権放棄者が日本国籍を持たなかった場合、実際には無国籍となった[26]。

一九四四年一二月、強制立ち退き・収容を不当として一九四二年四月から試訴を起こしていた二世のミツエ・エンドウが連邦最高裁で勝訴した。これを契機として西海岸からの立ち退き命令は一九四五年一月に解除され、WRA管轄下の収容所は一九四五年末までに段階的に閉鎖された。日系住民の約半数は西海岸に戻ったが、彼らの財産は接収や排日風潮を利用した不正により大部分が失われており、生活の再建は困難を極めた。その他の日系住民は西海岸への帰還を避け、収容所の近くやシカゴ、ニューヨークなどの都市に再定住した[27]。

一方、一九四五年一二月から四六年三月にかけて、アメリカから日本に約八〇〇〇人が「送還」された。第一のグループは、WRAの管轄下にあった日本人・日系市民四七二四人の「帰国」希望者であり（全て米本土より）、第二のグループは、司法省管轄下にあった市民権放棄者二〇三一人だった。日本国籍も訪日経験もない市民権放棄者を原告として、「送還」停止と市民権回復を求める集団訴訟が行われた結果、強制「送還」は最初の約二〇〇〇人だけで中止されたのである。ただし市民権放棄者のうち三〇〇人あまりは、以後も市民権回復を認められなかった。最後に第三のグループは、後述するようにアメリカの要請により中南米諸国で拘束され、アメリカの収容所に抑留されていた日本人・日系人二一一八人のうち、日本「帰国」を選んだ人々である。彼ら千数百人（推計）のうち、約九〇〇人はペルーからの日本人・日系人だった。[28]

戦後のアメリカ本土における日系住民は、二世が主導権を掌握し、アメリカに一〇〇％の忠誠を誓うとともに排日と人種主義に抵抗する「日系アメリカ人」として歩んでいった。人種による帰化権の制限を撤廃して日本人一世の帰化を可能とし、日本人の新規移民も認めた一九五二年の移民国籍法（マッカラン＝ウォルター法）は、日系二世のロビイストであるマイク・マサオカ（Mike M. Masaoka, 正岡優）やＪＡＣＬによる運動の成果であった。このように日米戦争下の収容経験を経てアメリカ社会に復帰した日系住民が、アメリカ市民としての統合と平等を追求する過程で、彼らは日本との紐帯をあくまで共通の出自というアイデンティティに抑制し、国家をまたぐ民族集団としての生き方からは離れていった。[29]

カナダ　一九三九年九月にカナダ連邦がイギリス本国に続いて対独参戦すると、日系市民の兵士としての従軍を認めるかどうかが論争の的となった。従軍は選挙権の獲得につながると予期されたためもあり、ＢＣ州では排日運動家が、日本が敵国となる可能性を唱えて強く反対した。一九四〇年に日独伊三国同盟が締結されると、カナダ政府は日本との戦争に備えて、日系住民の処遇の検討を始めた。一九四一年一月、カナダ政府はアジア系市民の従軍を認めない決定を行い、同年三月にはＢＣ州の日系住民を、日本人・帰化市民・カナダ出生市民を問わず登録の対象とした。なお日系二世市民の従軍は、一九四一年一月までに志願して認められた二五人を除いて、一九四五年一月まで認められなかった。[30]

一九四一年一二月七日、カナダ連邦はイギリス本国とともに対日参戦した。カナダ政府は日本人・帰化市民・カナダ出生市民の全てを敵国人と規定した上、指導的地位にあると目された約四〇人の日系住民を逮捕し、日本語学校の閉鎖や日本語新聞の発行停止勧告などを行った。英領香港でカナダ兵が日本軍に降伏して抑留されたためもあり、BC州では日系住民の強制立ち退き・収容を求める声が高まった。カナダ政府は当初、全日系住民の立ち退きには消極的であり、一九四二年一月一四日には兵役年齢の日本人（カナダ市民含まず）を労働収容所に送ることを公表した。しかしBC州での日系住民立ち退き要求は止まず、カナダ政府はアメリカにおける西海岸日系住民の立ち退き命令にも促されて、一九四二年二月二六日に全日系住民のBC州からの立ち退きを公表した。日系住民の九〇・九%にあたる二万八八一人が、同年一〇月末までに収容所など内陸に移動させられた。日系住民の財産は、強制的に売却処分された。(31)

BC州の排日運動を背景として、カナダ政府は一九四五年四月、全日系住民（成人）に日本への「送還」とカナダ東部への「再定住」のどちらを選ぶかを質問した。カナダに残る可能性をBC州以外への移動に限った上で、日本人だけでなく日系市民にも日本に「帰る」という選択を提示したのである。しかもこの調査の真意は、日系住民への忠誠調査にあった。強制立ち退き・収容により、一世を中心に日本へのナショナリズムが高まっていたためもあり、一九四五年九月二日までに六九〇三人の日系住民（日本人四二・七%、帰化市民二一・二%、カナダ出生市民三六・一%）が日本「帰国」を選び、家族を含めて一万〇八九一人が「帰国」予定となったが、このうちカナダの市民権を持つ者は「送還」と同時に、カナダ市民・英国臣民としての資格を喪失するものとされたのである。一九四六年五月から一二月までに、三九六四人の日系住民（日本人三二・一%、帰化市民一五・四%、カナダ出生市民五〇・三%）が日本に「送還」された。日系住民の抗議に加え、カナダの一般市民が政府による市民権の剝奪に反対した結果、一九四七年にカナダ政府は市民権剝奪を撤回し、既に日本に「送還」された者の帰国や、防衛地域（BC州沿岸）以外への居住を認めた。しかし日系住民の東部への拡散政策のもと、防衛地域の指定は一九四九年四月まで解除されなかった。この解除により日系住民がBC州沿岸への復帰を許されたのと同時に、日系カナダ市民は初めて、選挙権を含む完全な市民権を与えられた[32]。

ブラジル　第二次世界大戦直前からアメリカは中南米、特にブラジル北東部を安全保障圏とみなして働きかけを始めていた。ブラジルはドイツをアメリカとともに重要な貿易相手としていたが、アメリカが一九四一年一二月に参戦するとアメリカ支持の立場を明確にし、一九四二年一月には日独伊と断交、八月には独伊に宣戦布告した[33]。

ブラジルの対日断交により、一九四二年一月に日本領事館は閉鎖され、その館員は拓務省系・外務省系移民会社の職員などとともに七月に帰国した。既に日本語学校や日本語新聞を失っていた日系住民は、これにより日本との交通を断たれた上、特に一世にとって日本国家との紐帯の核にあった行政機関をも失ったのである。またブラジルは一九四五年六月まで日本には宣戦しなかったが、断交以後、日本人はドイツ人・イタリア人とともに公共の場での自国語使用禁止、旅行の許可制、集会禁止など厳しい制限のもとに置かれ、スパイの嫌疑を受けて逮捕・拘留された者もいた。一九四二年には日系住民が集中していたコンデ街で日本人（ブラジル市民含まず）の強制立ち退きが行われ、一九四三年にはブラジルやアメリカの貨物船がサントス港付近でドイツの潜水艦に撃沈された事件を受けて、近隣の海岸地帯で枢軸国民の大規模な強制立ち退きが行われた[34]。

拘留や強制立ち退きは一部にとどまり、大部分の日系住民は入植地などでの生活を続けたが、一世を中心とする日系住民は日本との紐帯を失い、監視と排日風潮の中で孤立した。彼らの間では終戦後に日本に帰国する、あるいは日本が新たに占領した東南アジアに再入植するという願望が高まり、また日系住民が生産するハッカや生糸がアメリカに輸出され、戦争遂行を支えているという批判（敵性産業論）が喧伝された。こうした思想の中核になった退役軍人の吉川順治らが一九四四年二月に結成した興道社、のち臣道連盟をはじめ、日系住民の間では日本へのナショナリズムを唱える秘密結社が数多く結成された。これらの結社は、日本国家との失われた紐帯に代わるものとして生まれたのである。いっぽう二世の中には、断交前に日本に渡っていた結果として日本軍の兵士となった者もあれば、ブラジル軍に志願して従軍し、ヨーロッパ戦線に赴いた者もいた[35]。

日本敗戦の直後から、日系住民の間では日本勝利と日本からの引揚げ船到来を信ずる「勝ち組」が急激に勢力を増した。その中心となった臣道連盟は、一時は二万家族（推定一〇万人以上）を組織したといわれ、少なくとも「勝ち組」はマイノリティではなかった。日本敗戦のニュースは、現地の報道はもとより日本語短波放送を含めて捏造とみなされ、一九四五年一〇月に日本政府から昭和天皇の終戦詔勅がもたらされると、勝ち組の勢いはさらに増した。日本敗戦を認めるよう訴えた「認識派」の日系住民に対して、一九四六年三月から四七年一月にかけて臣道連盟など「勝ち組」による襲撃事件が続発し、計二三人が殺害された。このテロリズムはブラジルの排日感情を高め、議会では憲法修正による日本人移民の禁止も検討された。臣道連盟員数百人がブラジル警察に検挙され、一七七人が国外追放処分となったが、人身保護律の適用により実行には至らなかった[36]。

認識派の運動に加えて、一九四六年九月にはブラジルで外国語の出版が許可され、またこの時期から日本との通信も容易となった結果、日系住民は次第に日本敗戦を受け入れていった。敗戦の受容はブラジルの日系住民にとって、「日本の飛び地」から「永住」への決定的な転換につながった。ブラジルを日本の延長と信ずるために必要だった日本語学校や日本領事館を失ったことが、日本敗戦に際して多くの日系住民が「勝ち組」へと傾倒した要因であり、このように彼らが日本との紐帯に固執したからこそ、日本敗戦の受容はブラジル社会の一員になるという決意に帰結したのである。ただし日本への渡航が可能になった一九四九年頃から五一年頃までに、約五〇〇人が「永久帰国」のため日本に渡った。彼らはいまだ日本勝利を信ずる者だったといわれ、その一部は敗戦後の日本を目の当たりにすると、ようやく再開された新規の移民とともにブラジルに「再渡航」した[37]。

ペルー　親米路線をとったペルー政府は、一九四二年一月に日独伊との国交を断絶した。日本公使館・領事館は閉鎖され、日本人（ペルー市民含まず）はドイツ人、イタリア人とともに旅行の許可制、集会禁止、自国語出版物の発禁、商店や自国語学校の閉鎖などを命じられた[38]。

ペルー政府はアメリカ政府の要請に応じて、日本人会長や日本語学校長など日系住民の指導者と目された者を数次にわたって逮捕・拘禁した上、アメリカに強制移送した。移送対象となった日系住民は日本人だけでなく帰化市民やペルー出生市民も含まれ、一九四二年四月から四五年二月までの間に、家族を含む一七七一人がアメリカの収容所に送られた。アメリカが中南米諸国に対し、ドイツ・日本との捕虜交換要員として両国人の提供を求めたのに対して、ペルー政府は国内の排日感情を背景として積極的に応じたのである。軍港や鉱山のある一部地域では日系住民が強制立ち退きを受け、ペルー政府は成人男子を全てアメリカに移送しようとしたが、輸送手段がなく立ち退きだけで終わった。アメリカの収容所に移送された中南米の日系住民は、パナマ、ボリビア、エクアドル、ニカラグア、エルサルバドルなども含めて、計二二六四人にのぼった。メキシコでは日系住民の約八割が国内での強制立ち退きを受けたが、アメリカへの移送は行われず、ブラジルもこの点ではアメリカに協力しなかった。アルゼンチンやチリは遅くまで中立を維持し、やはり日系住民の移送には応じなかったが、アルゼンチン政府は一九四四年に日独と断交した後、アメリカの要請により、日本人の一部を諜報活動の容疑などで検挙した[39]。

強制移送や立ち退きの対象となった一部の者を除くペルーの日系住民は、日本人商店の強制譲渡政策などのもと、監視と困窮の中で生活を続けた。日本の戦勝を信じてこの生活に耐えた日系住民の中からは、日本敗戦直後に愛国同志会など「勝ち組」が生まれ、ブラジルから不法入国した臣道連盟員の影響も受けて、日本総引揚げ説が信じられた。ただしテロリズムの発生には至らず、日系住民は次第に日本敗戦を受け入れるとともにペルー永住への転換を遂げた[40]。

中南米諸国からアメリカの収容所に移送された日系住民は、一部が捕虜交換により日本に送られたのみで、二一一八人は戦後まで抑留された。しかしペルーをはじめとする中南米諸国は、一九四五年二月の時点で彼らを受け入れない合意を行っていた。アメリカ政府は中南米からの被抑留者に対して日本への「帰国」を勧告し、ペルーからの約九〇〇人を含む千数百人がこれに応じた。この中には、日本勝利を信ずる者もいた。日本「帰国」を選ばなかった者のうち、日系ペルー市民とその家族七九人は一九四六年、市民権を根拠にペルー政府に受け入れを認めさせ、ペルーの日系住民を主とする三六四人はアメリカ残留を要望した。アメリカ司法省はこの三六四人を不法入国者として日本に「送還」しようとしたが、彼らは入国の経緯や、アメリカの収容所で生まれ市民権を持つ家族を含むことを有力な根拠として、残留を認めさせた(41)。

おわりに

一九世紀末から二〇世紀前半に日本から南北アメリカ地域に移民した人々に共通する特徴は、日本と移民先国家の双方に結びついた民族集団を形成したことである。そもそも移民が一方通行的な現象でないのは普遍的なことだが、第一に南北アメリカ諸国におけるアジア系移民は人種主義のもとで社会的に周縁化されており、入国管理と国籍＝市民権を中核とする合法化された排除がそれを強化した。第二に日本人一世は帰化、またそれが不可能でも二世の市民権を通じて、定住のための包摂を求めることはできた。しかし一世は帰化が可能であっても、職業上の必要などがなければ多くは日本国籍を保持し、二世の相当部分が二重国籍を維持した。それは日本へのエスニックな帰属意識によるだけでなく、人種主義下のマイノリティとしての不安定な生活ゆえに、帰国の可能性を含めて、日本という国家に依存せざるを得なかったためといえよう。そして第三に日本政府は現地の領事館を通じて、日系住民を保護・管理下に置いた。その根拠は彼らの日本国籍だったが、日系住民が日本との紐帯を維持すべく組織した日本人会や日本語学校は一般に日本領事館と密接な関係を形成したため、日本国家の影響力は日本国籍を持たない日系住民にも及んだ。このような日系住民と日本国家との結びつきは、現地における排斥の根拠にもなった。

第二次世界大戦下で日本がアメリカをはじめとする連合国と戦ったため、日系住民は枢軸国出身者としての処遇と人種主義的な排斥とが結合した厳しい境遇のもとで、国境をまたぐ民族集団としての生き方に変化を迫られた。第一に多くの国では、現地市民を含む民族集団としての日系住民が強制立ち退き・収容などの処分を受け、そうでない場合も日系住民は日本との紐帯を失って孤立した。このため現地市民も含む日系住民の中で日本への帰属意識が高まり、強制立ち退き・収容などへの失望や抗議はその強い要因となった。第二に日本と直接交戦したアメリカやカナダでは、民族としての日系住民が「送還」「帰国」の名の下に日本への移動を迫られ、その過程で帰化市民や現地出生市民から国籍＝市民権が剥奪されるに至った。戦時下で高まった国民国家規範の圧力が、人種主義と結合したのである。第三に第二次大戦終結後の南北アメリカ諸国における日系住民は、一部が強制またはみずからの意思により日本に「帰国」した一方、残った人々は総じて日本という国家からの離脱を強め、現地社会の一員としての統合に向かった。日本の敗戦は、その重要な一契機となった。ただし各地の日系住民は民族集団としての性格を失うことはなく、また日本との文化的・社会的な紐帯を失ったわけでもなかった。この点は、第8章で触れることにしよう。なお日系住民の南北アメリカ地域からの「送還」「帰国」は、さまざまな点で、旧日本支配地域からの引揚げ／送還と共通するものであった。この点も、第8章で確認することにしよう。

第8章　引揚げ・戦後開拓・海外移住

――戦後の日本・沖縄と移民・植民

はじめに

本章では日本敗戦（一九四五年）以後に起こった日本人の移動を分析し、戦後国際秩序の形成の中で日本の政治的境界と日本人との関係がどのように変容したかを明らかにする。第一節では日本人の引揚げ／送還、第二節では日本（本土）・沖縄内部における「戦後開拓」、特に北海道戦後開拓、第三節では日本・沖縄からの「海外移住」を分析の対象とする。また以上を通じて、日本の独立後も沖縄（琉球諸島）が一九七二年までアメリカの施政権下に置かれたことに伴う、大和人と沖縄人の移動の共通点と相違点とを検討する。

アジア太平洋戦争とその終結により、日本の支配領域内外に対する日本人の移住行動、および移住先地域における日本人の活動は根本的に変化させられた。支配領域外では、日米関係の悪化とともに北米だけでなく南米諸国への移住も禁止され、対米英開戦以後は南北米などの日本人・日系人が強制収容や日本「送還」の対象となった。さらに日本の降伏とともに、戦地から復員する元日本兵と並んで、旧日本支配領域にいた一般日本人の日本（本土）・沖縄への「引揚げ」あるいは「送還」が行われたのである。しかしこれによって、戦後における日本人の移住活動が戦前と完全に断絶したとみなすことはできない。日本（本土）・沖縄の内部では開拓・入植が行われ、また日本・沖縄から南北米諸国へと移民も送出されたのである。

この変化を規定した重要な条件は、日本の降伏に伴う国境の変更と、アメリカによる沖縄（琉球諸島）統治である。まず旧日本領にいた日本人は「引揚げ」に先立って、国境の変更により在外日本人となったのであり、「戦後開拓」と「海外移住」という二つの移住活動を分かつ境界も新たな国境であった。次に沖縄人は戦前、大和人に対して従属的地位に置かれながら、日本人（日本戸籍保有者）・日本帝国臣民（日本国籍保有者）として日本支配領域内外への移住活動を行った。しかし敗戦後、沖縄人はアメリカ施政権下の「琉球人」となった。その結果、沖縄人は大和人とは異なる形で、にもかかわらず「引揚げ」「戦後開拓」「海外移住」という共通の枠組みでの移住を経験したのである。

以上を通じて、戦後国際秩序の中で日本人の移住活動はいかに行われ、均質な国民国家の自画像が定着してゆく日本の政治秩序とどのように関係したかを問うことが本章の課題である。

以上のような戦後における日本人の移動について、野添憲治は早くから引揚げ・戦後開拓・海外移民の相関を指摘している。近年では蘭信三がこれら三つの移住行動における日本（本土）と沖縄との異同という枠組みを提示し、この「戦後日本をめぐる人の移動」を、東アジアにおける「（日本）帝国崩壊後の人の移動」という包括的な枠組みに位置づけている[1]。しかし野添や蘭がヒトの移動それ自体に焦点を当てているのに対し、本章では日本人（大和人・沖縄人）の移動を政治過程という観点から分析し、ヒトの移動をめぐる枠組みの変化を通じて戦後の国際秩序・政治秩序の変容を考察することを意図している。

個別の分野についてみると、まず日本人の引揚げ／送還については多くの研究蓄積があるが[2]、とりわけ浅野豊美や加藤聖文は、ＧＨＱ／ＳＣＡＰ（連合国軍最高司令官総司令部、以下ＧＨＱ）が全日本人の送還を基本方針とする以前、日本政府や旧支配地域の日本人自身が現地での定着を模索していたことを指摘している[3]。本章ではこれらを踏まえた上で、引揚げ／送還を日本国境内部への日本人の移動と、アメリカ施政権域内への「琉球人」の移動と捉え、その移動を政治過程として分析する。

次に戦後開拓については道場親信が、引揚者が農地改革法上の農地取得資格を持つ「日本人」に包摂され、開拓民として「再定住」の機会を与えられるとともに「『国民』の周縁」に置かれたことを明らかにしている[4]。特に道場は、北米・ハワイなどの在外日本国籍保有者や、北海道旧土人保護法による給与地を大和人に賃貸していたアイヌが、農地改革で「不在地主」として土地買収の対象になったことを指摘し、日本の新たな国境と「エスニシティの境界」とを「一致させる政策」の一環として引揚者の戦後開拓を位置づけている。本章ではこれを踏まえながら、北海道戦後開拓を主な分析対象とすることで、戦後日本の国境内部における移住植民地化の連続と断絶という観点からの説明を試み、また戦後沖縄の八重山開拓について、アメリカ施政権域内における移住植民地化として考察する。

最後に戦後海外移住については、日本海外協会連合会（日本外務省の外郭団体）の一員として南米への移民事業に従事した若槻泰雄による研究がある[5]。近年では伊藤淳史や安岡健一が日本政府の戦後移民政策と戦前の満洲移民政策との連続性を指摘しており[6]、また石川友紀は沖縄からの戦後移民について網羅的な考察を行っている[7]。本章ではこれらを踏まえながら、戦後における日本・沖縄からの移民送出の政治過程を分析する。

一　引揚げ／送還——日本敗戦と日本・沖縄内部への移動

（1）現地定着方針から全日本人の送還へ

日本のポツダム宣言受諾（一九四五年八月一四日）は、日本が連合国への降伏とともにカイロ宣言に基づき台湾・朝鮮に対する主権、および関東州・「満洲国」・南洋群島・その他占領地などの支配を放棄し、本州・北海道・九州・四国と「吾等（米・英・中）の決定する諸小島」のみを主権の範囲とすることを意味した。また八月九日に対日参戦したソヴィエト連邦は、日本の降伏（九月二日）までに満洲、南樺太（サハリン南部）および千島列島（クリル諸島）を占領した。しかし、かくして日本の主権と支配が失われた地域に居住していた日本人に対し、日本政府は当初、現地への定着を基本方針とし、「引揚者」の受け入れはやむを得ない場合に限ろうとした。[8]

日本政府が現地定着方針をとった要因には、ソ連軍侵攻地域などの状況把握の不足だけでなく、食糧不足をはじめとする国内経済状況の悪化や急激な人口流入への懸念があった。[9] 日本政府は、主権と支配の失われた地域で、日本人が第一義的には在外日本人として定住することを求めていたのであり、さらに外務省は「中国に在留する日本人を中国籍に帰化」させることも検討していた。[10]

一九四五年九月に入って満洲などソ連軍侵攻地域における日本人の状況が伝わると、日本政府の現地定着方針は大きく動揺したが、明確な方針転換には至らなかった。一〇月以降、引揚問題はＧＨＱの指導の下に置かれ、米軍による送還と厚生省による受け入れという実施体制が確立したが、当初の対象地域はアメリカ管轄地域（南朝鮮、フィリピン、南洋群島、奄美・沖縄など）に限定されており、また送還対象者の範囲は必ずしも明確でなかった。アメリカは中国（国民政府）からの要請を受けて、一二月に満洲・台湾からの日本人送還を決定した。さらに一九四六年一月一五日から一七日、GHQとアジア太平洋各地の米軍が東京で行った会議では、アジア太平洋全域における全「日本人」の送還を基本方針とすることが確認された[11]。

ただしGHQは、ソ連管轄地域に関しては送還に直接関与し得なかった。満洲は一九四六年三月のソ連軍撤兵に伴い前述の全日本人送還体制に組み込まれたが、残るソ連管轄地域（大連・北朝鮮・南サハリン・クリル諸島）からの送還については、一九四六年九月以降の米ソ交渉でようやく具体化した。一九四六年一〇月中・下旬にソ連軍が各地域で日本人の送還実施を発表し、同年一二月一九日の米ソ間協定で、ソ連領およびソ連占領地域からの一般日本人と日本軍捕虜の送還が正式に合意されたのである[12]。

また米軍の日本人送還体制において、米軍の直接統治下に置かれた琉球地域（奄美・沖縄）はGHQ占領下の日本と区別されていた。第一に、沖縄に居住していた民間の「日本人」（「現地人」を除く）は一九四五年一〇月以降、復員する軍人・軍属とともに日本に送還された。第二に、GHQは一九四五年一一月以降、日本に居住する沖縄人を朝鮮人・台湾人とともに「非日本人」と規定し、さらに沖縄人を「琉球人」と名付けた。一九四六年二月には日本に居住する「非日本人」の登録と各々の「本国」への帰還希望調査が行われ、同年五月のSCAP指令により、帰還を希望する「非日本人」の送還が決定した。ただし「琉球人」の沖縄本島への送還・受け入れは、当初軍政にあたっていた海軍が食糧・住居の不足などを理由に拒否しており、軍政担当が一九四六年七月に陸軍に代わった後、同年八月に開始された。第三に、南洋群島や台湾、フィリピンなどにいた沖縄人も、一九四五年一二月のSCAP指令によって「非日本人」の一部である「琉球人」と規定され、送還にあたって「日本人」とは区別された。これらの「琉球人」の米軍による沖縄本島への送還・受け入れは、南洋群島からは主に一九四六年一月から四月に実施され、それ以外は一九四六年七月以降に行われた[13]。

右に関連して、ここで一九四五年以降の「日本人」の範囲、具体的には沖縄人・台湾人・朝鮮人の日本国籍をめぐる変化を確認しておこう。日本統治下で沖縄人・台湾人・朝鮮人は日本国籍を付与されたが、日本戸籍法の適用を受けたのは沖縄人のみだった。台湾人・朝鮮人は一九四五年一二月に参政権が停止され、一九四七年五月に外国人登録が義務づけられた。さらに一九五二年、サンフランシスコ講和条約の発効に際し、日本政府は台湾人・朝鮮人（日本戸籍非保有者）の日本国籍を強制的に剝奪した。[14] いっぽう沖縄人については、前述の通りアメリカは琉球列島の住民を「琉球人」と規定したが、住民の把握には日本戸籍を用いた。一九五二年、アメリカ民政府のもとに設立された琉球政府も、琉球列島（一九五三年まで奄美を含む）に戸籍を有する者を「琉球住民」と定めた。これに対して日本政府は、講和条約発効後も潜在主権を有する沖縄・奄美・小笠原諸島への日本戸籍法の適用は維持され、また住民の日本国籍は消滅しないとの立場をとった。[15] 日本政府は日本の主権下・潜在主権下と認める領域を戸籍法の適用範囲とし、日本戸籍保有者のみを日本国籍保有者とみなしたのである。

(2) 旧日本支配地域以外からの引揚げ／送還

表8-1は厚生省による「一般邦人」の日本への「引揚者」数の統計であり、表8-2はアメリカ統治下の沖縄における「海外帰還者」数の統計である。それぞれ、必ずしも正確な統計とはいえないが、ここではどのような地域から日本および沖縄への引揚げ／送還が行われたかを概観するための手がかりとしたい。

まず沖縄から日本（表8-1）、日本から沖縄（表8-2）への人の移動がそれぞれ「日本人」と「琉球人」を示すことは疑いないが、加えて南洋群島からの帰還者数を考慮すると、表8-1の「一般邦人」は全体として「琉球人」を含まない可能性が高い。一方、表8-2では沖縄への「琉球人」の引揚者は日本から六万三〇〇〇人、全体で一〇万五〇〇〇人ほどだが、別の記録によれば一九四九年一〇月までに日本から一八万人あまり、全体で約二五万人が送還されたとされる。[16] このようなずれが生じた一因は、沖縄本島での受け入れが可能になるまで、「琉球人」も

表 8-1　日本（本土）への日本人（「一般邦人」）「引揚者」総数（1990 年まで）

元地域	人数
ソ連	19,155
千島・樺太	277,485
満洲	1,003,609
大連	215,037
中国	493,635
香港	5,062
北朝鮮	297,194
韓国（南朝鮮）	416,109
台湾	322,156
本土隣接諸島（小笠原など）	2,382
沖縄	12,052
蘭領東インド	1,464
仏領インドシナ	3,593
太平洋諸島（南洋群島）	27,506
フィリピン	24,211
東南アジア	56,177
ハワイ	310
オーストラリア	8,445
ニュージーランド	406
合計	3,185,988

出所）若槻泰雄『戦後引揚げの記録』時事通信社，1991 年，252-253 頁。

表 8-2　沖縄への沖縄人「海外帰還者」総数（1951 年まで）

元地域	人数
日本	63,381
南洋群島	25,892
台湾	4,841
朝鮮	138
満洲	1,966
中国	1,248
フィリピン	5,248
マレー	224
蘭領東インド	125
ニューギニア	36
オーストラリア	138
東南アジア	497
仏領インドシナ	43
ニューカレドニア	64
ハワイ	708
アメリカ	203
ペルー	104
ブラジル	57
アルゼンチン	49
ソ連	279
その他	401
合計	105,644

出所）琉球政府文教局編『琉球史料』第 4 集（社会編 1），那覇出版社，1959 年，102-103 頁。
注）合計が合わないがそのままとした。

日本（本土）に送還されたことにあると思われる。

次に、日本・沖縄間の移動を別とすると、表8-1・表8-2の双方で中心となるのは、もちろん台湾・朝鮮・南樺太・南洋群島・大連（関東州）・満洲などの旧日本支配地域や、中国・フィリピン・東南アジアなど戦時中に日本が占領した地域から日本・沖縄への移動である。またソ連から送還されたのは、満洲や南樺太でソ連軍に抑留され、シベリアなどで強制労働に従事した日本人である。

その上で本項で確認しておきたいのは、表8-1・表8-2とも以下のように、旧日本支配地域以外から送還された人数を含んでいることである。

第一に、オーストラリア（表8-1・表8-2）や蘭領東インド（表8-1・表8-2）、仏領ニューカレドニア（表8-2）からの引揚者とは、戦前にこれらの地域に移民した日本人（大和人・沖縄人）である。これらの地域では日本の対米英開戦後、日本国籍保有者（日本人・台湾人・朝鮮人）と現地出生の二世・三世がオーストラリアに強制収容され、戦後には現地出生者を除く日本国籍保有者（日本人・台湾人・朝鮮人）が、オーストラリア軍によって日本・台湾・朝鮮に強制送還された[17]。

第二に、表8-2のみに現れるアメリカやペルーからの帰還者は、アメリカから一九四五年一二月から四六年三月までに「送還」された日系住民（日本人・日系人）の中の沖縄系住民と推測される。補論2で述べたように、「送還」された日系住民の総数は約八〇〇〇人にのぼるが、彼らは厚生省の援護対象でなかったため、表8-1には含まれていないのである。またどちらの表にも含まれていないが、カナダからも日系住民約四〇〇〇人が「送還」された[18]。

第三に、表8-1のハワイ引揚者は、戦時中にアメリカ軍によって他地域からハワイに移送されていた人々と推測される[19]。表8-2のハワイ帰還者も、同様の可能性が高い。

これらのうち第一と第二の事例は、日本支配地域以外に移住した日本人の一部も、戦争と日本敗戦の結果として移住先地域への定住が不可能になったことを示す。以下に論ずる旧日本支配地域からの引揚げ／送還も、これらと完全に異なる現象ではなく、一定の共通性を有していたのである。

(3) フィリピン

一九三九年の時点で、米領フィリピンの総人口一六〇〇万三〇三三人のうち、日本人は二万九〇五七人（〇・二％）で、外国人人口一五万七九四五人（一・〇％）のうち最大の中国人一一万七四八七人（〇・七％）に次ぐ規模だった。ここでいう外国人には、アメリカ人八七〇九人は含まないこととする。[20] 日本人の約半数は沖縄人であり、大和人が沖縄人を蔑視しただけでなく、フィリピン人も沖縄人を「別の日本人《オトロ・ハポン》」と呼んだ。[21]

日本人の多くはダバオに集住し、太田興業や古川拓殖など日系企業のアバカ栽培農場で働いたため、「満洲国」になぞらえて「ダバオ国《クオ》」とも呼ばれた。しかしフィリピンは、あくまで日本の支配の及ばないアメリカ領だった。日本人男性の中には、外国人は土地所有権を得られないため、市民権を有する二世を得るべく、フィリピン人女性と結婚する者もいたのである。[22]

日米の戦争で、状況は一変した。日本人はいったん「敵性外国人」として強制収容された後、フィリピンが日本軍政下に入ると日本人会・居留民団を中心に日本軍に協力して支配者側に立ち、さらに日本軍と米・比軍との戦闘に際してはフィリピン市民の二世を含めて動員された。この結果、フィリピンの日本人は多数が戦闘で死亡しただけでなく、日本敗戦後、米軍によって「日本人」「琉球人」とも一九四五年一〇月から一二月に日本（本土）へ強制送還された。「琉球人」は翌年八月以降に沖縄本島への送還が行われるまで、日本（本土）各地での生活を余儀なくされた。なお米軍は、日本人男性と結婚していたフィリピン人女性とその子供たち（「混血二世」）には、日本

「引揚げ」と現地残留のどちらを選ぶか尋ね、多くが残留を選んだ。このフィリピンに残った「混血二世」たちが、日本で一九九〇年に改正出入国管理法が施行された後、日本政府に身元や日本国籍の確認を求めるようになるのである。[23]

以上のように米領フィリピンの日本人は、日米開戦によって「敵性外国人」となり、さらに戦争中の日本支配を経て、戦後には日本人強制送還の枠組みに入れられた。これは一面では旧日本支配地域としての扱いといえるが、他面では「混血二世」の境遇が示すように、前述したオーストラリアやニューカレドニアからの強制送還とも共通していた。総じて、フィリピン定住を模索した日本人移民の境遇が、戦争と日本支配を経て変転した帰結が、日本人の送還と残留「混血二世」の国籍問題だといえよう。

(4) 南洋群島

第一次世界大戦後、国際連盟からの委任統治領として日本が支配した南洋群島には、現地で製糖業を独占した南洋興発などの労働力として、日本人、とりわけ沖縄人が数多く移民した。一九三九年の時点で総人口一二万九一〇四人のうち、現地住民（日本国籍なし）五万一七二三人（四〇・一%）に対して日本国籍保有者の人口は七万七二五七人（五九・八%）であり、うち日本人が七万五二八六人（五八・三%）、朝鮮人が一九六八人（一・五%）、また日本人のうち四万五七〇一人（全体の三五・四%、日本人の六〇・七%）が沖縄人だった。[24] 南洋群島は日本の主権下にはなかったが、[25] 日本統治下で日本人、特に沖縄人によって移住植民地化されたのである。南洋群島の社会には、「一等国民日本人、二等国民沖縄人あるいは朝鮮人、三等国民島民」という民族間の序列があったという。[26]

日米両軍の激戦に巻き込まれて多数の民間人が死亡した後、南洋群島を占領したアメリカ軍は、生き残った日本人（大和人・沖縄人）や朝鮮人を日本兵とともに収容した。アメリカ軍は民間人の送還に際して、一九四五年一〇月に全「日本人」の強制送還を開始する一方、「非日本人」については一九四五年一二月、残留か引揚げかを自由意思に委ねることとした。ただし多数を占める「琉球人」の残留には異論があったため、一〇年以上現地に居住した者に限って残留を認めるものとした。アメリカ軍に対し、一〇年以上居住した「琉球人」の大多数は、当初残留の意向を示した。しかしアメリカ軍が残留希望の「琉球人」に対し、現地住民の少ないテニアン島への移動を強く求めたところ、これに応ずる「琉球人」は少なく、また引揚げ希望者の送還が一九四六年初頭から実施される中で、残留希望者は激減した。結局アメリカ軍は、一九四六年五月に全「琉球人」の強制送還を決定した。[27] しかし後述するように、沖縄への送還後も、沖縄人は南洋群島への再移住を強く要望することとなる。日本統治の終結にもかかわらず、移住植民地化の結果として、彼らはいったん定着した南洋群島での生活を望んだのである。

なおアメリカ軍は強制送還にあたって、フィリピンで行ったのと同様に、日本人（「琉球人」含む）男性と結婚していた現地人女性とその子供たちには同行するか、現地に残留するかを選ばせた。母系社会ゆえもあって多くは残留を選び、二〇〇〇年の時点でも旧南洋群島地域住民の約二〇％が日系人であると推定されている。[28]

(5) 満　洲

一九四三年末時点の「満洲国」総人口四五三二万三〇〇〇人のうち、漢人・満洲人は四一三五万九〇〇〇人（九一・三％）、モンゴル人は一一一万六〇〇〇人（二・五％）、日本人は一一四万八〇〇〇人（二・五％）、朝鮮人は一六三万四〇〇〇人（三・六％）だった。[29]

一九四五年八月九日のソ連軍侵攻に対し、関東軍の指示で満洲国政府は皇帝溥儀とともに新京から通化に移転したが、日本政府のポツダム宣言受諾を受けて、八月一八日午前一時頃に溥儀は退位し、満洲国は解体した。一方、満洲国の正式な解体を待たずに、各地では八月一五日以降、漢人の旧官吏を中心に「治安維持会」が組織されるとともに、日本人による「日本人会」や「居留民会」「居留民団」の結成が始まっていた。満洲国協和会は、八月一六日に解散している。九月一日には各地の日本人会の指導・統制機関として、長春（新京）で東北地方日本人救済総会（以下、救済総会）が設立された。[30]

在満日本人による日本人会の結成は、日本の満洲支配の終結により、彼らがみずからを在外日本人と認識したことを示す。後述する朝鮮や台湾と同様、日本人会の当初の目的は基本的に日本人の現地における保護と自治であり、必ずしも日本への帰還ではなかった。救済総会は結成当初、早期の日本帰還は日本の食糧事情や輸送力の限界から困難という認識を示したが、それだけでなく、在満日本人の中には満洲残留を望む者があり、またそれが可能だという見方があったのである。[31]

加えて満洲における日本人会には、日本領だった朝鮮や台湾とは異なる意味もあった。満洲国の建国以前、満洲各地の開放地で日本領事館が組織した居留民会は、建国後も満洲国は日本と異なる独立国だという前提のもと、一九三七年の治外法権撤廃まで維持され、在満日本人の「自治」の根拠となっていた（第6章）。日本支配の終結によってではなく、在満日本人が「日系満洲国民」だという擬制の消滅によって、彼らは日本保護下の居留民に復帰したのである。実際、在満日本大使館・総領事館はポツダム宣言受諾の報に接し、さらに関東軍の申し出を受けて、八月一七日以後、治外法権撤廃以来に「全面的に居留民保護などの本務に立ち帰る」こととなった。[32]

しかしソ連軍の占領直後から、在満日本人は在外日本人として満洲に残留することの困難さを認識させられた。ソ連軍は日本大使館・総領事館をいったん在満日本人の代表機関と認めたが、日本兵の抑留に加えて満洲国官僚や協和会関係者、一部の民間人を連行する中で、九月中に日本公使・総領事以下の職員ほとんどを逮捕した。ソ連兵の暴行や略奪が頻発する状況で、救済総会や各地の日本人会は、日本政府との結びつきを持たずに日本人の保護にあたることとなったのである。[33]

さらに各地の日本人会は、北満の開拓地などから日本人難民が殺到するという予期せぬ事態に直面した。ソ連軍の侵攻とソ連兵の暴行に加え、日本の支配から解放された漢人がしばしば報復的な襲撃を行う中で、日本人開拓民たちは現地残留を断念したのである。ただし開拓民のごく一部は、やむを得ずあるいは自発的に、現地への残留を選んだ。その大部分は、漢人の家族となった[34]。

日本人会は活動の大部分を難民の救済にあて、救済総会はソ連軍や中国共産党軍に、在満日本人約一六〇万人のうち「老幼婦女子」「生活困窮者」など約七〇万人の日本送還を求めたが、ソ連軍の占領中に日本人の送還が行われることはなかった。在満日本人の日本帰還志向は著しく強まり、また一部の日本人難民は、日本帰還を目指して朝鮮半島に南下した。ただし一方で、定住への志向もなお存在した。一九四五年一〇月、ソ連軍は瀋陽（旧奉天）で日本人の学校教育再開を命じ、瀋陽や長春、チチハル、ハルビンなどの日本人会は、日本人の学校教育を「既成事実として、将来の既得権ともなる」との考えに基づき継続した。教授用語は基本的に日本語だったが、科目としてはロシア語や中国語も設けられた[35]。

在満日本人の送還は、国民政府軍の満洲占領によって可能となった。国府軍は一九四六年三月以降、ソ連軍の撤退した満洲各地を中共軍と争いながら占領するとともに、全日本人送還の方針を明らかにした。各地の日本人会は、日本人行政一般を担当する日僑俘管理所の下部組織である日僑善後連絡処に改組され、日本人の送還を基本業務とした。救済総会を吸収して設置され、在満日本人全体の送還を管轄した東北日僑善後連絡総処が、日本人の互助連絡・代表機関としての役割を兼ねた。在満日本人は送還政策の対象となると同時に、居留民としての自治は失ったといえよう。在満日本人の送還は主に一九四六年五月から一〇月までに実施され、この間に国共の協定により、計約一〇一万人が双方の支配地域から送還された。国府支配地域には、国民政府から残留して働くよう強く要請された技術者などの留用者約一万一〇〇〇人が残ったが、未送還の難民などとともに一九四八年までにほとんどが日本に送還された。中共支配地域では、八万人あまりの留用者が残留した[36]。

国府軍の日本人送還政策は、ソ連軍占領下で高まった在満日本人の日本帰還志向と基本的には合致したといえよう。しかしそれは、自由意思による送還とはいえない。一九四六年七月、ある日本人学校が初等科六年生に日本送還の是非について作文を書かせたところ、「送還希望」が三四名、「残留希望」が四名だった。ある児童は、母と同じ朝鮮生まれで「内地へ帰つた」ことがなく、「帰してやるといはれても行くところが」ないので、「帰つても帰らなくてもよい」と書いた[37]。日本人の送還は、あくまで新たな国境内部への強制移住だったのである。

一方、日本国籍保有者だった在満朝鮮人は、一部は国府軍によって韓国（南朝鮮）に送還され、また一部は漢人から「漢奸」として糾弾される中で朝鮮半島にみずから移住したが、大半は残留した。残留した朝鮮人は、中華人民共和国の国籍を付与された[38]。

以上のように、敗戦とともに満洲各地で結成された日本人会は、居留民としての定住維持を求めるものだったが、ソ連軍の占領や日本人開拓民の難民化などにより、在満日本人の中では日本帰還の志向が高まった。一部の日本人はなおも残留を望んだが、国府軍の占領後、留用者を除く日本人は強制的に送還された。

(6) 朝　鮮

一九四二年末の時点で朝鮮総人口二六三六万一四〇一人のうち、日本国籍保有者は日本人が七五万二七八六人（二・九%）、朝鮮人が二五五二万五四〇九人（九六・八%）、台湾人が三七人であり、外国人が八万三一六九人（〇・三%）だった。なお日本人のうち沖縄人は七〇六人だった[39]。

一九四五年八月九日、ソ連軍は朝鮮東北部に侵攻した。アメリカが八月一五日、朝鮮半島を北緯三八度線で分割し、南北をそれぞれ米ソが占領する命令案をソ連に通知したところ、ソ連は異議を唱えなかった。日本政府のポツダム宣言受諾を受けて、朝鮮では八月一五日以降、各地でさまざまな朝鮮人政治団体が誕生する一方、八月一八日には京城の日本人民間有力者が「京城日本人会」の組織を開始し、朝鮮総督府の了解のもとに八月二一日に「京城内地人世話会」を結成した。そのラジオでの呼びかけにより、朝鮮各地の日本人が九月上旬頃までに「内地人（日本人）世話会」や「日本人会」を結成した。北朝鮮を占領したソ連軍は、八月二六日に各道の道庁（朝鮮総督府の地方統治機構）から行政権を接収し、朝鮮人からなる人民委員会に引き継がせた。アメリカ軍は九月九日に朝鮮総督府から南朝鮮における施政権の移譲をうけ、九月二〇日に直接軍政を開始した。[40]

敗戦直後から日本人の自主的な引揚げは始まっていたが、「内地人（日本人）世話会」や「日本人会」の結成は、日本領ではなくなった朝鮮で、日本人が韓国併合（一九一〇年）以前と同様に居留民団を結成するという希望と密接に結びついていた。京城日本人会から京城内地人世話会への改称は、「今まで『内地人』といっていたのを、にわかに『日本人』というのはどうか」と、日本の朝鮮支配の終結を認めること自体に抵抗感を示す意見によるものだった。しかし会長の穂積真六郎が「帰るものは帰り、とどまるものはとどまる」（八月二五日）と述べたように、いずれにしても彼らは、多くの日本人が日本帰還を望むことを想定する一方、残留を望む日本人は居留民団を結成して朝鮮現地に定着できると考えたのである。各地で結成された「内地人（日本人）世話会」「日本人会」も、同様の考えを共有していた。[41]このような在朝日本人の期待は、以後の南北朝鮮の政治状況の中で完全に裏切られた。

北朝鮮を占領するソ連軍は、日本軍人と日本人官僚を抑留するだけでなく、一九四五年八月末から一〇月頭にかけて、日本人の住居をソ連軍や朝鮮人のため接収し、日本人全体を一部の住居や特定の建物に集団的に収容した。満洲やソ連が侵攻した朝鮮東北部からの日本人難民も、同様に収容された。これにより、日本人が従来通りに定住することは不可能となった。しかもソ連軍は日本人の送還は行わなかったので、日本人は収容生活を続けるほかなく、食糧の欠乏や衛生状態の悪化により死者が続出した。満洲と同じく、占領当初からソ連兵による暴行や略奪も頻発した。なお、一部の地域では短期間、許可や命令により日本人小学校が開設された[42]。

ソ連軍に対して、各地の日本人会は食糧の増配や生活環境の改善などとともに、日本への引揚げを繰り返し陳情した。ソ連軍も一九四六年一〜五月頃には送還実施の姿勢をみせたが、実行には至らなかった。一九四六年三月以降、日本人は各地日本人会の指導のもとで、三八度線を越えてアメリカ軍政下の南朝鮮に「南下」する大規模な集団脱出を開始した。北朝鮮在留日本人はソ連の責任で帰還させせよとアメリカ軍が抗議したため、ソ連軍は六月に「南下」禁止を命じたが、朝鮮人側が食糧・住居の不足などにより日本人の帰還を望んだためもあり、集団脱出はソ連軍・人民委員会の黙認のもとで続いた。一九四六年一〇月下旬、ソ連軍がついに日本人送還の実施を発表したとき、軍人を除く日本人のほとんどは既に脱出しており、残っていたのは八〇〇〇人あまりだった[43]。

北朝鮮からの日本人送還は、一九四六年一二月から四八年七月に実施された。集団脱走が始まった後にも日本人の「永久残留希望」者は存在したが、ソ連軍・人民委員会は送還開始にあたり、朝鮮人男性と結婚した日本人女性以外には日本人の残留希望を認めなかった。その一方、一部の日本人技術者は帰還を望んだが留用された。留用者も一九四八年七月までに送還されたが、十数名がソ連軍に抑留された[44]。

南朝鮮では、アメリカ軍が占領と軍政の開始とともに官庁や重要施設の接収を行い、また朝鮮人が諸機関・施設の接収運動や、経営権・退職金の要求を行った。しかし北朝鮮と異なり、日本人の収容のような事態は起こらず、各地の日本人会はなおも残留と居留民化を模索していた。朝鮮総督府の解体に伴い、京城内地人世話会は九月一五日、「京城日本人世話会」と改称し、九月一九日には「日本政府の渉外機関」を京城に設置するよう吉田茂外相に請願を行った。アメリカ軍政の開始を前に、同会は名称上も在外日本人化を明確にするとともに、日本外務機関のもとでの居留民化を求めたのである[45]。

しかしアメリカ軍政長官アーチボルド・アーノルド（Archibald V. Arnold）が九月一七日、学校教育で朝鮮語のみを用いると定めたことは、在朝日本人が居留民としての定着を断念する重要な契機となった。日本語での学校教育は、日本統治下の朝鮮で行われただけでなく、韓国併合以前の在朝日本人居留民にとっても「自治」の一部だった（補論1）。京城日本人世話会は九月二〇日、小規模な塾の形で日本語による日本人教育を行うことについて、日本人学徒団とともに米軍政庁に打診して黙認を得たが、一〇月に日本語による学校教育の許可と日本人のための学校開設を要望すると、米軍政庁は日本人のみの学校は認めず、教授用語は朝鮮語のみだと回答した。在朝日本人教育者には「将来、日本領事館が設立されたときの海外小学校教育の夢」を抱く者もいたが、その実現の見込みはなくなったのである(46)。

さらに米軍政庁は一〇月二日、朝鮮において日本政府が一切の行政権を行使することを否定し、以後、日本政府が日本人送還のため外務省職員の派遣を要請しても認めなかった。在朝日本人が求めた居留民化の可能性は、これにより基本的に絶たれたといえよう(47)。

一〇月三日、米軍政庁は一般日本人を急速に送還すると発表し、一〇月八日には全日本人に対し、各地の日本人（世話）会を通じて国籍登録を行うよう命じた。これを受けて京城日本人世話会も、日本人全体が「やがては帰国するのだ」という認識を示した。ただし同会は一〇月一七日、「米軍に協力してできる限り滞在していたいという特殊な人」も帰還すべきかと米軍政庁に問い合わせ、米軍政庁は「全部引き揚げさせるか、一部残すか」はＧＨＱの指示がないとして、「滞在の不必要な人、しかもはっきりした職業のない人」は引き揚げるよう答えるにとどまった。日本人にはなお残留を強く望む者があり、アメリカの政策もその余地を残したのである(48)。

しかし米軍の日本人送還が一〇月二三日に開始された後、南朝鮮在留日本人は敗戦当初の五〇万人近くから、一九四五年末までに二万八千余人にまで激減した。朝鮮人のナショナリズムにより、日本人撤退への圧力は高まっていた。米軍政庁が一部日本人残留の可能性を認めた一因は、技術者の留用を考慮したためと思われるが、朝鮮人の接収運動や退職金要求などによって日本人技術者の多くは帰国を選び、米軍政庁もこれを引き留めなかった。[49]

それでもなお、一部の日本人は「日本人はみんな引き揚げなくてはなりませんか、どうしても帰らなくてはなりませんか」と残留を望んだが、一九四六年一月、アメリカ軍は前述のようにアジア太平洋全域の全日本人送還方針を確定した。米軍政庁は一九四六年一月二二日、京城日本人世話会を通じて全日本人の撤退を指示し、同会は残る日本人に対して「国籍を明らかに」して「国際的要請」である日本引揚げに応ずるよう求めた。一部の日本人は残留のため、日本国籍保有者としての登録を逃れようとしたのである。二月末にはほとんどの日本人が引揚げを終えたが、さらに米軍政庁は三月八日、許可した者を除く全日本人の帰国を命令した。許可を受けたのは、北朝鮮脱出者の受入・送還を担当した京城・釜山の日本人世話会職員や、少数の留用者、朝鮮人男性と結婚した日本人女性などに限られた。北朝鮮からの脱出者を待っていた家族などのわずかな残留希望者も、この強制送還命令で帰国を余儀なくされた。京城日本人世話会職員は一九四六年一二月、釜山日本人世話会職員は一九四八年七月に、日本人送還業務を終えて撤収した。[50]

以上のように、敗戦後の在朝日本人は日本帰還と居留民としての残留という二つの志向に分かれた。ソ連軍占領下の北朝鮮では収容によって居留民としての残留が非現実的となり、日本送還も行われなかったため、ほとんどが南朝鮮への集団脱出を行った。米軍占領下の南朝鮮では自由意思による日本帰還は可能だったが、居留民としての残留は認められず、原則として全日本人が日本に強制送還されたのである。

(7) 台　湾

一九四三年時点における台湾総人口六五八万五八四一人のうち、日本国籍保有者は日本人が三九万七〇九〇人（六・〇％）、台湾人が六一三万三八六七人（九三・一％）、朝鮮人が二七七五人（〇・〇四％）だった。外国人では、中華民国人の五万二〇二〇人（〇・八％）がほとんどを占めた。なお日本人のうち沖縄人は、一九四〇年時点で一万四六九五人（日本人の四・七％）だった[51]。

一九四五年八月一五日に日本政府のポツダム宣言受諾が伝えられると、台湾各地では台湾人によって、戦時下で抑圧されてきた抗日政治団体の再建が始まった。しかし台湾総督府の統治は台湾人の政治運動から挑戦を受けることなく、国民政府による接収を待った。日本送還は開始されず、在台日本人のほとんどは従来通りに現地に居住していた。民間日本人の有力者は「自治的互助組織」として「台北商工経済会」、のち「蓬萊倶楽部」を組織し、これを「日本人会に発展せしめん」と企図した。「蓬萊倶楽部」への改称は総督府の異議によるものであり、それは「商工経済会」が、一九四四年に総督府が組織した日本人・台湾人商工業者統制団体の名称だったためと思われる（補論1）。在台日本人は、一方では「台湾統治後五十年」の定住、他方では「日本内地の食糧難や就職難」という状況認識から、中国領となった台湾における居留民としての定着を望み、またそれが可能だと考えていたのである[52]。

一〇月二五日、国民政府台湾省行政長官の陳儀が台北で台湾総督兼台湾軍司令官の安藤利吉から降伏を受け、台湾・澎湖島の中華民国編入を宣言したことで、台湾総督府の統治はようやく終結した。台湾省行政長官公署（陳儀政府）は統治機構の接収を開始し、台湾総督府・軍司令部は台湾地区日本官兵善後連絡部と改称され、陳儀政府の命令伝達機関となった。台湾人は中華民国籍を「回復」し、日本人は「日籍人」「日僑」として台湾省日僑管理委員会の管理下に置かれた[53]。

新たな支配者の到来により、在台日本人は改めて敗戦を認識した。台湾人の反日感情が表面化し、また生活が次第に窮迫する中で、日本人の中では日本帰還の志向が増大した。しかし一方で台湾残留の希望は強固に存在し、「日本人として引続き台湾に居住が允されるかどうか」に多大な関心が寄せられた。蓬萊倶楽部は陳儀政府に「将来の日本居留民団設立」「合法的組織としての承認」を請願したが、回答は得られなかった。日本人内部で蓬萊俱楽部は「戦犯類似者」「旧勢力の自己保存」と批判され、「協和会」「互助社」「新日本人会」「民主主義同盟」など各種の団体が、日本人指導団体としての地位を争った。在台日本人は「留台希望実現」のため、「個人、団体夫々」に「策謀媚態」を繰り返した[54]。

また日本人学校や日本語による授業の存続を望んでいた在台日本人にとって、陳儀政府の教育政策は必ずしも厳しいものではなかった。陳儀政府は従来の学校を接収して中国人（外省人）教員を任用し、台湾人教員を留任する一方で日本人教員を解雇したが、一部では日本人教員を留用し、日本語での授業も認めたのである。ただし科目としては従来の国語（日本語）・地理・歴史を廃止し、中国語（北京語）や中国の歴史・地理の授業を行った[55]。

しかし日本人の居留民としての台湾残留は、やはり認められなかった。陳儀政府は一九四五年一二月三一日、留用者を除く全ての一般日本人を日本に送還する方針を発表した。留用は日本人が帰国を望むか残留を望むかにかかわらず、陳儀政府が必要と認める者が対象だった。送還も留用も、日本人の自由意思によるものではなかったのである。日僑管理委員会は日本人の戸口調査を行い、三〇万八二三二人の日本人のうち約二万八〇〇〇人の留用者を除く者が送還対象となった。台湾人（中華民国籍）男性と結婚した日本人（日本国籍）女性は残留を認められたが、それ以外の帰化（中華民国籍の取得）による残留希望は認められなかった。対立を続けていた各種日本人団体は、一九四六年二月末に蓬萊俱楽部を中心として統廃合され、日本人の送還を基本業務とする日僑互助会が組織された。居留民会の可能性も、これで消滅したのである[56]。

一九四六年三月から五月にかけて、一般日本人約二八万四〇〇〇人が日本に送還された[57]。後に残されたのは留用者と、「琉僑」として沖縄本島への送還を待つ沖縄人二万余人だった。

日本人の送還開始に先立って、台湾沖縄同郷会連合会（一九四五年一二月結成）は日僑管理委員会に対し、沖縄人が日本（本土）ではなく沖縄へ帰還できるよう要請し、日僑管理委員会も沖縄人を「琉僑」として区別すると認めていた。ただし「琉僑」も留用者以外は強制送還の対象であり、一九四六年二月以降、他の日本人（大和人）が台湾各地で集結のうえ送還されたのに続いて、沖縄人も送還のため集結させられた。この時点ではアメリカ軍が「琉球人」の沖縄本島への送還を認めていなかったため、日本（本土）と宮古・八重山への送還を望んだ沖縄人以外は立ち往生する事態となった。沖縄本島への送還を望む沖縄人は一九四六年五月、日僑管理委員会によって、同様に沖縄本島への送還を望む沖縄人復員兵とともに琉球官兵善後連絡部（旧台湾総督府庁舎）に収容され、送還を待つこととなった。沖縄本島への送還は、一九四六年一〇月から一二月に行われた[58]。

留用者（家族含む）は、まず一九四六年一一月から一二月に約二万人が送還された。以後も約三三〇〇人が残留していたが、そのほとんどは、「二・二八事件」で日本人が台湾人に暴動を教唆したと陳儀政府が疑ったためもあり、一九四七年四月から五月に送還された。これにより、台湾からの日本人送還はほぼ終了した[59]。

以上のように、台湾の日本人は敗戦後も居留民としての残留を強く望み、国民政府による台湾接収の後も、日本帰還志向が高まる一方で残留の可能性が模索されたが、国民政府は日本人をその意思にかかわらず留用または送還した。ただし沖縄本島への送還を望む沖縄人は、アメリカ軍が送還を実施するまで「琉僑」として台湾に残留したのである。

(8) 南樺太

南樺太は一九四三年三月に、法制の上で日本本国に編入されていた（第5章）。同年末の総人口三九万九六九七人のうち日本国籍保有者は三九万九四〇二人（九九・九％）であり、うち日本人が三七万三二二三人（総人口の九三・四％）、朝鮮人が二万五七六五人（同六・四％）、ウイルタやニヴフなど先住民が四一三人だった。ただし日本人には一九三三年に日本戸籍を付与された樺太アイヌも含まれ、その人口は一九四一年末の時点で一二七二人だった。朝鮮人人口は、戦時動員によって急増していた[60]。

一九四五年八月一一日、ソ連軍は南樺太に侵攻した。樺太庁は一二日、老人・子供・女性をはじめとする住民の緊急疎開を各市町村・警察署に通達し、一三日から疎開が開始された。一五日に日本政府のポツダム宣言受諾が報じられた後もソ連軍の侵攻は続き、緊急疎開の勢いは増した。二二日の日ソ停戦協定と二三日のソ連軍による海上封鎖によって緊急疎開は終了したが、以後は自力で南樺太を脱出する者が急増した。疎開者約七万六〇〇〇人と自力脱出者（主に一九四五年八〜一一月）約二万四〇〇〇人が、後述するソ連軍の公式送還以前に北海道に渡った[61]。なお疎開者の中には、樺太アイヌや朝鮮人もいた[62]。

緊急疎開の基本的な目的はソ連軍の侵攻から逃れることであり、「疎開している期間は長くはないだろう」と、南樺太への帰還を想定していた者もいる。しかし日本人指導者層は、ポツダム宣言の受諾により南樺太は日本領ではなくなったと認識して、日本人を日本へ帰還させ、特に北海道に定着させる方針をただちに固めた。一九四三年に樺太庁が組織した農業統制団体である樺太農業会は、疎開者のため「北海道の未墾地」に「樺太開拓村を建設する計画」を立て、八月二一日付の『樺太新聞』には「日本の最北端の国土、北海道」における「樺太村建設者」の募集広告が出された。後述する南樺太引揚者による北海道戦後開拓の構想が、敗戦直後から始まっていたのである[63]。

その一方、南樺太では満洲や朝鮮、台湾と異なり、日本人会や居留民会の結成が試みられた形跡がない。これは多くの日本人が日本帰還を望んだためという解釈もできるが、より重要な要因は、ソ連軍侵攻と敗戦の後も、市町村や前述の樺太農業会をはじめ、日本統治下での諸組織が機能を失わなかったことと思われる。日本人の中にはソ連軍の占領を受け入れた上で、将来の日本送還まで従来の生活を続けようとする者もいた。小能登呂村の農業会は八月一六日頃の役員会で、緊急疎開せずソ連軍のもとで農畜産業を維持することを決定したが、疎開に反対した者は「樺太は日本の本国と同じで、戸籍も国民としてあり、所有地も登記してあるのだから朝鮮・満州と異なって、必ず軍艦が来てのせてくれる筈だからそれまで待て」と主張していた[64]。法制面で本国に統合された南樺太は他の日本支配地域と異なるという認識が、定住の維持を選ぶ一因となったのである。

このようにソ連軍の侵攻と日本敗戦の後も、南樺太で日本人が従来の組織を維持し得たのは、人口の圧倒的多数を日本人が占め、原住者が極めて稀少だったためといえよう。ただしこのとき、日本人と朝鮮人との関係は急激に悪化した。日本人の側は、朝鮮人がソ連軍を手助けしているとの疑いに駆られて彼らを迫害し、また朝鮮人の側では民族意識と反日感情が高まったのである[65]。

いっぽうソ連軍は占領統治を確立した上で、日本人であれ朝鮮人であれ、現地の住民を生産活動に動員しようとした。また従って、彼らの送還を行おうとはしなかった。

南サハリン占領作戦は八月二六日に完了し、ソ連軍は二七日に軍政を開始した。満洲や北朝鮮と同じく、ソ連兵の暴行や略奪は多発した。ソ連軍はただちに日本軍人と警察官を抑留する一方、住民に対して生産再開を命じた。これに対し、樺太庁は一九四三年に組織した統制団体である樺太商工経済会を基礎として樺太生産確保委員会を組織し、ソ連軍の要請に応えるとともに、住民を保護し秩序を回復しようとした。しかしソ連軍は炭鉱などの諸産業や銀行をみずから接収し、必要とする日本人職員は留用した。ソ連軍は九月一七日に樺太庁などを接収し、南サハリン民政局を設置した。民政局は日本人官僚を留用し、日本の市町村組織も命令伝達機関としてそのまま用いた[66]。

民政局は日本人学校・朝鮮人学校を開校させ、修身・歴史・地理や軍国主義的な教材は禁じたが、各学校にそれぞれの言語での教育を認めた。これは日本人・朝鮮人を定着させ、動員を容易にするための施策だったと思われる。民政局は「南樺太の日本人」に対する一〇月一日の布告で、「ソ連に還」った南サハリンにおいて「日本民族」

の「権利独立文化習慣」は尊重されると告げた上で、日本人に「生産昂揚」などのため努力するよう要求した。以後、民政局は日本人および朝鮮人を、接収した団体・企業や戦時中の隣組組織、さらに学校を通じて生産活動に動員していった[67]。

ソ連軍は日本人が大多数を占める南サハリンの住民に対し、当初は日本時代の組織を借用して統治と動員を進めたが、これが軌道に乗ると、日本の諸組織を排除していった。第一に、ソ連軍は一九四五年一二月から四六年一月にかけて、樺太庁官僚や民間有力者など、日本人指導者層を一斉に逮捕した。逮捕・抑留された日本人約二〇〇〇人は、抑留された日本兵と同様に、シベリアで強制労働に従事した。第二にソ連政府は一九四六年二月二日に「南サハリン州」を創設し、占領から領土編入への転換を開始した。樺太農業会と各地区の農業会は、この時期に解散させられた。三月三一日には、日本の市町村組織がソ連の地区民政署に変更された。各首長にはソ連市民（ソ連国籍保有者）が着任し、日本人は同年夏までにほとんど解雇された。なおソ連政府は一九四七年二月、南サハリン州をロシア連邦共和国の領土として正式にソ連領に編入した[68]。

ソ連政府は一九四六年以降、南サハリンへの人口移入を推進した。第一に、ソ連政府の一九四六年四月の決定により、大陸部からソ連市民の移住が始まり、同年一二月までに二万四九四二人、一九四七年中に一六万五〇〇〇人のソ連市民が来住した。第二に、ソ連政府は一九四六年から四九年に、北朝鮮で漁業労働者として募集した朝鮮人（北朝鮮国籍）とその家族二万六〇六五人を南サハリンに派遣した[69]。このような人口移入政策は、次にみる日本人送還問題と密接に関係していたと推測される。

一九四六年三月、ソ連政府はＧＨＱに対して、南サハリンの日本人漁師のもとに、日本からその家族約八五〇〇人を送りたいと提案していた[70]。恐らく日本人送還の要請を意識した上で、日本人の残留を前提とした提案を行ったのである。米ソ交渉を経て、民政局は一九四六年一〇月中旬に日本人の送還を発表し、一二月に送還を開始したが、南サハリンからの日本人送還は、日本人の自由意思によると定められていた。送還開始後もソ連軍の日本語広報紙『新生命』は、日本人には残留の自由があり、ソ連市民と同等の権利が与えられると繰り返し主張した[71]。ソ連市民の移入が順調に進まない状況で、民政局は日本人の送還による労働力不足を強く恐れていたのである。民政局は月ごとの送還人数を計画よりも極力減らそうとし、特に一九四七年八月以降、送還人数は計画を大きく下回った。送還を求める日本人は、請願やストライキを行った。送還はたびたび中断された末、一般日本人合計二六万六八七二人を送還して一九四九年七月に打ち切られた[72]。

民政局が自由意思による送還を標榜したにもかかわらず、南サハリンに残留した日本人は推定で約一五〇〇人に過ぎない（樺太アイヌを含む。ウイルタ、ニヴフは含まず）。そのほとんどは留用者か、後述するサハリン残留朝鮮人の家族になっていた者だった[73]。日本人引揚者の多くが送還を「命令」と記憶し、中には「ソ連移民」のため住居を提供すべく「引揚命令」を受けた者もいることから、実際には強制送還が行われたと推測される[74]。

この「日本人」の「送還」という枠組みを通じて、樺太アイヌのほとんど（約一二〇〇人）とウイルタ、ニヴフの一部（合わせて数十人）も日本に送られた。彼らに関しては、送還か残留かをみずからの意思で選ぶことができた可能性がある。なお、樺太アイヌは前述のように日本戸籍を付与されていたが、ウイルタとニヴフには日本到着後に日本戸籍への「就籍」が行われた[75]。

朝鮮人に関しては米ソ協定の範囲外だったが、一九四七年末の時点でソ連政府は北朝鮮への送還を検討していた。しかし日本人送還による労働力不足を恐れたサハリン現地当局の反対のため送還は行われず、GHQもこれを容認したため、朝鮮人はサハリン残留を余儀なくされた。一九五二年に日本国籍を公式に剝奪された彼らには、ソ連や北朝鮮の国籍を取得するか、無国籍のまま、ソ連と国交のない韓国への帰還を待つか以外の道がなく、多くは後者を選んだ[76]。

一九五七年から五九年にかけて、日ソ共同宣言（一九五六年）に基づき、サハリンから八一九人の日本人が朝鮮人家族一四七一人とともに日本に送還された。[77] このとき日本に渡った朝鮮人の一部により、サハリン残留朝鮮人を日本経由で韓国へ送還するよう求める運動が始まった。しかし日本政府は、日本国籍保有者として南樺太に渡った朝鮮人の残留について、責任を認めようとしなかった。また韓国政府は北朝鮮との対抗上、サハリン残留朝鮮人問題に関心を寄せたが、彼らの受け入れ自体には消極的だった。一九八〇年代末、冷戦の終結とともに、サハリン残留朝鮮人の韓国への永住帰国や相互訪問はようやく実現に向かった。[78]

以上のようにソ連軍の侵攻後、南樺太（南サハリン）の日本人は日本帰還と北海道への定着を開始したが、残された日本人は人口の大部分を占めたまま、ソ連の支配下で労働力として定着を求められた。しかし結局ほとんどの日本人が、おそらく強制的に日本に送還された。ほとんどの樺太アイヌや一部のウイルタ、ニヴフも「日本人」として「送還」されたが、朝鮮人は現地に残留させられた。

(9) 引揚げ／送還と「日本人」

以上にみたように引揚げ／送還とは、日本敗戦と国境の変更に伴い、交戦国および日本の新たな国境の外部に置かれたアジア太平洋地域の日本人が、一部はみずから、残りはその領域を支配する交戦国の強制によって、国境の内部に移動したことを意味する。この国境内部への移動が、部分的には祖国への帰還という希望に沿っていたとしても、全体としては自由意思によらない強制移動だったことを改めて確認しておきたい。確かに旧日本支配地域では一部の日本人が留用されたが、彼らの残留も基本的に自由意思によるものではなかった。要するに居住地域が日本支配地域だったか否かによらず、日本人は各地域で外国人としての定住を許されなかったために日本の内部に移動したのである。南北アメリカ諸国で強制立ち退き・収容をうけた日本人・日系市民の一部が日本に「送還」されたことも、この強制移動の一環をなすものだったといえよう。

在外日本人が現地定住を許されず、国境内部に強制移動されたのが引揚げ／送還だという前提に立つと、彼らが基本的に現地国籍の取得、すなわち帰化の可能性を絶たれていたことの重要性が明らかになる。留用者を別とすると[79]、出生とともに現地の国籍を与えられていた者、現地国籍保有者の家族以外は、ほとんど日本国籍保有者として送還対象となったのである。ただしその一方で、旧日本支配地域への残留を望んだ日本人が、基本的に居留民として、つまり日本国籍のまま残留しようとしたことは見逃せない[80]。単に帝国意識の残存というだけでなく、現地を新たに支配した国家の国民となる道を、日本人自身も選ばなかったのではないだろうか。

もう一つの問題は、日本の新たな国境内部に移動させられた「日本人」の範囲と、新たな国境との関係である。第一に沖縄人は、琉球列島を直接占領したアメリカ軍によって「琉球人」と規定され、GHQの間接統治下にある日本（本土）の「日本人」とは区別して送還された。ただし彼らは、米軍占領当初の南洋群島を除くと「全日本人」送還体制の枠組みに入っており、また日本政府も彼らを日本戸籍・日本国籍保有者とみなした。第二に台湾人・朝鮮人は、GHQから「琉球人」と同じく「非日本人」とされただけでなく、「全日本人」送還体制の枠組みからも外れており、日本政府も彼らの日本国籍を剝奪した。このため満洲の朝鮮人の大部分がみずから残留する一方、南サハリンの朝鮮人は大部分が朝鮮半島帰還の可能性を絶たれた。第三に、南サハリンから「日本人」として日本に移動した樺太アイヌやウイルタ、ニヴフについては、日本戸籍保有者だった樺太アイヌだけでなく、ウイルタ、ニヴフも新たに日本戸籍を付与され、日本戸籍・日本国籍保有者、すなわち戦後の「日本人」の一部とされた。要するに日本国籍保有者が新たな日本の国境内部に移動させられた過程を通じて、日本政府は日本国籍保有者の範囲を国境に合わせて再定義し、国境と住民の国籍との一致を追求したのである。その最も重大な例外が、GHQのもとで「非日本人」として日本（本土）への残留を選び、日本政府から日本国籍を剝奪された朝鮮人だったといえよう。

二　戦後開拓――日本・沖縄内部における移住植民地化

(1) 戦後日本の国内開拓と引揚者

戦後開拓の前提となるのは、敗戦直前に日本政府が開始した都市戦災者の「集団帰農」政策、とりわけ北海道における「拓北農兵隊」である。一九四五年三月、政府は戦災者の増加と食糧事情の悪化に対処すべく「都市疎開者の就農に関する緊急措置要綱」を閣議決定した。しかし都府県での「就農」は容易に進まず、北海道からの黒沢酉蔵（衆議院議員）らの意見により、政府は五月末、広大な「未利用地」がある北海道で戦災者を食糧生産に従事させるとの方針を改めて決定した。拓北農兵隊と名付けられ、北海道庁に受入本部を設けて七月に開始されたこの入植事業は、敗戦後も続行された。北海道庁は、敗戦当初から実質上の戦後開拓を開始していたのである(81)。

北海道庁はさらに一〇月一二日、次に述べる政府の「緊急開拓事業要領」に先行して「北海道戦後開拓要領」を決定した。この要領で注目されるのは、戦災者・疎開者、復員者、戦没者遺族・傷痍軍人、工場などの離職者とともに、「外地失地よりの引揚者」を「開拓者」と規定したことである(82)。これは北海道庁が、既に南樺太からの疎開者・脱出者の受け入れと援護にあたっていたためと考えられる。

日本政府の戦後開拓政策は、農林省が主導した緊急開拓事業を出発点とする。日本の降伏が明らかになると、農林省では「負けたというなら、これから開墾だ」として、ただちに国内開拓計画が始まった。一〇月二五日には農林省開拓局が設置され、政府は一一月九日に緊急開拓事業実施要領を閣議決定した。その趣旨は、「終戦後の食糧事情及復員」に伴う「新農村建設の要請」に応ずるため大規模な開拓を行い、「食糧の自給化」と「離職せる工員、軍人其の他の者の帰農」を図ることであり、「帰農戸数」は「一〇〇万戸（内地八〇万戸、北海道二〇万戸）」が目標とされた。食糧増産と社会政策を兼ねていた点で、緊急開拓事業は前述の戦災者「集団帰農」の延長上にあった。ただし同時に農林省の戦後開拓政策は、笹山茂太郎（農林官僚）によれば、「外地植民から内地植民」「外に失ったものを内に取り返そう」という発想に立脚していた。戦後国内開拓は、日本支配地域の縮小がもたらした農地の喪失を埋め合わせるべく推進されたのである。実際、拓務省や大東亜省、満洲国政府などで満洲開拓政策を担当していた官僚たちは、やがて農林省開拓局や道府県の農地部などに配置され、戦後開拓政策に従事していった(83)。

戦後開拓の推進にあたって重要な要因となったのは、日本支配地域の縮小に伴う人口過剰という認識である。『朝日新聞』が緊急開拓事業を「八千万の人口を本州、四国、九州、北海道で養はねばならぬという絶対命令」への対応とみなしたように、食糧増産の要請はそれ自体、人口過剰という危機意識と結びついていた。例えば一九四五年一二月一六日、貴族院で秋田三一（多額納税者議員、研究会）は次のように述べた。すなわち敗戦の結果、「千島、台湾、朝鮮、満洲、樺太、支那等より駆逐」された「幾多我が同胞」が「数百万将兵」とともに「日々此の本土に送還」され、「昔人口四千万の時代でも既に困り果てて、『アメリカ』等に出稼ぎに出掛けた此の日本が、四国、九州、本州、北海道の四つの小さな島に、八千万に近い者が無理やりに押返へされ、押籠められ」ようとしている。既に「開墾、干拓、或は農地調整」など「増産の手」は打たれているが、それだけで「大和民族が存続」するのは困難である。「難儀な話ではありまするが、支那で働かして貰ふ」、また「『アメリカ』や、南米、濠洲等広漠たる人口稀薄な所で農業をやらして貰ふ」など「移民の場所を与へらるる」か、自由貿易の許可を得るかしなければ、後は産児制限しかない、と。つまり日本支配地域の喪失と、それらの地域からの日本人送還による人口過剰の深刻化という現状認識を示した上で、国外移民・自由貿易によるその解決を主張し、その中で戦後開拓を応急措置として位置づけたのである。[84]

戦後開拓のもう一つの前提は、右の秋田の発言にみられるように、国外移住の禁止である。連合国軍の日本占領とともに、日本人の国外渡航は原則として禁止された。海外移住協会（一九四七年創立、後述）の機関紙『海外へのとびら』は一九四八年一〇月、「過剰人口の処理対策」として「未開地特に北海道の開拓」など「内部的な施策」を挙げた上で、その効果は乏しいとして国外移民の必要を説いている。しかし日本人の日本出国は、この一九四八年一〇月に制限付きで日本人の商用旅行が許可されるにとどまり、日本国外への日本人の移住は、独立以前においては、後述するようにアメリカ軍人の配偶者や親族による呼び寄せなど、限られた資格を除くと極めて困難だった。[85]『朝日新聞』の農政専門記者・団野信夫は、ブラジルや満洲などへの「過剰人口の海外放出」が不可能となり、「四つの島に密集した日本民族」が、「狭い国土を唯一のよりどころ」とし、「我が国土の潜在生産力に挑んだ」のが戦後開拓だと論じている。[86]〝「四つの島」「狭い日本」に閉じ込められた日本人〟というのは戦後の常套句であるが、それは日本支配地域の縮小を指すとともに、日本人が日本の国境外部に出られないという意味を持っていたといえよう。

さらに日本に帰還した引揚者と戦後開拓との間にも、結びつきが生まれた。緊急開拓事業の対象者は当初、前述のように敗戦に伴う失業者や復員者とされ、引揚者には明確な言及がなかった。これは旧日本支配地域からの一般日本人の送還について、政府が見通しを持っていなかったためとも考えられる。しかし前述のように、南樺太からの疎開者・脱出者を受け入れていた北海道庁は、既に引揚者を「開拓者」の一部とみなしており、芦田均厚生大臣（幣原喜重郎内閣）も、一九四五年一一月二九日の衆議院での答弁では「開拓事業」を「復員者並に引揚同胞」の失業対策と位置づけた。アメリカ軍による日本人送還が本格化する中で、政府は一九四六年四月、「海外同胞にして内地に引き揚げたる者」の「生活再建」のため、引揚者のうち「就農を適当とする者」は「各都道府県の入植計画」で「優先入植」させ、また引揚者のため「集団特定開墾地区の設定」などを図ると決定した。同年九月には満洲から引き揚げた開拓民たちにより、全国開拓民自興会が結成され、「自力更生」のための「国内開拓」が活動目的に掲げられた。かくして戦後開拓の一部として、引揚者の入植が推進されたのである。[87]

なお一九四六年一〇月以降の第二次農地改革における自作農創設政策は、農林省が国内開拓政策を推進する重要な契機となったが、引揚者の入植にとっては両義的な性格を持った。自作農創設特別措置法（一九四六年一〇月、法律第四三号）、通称「自創法」は、一九四五年一一月二三日時点の不在地主の土地を政府が強制買収して、自作農となる見込みのある者に売り渡すことを定め、開拓用地の大規模な買収も可能とした。[88] ただしGHQおよび農林省は、アメリカなど外国に居住する日本人（二重国籍含む）、および一九四五年一一月二三日時点で帰還していなかった日本人引揚者（すなわち引揚者の大部分）が日本国内に農地を所有していた場合にも、不在地主として土地買収の対象とした。不在地主だった引揚者が「帰農」を望む場合も、土地の買い戻しは許されず、新たに開拓地を取得せざるを得なかった。[89] つまり自創法は、在外日本人の日本国内における農地所有を一律に否定した上で、日本国内の日本人に国内における開拓用地取得の機会を与えたが、引揚者はこの両方の対象となったのである。

日本国内における戦後開拓の結果について、統計から確認しよう。一九六四年までに約二〇万戸（推定八〇万人強）が入植を行ったが、その七六・六％が一九五〇年までの入植だった（表8-3）。一九五〇年以後、戦後開拓政策の重点は社会政策から食糧増産へ、農村の地元農家次三男による入植へと移行しており、一九四五年から五〇年までを一つの区切りとみなすことは妥当だろう。[90] これはまた、大部分の日本人送還が行われた時期でもある。戦後入植者に占める引揚者の割合は、中心を占めた満洲・南樺太引揚者についてみると、一九四九年の時点で約二二％（三万二八一九戸）に上っていた（表8-4、表8-5）。また引揚者の中における戦後入植者の比重をみると、同じく一九四九年の時点で、満洲から引き揚げた農家の約四割、南樺太から引き揚げた農家の六割以上が入植を行ってい

表 8-3　日本の戦後開拓における入植戸数の推移（1945〜64 年）

（戸）

年	全国合計	北海道	都府県
1945	28,352	3,825	24,527
1946	52,079	8,004	44,075
1947	37,454	6,423	31,031
1948	16,149	3,690	12,459
1949	10,825	4,025	6,800
1950	10,296	2,559	7,737
1951	6,688	1,700	4,988
1952	7,401	2,121	5,280
1953	7,895	2,001	5,894
1954	6,061	1,998	4,063
1955	4,939	1,860	3,079
1956	4,475	1,788	2,687
1957	2,825	689	2,136
1958	2,202	873	1,329
1959	1,481	681	800
1960	975	300	675
1961	926	248	678
1962	758	191	567
1963	552	149	403
1964	270	100	170
合　計	202,603	43,225	159,378
	100.0%	21.3%	78.7%
在農戸数（1965 年現在）	125,868	21,947	103,921
離農率（1965 年現在）	37.9%	49.2%	34.8%
在農戸数（1971 年現在）	96,149	13,380	82,769
離農率（1971 年現在）	52.5%	69.0%	48.1%

出所）戦後開拓史編纂委員会編『戦後開拓史』全国開拓農業協同組合連合会，1967 年，702-703，773 頁より作成。全国・都府県とも沖縄を含まない。1971 年の在農戸数は北海道戦後開拓史編纂委員会編『北海道戦後開拓史（資料編）』北海道，1973 年，45，74 頁より。入植戸数から在農戸数を引いた数字をもとに離農率を算出した。

た（表8-5）。すなわち戦後開拓において、引揚者は復員者や戦災者、失業者、農家次三男などとともに、入植者の一部をなしたに過ぎない。しかし在外日本人の国境内部への移動である引揚げ／送還と、国境内部における日本人の入植活動である戦後開拓との間に、強い相関があったことは明らかだといえよう。

ただし戦後開拓に従事した入植者のうち、かなりの部分は離農を余儀なくされた。統計上の離農率は一九六五年の時点で四割近く、一九七一年時点では約五割に上っている（表8-3）。未開拓地の多くは土地条件が悪く、社会経済的にも僻地など不利な条件に置かれ、また入植者の資本が乏しかったため、何より開拓自体が極めて困難だった。また一部の開拓地はアメリカ軍・自衛隊の基地や工場用地、空港用地などとして大規模な買収の対象となった。その一方、都市部では工業労働者などの需要が増大し、離農者を吸収した。加えて一部の入植者は国内開拓から転じて、後述する南米諸国への「海外移住」に活路を求めていったのである。[91]

戦後日本の国内開拓は、開拓・入植の対象地域が新たな国境の内部に限定されたという大きな断絶にもかかわらず、満洲・南樺太をはじめとする一九四五年までの日本支配地域における移住植民地化と一定の連続性を持っていたといえよう。連続性は第一に、日本政府の開拓政策においてみられる。また第二に、戦後開拓に従事した引揚者の存在は、移住植民地化の主体である移住者の一部に連続性があったことを意味する。そして第三に指摘すべき連続性は、戦前に日本の領土として移住植民地化された北海道が、戦後の新たな国境内部において、再び重

表 8-4　日本の戦後開拓における引揚者比率（1945～49 年）

（%）

全　国	北海道		都府県
	合計	南樺太引揚者のみ	
22.7	27.4	24.3	21.6

注）表 8-3，表 8-5 より作成。

表 8-5　1949 年時点における引揚者農家入植状況

（人）

		満　洲	南樺太	合　計
送出戸数	「内地」	141,828	—	141,828
	北海道	1,334	11,750	13,084
	合　計	143,162	11,750	154,912
帰還戸数	「内地」	64,264	—	64,264
	北海道	1,005	10,154	11,159
	合　計	65,269	10,154	75,423
入植戸数	「内地」	25,709	—	25,709
	北海道	790	6,320	7,110
	合　計	26,499	6,320	32,819
入植戸数 / 帰還戸数	「内地」	40.0%	—	40.0%
	北海道	78.6%	62.2%	63.7%
	合　計	40.6%	62.2%	43.5%

出所）農林省農地局「開拓関係統計資料」1950 年（農地改革資料編纂委員会編『農地改革資料集成』第 16 巻，農政調査会，1972 年），965 頁より作成。

注）「内地」の満洲引揚者入植戸数 25,709 戸には，南樺太引揚者も含む。

要な開拓地と位置づけられたことである。次項でみるように、戦後の北海道は一方で自治体化により属領としての性格を完全に払拭しようとしながら、他方では国内唯一の開拓地と目され開発のための特別行政が求められるという、一八九〇年代以来の板挟みの状態に再び置かれたのである。

(2) 北海道の戦後開拓と地方自治体化

北海道における戦後開拓は、既に述べたように、戦争末期における拓北農兵隊の入植を端緒とし、さらに南樺太から疎開者・脱出者を受け入れる中で開始された。一九四九年の時点で、北海道における引揚者の六七・〇%（約二五万人）が南樺太から、一七・四%（約六万五〇〇〇人）が満洲からの引揚者だった（表8-6）。南樺太からの引揚者のうち約六割が、北海道に定着した。(92)

北海道における樺太開拓村の建設を構想した樺太農業会の折戸惣市は、一九四六年二月に南樺太を脱出し、同年五月に結成された樺太引揚者団体連合会の会長に就任した。同会は南サハリンに残る日本人の送還を求めるとともに、「樺太村建設の推進母体」となった。さらにソ連軍が南サハリンからの日本人送還を開始した直後の一九四七年一月には、樺太引揚者団体連合会から農業部が分離独立して樺太帰農協同組合を結成し、引揚者の入植を推進した。(93)

北海道戦後開拓における引揚者の比重についてみると、一九四五年から四九年までに南樺太から北海道に引き揚げた農家の六二・二%が入植しており（表8-5）、これは同時期の北海道入植者の二四・三%にあたる（表8-4）。戦前に北海道の延長として移住植民地化された南樺太の入植者たちが、引揚者として北海道戦後開拓で重要な位置を占めたのである。いっぽう北海道（庁）の戦後開拓行政には、北海道から満洲や南樺太に渡り、戦後に引き揚げた技術者たちが参加して重要な役割を果たした。(94)

日本国内の戦後開拓における北海道の比重をみると、一九六四年の時点で入植戸数の二一%、開墾面積では約四

表 8-6　1949年時点における北海道の引揚者の引揚元地域

地　域	人　数	百分率（%）
樺太	248,867	67.0
千島	12,304	3.3
朝鮮	11,025	3.0
満洲	64,575	17.4
中国	21,009	5.7
南方その他	13,699	3.7
合　計	371,479	100.0

出所）樺太終戦史刊行会編『樺太終戦史』全国樺太連盟，1973年，596頁より作成。

表 8-7　日本の戦後開拓における開墾面積（1945～64年）

（町）

	全国合計	北海道	都府県
入植	372,901	201,157	171,744
	100.0%	53.9%	46.1%
増反	165,583	14,782	150,801
	100.0%	8.9%	91.1%
合計	538,484	215,939	322,545
	100.0%	40.1%	59.9%

出所）戦後開拓史編纂委員会編『戦後開拓史』より作成。
注）全国・都府県とも沖縄を含まない。

割、特に増反を除いた入植面積では五割を北海道が占めた（表8-3、表8-7）。これは特に新たな開拓地への入植において、北海道が日本の戦後国内開拓の中心的位置を占めたことを示す。その一方、開拓用地の確保に重要な役割を果たした自創法による不在地主からの土地強制買収が、北海道では旧土人保護法（一八九九年）によってアイヌに与えられた給与地にも適用された。

この給与地は、大和人による北海道の移住植民地化によって生活環境を破壊されたアイヌに、農業に従事する場合に限って与えられた土地であり、給与地の下付はそれ自体、勧農という名の保護・同化政策を意味した。給与地を取得して農業に従事するアイヌは増加したが、選定された土地には、従来の居住地から離れた場所や農耕不適地も含まれた。アイヌによる開墾が成功しなかった場合、給与地はしばしば北海道庁によって没収され、あるいは借地の形をとって大和人の手に渡った[95]。一九三五年の時点で、給与地を付与されたアイヌのうち不在地主は三〇・一%に達していた。自創法の制定後、北海道アイヌ協会などを通じて給与地に対する自創法の適用除外を求める陳情がたびたび行われたが、GHQおよび農林省は除外を認めず、その理由として「民族」「人種」の平等を挙げた。結果として一九五一年までに、給与地面積の二六・三%（農地面積では三四・三%）が強制買収されたのである[96]。

北海道の戦後開拓は、アイヌの生活空間の縮小を強いながら大和人の入植を推進した点でも、戦前の移住植民地化との連続性を有したといえよう[97]。

以上のように北海道戦後開拓の特徴は、第一に南樺太からの引揚者を中心に、他地域より高い割合で引揚者が開拓に従事したこと。第二に日本国内の戦後開拓において北海道の比重は極めて高く、特に新たな開拓地への入植は北海道を中心に行われたこと。第三に自創法の適用を通じて、「不在地主」とみなされたアイヌの給与地が強制買収されたことである。明治以来、大和人によって移住植民地化された北海道は、敗戦後の新たな国境の内部において、改めて移住植民地化されたのである。ただし第四に、結果として離農率が著しく高かったことも、北海道戦後開拓の特徴に付け加えておくべきだろう[98]（表8-3）。

さて戦後の北海道は、以上のように国内開拓、あるいは移住植民地化が推進される過程で、「四つの島」となった日本に残された唯一の「ホープ」「フロンティア」、すなわち日本の新たな国境内部における唯一の植民地と位置づけられていった[99]。しかしそこで問題となったのは、一方で敗戦直後から、北海道の地方自治体化が始まっていたことである。

第1章で述べたように、北海道は一九〇〇年前後、地方制度の整備と北海道会の設置を前提に衆議院議員選挙法が施行された後も、北海道庁に統治されていた。北海道庁は北海道の開発・統治の双方を管轄する行政機構であり、地方官官制や府県制には属さなかった。北海道会は府県会とは異なり、その議決権は北海道地方費に限って認められた。戦前の北海道は、本国編入後も府県と同じ地方自治体ではなかったのである。敗戦後の一九四六年九月、ＧＨＱの民主化政策のもとで府県制に代わる道府県制が制定され、北海道は初めて府県と同列の地方自治体に改組された[100]。

北海道の地方自治体化は、ただちに政府内部と北海道で北海道開発行政の所管をめぐる対立を生んだ。北海道の戦後開拓は、その主要な争点の一つだった。

内務省は一九四六年一一月、同省のもとに北海道開発局を設置して開発計画と予算（補助金）編成を一元的に行い、これを北海道に実施させる構想を明らかにした。従来、内務省のもとで北海道庁が北海道拓殖費（国費）によって実施してきた開発行政を、北海道の自治体化以後も内務省の管轄下に置こうとしたのである。しかし農林省と大蔵省をはじめとする各省は、内務省案に強く反対した。特に農林省は北海道の国有林を府県と統一して管轄することを強く求め、また北海道庁の下に置かれていた開拓行政も、戦後開拓行政の一元化のため農林省（開拓局）に移管するよう求めた。これを受けて、大蔵省は以下の三点を提案した。

①北海道開発行政のうち未墾地の開拓に限り、内閣直属の北海道開発庁を設置して直轄する。
②その他の開発行政は、府県と同じく中央の各担当省庁が分割して監督する。
③北海道国有林は農林省に移管する。

大蔵省は、北海道の地方自治体化を前提として農林省による国有林統一を認める一方（②③）、北海道の戦後開拓については内務省の管轄を否定しながらも、農林省への統合は認めなかったのである。一九四七年一月、第一次吉田茂内閣は大蔵省の提案に基づき、北海道開発庁の設置と北海道国有林の農林省移管を閣議決定した。[101]

一方、北海道側の反応も分かれていた。第一に、北海道庁・北海道会はともに、当初内務省案に賛同したが、北海道開発庁の設置が決まると、あくまで一元的開発行政を維持すること、また北海道開発庁が現地機関を設けず、北海道自身に開発行政を実施させることを要望した。自治体としての北海道が、従来の北海道庁と同様に開発行政の実施を担当することを重視したのである。しかし第二に、北海道戦後開拓の入植者団体である北海道開拓者連盟（一九四六年一〇月結成）は、北海道開発庁の設置に反対してGHQ天然資源局に直訴を行った。すなわち北海道の開拓行政が内務省・北海道庁の管轄下にあり、農林省による府県の開拓行政と分割されているため、「北海道の入植者たちは他府県に比べて補助金は少ない上に、行政的な対応も見劣りする」という現状認識のもと、「北海道開発庁が設置されれば、道内における開拓行政はさらに分散される」として反対し、北海道の開拓行政は農林省のもとで府県と統合すべきだと主張したのである。[102] つまり北海道庁・北海道会が北海道の開発行政を戦前の特別行政の延長上に捉えたのに対し、北海道開拓者連盟は、戦後開拓が北海道と府県の双方で推進される状況を踏まえて、開拓行政も含めて北海道を府県と完全に統合するよう求めたのである。

吉田内閣は一九四七年三月に北海道国有林の農林省への移管を実施し、四月に北海道開発庁官制を定めた。国有林移管の実施は、一元的開発行政の維持という北海道庁・北海道会の要望が通らなかったことを意味するが、北海道開発庁の現地機関は、要望通り設置されないこととなった。この間に北海道庁は地方自治法の制定（一九四七年四月、法律第六七号）に伴い廃止され、北海道は完全に地方自治体となった。[103]

しかし日本政府が北海道開発庁の設置について承認を求めると、ＧＨＱは「北海道にのみ他府県と異なる特別な機構を設けること」自体を認めず却下し、さらに北海道開発行政を農林省に移管するよう日本政府に勧告した。ＧＨＱ天然資源局は一九四六年七月の時点で、「北海道が日本の他府県と同等になることが必要だ。内務省による現在の管理体制下では北海道は日本の植民地的な地位にしかない」として、北海道開拓を農林省に掌握させるべきだと主張していた。この天然資源局が農林省、特に開拓局と連携し、また前述した北海道開拓者連盟の要望も受けて、ＧＨＱを北海道開発庁設置の却下に導いたのである。一方、初代北海道知事となった田中敏文（社会党、元北海道庁長官）は、ＧＨＱに開発庁設置を訴えた。同年六月、片山哲内閣は北海道開発庁の設置取りやめを閣議決定し、府県と同様に北海道の「開拓に関する事務」は農林省、その他の開発行政は関係各省に移管し、それぞれ実施主体は北海道とした。[104] 北海道の完全な地方自治体化に伴い、戦後開拓がいったん農林省開拓局の管轄下に府県と統合されたのである。

それでも北海道の開発行政を府県とは異なる枠組みで行おうとする動きは、政府と北海道の双方で根強く続いた。第三次吉田内閣が一九四九年に設置した北海道総合開発審議会は、北海道の「総合開発計画」を立案・実施する機関として、改めて北海道開発庁の設置を答申した。

審議会の過程で会長の板谷順助（北海道選出参議院議員）は、「満洲、台湾を失った」日本には北海道の開発が必要だという認識を示し、「北海道が他府県並みに取り扱われたから開発が遅れたので、昔のように開拓使長官を置くとか強力な形でやりたい」と主張していた。北海道を再び本国から切り離してでも、新たな国境内部における植民地として改めて開発するよう求めたのである。また石川一郎（日経連会長）は、「移民の問題を〔GHQに〕要請」する前に、「北海道を一日も早く開発するべき」だと主張した。国外への移民送出が認められない状況を踏まえて、まず国内の移民送出先として北海道の開発を求めたのである。[105] このように北海道開発機関への要請は、国境内部に制限された開発・移住の対象地として北海道を位置づける認識に立脚していた。

吉田内閣は審議会の答申を受けて、北海道開発庁の設置を決定した。ただし田中知事の要望を受けて、開発庁は開発計画の立案機関とされ、その実施主体は北海道となった。農林省の反対にもかかわらず、GHQは開発庁設置を若干の修正の上で承認した。国会審議を経て、北海道開発庁は一九五〇年六月に発足した。[106] これにより、北海道開発行政は再び府県とは異なる管轄のもとに置かれたのであり、その一部である北海道開拓行政も農林省から開発庁に移管された。

ここまでみたように、北海道庁のもとで開発行政と統治行政が結合されていた北海道の自治体化に際し、開発行政は政府各省へ、自治行政は北海道へと管轄上は分離されたが、開発行政の実施は北海道に委ねられた。北海道開発庁の設置によって開発行政は各省から同庁へ移管されたが、実施機関は北海道のままだった。しかし開発庁設置から間もない一九五一年、北海道知事に田中前知事（社会党）が再選されると、吉田内閣は北海道開発庁のもとに現地機関である北海道開発局を設置し、開発行政の実施も北海道から切り離した。

　北海道で開かれた開発局設置反対道民大会は、開発行政の分割は「地方自治」に反すると批判し、田中知事は国会で、北海道における「開発行政」と「自治行政」の関係の深さを主張した。これらは北海道庁のもとで開発行政と統治行政が統合されてきたことを前提に、自治体化した北海道が開発行政の実施を続けることを求めたものといえよう。しかし政府は国会での別の質問に対する答弁で、北海道庁は「国の出先機関」だったのであり、北海道が自治体になった後も「国の開発事務を公共団体たる北海道に委任していない」と説明した。北海道庁が府県と同じ地方自治体ではなかったことを根拠に、開発と自治の分離を正当化したのである。[107]

　開拓行政の実施も、北海道から北海道開発局に移管された。ただし実際の取り扱いについては、約一千町歩以上の規模の開拓地を北海道開発局が担当し、それ以下は北海道が代行する形となった。[108]北海道開拓者連盟の機関紙『北海道開拓新聞』は、北海道開発局の設置について「本道開発も愈々国家が本腰を入れた」と歓迎しながら、「郷土北海道の開発が官庁の縄張り争いや、政争の具に供せられ」たと批判した。さらに「吾々開拓人」の立場から、前述した開拓行政における開発局・北海道の分業について、入植地の「開拓計画及び建設工事」が「土建業者のみに委ねられ」、「開拓組合は無視」されるのではないかと強い不安を示した。[109]また同紙上の座談会で割石光夫（北海道開拓者連盟）は、「農林省は『農地行政はわれわれが』だし、道庁《〔ママ〕》は内務省以来の拓殖計画の延長的気分を残し、開発庁は自由党政府の北海道開拓行政機関だ」と、「三者三様の行政割拠主義」を揶揄した。[110]かつて連盟は北海道開発庁の設置に反対し、北海道開拓行政の農林省移管を求めた。しかしこの時点での関心は、もはや管轄がどうあれ、北海道の戦後入植者に有効な支援が行われるか否かに尽きていたといえよう。

　以上のように、戦後の北海道は日本の新たな国境内部に制限された開発・入植の対象地と目される一方、地方自治体として他地域との制度的な均質化が求められたため、開発行政の枠組みが政治争点となった。北海道開発庁・

開発局の設置は、北海道の地方自治体化を前提としながら他地域と異なる開発行政を行うという枠組みと、その線引きを意味したといえよう。この過程で北海道の戦後開拓は主要な争点の一部をなしたが、北海道全体としては戦前の延長上に開発と自治の一体化を求める要望が強かったのに対し、戦後入植者たちは開発行政の枠組みよりも、実際の支援に関心を集中させた。彼らにとっては、新たな入植地に定着できるかどうかが喫緊の問題だったのである。

(3) 戦後沖縄における八重山開拓

戦後開拓は、アメリカの直接統治下に置かれた沖縄（琉球諸島）においても行われた。沖縄本島や宮古などから石垣島や西表島など八重山に、一九四八年から五〇年代末までに約一二〇〇戸（約五〇〇〇人）が移住・入植したのである。[111]

一九四四年に約五九万人だった沖縄の人口は、沖縄戦で多数の民間人死者が出た結果、一九四六年には約五一万人にまで減少していた。しかし日本敗戦以後、日本（本土）や旧日本支配地域、その他国外から一九五〇年までに約一四万人が引き揚げ、出生率の上昇と相まって、一九五〇年の時点での人口は七〇万人近くに達した。[112] このような人口の激増と、地上戦による荒廃の中で、沖縄では戦前以来の移民への志向が再び高まった。

いっぽう沖縄において、八重山は戦前から移住植民地としての性格を有していた。一八九〇年代以来、大和人や沖縄本島の沖縄人が移住してサトウキビ栽培や製糖業に従事したのに加え、一九三〇年代には台湾人が移住してパイナップル生産などを行ったのである。[113]

しかし戦後に八重山が開拓・移住の対象地として焦点を当てられた要因は、アメリカ統治下の沖縄（琉球諸島）から他地域への移民が困難だったという前提を抜きには説明しがたい。一九四五年六月、アメリカ軍は沖縄の占領開始とともに戦時刑法を施行して琉球諸島の出入域を全面的に禁止し、日本降伏後もこれを継続していたのである。この戦時刑法は、琉球諸島の四群島（奄美・沖縄・宮古・八重山）間の渡航も厳しく制限していた[114]。

一九四六年六月、沖縄民政府の志喜屋孝信知事はアメリカ軍に対し、第一に戦後復興、第二に日本（本土）をはじめとする地域からの引揚げによる人口増加への対処を理由として、八重山への移住・入植計画を要望した。同年九月、アメリカ軍の指令で各群島間の移動は民政府による許可制となったが、なお渡航は制限されていた。一九四七年七月、民政府四知事会議において沖縄・宮古各知事は八重山への入植実現を求め、八重山知事もこれを「待兼ねて居る」と発言した。宮古民政府は、一九四七年一〇月から西表島に「移民地調査隊」を派遣し、一九四八年一〇月に戦後最初の八重山移民を入植させた。限られた渡航の枠組みを通じて、移住を実現させたのである[115]。

いっぽう一九四八年には、後述するように南洋群島帰還者会による南洋群島再移民の要望や、沖縄海外協会などによる南米移民の要望も始まったが、親族の呼び寄せなど限られた資格で南米移民が開始されたのを除くと、これらは実現の見通しが立たなかった。一九四八年一〇月、沖縄民政府は「当分海外移民は考えられないので」八重山移住を実施するという計画を発表し、移住申し込みが相次いだ。しかし沖縄民政府の八重山移住計画は、アメリカ軍が復興援助資金の支出に難色を示したため、開始時期とされた一九四九年七月以降も実施されなかった。大宜味村で八重山移住促進協議会を結成した山口忠次郎は、『沖縄タイムス』（一九四九年一〇月一四日）への投書で、「海外移民への幾多の困難」の中で「我々の前に開かれた一つの道が、八重山移住」であり、「現在の限られた立場において、自己の統治権内を完全に開拓利用」してこそ「海外移住への曙光」も開くと主張し、移住実現を強く求めた。さらにアメリカ軍が山口の問い合わせに対し、「本国政府」の意向で「講和会議締結まで移住問題は実施できない」と回答したため、山口ら大宜味村の入植団は一九五〇年三月、「自由移民」として、援助を受けずに沖縄民政府の黙認のもとで石垣島に入植した。なお琉球諸島の四群島間における渡航制限は、同年一月二七日にアメリカ軍政府が発表した海運規則（三月一日施行）で解除されていた。[116]

山口らの後を追って、沖縄本島や宮古島から八重山への「自由移民」が相次いで行われた。移住者の少なからずが復員者や引揚者であり、引揚者はフィリピン、南洋群島、満洲、台湾、日本（本土）などから帰還していた。いっぽう一九五〇年一二月以降、アメリカ軍政府天然資源部の立案を受けて琉球農林省（同年四月、各群島民政府から分離して発足）が八重山開発計画の作成を始め、一九五二年七月、琉球政府（同年四月成立）によって「計画移民」の募集が開始された。この募集で「農耕地を軍用地に接収されたもの」が優先事項に挙げられたように、アメリカ軍による基地建設のための大規模な土地接収も、この頃から八重山移住の一要因となった。特に一九五四年以降、アメリカ軍は琉球政府の八重山「計画移民」に積極的な資金援助を始めるが、これは軍用地接収の本格化と結びついていた。ただし土地を接収された軍用地地主たちは、移民先としては大部分が南米を希望した。[117]

八重山の戦後入植者は、一九六〇年の時点で約五〇〇〇人（約一二〇〇戸）と推定され、八重山の総人口約五万人（約一万戸）に対して約一割に達していた。入植者の出身地は宮古と沖縄本島を主とするが、一部には地元八重山（次三男など）も含み、また日本（本土）や台湾からの入植者もわずかに存在した。干ばつや台風など開拓の条件は厳しく、一九五四年頃から現れた離農者は、一九六〇年代後半に顕著に増加した。また一九五七年には沖縄から日本（本土）への就職が可能となっていたが、一九六八年頃から八重山入植者の日本（本土）への就職や出稼ぎが激増した。加えて沖縄の日本復帰直前の一九七一年頃から、八重山戦後開拓者の入植地の多くは、「本土」企業によって買い占められていった。[118]

以上のようにアメリカ統治下の戦後沖縄における八重山開拓は、引揚者などによる人口の急増と沖縄から外部への移住の困難という条件のもとで開始された点や、戦前の移住植民地化と連続性を有した点では、日本の戦後国内開拓と共通性があった。いっぽうアメリカ軍の直接統治下での開拓政策の形成や、軍用地の接収を要因とする移住は、日本（本土）との相違といえる。しかしその上で最も重要な相違は、沖縄人の移動を制約していたのが国境ではなく、アメリカ施政権の境界線だったことだろう。この相違は最後に考察する「海外移住」において、より重大な意味を持つこととなる。

三　海外移住——日本・沖縄から外部への移民

(1) 日本・沖縄からアメリカへの移民

戦後当初、日本人が日本（本土）から外国に移民すること、および沖縄人が沖縄から外国に移民することは、それぞれ原則的に不可能だった。しかし一方では日本（本土）と沖縄における政治状況の変化、他方では移民受入国側の条件の変化によって、日本・沖縄から外国への移民はさまざまな形をとって行われていった。その経緯には、日本・沖縄双方に共通する側面と、相違する側面とがあった。

戦後における日本・沖縄から外国への移住者数の統計を、表8-8および表8-9に示した。まず表8-8の日本からの移民数は、日本政府が日本国籍のパスポートを発給した人数であり、沖縄からの移民数は、アメリカ施政権下の沖縄から日本のパスポートによらずに移住した人数である。前者は「日本人」としての移民、後者は「琉球人」としての移民とみることができよう。ただし沖縄人も、日本（本土）で日本のパスポートを取得することは可能だった。特に一九五四年以後、一部の沖縄人は後述する日本政府の渡航費貸付を受けて移民しており、この場合、アメリカ民政府が発行する身分証を日本のパスポートに切り替える必要があった。日本のパスポートを取得した沖縄人は統計上、「琉球人」に入らず「日本人」に数えられたと考えられる。沖縄からの移民数が一九六七年を

表8-8　日本・沖縄から外国への移民数の推移（1945〜89年）

（人）

年	合　計	日　本	沖　縄	日本援助移民	年	合　計	日　本	沖　縄	日本援助移民
1945〜50	1,677	1,195	482		1971	8,561	8,561		1,098
1951	4,999	4,227	772		1972	7,326	7,326		1,012
1952	6,161	5,724	437	54	1973	6,405	6,405		631
1953	6,275	5,733	542	1,498	1974	5,531	5,531		534
1954	9,177	8,166	1,011	3,741	1975	6,158	6,158		506
1955	11,795	10,493	1,302	3,512	1976	5,671	5,671		502
1956	15,274	14,169	1,105	6,168	1977	4,369	4,369		467
1957	16,620	15,229	1,391	7,439	1978	3,648	3,648		483
1958	16,440	15,306	1,134	7,606	1979	3,564	3,564		549
1959	14,914	13,769	1,145	7,610	1980	3,653	3,653		597
1960	14,643	13,762	881	8,386	1981	3,517	3,517		600
1961	12,472	11,426	1,046	6,263	1982	2,822	2,822		357
1962	8,372	7,353	1,019	2,201	1983	2,349	2,349		217
1963	7,181	6,444	737	1,526	1984	2,445	2,445		137
1964	5,710	4,827	883	1,105	1985	2,523	2,523		109
1965	4,867	4,322	545	818	1986	2,818	2,818		146
1966	5,590	5,159	431	1,531	1987	2,953	2,953		171
1967	5,473	4,858	615	1,543	1988	2,886	2,886		157
1968	4,397	4,397		1,129	1989	3,603	3,603		88
1969	4,390	4,390		1,146					
1970	4,849	4,849		1,236	合　計	262,078	246,600	15,478	72,873

出所）国際協力事業団『海外移住統計』1994年，14-17，116-119頁より作成。
注）「日本」は日本政府の旅券発給者数，「沖縄」はアメリカ施政権下の沖縄からの移住者数を指す。

最後に計上されなくなるのは、同年九月以降、沖縄の日本復帰を前にして、沖縄からの移民も日本政府がパスポートを発給するようになったためであろう。[119] ただし後述するようにアメリカ移民帰化局の統計では、その後も「琉球諸島」からの入国者がみられる。

次に表8-9で移民の受入国をみると、日本・沖縄の双方で、まずアメリカへの移民が最大の割合を占め、次いで南米諸国への移民が顕著にみられる。次項以下で論ずるように、戦後に日本・沖縄で推進された「海外移住」は基本的に南米諸国への移民を指すが、戦後の国外移住者自体は一貫してアメリカの割合が高く、全体のほぼ半分を占めていたのである。本項では、このアメリカへの移民について考察しよう。

戦後当初、日本（本土）・沖縄から外国への渡航が禁止されていただけでなく、アメリカではこの時点でも一九二四年移民法の下

表 8-9　日本・沖縄からの移民の受入国別総数（1945～89 年）

（人）

国	合　計	日　本	沖縄（1945～67 年）	沖縄（1948～93 年）
アメリカ	134,842	129,684	5,158	不詳
カナダ	11,226	11,226		102
ブラジル	71,372	68,110	3,262	9,494
パラグアイ	9,612	9,612		32
アルゼンチン	12,066	8,989	3,077	3,897
ドミニカ	1,390	1,390		
ボリヴィア	6,357	3,067	3,290	3,448
メキシコ	671	659	12	12
ペルー	2,615	1,938	677	733
オーストラリア	1,525	1,525		
その他	10,402	10,400	2	8
合　計	262,078	246,600	15,478	17,726

出所）国際協力事業団『海外移住統計』116-119 頁より作成。沖縄（1948～93 年）は石川友紀「戦後沖縄県における海外移民の歴史と実態」『移民研究』第 6 号，2010 年 3 月，54 頁。

注）沖縄のアメリカ移住者数（1948～77 年）は 12,846 人との統計あり（沖縄市町村三十年史編纂委員会編『沖縄市町村三十年史』上巻（通史編），沖縄市町村三十年史発行委員会，1983 年，783 頁）。

で、日本からの移民が禁止されていた。しかし第一に、日本降伏以後、約三万人とされる日系二世が日本・沖縄からアメリカに渡った。その大部分は、日米開戦前にアメリカから日本（沖縄を含む）に渡り、開戦によってアメリカへの渡航が不可能になっていた人々であり、また一部は、戦時中から戦後にアメリカから「送還」された人々だった。彼ら日系二世はアメリカ市民権（国籍）の保有が証明されれば、アメリカへの渡航が認められたのである。彼らはアメリカ国籍のパスポートで渡航したため、表8-8・表8-9の統計には表れていない。アメリカ軍の一九四六年七月の報告によれば、沖縄ではアメリカ市民権の保有を主張する者がハワイ出生者を中心に三三八人あり、その大部分が「帰国」を希望した。なお、この時点までに沖縄で日本以外の国籍保有を申し立てた者は、フィリピン三一二人、ペルー二七〇人、アルゼンチン八三人、ブラジル六〇人、カナダ一八人なども含めて、合計一一一五人にのぼった[120]。

アメリカ「帰国」を申請した二世のうち数百人は、日本国籍保有者として日本の公務・軍務に就いたことや選挙で投票したことなどを理由に、アメリカ市民権を喪失したとして旅券の発給を拒否された。彼らは連邦地方裁判所に提訴するためアメリカへの渡航を認められ、一部は市民権を回復したが、一部は敗訴して日本に強制送還された。また市民権放棄を理由に「送還」された二世のうち一六七四人は市民権回復を申請したが、三四七人は「不忠誠」として拒絶された。アメリカ司法省の説明によれば、そのほとんどは日本で教育を受けた帰米であった[121]。二世たちのアメリカ「帰国」は、「移民」とは異なるが、アメリカの日系住民が戦前に日本との間で双方向的な移動を行ってきたことの帰結として見落とせない。また後述するように、戦後の南米移民においては日本・沖縄にいた二世の呼び寄せが移民再開の契機となっており、「帰国」は「移民」と密接に関わる移住の形だったといえよう。

第二に、アメリカ市民としてアメリカに「帰国」した前述の二世たちを別とすると、戦後当初に日本（本土）・沖縄からアメリカに渡った移民のほとんどは、アメリカ軍人の配偶者として移住した女性、いわゆる「戦争花嫁」だった。アメリカ軍が占領した日本・沖縄に軍人として滞在したアメリカ人男性（日系を含む）の中には、帰国にあたって、現地で交際した女性と結婚して同伴することを望む者が多数現れた。同じくアメリカ軍が占領した南朝鮮（韓国）でも、同様の状況が生じた。しかし一九二四年移民法により、日本人と朝鮮人のアメリカへの移住・帰化は不可能だった。このため、アメリカで一九四六年六月に公法四七一号、通称ＧＩ婚約者法が制定され、アメリカ軍人の外国人婚約者の入国が許可されたのである。一九五〇年以降は、配偶者と子供の入国も可能になった。なお一九五二年には移民国籍法（マッカラン＝ウォルター法）の制定により、軍人に限らずアメリカ市民の配偶者に入国が許可された[122]。

第三に、アメリカ軍人の配偶者のような限られた資格以外の移民は、日本・沖縄からの出国・出域とアメリカへの入国がそれぞれ公式に認められることで可能になった。まず日本（本土）からの出国は、一九五一年一二月、サンフランシスコ講和条約の発効を前にして、ＧＨＱが日本政府にパスポートの自主的な発給を許可したことで可能となった。次に沖縄からの出域は、日本の独立により沖縄が明確にアメリカ施政権下に置かれた後は、アメリカ民政府による身分証明書の発給を通じて行われることとなった。ただし沖縄から外国への渡航は実際には厳しく制限されたままであり、身分証明書の発給手続きは外国渡航希望者の増大によって、一九五五年にようやく整備が始まった。一九六〇年には、身分証明書が日本渡航証明書と同一の条件で発給されるようになった[123]。

一方アメリカでは、一九五二年の移民国籍法（マッカラン＝ウォルター法）により、日本からの移民（アメリカ市民の配偶者は除く）が年間一八五人の割当てで認められ、また日本人の市民権獲得が認められた。これによって日本からの新規移民が、ごくわずかながら可能になった。さらに一九六五年の移民国籍法改正によって、他の国々と平等に、日本から年間二万人までの移民がアメリカ永住権を得ることが可能になった。これに伴い、アメリカ市民の配偶者としての移民が日本からの移民に占める比重は低下していった[124]。

なお、アメリカ施政権下の沖縄からの移民は、入国に際して日本からの移民とは区別された。アメリカ移民帰化局の統計では一九五二年以降、入国した移民の出身地として「琉球諸島」が「日本」と別に項目を立てられている。人数は年に百人から数百人だったが、一九七二年に千人を超えたのを境に急減し、一九七五年以降は年に数人となる。一九五二年以降にも日本のパスポートで「日本人」としてアメリカに移民した沖縄人がいた可能性はあるが、アメリカ民政府の身分証明書で移民した沖縄人は、「琉球人」として入国したのだと考えられる。この「琉球諸島」からの移民は、大部分が前述したアメリカ市民（主に軍人）の配偶者や子供だった[125]。

最後に第四のカテゴリーとして、一九五三年にアメリカで制定された難民救済法の枠を通じて日本から行われた移民と、第五のカテゴリーとして、日本から一九五六年から六四年まで派遣された短期農業労働者について、まとめて考察しよう。

まず難民救済法は第二次世界大戦による難民二一万四〇〇〇人のアメリカ入国を認めたものであり、極東からは三〇〇〇人の枠で移民が認められた。在米日本領事館が日本人難民の受け入れに必要なアメリカ市民の保証人を求めたところ、これに応じたのはカリフォルニア州の日系農家、つまり戦前の移民だった。彼らは日本の出身地から親族や知己の呼び寄せを希望し、また出身地側でもアメリカ移民の希望が高まった。しかしこのような移民が難民資格を認められることは困難と判明したため、日本側では移民希望者から、後述する国際農友会を通じて外務省への陳情が行われ、アメリカ側の日系農家は日系二世ロビイストのマイク・マサオカを通じて、連邦政府に難民資格の解釈緩和を働きかけた。この結果、一九五九年までに一〇〇八人の移民が実現し、また一九五九年には難民家族の呼び寄せも認められたため、合計で二二六八人がアメリカに移民した。[126]

次に短期農業労働者の派遣は、いわば帰国を必須とする出稼ぎだったが、前述したカリフォルニア州への日本人難民の移住と重なり合っており、また後述する南米への「海外移住」とも密接に関わる。この前提となる農業実習生派米事業は、一九五〇年に元農林官僚の石黒忠篤によって、「中南米等への日本農民の移住の扉を開く」ことを一つの目的として発案された。石黒および農林省とカリフォルニア州知事との交渉を経て、一九五二年に同州の日系農家や白人農家のもとで、年に数十人規模、数ヶ月間の実習が始まった。農林省でこの事業を担当したのは、一九四九年に開拓局を改組した農地局だった。また派遣の実施にあたった国際農友会は、前述した満洲開拓引揚者団体の開拓自興会を母体とし、元農林官僚や農学者、満洲移民事業の関係者などを加えて、「農業技術者の渡航斡旋」や「移住を希望する農民」への「移住斡旋」を目的に、一九五二年三月に設立された農林省外郭団体だった。南米移民に関して後にも述べるように、農林省と国際農友会は戦後国内開拓の延長上に、一九五二年以降、外国への農家の送出を模索したのである。[127]

国際農友会は一九五四年以降、さらに農業労働者の大規模な派米を求めてカリフォルニア州や日系農家に働きかけを行った。しかし外務省は、これを同省のもとで海外協会連合会（海協連、後述）が管轄する移民事業とみなし、一九五六年にカリフォルニア州農家団体との間で、年に一〇〇〇人、期間三年の派遣契約をまとめた。外務省・農林省の争奪の結果、同年、国際農友会・海協連を母体とする農業労務者派米協議会が設立された。派米は一九六四年まで行われ、派遣された人数は四三三一人に達した[128]。

日本人難民と短期農業労働者は、どちらも戦前に移住したカリフォルニア州の日系農家のもとで農業に従事しており、移住行動としては戦前と連続性を有していたといえよう。ただし実質上の呼び寄せによるアメリカへの定住が、難民という例外的資格で認められた一方、短期農業労働者は定住不可能な、純粋な出稼ぎ労働者だった。一九六五年の移民国籍法改正以前の、日本からアメリカへの移民の困難さが改めて確認できる。なお国際農友会などにみられる引揚げ・戦後開拓と戦後移民との関係については、以下で改めて考察しよう。

以上のように日本・沖縄からアメリカへの移住は、特に戦後当初においては、アメリカ市民として「帰国」した二世や、アメリカ軍人の配偶者として移住した女性を主としていた。戦前同様の農業移民などの要望も存在したが、ごく限られた資格を除くと、一九六五年のアメリカ移民国籍法改正まで移民は困難だった。にもかかわらず、戦後の日本・沖縄からの最大の移住先はアメリカだったのである。加えて注目すべき特徴は、日本からの移民とアメリカ施政権下の沖縄（琉球諸島）からの移民が、アメリカ入国に際して区別されたことである。日本と沖縄との関係は、以下に述べる南米移民では、より複雑な様相を示すこととなる。

（2）日本から南米への「海外移住」

戦後の日本（本土）・沖縄から南米諸国への移民は、農業への従事を主な目的とした点で、戦前の移民と強い連続性を持っていた。ただし移民の送出と受け入れは、日本・沖縄双方で当初は厳しく制約されていた。さらに移民再開の過程は、日本と沖縄とで異なる経路をたどった。

占領下の日本（本土）で、日本人の外国への移民について実現を求める運動は、一九四七年一〇月に結成された海外移住協会によって始まった。同会の中心人物である鳥谷寅雄（貿易庁）は、英領マレーで日本敗戦を迎え、「故国の力に頼らない華僑」の姿を見て、「日僑という構想」を抱いて一九四六年六月に帰国した。しかし当時、移民を論ずることは「侵略主義復活の主張」と同一視され、GHQも海外移住協会の発足にあたって、発起人代表を引き受けた賀川豊彦に、非公式に辞退を勧告するという干渉を行った。そのため海外移住協会は、当初から「侵略性」を払拭した「国際人」としての移民を提唱した。同会をはじめとする民間の「移民運動」を背景に、一九四九年五月には衆議院で、「海外移民」再開に向けた調査と働きかけを求める「人口問題に関する決議案」が可決された。[129]

ただし海外移住協会は移民先としてアメリカや南米を想定するだけでなく、ニューギニアを国際連合によって「開発」し、その労働力として日本人移民を導入することを主張し、一九四九年九月にはニューギニア移民についてGHQに請願した。[130] 鳥谷の求める移民とは、「大和民族」をマレーの華僑のように「国際的民族」とし、「ブラジル国人或はアルゼンチン国人として、又はインドネシア国人」として「中枢的地位を占めるまで発展」させることを意味した。その根底には、「海外引揚即《すなわち》日本人に対する半強制的な手段による本国送還」による日本の「人口過剰」という問題意識があり、鳥谷は世界各国が「国境の障壁」を越え、「幾多の植民地亦は属領等の未開発地」を「過剰人口国」に開放するよう求めた。日本人が日本国家を離脱することを条件に、南米であれ東南アジアの旧日本占領地域であれ、「未開発」地域への日本人移民の送出を求めたのである。なお外務省でも一九四九年三月の時点で、南米と東南アジアを移民の送出先として考えていた。[131]

日本人の東南アジア移民に対して、オランダやイギリス、フィリピン、オーストラリアは一様に反対の姿勢を示しており、実現の余地は乏しかった。[132] その一方、南米諸国では一九四七年以降、日本・沖縄からの移民受け入れが限定的に始まった。まずアルゼンチンは一九四七年、戦前移民が結成した「在日第二世呼寄期成同盟会」の求めに応じて、日本・沖縄に居住していた二世の「帰国」を認め、さらに近親者の呼び寄せも認めた[133]。次にブラジルでは、一九四六年に日本人内部で、日本勝利を主張する臣道連盟（いわゆる「勝ち組」）によるテロリズムが起こり、日本からの移民を禁止する憲法改正まで提案されたが（補論2）、一九四八年には日本・沖縄から二世の「帰国」が認められ、一九五〇年には近親者の呼び寄せも認められた。さらにブラジルでは一九五一年九月、戦前移民が申請した日本人移民導入計画が認められ、一九五二年八月に正式に許可された。一九五一年一二月には前述のように日本人の日本出国も可能になり、以後、南米諸国への移民送出が本格化した[134]。

南米移民が始まるとともに、日本国内では外務省と農林省との間で、アメリカへの短期農業労働者派遣についても触れたように、移民行政の管轄をめぐる衝突が生じた。外務省が一九五一年一二月に欧米局第二課移民班を設置して移民行政に取り組む一方、一九五二年三月には前述の国際農友会が結成され、農林省農地局は同年九月、国内開拓に加えて「海外への入植者」の選定・送出を業務とした。当初は移民の募集・選考・訓練を農林省、送出を外務省が行うという分業が成立したが、外務省は一九五三年九月に移民課を設置して移民行政の一元的管理に乗り出し、一九五四年一月、海外移住協会を前身とする海外移住中央協会（一九五二年六月結成）を母体として、移民送出・援助の実務機関として日本海外協会連合会（海協連）を設立した。この結果、農林省・国際農友会と外務省・海協連との間で激しい衝突が起こったのである。一九五四年七月、政府は「海外移住」の主務官庁を外務省とし、農業移民の募集・選考・訓練を外務・農林両省の所管とする閣議決定を行ったが、以後も農林省が一九五六年に全国拓殖農業協同組合連合会を設置してブラジルへの移民送出を行うなど、移民行政をめぐって両省は衝突を続けた[135]。

農林省・外務省の衝突は、単なる管轄争いという以上に、戦後移民と敗戦までの移民・植民との連続と断絶とを反映していたといえよう。外務省は、移民行政は「受入国」との「外交が中心」だとして、同省による一元的管理の必要を主張したが、これに対して農林省は、「移民の主体は農民」だとして、移民行政は「国内開拓」との連続性のもとで遂行すべきだと主張していた[136]。第6章で論じた満洲移民の国籍問題や、第4章・補論2で触れた彼らとブラジル移民との連続性が示すように、日本支配地域への移民と「外国」への移民とは、一九四五年まで明確に分離していなかったのであり、戦後における国境内外の分断こそが、農林省・外務省の争いを生んだのである。

一九五二年以後、日本から南米諸国への移民の大部分は日本政府から渡航費の補助を受けて移住した。外務省は年間数万人規模の大量移民送出計画を立て、ブラジルやパラグアイ、ドミニカ、ボリビア、アルゼンチンの入植地への移民（自営開拓移民）を推進した。これらの入植地は、日本政府が一九五五年に設立した日本海外移住振興会社などが購入・造成したものだった。しかし海協連、および後身の海外移住事業団（後述）の募集に応じて、これらの入植地に入った移民は、一九五二年から七二年までに渡航費補助を受けた移民の二五・五％、一万六〇七九人にとどまる。その他の移民はブラジルやアルゼンチンなどに、戦前移民による呼び寄せ雇用などを通じて移住したのである。なお移住振興会社などが設定した入植地では、土地条件や環境の悪さのため、移民の定着は極めて困難だった[137]。

日本の高度経済成長に伴い、一九六〇年をピークとして南米への移民は急減した。また一九六一年、ドミニカでの革命を期に、同国入植地の移民が集団で帰国、あるいは他国に転住したことは、日本政府の移民政策にとって大きな打撃となった。政府は海協連・移住振興会社を一九六三年に海外移住事業団に改組し、技術者の移住へと重点を移していった[138]。

「入植後は現地に永住し、移住国の法令に従って現地社会に同化」することが、南米への渡航費補助に際して外務省が課した条件だった[139]。戦後南米移民は、政府補助による国策移民という意味では戦前の南米移民や満洲移民と連続していたが、「永住」「同化」の要求は、戦前移民との断絶を意図したものといえよう。国境を越えた移民は、日本国家を離脱するものとみなされたのである。この条件を受け入れて移住した人々の中には、満洲などからの引揚者や戦後国内開拓の経験者も少なからず含まれていた[140]。敗戦以後の国境内部への移動、国境内部における入植で定着に至らなかった人々が、国境を越えて日本国家を離脱する移民に合流したのである。ただし戦後南米移民の多くは戦前移民と同様、日本国籍の離脱には至らなかったとみられる。戦後南米移民の最大の移住先であるブラジルでは、一方では一九八〇年に外国人土地所有制限法が制定され、土地所有のため帰化する者が増加したが[141]、他方で一九八〇年頃から、日本国籍を有する一世や二重国籍を有する二世の日本出稼ぎが始まり、これが一九九〇年頃から、日系ブラジル人を中心に南米の日系人へと拡大していくのである[142]。

最後に、占領期に海外移住協会が主張した東南アジア移民について、その後の展開に触れておこう。一九五三年八月、既に南米移民が始まっていた一方で、海外移住中央協会は「役務賠償調査会」を発足させ、東南アジア諸国への戦後賠償を通じた「経済協力」を移民送出の機会とみて、強い関心を寄せていた[143]。実際、ビルマやフィリピン、インドネシアをはじめとして、日本人技術者や日本企業は東南アジア諸国に戦後賠償を契機として再進出した。また一九七四年には海外移住事業団が海外技術協力事業団（一九六二年設立）と統合され、国際協力事業団が設立された。海外移住（中央）協会が求めた東南アジア移民は、開発援助へと形を変えて実現していったといえよう[144]。

以上のように日本から南米諸国への戦後移民は、国内で過剰人口の未開発地域への送出という要望が高まる一方、南米側の戦前移民による呼び寄せなどを契機として始まり、日本政府の援助のもとで推進された。未開発地域への移民という要求や、国内開拓との連続性は、戦前・戦中の移民・植民と共通していた。しかしこれを受け入れたのが南米諸国に限られ、また日本政府が移民に「永住」「同化」を求めたことは、日本敗戦がもたらした断絶といえよう。ただし南米への戦後移民自身は、戦前移民と同様、現地への定着を追求しながらも、日本国家から完全に離脱したわけではなかったのである。

(3) 沖縄から南米への「海外移住」

アメリカ統治下の沖縄から南米諸国への移民を規定した最も基本的な条件は、沖縄人が出国によってではなく、アメリカ施政権下からの出域によって移民したことである。

既に述べてきたように、沖縄からの出域は当初、原則として禁止されていたが、日本(本土)と同じく、第一にアメリカへの二世の「帰国」とアメリカ軍人の配偶者の移住が認められ、第二にアルゼンチンで一九四七年に二世の「帰国」と親族の呼び寄せが認められ、第三にブラジルで一九四八年に二世の「帰国」、一九五〇年に親族の呼び寄せが認められた。戦前に日本国籍保有者として移民した沖縄系住民の二世や親族、およびアメリカ軍人の配偶者が、戦後最初に沖縄からアメリカ・南米へ移住したのである。さらにアルゼンチン二世の「帰国」を契機として、一九四八年一〇月には戦前の移民送出団体だった沖縄海外協会が、沖縄民政府知事の松岡政保を会長として再発足した。アルゼンチンの第二世呼寄期成同盟会の依頼により、協会が一九四九年にアルゼンチンへの移民希望者を調査したところ、希望者は九万一八四五人に上った。しかしアメリカ軍は、「海外協会には外国政府と交渉する権限がない」ことを理由に、協会の活動を制止した[145]。

いっぽう一九四八年二月、沖縄の南洋群島引揚者たちは南洋群島帰還者会を結成し、同年九月、アメリカ軍に対して再移民を求める活動を始めた。旧南洋群島、すなわちミクロネシアは、前述のように日本統治下で移民した多数の沖縄人が引き揚げてきた地域だっただけでなく、戦後にはアメリカの国連信託統治領となったため、同じアメリカ統治下の地域として再移民の可能性があると期待されたのである。しかし沖縄群島政府知事(兼沖縄海外協会会長）の平良辰雄が一九五一年四月、ミクロネシアへの「沖縄人漁業者」の「進出」を請願したのに対し、アメリカ民政府は「島民の福祉」を理由に留保した[146]。

移民の突破口となったのは、ボリビアだった。ボリビアの沖縄系住民（戦前移民）は一九四九年以降、「故郷沖縄に苦しむ同ほう」を移住させ「沖縄民族の延長を図る」べく、入植地を獲得していた。一九五一年九月、中南米の沖縄出身者を調査する準備のため沖縄に来訪したスタンフォード大学のジェイムズ・ティグナー（James L. Tigner）に対し、平良知事は新たな移民送出への協力を依頼した。ボリビアで沖縄系住民と接触したティグナーは一九五二年九月、アメリカ民政府に対して渡航費の支出を含むボリビア移民計画を提示し、民政府はこれを認めた。一九五三年六月、ボリビア政府も沖縄系住民の提出した計画に基づき、「日本人、特に沖縄人の農業移民」の入植を認めた。琉球政府は移民送出の準備のため、同年五月に沖縄海外協会を改組した琉球海外協会の会長である稲嶺一郎を、琉球政府の瀬長浩とともに南米に派遣することを決めた[147]。

一九五三年一二月、稲嶺・瀬長の南米派遣を前に、琉球海外協会をはじめ二七団体による海外移民促進大会が開催された。これらの団体の中にはフィリピン、南洋群島、台湾などの引揚者団体や、ペルー、アルゼンチン、ブラジルの移民関係団体も含まれた。大会決議は、「国際的な地位の低い日本がブラジルへの正式移民に成功した」ことを踏まえて、「沖縄の統治権と外交権を有する」アメリカ政府には移民送出実現の「責任」があると主張した。日本（本土）では独立を前にして一九五一年一二月に日本人の出国が可能になり、ブラジルなどへの移民が始まったが、沖縄からの移民は、前述したアメリカ・アルゼンチン・ブラジルの戦前移民の二世・近親者と、アメリカ軍人の配偶者に限られたままだったのである。大会決議が特に求めたのは、アメリカ統治下の「南洋群島」への移民実現と、アメリカの移民「割当制度」の沖縄への適用だった。この時点でも、ミクロネシアへの移民が強く求められていたことは注意すべきだろう。同年六月、アメリカ民政府が琉球政府に南洋群島帰還者について調査させたところ、再移民希望者は二万一四五八人（調査対象者の約九四％）に上っていた[148]。しかしアメリカは結局、沖縄人のミクロネシア移民を認めなかった。その一因は、「沖縄人を許せば日本からの進出も考えられる」こととされる。同じアメリカ統治下での移民が、沖縄人が日本国籍を保有する可能性によって阻止されたのである[149]。

ボリビアへの移民は、一九五四年六月に開始された。アメリカ民政府は三月に、「琉球内にある耕作可能な土地」、つまり八重山の開拓を終えるまで「海外への移民」は援助しないとして渡航費支給の取りやめを琉球政府に通告していたが、稲嶺らのアメリカ連邦政府への陳情により、移民は実施に至った。当初の定員四〇〇名に対して応募者は三五九一人に上り、琉球政府は選抜にあたって南洋群島、フィリピン、満洲などの「引揚者」「開拓経験者」を考慮した。なお、このボリビア移民は当初の入植地で悪性の熱病により死者が続出し、入植地が変更されたのをはじめ、生活条件は厳しく、定着は困難だった[150]。

ボリビア移民は、沖縄からの一般的資格による移民としては戦後初めて実現したものといえる。しかしそこで問題となったのは、沖縄人の国籍だった。沖縄人は沖縄の出域に際して、アメリカ民政府から身分証の発給を受けたが、この身分証はあくまで国籍を証明するパスポートとは異なるものであり、したがってアメリカ以外の国では認められなかった。ボリビアでは、アメリカの経済援助に依存していた開発公社が「ボリビアの法規及び移住政策等を無視」し、沖縄人を日本人とみなして受け入れたのである。しかし一九五五年、ボリビア政府は入植成績の不良を理由に当初の認可を取り消し、沖縄からの移民送出は根拠を失ったまま継続された。一九五八年に琉球政府が移民協定の締結を依頼すると、ボリビア政府は「琉球政府は国際的には認知されていない」としてアメリカとの協定を主張したが、アメリカは応じなかった[151]。

このようなボリビア移民の難局の一方、沖縄では一九五七年以降、日本政府の補助を通じた南米移民が始まった。一九五三年八月に沖縄（那覇）に設置された日本政府南方連絡事務所（南連）は、同年一〇月、琉球政府に対して、日本政府の渡航費補助によるブラジル移民への協力依頼を行った。これは単に渡航費が補助されるだけでなく、沖縄人がいったん日本（本土）に出域し、日本国のパスポートを取得して移民することを意味した。一九五四年四月、試行として五人がブラジルに移民し、一九五六年に琉球海外協会が海協連の準会員となったのを経て、沖縄からブラジルやアルゼンチンへの、この形を通じた呼び寄せ雇用による移民は一九五七年に本格的に始まり、急激に増加していった[152]。

琉球政府は一九六〇年頃、ボリビア移民に対するアメリカ側の援助が途絶しようとしているとして、非公式に日本政府の援助を要請した。これに対して日本外務省は、「沖縄人が第三国において日本政府の庇護を受ける」ことは「沖縄に対する日本の潜在主権を高める」として援助を検討したが、「日米両国政府の権限」が「競合」することを懸念した[153]。結果として一九六二年から六四年まで、日本政府の資金を琉球海外移住公社（一九六〇年設立）を通じて貸し付ける形で、ボリビアの沖縄人移民への援助が実現した[154]。

日米両政府が沖縄の日本返還に向かうと、沖縄の移民行政はいち早く日本（本土）と一体化した。一九六六年五月の日米協議で、「沖縄住民の海外移住及び渡航」は「日本政府の責任で行う」ことが合意された。一九六七年七月、琉球政府の移民業務は新たに設置された海外移住事業団沖縄事務所に統合され、九月には日本政府沖縄事務所により日本国パスポートの発給が開始された。これにより沖縄からブラジル、アルゼンチン、ボリビア、パラグアイなどへの移民が、日本（本土）と同じ枠組みで行われるようになった。またボリビアの沖縄人移民も、日本政府・海外移住事業団の管轄下に入ったのである。ただし一九六〇年代後半に、南米諸国への移民よりはるかに顕著になったのは「本土出稼ぎ」、つまり日本への移民の本格化だった。一九七二年に沖縄が日本に復帰するまで、日本（本土）への出域には一貫してアメリカ民政府の許可を必要としたが、沖縄人は高度経済成長下の日本へ労働力として吸収されていったのである[155]。

沖縄から南米への移民は、日本（本土）からの移民と同じく現地への「永住」が求められ、とりわけボリビア移民には「帰化」も推奨された。しかし南米での沖縄系住民は日系住民の一部をなし、日本（沖縄・本土）への出稼ぎも行われている[156]。もっとも、沖縄系移民についてより重要な特徴は、戦前・戦後移民とその子孫、またハワイや南北米を通じて、沖縄の親族などとの紐帯が維持され、沖縄人としての民族的アイデンティティが再構築され続けていることだろう[157]。

以上のように、アメリカ統治下の戦後沖縄で沖縄人が移民を望んだのは、戦前移民の居住する南米諸国と、戦前に沖縄人の移住植民地と化していたミクロネシア（旧南洋群島）だった。ミクロネシアへの移民は同じアメリカ統治下ゆえに有望視されたが、アメリカは原住者の「福祉」を優先し、また沖縄人が日本国籍を有する可能性も一因となって実現しなかった。いっぽう南米諸国への移民は、ボリビア移民が示すように沖縄人の国籍が不明確だったため、沖縄から直接の移民は困難であり、日本政府の渡航費補助と日本国のパスポートを通じて拡大していった。そして沖縄の日本復帰を前に、沖縄の移民行政は日本（本土）と統合されたのである。

おわりに

日本の敗戦以後に起こった日本人（大和人、沖縄人、およびアイヌなど北方少数民族）の移動を、本章では三つに分けて分析した。

第一に、日本の交戦国に居住していた日本人の一部と、日本の支配が失われた地域に居住していた日本人のほとんどは、一部はみずから、残りは強制によって、日本（本土）およびアメリカ統治下の沖縄に移動した。この移動を日本人は「引揚げ」と呼び、連合国側は「送還」（repatriation）と呼んだ。しかしこの移動には必ずしも自発性がなかっただけでなく、現地出生者や樺太アイヌなどにとっては、帰還でさえなかった。基本的には、「日本人」（日本戸籍保有者＝日本国籍保有者）が日本の国境内部に、「琉球人」（沖縄における日本戸籍保有者）が沖縄の域内に移動させられたのが引揚げ／送還だったのである。引揚げ／送還という呼称は、国民国家を規範的単位とする戦後国際秩序の形成という観点から、この移動に〝あるべき場所〟への移動という意味を与えることになったといえよう。

第二に日本（本土）とアメリカ統治下の沖縄では、食糧難や戦災に加え、外部から多数の人々が引き揚げてくる一方、外部への出国・出域は困難だという状況のもとで、開拓・入植が推進された。日本では北海道が改めて日本人の移住植民地とされ、南樺太引揚者の再入植を含む開拓・入植が推進された。ただし北海道の地方自治体化により開発行政は日本政府（開発庁開発局）に移され、制度上の均質化が進んだ。戦後開拓は日本人の日本国内への定着、沖縄人の沖縄域内への定着を追求することで、統治権者によって引かれた境界線内部の均質性というイメージを強めたといえよう。北海道でアイヌ給与地が農地改革を通じて強制買収されたように、この均質イメージは植民地主義の消滅を意味しない。

第三に、日本人の日本（本土）国外への移民、沖縄人の沖縄域外への移民は、ともにアメリカ合州国と南米諸国に対して行われた。占領下の日本とアメリカ統治下の沖縄からの移民は困難であり、当初の移住は戦前移民の二世の「帰国」や親族の呼び寄せ、アメリカ軍人の配偶者や家族に限られた。日本では南米・東南アジアへの移民、沖縄では南米・ミクロネシアへの移民が求められたが、旧日本支配地域への移民は認められず、南米移民のみが実現した。沖縄からの移民は国籍の不明確さのため、ボリビア移民以外のほとんどは日本のパスポートで移民し、沖縄の日本復帰を前に、日本からの移民に統合された。日本人・「琉球人」の出国・出域と、それぞれの外国への入国とが厳しく制約されたことが、戦後移民の規定要因であり、それゆえに移民は現地への永住・同化、つまり日本・

沖縄からの離脱を強く求められたのである。しかし実際の移民は戦前と同様、日本・沖縄と完全に断絶したわけではない。

引揚げ・戦後開拓・戦後移民はいずれも、日本人（日本戸籍保有者＝日本国籍保有者）を日本の新たな国境内部にあるべき存在とする権力の作用の中で行われたヒトの移動だった。それは戦後国際秩序の規範的単位とされた国民国家のイメージを、日本に定着させる一因となったといえよう。ただし沖縄人が「琉球人」として、アメリカの施政権域に区切られた引揚げ・戦後開拓・戦後移民を経験したことは、朝鮮への「帰還」を選ばず、日本国籍を剥奪された在日朝鮮人の存在とともに、国民・国家の一致が戦後もあくまでイデオロギーにとどまったことを如実に示している。そして日本国内における大和人と他民族との間の植民地主義や、国家をまたぐ存在としての移民の生き方は、主権国家体制のもとで戦後も存在し続けている。しかし逆にみればこれらの例外を不可視化しようとしてきたのが、戦後の国民国家システムだといえよう。

終章　移民・植民と「民族」の政治

本書は近代に移民・植民活動を行った日本人について、彼ら自身の政治行動や、日本国家およびアジア太平洋地域の政治秩序との関わりに焦点を当てて考察してきた。

日本人の移民と植民は、日本が主権国家体制に参入するとともにグローバルな資本主義経済の一部に組み込まれるなかで生じたヒトの移動だった。一面において、日本の主権国家化は日本という国家に帰属する国境内部の人民を国民として規定するものであり、また日本の資本主義化は国民の均質化と統合を促す要因となったといえる(1)。しかし他面において、主権国家は統治対象となった国民に国籍（日本では当初は戸籍）を付与する代わりに、身分や人間関係による支配、あるいは共同体としてのムラなどから解き放つものだった。さらに資本主義経済の浸透によって、カネとモノが世界市場と直結して流通を開始しただけでなく、それぞれのイエの経営や個人の生計のために資本を必要とするようになった結果、ヒト自身が労働力として故郷を離れ、世界市場における移動を開始したのである。

もちろんヒトの移動の中には、日本（本国）の都市への移動なども含まれる。しかし基本的に農業が生業の中心だった一九世紀末から二〇世紀前半までの日本人にとっては、新たに農業開発の対象とされた広大な土地（北海道、南樺太、満洲）への移住が労働力の移動として重要な意味を持った。また高い収入を求めた人々にとっては、通貨価値の異なるハワイ・南北アメリカへの出稼ぎや、日本・欧米の資本による開発（投資植民地化）が始まったアジア近隣地域（日本支配地域を含む）への移住は魅力的だった。近代ヨーロッパ諸国から移民した人々もそうであったように、言語の標準化などをはじめ日本の国民統合が途上にあった時代、人々が郷里の生活圏を離れる限りにおいて、移動先が日本国内かどうかは必ずしも大きな違いではなかったといえよう。(2)

しかし新たな領域へと移動した日本人にとって、主権国家への帰属や法的・政治的地位、そして国民統合は重要な問題となった。日本国内では、属領に移動した人々は現地民と同じく、政治的権利を得られないか制限されており、また外国の主権下に入った人々は、日本国籍を通じて日本という国家との紐帯を維持する一方、その国の国籍や市民権を得ることがしばしば極めて困難だった。日本においてもその他の国々においても、本国では均質な社会集団としての国民を要請し、条件を満たす者に市民権を与える一方、属領では国籍と市民権を区別し、さらに本国・属領を問わず国境内部で外国人に対する国籍・市民権の付与を厳しく制限する圧力が働いていた。

日本が主権国家として行った支配領域の拡大は、日本人の移動がもたらす権力関係を複雑なものにした。原住者は、北海道アイヌや沖縄人などの場合には日本戸籍への編入、台湾人や朝鮮人、南樺太の先住民などの場合には日本国籍への編入を通じて日本国家の統治対象となったが、移住してきた大和人・日本人に対しては従属的な地位に立たされた。すなわち、植民地主義の発生である。それと同時に、沖縄人は日本人（日本戸籍保有者）として、朝鮮人は日本国籍保有者として、アジア太平洋地域を移動するヒトの一部となり、移住先においても大和人と沖縄人、日本人と朝鮮人との間に、植民地主義的な関係が持続した。さらにこの関係は、属領その他の日本支配地域への移住であれ、外国への移住であれ、移民と原住者との関係と結びつくことで、重層的な民族間関係をもたらしたのである。

このように主権国家の誕生とその領域拡張、世界市場におけるヒトの移動、各国の国民統合などが並行して行われる中で生み出されたのが、重層的な権力関係によって規定される社会集団としての「民族」であった。一九世紀末の日本で関心を集め、日本政府の条約改正交渉や外国人法制にも影響を及ぼした内地雑居論争は、この時期の日本をめぐるヒトの移動に対する知識人や政治指導者の認識と、彼らに形成されつつあった「民族」意識とをよく示している。

まず内地雑居論争では、開国以後の日本をめぐるヒトの移動を移民・植民という観点から捉える見方が共有されていた。内地雑居に賛成する田口卯吉らは、横浜などの居留地に来住する欧米人が上海租界のような自治に向かう危険性を懸念し、雑居尚早論者は内地雑居こそが欧米人による日本の投資植民地化をもたらすと主張した。また雑居賛成論者はハワイやアメリカへの移民の増加を踏まえて、日本人は移民・植民の主体となるべきだと主張したが、この点では雑居尚早論者も、北海道をはじめ日本支配地域への移民・植民に固執した以外は大差なかった。

次に内地雑居論争では、一方では外国人が日本国籍に帰化しても「民族」として同化はできないのではないかという懸念が語られ、他方では帰化外国人も北海道のアイヌと同様に同化可能だという主張が存在した。このとき察知されていたのは、日本が外国人による移民・植民の対象地域になるにせよ、日本人（大和人）自身が移民・植民の主体となるにせよ、その結果として国籍とは異なるカテゴリーの、しかも政治的意味を持つ社会集団としての民族が生ずることだったといえよう。加えて注意すべきなのは、「日本国民」と「大和民族」とを同一視する思考習慣の存在である。内地雑居論争で「国土」を専有すべき独立の主体とみなされた「国民」は、「臣民」（日本国籍保有者）とは区別される、立憲政治のもとでシティズンシップを保有すべき集団の自称であった。そして日本社会の圧倒的マジョリティである大和人の視点からは、シティズンシップと民族との一致は自然なことと映っていたのである。

内地雑居論争でみられた民族意識それ自体は、日本の知識人や政治指導者が語った言説にとどまるが、それは実際に新たな領域へと移住した「越境者」たちの民族意識と共振するものでもあった。

日本支配地域に移住した大和人・日本人が形成した植民者意識は、明らかに支配者としての植民地主義に基づきながら、同時にみずからが原住者とは異なる社会集団だという民族意識を意味した。一方、ハワイや南北米の日系住民が東洋人の一部として、現地国籍を保有する二世も含めて従属的地位に立たされたことも、やはり日本へのナショナリズムを有する民族集団の形成を促した。移住先が日本支配下にあったか否かを問わず、移民たちは郷土との紐帯を維持し、教育による言語や文化の継承を求め、そして日本国家の保護を求めた。さらに沖縄人や朝鮮人は、日本支配地域の内外いずれに移住した場合にも、日本人・日本国籍保有者としての法的・政治的帰属とは別に、沖縄人・朝鮮人としての民族意識を形成・維持したのである。

国境を越えて移住した日本人が「移民」と呼ばれ、日本の支配する地域へ移住した日本人が「植民（者）」と呼ばれて両者が区別されてきた主な要因には、前者が異なる国家の統治の下でマイノリティとなったのに対し、後者は日本の統治の下で支配者側に立ったという認識があると思われる。しかし既に述べてきたことからも明らかなように、それは必ずしも誤ってはいないが不十分な見方であるといわざるを得ない。矢内原忠雄が指摘したように、民族としての日本人が移住先の各地域の人々との間で形成した民族間関係は、国家の支配とは区別して捉える必要がある。以下に整理するように、このような民族間関係こそが各地域の政治秩序の重大な要素として、国家の支配にも影響を与えたのである。

第一に、日本支配下の地域において、いうまでもなく日本人は現地の諸民族との間に植民地主義的な支配—従属関係を形成した。しかし民族間の人口構成が各地域で大きく異なっていたことは、政治秩序にも相違をもたらした。

北海道で人口のほとんどを占めるに至った大和人は、帝国議会の開設（一八九〇年）に際して北海道・沖縄県・

小笠原諸島の住民に参政権が与えられなかったことに反発して政治運動を起こしたが、彼らは北海道の住民のほとんどが大和人であってアイヌではないことを参政権の論拠に用い、また沖縄人や小笠原諸島の欧米・ハワイ系住民と同列に扱われることへの不満を表明した。このように多数派意識と結びついた民族的特権の主張は、南樺太でも繰り返された。一九二〇年代、南樺太の日本人は参政権獲得運動を行ったが、彼らはやはり先住民がごく少数でほとんどは日本人だという論拠を用い、朝鮮や台湾との相違を強調したのである。

北海道が二〇世紀初頭に本国に編入される一方、南樺太も本国編入が検討されながら、日本人移民の反対運動を一因として敗戦直前まで実現しなかったことは、一見すると両地域を区別する特徴のようである。しかし両地域に共通する政治秩序の根本的な規定要因は、北海道が明治維新直後、南樺太が日露戦後にそれぞれ日本の主権下に置かれた後、少数の先住民を囲い込みながら日本人（大和人）によって移住植民地化されたことにあった。両地域の政治秩序が完全に異なるものとなったのは、日本の敗戦に際して北海道が日本領にとどまり、南樺太がソ連統治下の南サハリンとなった上、南サハリンの日本人がほとんど引揚げ／送還の対象となった結果であるといえよう。

いっぽう朝鮮や台湾の日本人も、属領統治下で朝鮮人・台湾人と同じ政治的無権利状態に置かれたことに当初から不満を表明した。特に朝鮮では、日本人は韓国併合以前に保有していた居留民としての自治権を維持しようとして、総督府に旧居留地における日本人・朝鮮人の限定的な政治参加を早期に認めさせた。両地域の日本人は、しばしば日本人のみに参政権を与えよと、民族的特権としてのシティズンシップを要求した。しかし人口上はマイノリティだった朝鮮・台湾の日本人には、一九二〇年代に両地域で高揚した朝鮮人・台湾人の民族主義を無視することは困難であり、地方レベルで限定的に認められた政治参加を通じて、日本人と朝鮮人・台湾人エリートとの間には互いに利用し合う関係が生じた。また日中戦争開戦後、総力戦体制への参加を強いられた朝鮮人・台湾人から民族間平等への要望が高まると、日本人の中では、優位を失って完全にマイノリティ化することへの恐れが高まった。

敗戦によって日本の支配が終結すると、朝鮮では併合以前と同様の居留民としての残留や保護を求める日本人会が結成され、台湾でも居留民としての残留を志向する日本人会が結成された。日本統治下の支配民族か在外居留民かという相違はもちろん重大であるが、にもかかわらず一貫して、朝鮮・台湾の日本人は人口の圧倒的多数を占める朝鮮人・台湾人の中で、民族的マイノリティとしての孤立を恐れながら定住を追求したのである。

第二に、国境を越えて南北アメリカ諸国や太平洋地域に移住した日本人は、白人支配のもとで「東洋人」として人種差別を受けた。特にアメリカ合州国では東洋人一世の帰化は不可能であり、カナダでは帰化は可能だったが権利上の差別があった。しかし日本人を含む東アジアからの移民は、現地の先住民からみれば白人とともに植民者としての一面があり、また郷土との社会的紐帯に加えて出身国との政治的紐帯も有していた。一九世紀末、アメリカに併合される直前のハワイでは、欧米人が帰化を経ずに参政権を取得した際、中国人とともに除外された日本人が、日本国籍のまま参政権を求めるという事態が生じた。それぞれの受入国において日本人は社会的・法的に周縁化されていたゆえにこそ、定住維持のため日本国家に依存し、各地の日本領事館のもとで日本人会による自治を追求した。彼らは、生まれながらに現地国籍を持つ二世も含めて、日本と受入国の双方に結びつきを有する民族としての意識を形成した。このような民族意識は日本がアメリカ、イギリスと開戦するとともに否定され、人種主義と結びついた国民国家イデオロギーの圧力が高まった。

彼らにとっても、人口規模は政治秩序の重要な規定要因だった。二〇世紀前半の米領ハワイでは、人口の約六割が東アジア系であり、さらに人口の約四割は日系だった。アジア系住民は二世の成長により政治参加を拡大したが、白人支配層が人口上のマイノリティであるハワイは、準州として政治的権利が制限されたまま留め置かれた。アジア系住民の内部では、「東洋人系市民」としての利害の共有が認識される一方、東アジアにおける日本の帝国支配と侵略が日系住民と中国系・朝鮮系住民との間に緊張関係を生み、また日系住民内部でも大和人と沖縄人の間に植民地主義的な関係が持続した。日系住民の人口規模ゆえに、このような民族間の対立は致命的な衝突には至らなかったが、白人支配層は日系住民を安全保障上の脅威とみなした。日米開戦直後、ハワイには軍政が敷かれ、日系住民は厳しい監視の下で合州国への忠誠を問われた。ただし労働力の確保などのため、強制収容・立ち退きはごく一部にとどまった。そして二世男子が忠誠証明を求めて従軍し、多大な犠牲を払ったことは、戦後のハワイで日系住民が人口規模に相応した政治勢力として台頭し、さらにハワイ立州を実現する上で重要な契機となった。

一方ハワイを除く地域では、総じて東アジアからの移民は「東洋人」として差別されただけでなく、人口上のマイノリティでもあった。日本の対米英開戦後、アメリカ本国やカナダ、ペルーなどでは敵性外国人と規定された日本人一世だけでなく、日系二世も敵性市民として強制立ち退き・収容の対象となり、特に交戦国であるアメリカやカナダでは日系住民の忠誠が問われた。一世・二世のどちらにおいても、忠誠を示し定住を維持しようとする志向が広くみられた一方、一部の一世は日本帰国志向を高め、また処遇を不当とした二世の中にも忠誠宣誓に応じない者や、日本「帰国」を選ぶ者がいた。「不忠誠」判定を受けた二世や「帰国」希望の二世は、市民権の放棄・剥奪や日本「送還」という処分を受けた。ブラジルでは、日本領事館や日本語新聞を失って孤立した日系住民の一部が一世を中心に日本への回帰を唱え、戦後には日本の勝利を主張して、これを認めない日本人を襲撃するに至った。日本人・日系人の強制収容は、オーストラリアや蘭領東インド、仏領ニューカレドニアなどでも行われた。米領フィリピンでは、開戦直後に日本人が強制収容された後、日本軍の占領によって支配者側に立ち、また二世とともに動員された。

第三に、実質上の日本統治下に置かれながら独立国の体裁をとった「満洲国」では、日本人移民と他民族との民族間関係は第一・第二双方の特徴を有していた。人口上の圧倒的マジョリティである漢人、先住民である満洲族・モンゴル人、そして日本国籍を付与された朝鮮人移民に対して、日本人は関東軍と日本人官僚の支配のもとで特権的地位に立った。しかし満洲国が民族協和の独立国と規定される限り、日本人は「日系満洲国民」としてその一員となる必要があった。確かに日本人が日本国籍を離脱することはなく、満洲国では国籍法自体が制定されなかった。しかし建国以前から治外法権のもとで日本人が有していた満鉄附属地や居留民会の自治権は日満条約改正によって解体され、日本人の政治参加は他民族とともに満洲国民として、満洲国協和会という全体主義システムを通じて実現すべきものとされた。この協和会では、政治参加の実質化を求めた日本人と漢人・朝鮮人・モンゴル人などとの間に、互いに利用し合う関係が生まれた。ただし日本の敗戦が近づくと、日本人とその他の民族との間で民族意識の隔絶は隠しようのないものとなった。日本の満洲支配終結とともに、日本人は朝鮮や台湾においてと同様に居留民としての残留や保護を求めて日本人会を結成したが、それは同時に「日系満洲国民」という擬制の消滅をも意味していた。

以上のように、一九世紀末から二〇世紀前半にアジア太平洋地域で移住活動を行った日本人は、国籍や市民権などさまざまな条件の相違のもとで、日本やアメリカの帝国支配、各国における国民国家規範の形成と深く関わりながら、各地域で民族意識に基づく政治集団を形成し、民族間政治の一主体となった。出身地域との結びつきや人口構成が、日本による支配の有無や国境の変更を越えて、政治秩序に大きな影響を与えたのである。

第二次世界大戦の一部となった日本と連合国との戦争では、両陣営が民族の自己決定を戦争目的に掲げ[3]、また総力戦のもと各国でナショナリズムが強化された。この結果、戦後国際秩序と各国の政治体制は国民国家規範を体制化するというイデオロギー的要請のもとで構成されていったといえよう。日本の脱帝国化、あるいは支配地域の縮小とともに行われた引揚げ／送還や、その後の戦後開拓・海外移住のありようは、広域的な移民・植民への要請が、いかに国民と国家領域との一致というイデオロギーに拘束されるようになったかを示している。

第一に、アジア太平洋地域に広がった民族としての日本人は、日本の敗戦とともに新たに引かれた国境線を基準として移動と分断を強いられた。この移動と分断を規定したのは、国境と国籍との一致という枠組みであった。満洲や南北朝鮮、台湾、南樺太、南洋群島など日本の支配が失われた地域の日本人は、一部はみずからの意思、全体としては連合国の強制によって、日本の国境内部に送還された。フィリピンやオーストラリア、ニューカレドニアなど連合国の支配地域の一部にいた日本人も、強制収容を経て送還された。これらの強制送還を免れたのは主に現地国籍保有者とその家族であり、一方アメリカ合州国やカナダから日系住民が日本に「送還」された際には、市民権の放棄・剝奪が正当化に用いられた。

第二に、他方でこの移動と分断は、国境の変更に伴う「日本人」自体の再定義にも規定されていた。日本国籍保有者だった沖縄人・朝鮮人・台湾人は連合国軍によって「非日本人」と定義されたが、沖縄人が「琉球人」として各地域から日本人とともに送還され、日本（本土）またはアメリカ統治下の琉球諸島に受け入れられたのに対し、朝鮮人・台湾人はこの送還体制からは外れていた。また日本（本土）にいた沖縄人・朝鮮人・台湾人に対して、日本政府は一九五二年の講和条約発効に際し、沖縄人を日本国籍保有者と扱う一方、朝鮮人・台湾人の日本国籍は剝奪した。日本人（大和人）の民族意識が、国境・国籍の一致という枠組みのもとで「単一民族国家」のナショナリズムに向かう一方[4]、沖縄人や朝鮮人は国籍・国境の不一致を常態とせざるを得なかったのである。

第三に、戦後国際秩序のもとでは、国境を越える人の移動は国籍によって厳しく管理されるようになり、冷戦期には移動の規模自体も著しく制限された。国境の縮小と経済的困窮のため、日本国外・琉球域外への移民を求める声は強かったが、占領下では原則として認められず、北海道など日本国内、八重山など琉球域内における入植・開拓が推進された。日本・琉球から合州国や南米への移民は、当初は現地国籍保有者の配偶者・親族など限られた資格でのみ認められた。独立した日本では国外移民が可能になったが、アメリカ統治下の琉球からの移民は、ボリビア移民以外は日本のパスポートで移民した。

戦後の沖縄人の移動やハワイの沖縄系住民にアメリカの沖縄支配がもたらした影響が顕著に示すように、戦後国際秩序においても国民国家はあくまで規範的単位に過ぎず、存在したのは新たな帝国としてのアメリカ・ソ連を含む主権国家の集合と、そのもとでの重層的な民族間関係だった。もちろん戦後日本の脱帝国化過程において、国家の構成員を国民国家規範に近づけようとした権力の作用は一定の成果を上げた。日本敗戦後の日本人「送還」や、合州国における日系人の国民統合などの結果、アジア太平洋地域における民族としての日本人・日系人の広がりはごく目立たないものになった。しかしハワイや南北アメリカの日系住民は、日本国家との結びつきはごく限られた形になっても、民族集団としては存在し続けている。とりわけ南アメリカやフィリピンの日系人は日本への出稼ぎなどを通じて、国境をまたぐ民族としても生きており、またハワイや南北アメリカの沖縄人コミュニティは、現在も沖縄社会と強い結びつきを維持している。いっぽう日本国内における民族ナショナリズムや植民地主義も、「日本人」と大和人との同一視、民族的マイノリティへの排斥や構造的差別、あるいは歴史認識問題という形で脈々と生き続けているのである。

本書で検討してきた「越境者」たちの政治史から明らかになったのは、従来の政治史研究が視野の外に置いてきた「民族」が、主権国家と密接に関わりながらも、主権国家が規定する国籍や市民権の枠組みに完全には回収し得ない政治主体として、近代の日本およびアジア太平洋地域の政治秩序に一貫して影響を与え続けてきたことである。

戦後の政治史研究の多くは規範的単位としての国民国家を過去に投影する結果、「植民地」や「移民」をその逸脱部分として処理してきた。また植民地研究や移民研究の側でも、国民国家規範の観点からそれぞれ「異民族支配」や「受入国での排除と統合」を捉えようとする傾向が強かった。しかしヒトの移動と政治秩序をめぐる本書の考察を踏まえれば、近代を通じて、国民国家が規範的単位を超える実在となったことは実際にはなかったとみるべきであろう。実在してきたのは、支配領域をたびたび変えてきた主権国家と、空間的境界を持たずに移動し変容する不定形な民族集団とであった。

もちろん民族集団は最終的には個々人のアイデンティティによって規定されるものであり、また民族間の通婚などにより境界が常に流動的であるため、実在というには不確かではないかという疑問はあるだろう。しかしまさにアイデンティティや家族形成といった領域こそが、民族集団を国民国家の規範によって消し去ることのできない存在としてきたのである。「移民と植民」とは決して政治史の外部の領域ではなく、政治史の規定要因としての民族集団が顕在化する領域であることを示し得たとすれば、本書の目的は達成されたといえよう。

注

序章

(1) 杉原薫「近代世界システムと人間の移動」(樺山紘一ほか編『岩波講座世界歴史19　移動と移民』岩波書店、一九九九年)。
(2) 阿部武司・三谷博「はしがき」(近代日本研究会編『年報近代日本研究19　地域史の可能性』山川出版社、一九九七年)。重要な例外として、平野健一郎の「満洲国」研究や岡本真希子の台湾・朝鮮研究などがある。
(3) 矢内原忠雄『植民及植民政策』一九二六年(『矢内原忠雄全集』第一巻、岩波書店、一九六三年)。
(4) 三木理史『移住型植民地樺太の形成』塙書房、二〇一二年、三〜一六頁。
(5) 入江寅次『邦人海外発展史』井田書店、一九四二年(原著一九三八年)。
(6) 安里延『日本南方発展史　沖縄海洋発展史』三省堂、一九四一年。
(7) 吉田秀夫『日本人口論の史的研究』河出書房、一九四四年。
(8) 小林英夫監修(原著、大蔵省管理局)『日本人の海外活動に関する歴史的調査』全二三巻、ゆまに書房、二〇〇二年。
(9) 岡部牧夫「帝国主義論と植民地研究」(日本植民地研究会編『日本植民地研究の現状と課題』アテネ社、二〇〇八年)二一〜二七頁。
(10) 移民研究会編『日本の移民研究――動向と文献目録』I、明石書店、二〇〇八年。
(11) 柳沢遊「移民と植民」(柳沢遊・岡部牧夫編『展望日本歴史20　帝国主義と植民地』東京堂出版、二〇〇一年)一三〇頁。
(12) 柳沢「移民と植民」、石川友紀『日本移民の地理学的研究――沖縄・広島・山口』榕樹書林、一九九七年、木村健二「近代日本の移民・植民活動と中間層」『歴史学研究』第六一三号、一九九〇年一一月。
(13) 新保満『石をもて追わるるごとく――日系カナダ人社会史』大陸時報社、一九七五年(新版、御茶の水書房、一九九六年)、前山隆『移民の日本回帰運動』日本放送出版協会、一九八二年、同『エスニシティとブラジル日系人――文化人類学的研究』御茶の水書房、一九九六年、ユウジ・イチオカ(富田虎男ほか訳)『一世――黎明期アメリカ移民の物語り』刀水書房、一九九二年、同(関元訳)『抑留まで――戦間期の在米日系人』彩流社、二〇一三年、粂井輝子『外国人をめぐる社会史――近代アメリカと日本人移民』雄山閣、一九九五年。

（14）若槻泰雄『海外移住政策史論』福村出版、一九七五年。

（15）大江志乃夫ほか編『岩波講座近代日本と植民地5　膨張する帝国の人流』岩波書店、一九九三年、蘭信三『「満洲移民」の歴史社会学』行路社、一九九四年、移民研究会編『戦争と日本人移民』東洋書林、一九九七年、岡部牧夫『海を渡った日本人』山川出版社、二〇〇二年、米山裕・河原典史編『日系人の移動と国際移動——在外日本人・移民の近現代史』人文書院、二〇一一年、日本移民学会編『移民研究と多文化共生』御茶の水書房、二〇一一年、吉原和男ほか編『人の移動事典——日本からアジアへ・アジアから日本へ』丸善出版、二〇一三年など。

（16）若槻泰雄『戦後引揚げの記録』時事通信社、一九九一年、阿部安成・加藤聖文「「引揚げ」という歴史の問い方」（上）（下）、滋賀大学経済学部『彦根論叢』第三四八号・第三四九号、二〇〇四年五月・七月。

（17）蘭信三編著『日本帝国をめぐる人口移動の国際社会学』不二出版、二〇〇八年、同編『帝国崩壊とひとの再移動——引揚げ、送還、そして残留』勉誠出版、二〇一一年、同編著『帝国以後の人の移動——ポストコロニアリズムとグローバリズムの交錯点』勉誠出版、二〇一三年。

（18）Caroline Elkins and Susan Pedersen ed., *Settler Colonialism in the Twentieth Century: Projects, Practices, Legacies* (New York and London: Routledge, 2005), *The South Atlantic Quarterly*, 107 (4) (Fall 2008) の特集 Settler Colonialism 参照。

（19）平井松午「近代日本における移民の創出過程と多出地域の形成——北海道移民と海外移民との比較から」『歴史地理学』第二〇七号（第四四巻第一号）、二〇〇二年一月、三木『移住型植民地樺太の形成』。

（20）岡部『海を渡った日本人』、坂口満宏「出移民の記憶」（日本移民学会編『移民研究と多文化共生』）。

（21）矢内原『植民及植民政策』二六〜三九頁。イギリス帝国における「植民地」概念と「属領」概念の区別について、平田雅博『イギリス帝国と世界システム』晃洋書房、二〇〇〇年、第四章、参照。

（22）矢内原『植民及植民政策』一三〜二三、一三四〜一四五頁、ユルゲン・オースタハメル（石井良訳）『植民地主義とは何か』論創社、二〇〇五年、一二〜一三頁。

（23）矢内原『植民及植民政策』二六〜三四、一四〇〜一四二頁、オースタハメル『植民地主義とは何か』二〇〜二九、四三、一〇五〜一四〇頁。

（24）オースタハメル『植民地主義とは何か』三三〜三九頁、矢内原『植民及植民政策』二三〜二四頁。

（25）ロジャース・ブルーベイカー（佐藤成基・佐々木てる監訳）『フランスとドイツの国籍とネーション——国籍形成の比較歴史社会学』明石書店、二〇〇五年。

（26）クリスチャン・ヨプケ（遠藤乾ほか訳）『軽いシティズンシップ——市民、外国人、リベラリズムのゆくえ』岩波書店、二〇一三年。

（27）松沢裕作『町村合併から生まれた日本近代——明治の経験』講談社、二〇一三年。

（28）遠藤正敬『戸籍と国籍の近現代史——民族・血統・日本人』明石書店、二〇一三年。

（29）遠藤『戸籍と国籍の近現代史』、塩出浩之「北海道・沖縄・小笠原諸島と近代日本——主権国家・属領統治・植民地主義」（大津透ほか編『岩波講座日本歴史15　近現代一』岩波書店、二〇一四年）。

（30）塩出「北海道・沖縄・小笠原諸島と近代日本」。

（31）小熊英二『日本人の境界——沖縄・アイヌ・台湾・朝鮮　植民地支配から復帰運動まで』新曜社、一九九八年、一四七～一六六、一九五～二一四頁。

（32）ヨプケ『軽いシティズンシップ』一五五～二〇一頁。

（33）塩出「北海道・沖縄・小笠原諸島と近代日本」。戦前には「内地人」の呼称がしばしば用いられたが、「内地」の範囲自体が不明確であり、また「大和人」とその他の民族との区別が属地的なものと受け取られる可能性があるので、本書では用いない。

（34）杉原「近代世界システムと人間の移動」。

（35）斯波義信『華僑』岩波書店、一九九五年。

（36）岡部『海を渡った日本人』二三～二七頁。

（37）塩出「北海道・沖縄・小笠原諸島と近代日本」。

（38）木村健二『在朝日本人の社会史』未来社、一九八九年。

（39）石川『日本移民の地理学的研究』一〇六～一二五頁、岡部『海を渡った日本人』二七～四四頁。

（40）小林監修『日本人の海外活動に関する歴史的調査』第一巻、二〇三～二四〇頁。

（41）岡部『海を渡った日本人』三七～五二頁。

（42）赤嶺守「清朝の対日琉球帰属問題交渉と脱清人」（石橋秀雄編『清代中国の諸問題』山川出版社、一九九五年）。

（43）石川『日本移民の地理学的研究』三一一～三八六、五三九～五五一頁。

（44）水野直樹「朝鮮人の国外移住と日本帝国」（樺山ほか編『岩波講座世界歴史19』）、外村大「総説」（蘭編『日本帝国をめぐる人口移動の国際社会学』）、田中隆一「朝鮮人の満洲移住」（同）、三木『移住型植民地樺太の形成』。Wayne Patterson, *The Ilse: First Generation Korean Immigrants in Hawai'i, 1903-1973* (Honolulu: University of Hawaii Press, 2000).

（45）北海道編『新北海道史』第九巻史料三、北海道、一九八〇年、七六九～七七三頁。

第1章

(1) 高倉新一郎『北海道拓殖史』柏葉書院、一九四七年、永井秀夫『日本の近代化と北海道』北海道大学出版会、二〇〇七年。

(2) 北海道編『新北海道史』第四巻通説三、北海道、一九七三年、永井秀夫編『北海道民権史料集』北海道大学図書刊行会、一九八六年、船津功『北海道議会開設運動の研究』北海道大学図書刊行会、一九九二年、永井『日本の近代化と北海道』。

(3) 榎森進『アイヌ民族の歴史』草風館、二〇〇七年、秋月俊幸『日露関係とサハリン島――幕末明治初年の領土問題』筑摩書房、一九九四年、高倉新一郎『新版アイヌ政策史』三一書房、一九七二年、北海道編『新北海道史』第七巻史料一、北海道、一九六九年、七六一~七七二頁。

(4) 秋月『日露関係とサハリン島』一九七~二三八頁、外務省調査部編『日本外交文書』第八巻、日本国際協会、一九四〇年、二六一~二六二頁。

(5) 樺太アイヌ史研究会編『対雁の碑』北海道出版企画センター、一九九二年、海保嶺夫「北海道の「開拓」と経営」(朝尾直弘ほか編『岩波講座日本歴史16 近代3』岩波書店、一九七六年)。

(6) 「開拓使へ委任ノ条款ヲ定ム」(「太政類典 第一編 第七六巻 地方・特別地方開拓使」国立公文書館二A―〇九―太〇〇〇七六)。

(7) 高倉『北海道拓殖史』、永井『日本の近代化と北海道』。

(8) ホーレス・ケプロン(西島照男訳)『ケプロン日誌――蝦夷と江戸』北海道新聞社、一九八五年、五八頁。訳を一部修正した。*Memoirs of Horace Capron, Volume 2: Expedition to Japan, 1871-1875* (copied by U.S. Dept. of Agriculture in 1952), 43-44.

(9) Horace Capron and his Foreign Assistants, *Reports and Official Letters to the Kaitakushi* (Tokei: Kaitakushi, 1875), 45-46.

(10) Capron et al., *Reports and Official Letters to the Kaitakushi*, 574-579.

(11) 北海道庁編『新撰北海道史』第三巻通説二、北海道庁、一九三七年、三三四頁。

(12) 「外国人内地旅行規則の義に付意見」一八七四年六月一七日(『黒田清隆関係文書』八一一四)。

(13) 田中修『日本資本主義と北海道』北海道大学図書刊行会、一九八六年、一四四~一五三頁、石村善助「鉱業法(法体制確立期)」(鵜飼信成ほか編『講座日本近代法発達史』三、勁草書房、一九五八年)。

(14) 北海道庁編『新撰北海道史』第三巻、三三五~三三八頁。

(15) 鈴江英一『開拓使文書を読む』雄山閣出版、一九八九年、五〇~七六頁。

(16) Capron et al., *Reports and Official Letters to the Kaitakushi*, 637-654.

(17) 逢坂信吾『クラーク先生詳伝』クラーク先生詳伝刊行会、一九五六年、二二六~二二九頁。

（18）中村政則・石井寛治「明治前期における資本主義体制の構想」（中村政則ほか編『経済構想（日本近代思想大系８）』岩波書店、一九八八年）五〇一～五〇二頁。
（19）北海道庁編『新撰北海道史』第三巻、三三八～三四一頁、「第四十八号覚書」（大隈文書Ａ四四四五、一八七五年六月三〇日）。
（20）「傭清国人笵永吉外二名帰化願ノ件」（『公文録』明治一二年・第一五六巻、一八七九年四～六月、開拓使）、嘉本伊都子『国際結婚の誕生──〈文明国日本〉への道』新曜社、二〇〇一年、二〇二～二〇四頁。
（21）北海道編『新北海道史』第三巻通説二、北海道、一九七一年、七二七～七六四頁。
（22）永井『日本の近代化と北海道』五六～七〇頁。
（23）北海道庁編『新撰北海道史』第三巻、一四四～一五四、三一五～三二七頁。
（24）北海道庁編『新撰北海道史』第四巻通説三、北海道庁、一九三七年、三三四～三七九頁、高倉『北海道拓殖史』七六～一八五頁、永井『日本の近代化と北海道』七一～一〇一頁。
（25）高倉『新版アイヌ政策史』四〇二～四〇六頁、小川正人『近代アイヌ教育制度史研究』北海道大学図書刊行会、一九九七年、四九頁。
（26）加藤規子「北海道三県一局時代の対アイヌ政策とその実情」『北大史学』第二〇号、一九八〇年九月、小川『近代アイヌ教育制度史研究』五一～五三頁。
（27）北海道編『新北海道史』第九巻史料三、北海道、一九八〇年、七六四～七七一頁。
（28）明治財政史編纂会編『明治財政史』第五巻租税（一）、明治財政史発行所、一九二八年、九二七～九五三頁。
（29）北海道庁編『新撰北海道史』第四巻、一〇二二頁。
（30）「郡区編制ノ件」（「稟裁録　自明治一一年一月至同年一二月」北海道立文書館、簿書一〇七五六号）、大蔵省『開拓使事業報告附録　布令類聚』上、大蔵省、一八八五年、二〇九頁。
（31）鈴江英一『北海道町村制度史の研究』北海道大学図書刊行会、一九八五年、三七九～三八九頁。
（32）榎本守恵『北海道開拓精神の形成』雄山閣出版、一九七六年、第一章、第二章。
（33）元老院に建白書を提出した井上敬次郎らは「一府二十県及北海道の有志諸君」より委任を受けており（指原安三編『明治政史』一八九二年〔吉野作造編『明治文化全集』第二巻正史編上、日本評論社、一九二八年〕五三〇頁）、また一八八七年一一月一五日の有志大懇親会（東京鷗遊館）には北海道の井筋宗一、久保田富三が参加した（板垣退助監修『自由党史』下、一九一〇年、岩波文庫版、二九七頁）。
（34）鳥海靖「帝国議会開設に至る「民党」の形成」一九六三年（坂根義久編『論集日本歴史10　自由民権』有精堂、一九七三年）。

(35)「憲法の大要」『函新』一八八九年二月一三日、「国会議員の員数」同二月一四日。
(36)「札幌の市民諸君よ」『北毎』一八八九年三月二日、「諸君ハ何時まで睡り玉ふか」同三月三日。
(37)本田新ほか八名「本道ヨリ国会議員撰出スルノ義建言」一八八九年三月(永井編『北海道民権史料集』)、六七〇~六七二頁。
(38)井上清『条約改正――明治の民族問題』岩波書店、一九五五年、第四章、小宮一夫『条約改正と国内政治』吉川弘文館、二〇〇一年、第二章、渡辺隆喜『日本政党成立史序説』日本経済評論社、二〇〇七年、第六章。
(39)「函館には自治制無きのみ」『函新』一八八九年八月二四日。
(40)函館市史編さん室編『函館市史』通説編第二巻、函館市、一九九〇年、一四四二頁、榎本『北海道開拓精神の形成』第二章、「発刊の趣旨及将来の目的」『北海』一八八九年五月一一日、矢野文雄「『北海』及び北海道の前途」同六月二八日、「漫に条約改正に言をなすものは亡国の徒にあらずして何ぞ」同七月三一日、八月四日、九日、一〇日。
(41)函館港商人某(寄書)「新条約の行止如何を北海道に卜す」『北海』一八八九年九月一日、「条約改正の意見を告白せよ」同九月一三日。
(42)「条約改正断行建白」『北海』一八八九年一〇月一五日、「発刊の趣意」『北辰』第一号、一八八九年一一月二六日、「冷熱」『函新』一八九〇年九月二五日、二六日。
(43)「目下の急務」『函新』一八八九年六月六日、「条約改正の我国商業上に影響する如何」同六月二八日、「北海道経済論の概要」同八月一三日、一六日。
(44)「条約改正の意見を告白せよ」、任天居士「北海道は果して内地雑居を不利なりと云ふ乎」『北海』一八八九年一〇月一三日。
(45)「政治上に於る阿部の意見」『北毎』一八八九年四月九~一六日。
(46)阿部宇之八伝記刊行会『阿部宇之八伝』阿部宇之八伝記刊行会、一九三三年、「政党の未来」『北毎』一八八九年四月一八~二七日。
(47)「政治上に於る北海道人民の進路」『北毎』一八八九年五月二四日~六月一日。
(48)「条約改正断行論」『北毎』一八八九年八月一三~二九日、「府県資本家の猛省を望む」同一〇月三日。
(49)柳内義之進「北海道問題」『北海新聞』一八八七年七月一九日、編輯小僧「柳内農学士の演説を拝聴す」『北毎』一八八九年一二月一四日、河西英通「北海民権家の軌跡――柳内義之進論」(永井秀夫編『近代日本と北海道――「開拓」をめぐる虚像と実像』河出書房新社、一九九八年)。
(50)「政党の加盟と自家の掣肘」『北毎』一八八九年一二月三~五日、「北海道民の政治主義」同一二月一二日、一四日、一八日、一九日、「松前同志会の運動に就て」同一八九〇年一月一七日、「各地方の有志者に望む」同一月二三日。

(51) 糟谷英司「根室の新聞」『根室市博物館開設準備室紀要』第七号、一九九三年三月。

(52)「北友発行要旨」『北友』第一号、一八八九年九月一八日、佐藤含和「政治を談ずる者独り愛国者にあらず」『北友』第三号、一八八九年一〇月三〇日。

(53)「平民諸君に告ぐ」『北友』第一七号、一八九〇年二月一二日。

(54) 宮崎英峰「本道人民の国会に対する用意は如何」『北友』第一八～二〇号、一八九〇年二月一九日、二六日、三月五日。

(55) 押本直正「ある明治人の生涯——山県勇三郎に関する研究ノート(1)」『移住研究』第八号、一九七二年三月、前田康『火焔樹の蔭——風雲児山県勇三郎伝』近代文藝社、一九九五年。

(56)「官民の権衡」『北海』一八九〇年一〇月二四日。

(57) 廿一回生（寄書）「出てゝ衆と野に謀れ」『北毎』一八九一年一月一六日。

(58) 同右。

(59)「官民の権衡」『北海』一八九〇年一〇月二五日。

(60)「中央政府に望む」『北海』一八九〇年九月一〇日。

(61)「区内に存在する諸種の会を聯合せんことを望む」『北海』一八八九年八月一三日。

(62)「官民の親和」『北海』一八九一年四月二九日。

(63)「北海道に地方議会を設くるの議」『北海』一八九一年一月二一～二四日。

(64)「アイノを如何せん」『函新』一八九〇年四月一日、五日、六日、八日、九日、一一日、一二日、一五日。

(65) 船津『北海道議会開設運動の研究』。

(66) 以下、「函館区民に告く」『北海』一八九〇年二月一二日、一三日、「有志者諸君に告く」同三月六日、七日。

(67)「国会の議定権は僅に千五百七十万円に過ぎず」『朝野新聞』一八九〇年二月九日。

(68)「機は来れり」『函新』一八九〇年七月四日。

(69) 不侮生恭夫「自治制度の施行方針」『北毎』一八九〇年二月一八～二〇日。

(70) 不侮生恭夫「開拓政略と自治制度」『北毎』一八九〇年二月二六～二八日、今里準太郎『北海道会史』今里準太郎、一九一八年、三六～三七頁。

(71)「誰れか北海道庁に失政なしと謂ふや」『北海』一八九〇年七月三日、「札幌の空気を一洗す可し」同七月四日、「北海道を分割して新政庁を設く可し」『北海公論』一八九〇年九月一日。『北海公論』は『北海』発行停止の際の代替紙。

(72)『第一回帝国議会衆議院議事速記録』一八九一年一月一三日。

(73)「北海道人民諸君は沈黙せんと欲するか或は之に反し大に論争せんと欲するか」『北毎』一八九一年一月四日、「速かに請願委員を上京せしむべし」同一月九日、「請願の要旨に就て」同一月二四日、船津『北海道議会開設運動の研究』第二章、第三章。

(74)「北海道の拓地殖民は国家的事業なり」『北毎』一八九一年二月二五日、「事業の性質を吟味せよ」同三月一日。

(75)中野二郎「北海道協会」『北毎』一八九四年一月二八日。北海道協会は一八九三年三月に近衛篤麿を会頭として、北海道拓殖推進のため「内地ト北海道トヲ聯結」し貴衆両院に働きかけるべく結成された。佐藤司「明治中期の拓殖政策と北海道協会」法政大学『日本近代史研究』第五号、一九六〇年八月。

(76)「北海道民の輿論」『北毎』一八九一年二月一日。

(77)「機は来れり」『函新』一八九〇年七月二～五日、「風説信す可きか」『北海』一八九〇年七月一二日、「北海道議会を設く可し」同一〇月一八日、船津『北海道議会開設運動の研究』一〇～一六頁。

(78)今里『北海道会史』三七頁、「地方議会開設の議」『函新』一八九一年一月二一日。

(79)「北海道議会設立之意見書」一八九一年二月(永井編『北海道民権史料集』三四三～三五一頁)。

(80)「北海道議会設立之意見書」、「北海道議会論」『函新』一八九一年二月四日、「北海道人民に告く」『北海』一八九一年二月一日。

(81)「函館有志者の北海道議会」『北毎』一八九一年二月三、四日、「何故に請願の趣旨を異にしたるか」同二月六日。

(82)「北海道庁経費節減せられんとす」『北海』一八九一年一月七～一一日、「予算査定案に対する本道有志者の運動」『函新』一八九一年一月二二～二八日、「帝国議会議員諸君に望む」『北海』一八九一年二月五日、「内地諸新聞記者に告く」同二月七、八日、「心得違も亦た甚し」同二月一三～一五日、「札幌人士の思想亦た特別なり」『北海公論』一八九一年二月一六日。

(83)「北海道に地方議会を設くるの議」、「函館有志者の大会」『北海』一八九一年一月二九日、「北海道地方議会」『北毎』一八九一年一月二五日。

(84)「北海道人民の請願」『国会』一八九一年二月二一日、「再び国会記者の妄を弁ず」『北海』一八九一年二月二七日。ただし『函新』は、「人口過小の地」では選挙人の規定に例外を設けようとしている(「北海道議会論」『函新』一八九一年二月一三日)。

(85)船津『北海道議会開設運動の研究』二〇～二三頁。

(86)船津『北海道議会開設運動の研究』一五〇～一五一頁、斉藤虎之助著・千歳篤編『函館ドック五十年の回顧』道南の歴史研究協議会、一九八〇年、一六一頁、北垣国道『塵海』(京都府立総合資料館所蔵)二五七頁、駒木佐助「添田家文書から――室蘭郡民の主義」『茂呂瀾』第三五号、二〇〇一年一月。

(87)江差町史編集室『江差町史』第四巻資料四、江差町、一九八一年、一三九三～一三九六頁、船津『北海道議会開設運動の研究』一五一頁。

(88)「根室有志者の会合」『函新』一八九一年二月二一日、「根室有志者の運動」『北海』一八九一年二月二二日、「根室有志者の請願書」同三月五日、船津『北海道議会開設運動の研究』四〇、四四頁。
(89) 以下、「根室に於ける拓殖同盟会の遊説」『根室毎日新聞』一八九三年八月二〇日。
(90) 久松義典「北海道請願運動の顚末」『北毎』一八九三年一二月二日。
(91)『第五回帝国議会衆議院議事速記録』一八九三年一二月八日、北海道編『新北海道史』第四巻、八〇～八一頁。
(92) 狩野雄一「拓殖務省の設置と北海道」（安岡昭男編『近代日本の形成と展開』巌南堂書店、一九九八年）。
(93) 阿部剛「北海道における徴兵制の展開――「国民皆兵」の虚実」『年報新人文学』六号、二〇〇九年一二月。
(94)「当年の意気」『北門新報』一八九九年一月七日。
(95) 大里康永『沖縄の自由民権運動――先駆者謝花昇の思想と行動』太平出版社、一九六九年（原著一九三五年）。
(96) 佐藤忠雄『新聞に見る北海道の明治大正――報道と論説の功罪』北海道新聞社出版局、一九八〇年、一三九～一四四頁、功刀真一『北海道樺太の新聞雑誌――その歩みと言論人』北海道新聞社、一九八五年、一三八～一四二頁。
(97) 黒坂博『釧路地方政党史考』上、釧路市、一九八四年、「根室を大ならしむるの議」（九）『根室新報』一九〇六年六月二日。
(98) 鈴江『北海道町村制度史の研究』四三六～四四五頁。
(99) 北海道庁編『新撰北海道史』第四巻、二八八～三三三頁。
(100) 加藤「北海道三県一局時代の対アイヌ政策とその実情」、小川『近代アイヌ教育制度史研究』、山田伸一『近代北海道とアイヌ民族――狩猟規制と土地問題』北海道大学出版会、二〇一一年。

第2章

(1) 岡義武「条約改正論議に現れた当時の対外意識」一九五三年（『岡義武著作集』第六巻、岩波書店、一九九三年）、稲生典太郎『条約改正論の歴史的展開』小峯書房、一九七六年。
(2) 岡「条約改正論議に現れた当時の対外意識」。
(3) 小熊英二『単一民族神話の起源――〈日本人〉の自画像の系譜』新曜社、一九九五年、第二章。
(4) 田口卯吉「内地雑居論」一八七九年（鼎軒田口卯吉全集刊行会編『鼎軒田口卯吉全集』第五巻、大島秀雄、一九二八年）、八〇～八三頁。条約改正交渉については五百旗頭薫『条約改正史――法権回復への展望とナショナリズム』有斐閣、二〇一〇年。
(5) 田口卯吉（演説筆記）『条約改正論』一八八九年（『田口全集』第五巻）、四八頁。
(6)「横浜居留地を全廃するの方法は単に条約改正に依るべからず」『東京経済雑誌』第四九七号、第四九八号、一八八九年一一月二三日、三〇日。
（7）横浜市編『横浜市史』第二巻、横浜市、一九五九年、大山梓『旧条約下に於ける開市開港の研究――日本に於ける外国人居留地』鳳書房、一九六七年。
（8）横浜市編『横浜市史』第三巻下、第四巻下、横浜市、一九六三年、一九六八年、大山『旧条約下に於ける開市開港の研究』。
（9）大山『旧条約下に於ける開市開港の研究』、五百旗頭『条約改正史』。
（10）田口卯吉『居留地制度ト内地雑居』一八九三年一〇月（『田口全集』第五巻）、六二～六三頁。
（11）「内地雑居の利」『東京経済雑誌』第四九〇号、一八八九年一〇月五日。
（12）「横浜居留地を全廃するの方法は単に条約改正に依るべからず」。
（13）「内地雑居を論ず」『東京経済雑誌』第二〇四号、第二〇五号、一八八四年三月八日、二二日。
（14）渋沢青淵記念財団竜門社編『渋沢栄一伝記資料』第一八巻、渋沢栄一伝記史料刊行会、一九五八年、四七一～四九一、五三五～五五二頁。
（15）神山恒雄『明治経済政策史の研究』塙書房、一九九五年、二〇～二九頁。「公債条例ヲ論ス」第二『東京経済雑誌』第一九七号、一八八四年一月一九日。
（16）「内地雑居の杞憂」『東京経済雑誌』第四七八号、一八八九年七月一三日、田口『条約改正論』、同『居留地制度ト内地雑居』。
（17）飯田旗郎『東洋商略』金港堂本店、一八九一年。
（18）以下、田口卯吉「植民制」一八八三年三～五月（鼎軒田口卯吉全集刊行会『鼎軒田口卯吉全集』第四巻、大島秀雄、一九二八年）、九五～一一六頁。
（19）田口の居留地制批判と移民・植民論との結びつきについては、森久男「田口卯吉の植民論」（小島麗逸編『日本帝国主義と東アジア』アジア経済研究所、一九七九年）にも指摘があり、小熊英二も田口の「植民地化の脅威」への認識を指摘している（小熊『単一民族神話の起源』三六頁）が、両者は領土支配と移民・植民活動との違いを考慮していない。
（20）田口『居留地制度ト内地雑居』五九～七五頁。
（21）稲生典太郎「内地雑居論の消長とその資料」（同編『内地雑居論資料集成』第一巻、原書房、一九九二年）。
（22）貫堂居士「条約改正論に対する判断の基礎」『東京経済雑誌』第四八一号、一八八九年八月三日。
（23）松下丈吉「条約改正案」『日本人』（第一次）第三〇号、一八八九年八月三日。
（24）「条約改正の我国将来の経済上に対する関係」『政論』一八八九年一〇月九日、一一日。他に『国家経済会報告号外　条約改正に関する事項』（大島貞益執筆）一八九一年（稲生典太郎編『条約改正論資料集成』第三巻、原書房、一九九四年）、竹内正志『大勢論』一八九二年、「大勢論」（六）（十）『国会』一八九三年三月二五日、四月一日。
(25) 綾井武夫「内地雑居の害」『保守新論』第八号、一八八九年八月二〇日。
(26) 蟠龍窟主人『雑居危言』一八九三年（稲生典太郎編『内地雑居論資料集成』第二巻、一九九二年、原書房）、二四一～二四五頁。
(27) 陸羯南『原政及国際論』一八九三年（西田長寿・植手通有編『陸羯南全集』第一巻、みすず書房、一九六八年）。近代日本の国際関係論史における『国際論』について、渡辺昭夫「近代日本における対外関係の諸特徴」（中村隆英・伊藤隆編『近代日本研究入門増補版』東京大学出版会、一九八三年）、酒井哲哉『近代日本の国際秩序論』岩波書店、二〇〇七年、参照。
(28) 小宮一夫『条約改正と国内政治』吉川弘文館、二〇〇一年。上奏文は梅田又次郎『国民之大責任　条約改正論』大倉書店、一八九三年、六〇～六四頁。
(29) 小宮『条約改正と国内政治』九〇頁。
(30) 人見一太郎『国民的大問題』一八九三年（稲生編『内地雑居論資料集成』第二巻）、四八九～四九八頁。
(31) 伊藤博文『憲法義解』一八八九年（岩波文庫版、一九四〇年）、二二一～二二三頁。
(32) 塩出浩之「北海道・沖縄・小笠原諸島と近代日本――主権国家・属領統治・植民地主義」（大津透ほか編『岩波講座日本歴史15 近現代1』岩波書店、二〇一四年）。
(33) 志賀重昂「「日本人」が懐抱する処の旨義を告白す」『日本人』第二号、一八八八年四月一八日、「日本国民ハ明治二十二年二月十一日を以て生れたり」同第二二号、一八八九年二月一八日。
(34) 鹿野政直『資本主義形成期の秩序意識』筑摩書房、一九六九年、三五四～三五五頁。
(35) 志賀「「日本人」が懐抱する処の旨義を告白す」、同「日本生産略」『日本人』第八号、一八八八年七月一八日。
(36) 大山『旧条約下に於ける開市開港の研究』二三六、二五三頁。
(37) 井上毅「帰化法制定ニ関スル議」一八八九年七月四日（外務省監修・日本学術振興会編『条約改正関係日本外交文書』三巻上、日本外交文書頒布会、一九五六年）一六〇～一六一頁。
(38) 嘉本伊都子『国際結婚の誕生――〈文明国日本〉への道』新曜社、二〇〇一年。
(39) ただし井上毅らが起草した帰化法案は一八九一年一二月、第二議会（貴族院）で提出されている（審議未了）。『第二回帝国議会貴族院議事速記録』一八九一年一二月四日。
(40) 「居留地の制及び治外法権は如何」『東京経済雑誌』第四八三号、一八八九年八月一七日、田口『居留地制度ト内地雑居』六六～六七頁。
(41) 「帰化制度に就て」（三）『東京朝日新聞』一八九一年四月二日。「人口問題に関する新憂患」同三月二八日、も同旨。

(42) 大井憲太郎「条約改正問題に就て」『あづま新聞』一八九一年四月一二日。
(43) 井上哲次郎『内地雑居論』一八八九年(吉野作造編『明治文化全集』第六巻外交篇、日本評論社、一九二八年)、四七五頁。小熊『単一民族神話の起源』。
(44) 井上哲次郎『内地雑居続論』一八九一年(吉野編『明治文化全集』第六巻外交篇)、四九二頁、同「内地雑居論の批評を読む(国民之友に寄するの書)」一八九一年(同)、五一五頁、「井上哲次郎氏に質す」『東京経済雑誌』第五七三号、一八九一年五月二三日、小熊『単一民族神話の起源』四三〜四四頁。
(45) 山脇啓造『近代日本と外国人労働者——一八九〇年代後半と一九二〇年代前半における中国人・朝鮮人労働者問題』明石書店、一九九四年、三九〜四七頁。
(46) 井上『内地雑居論』四八〇頁、同『内地雑居続論』五〇五頁。
(47) 梅田『国民之大責任　条約改正論』一一五〜一七七頁。なお梅田は、条約改正上奏案が北海道・沖縄・島嶼部における雑居の制限・禁止を求めた理由については、外国人土地所有禁止の理由として「魯国が北海道に於て要害の地を買収」する危険性に言及した以外には、明確な説明を加えなかった(同一八五頁)。
(48) 松田道之『琉球処分』一八七九年(下村冨士男編『明治文化資料叢書』第四巻、風間書房、一九六二年)、二六九頁、小熊英二『〈日本人〉の境界——沖縄・アイヌ・台湾・朝鮮　植民地支配から復帰運動まで』新曜社、一九九八年。
(49) 塩出「北海道・沖縄・小笠原諸島と近代日本」。
(50) 山脇『近代日本と外国人労働者』、安井三吉『帝国日本と華僑——日本・台湾・朝鮮』青木書店、二〇〇五年、五百旗頭『条約改正史』。
(51) 「内地雑居を論ず」。
(52) 岡「条約改正論議に現れた当時の対外意識」。
(53) 林房太郎『内地雑居評論』一八八四年(稲生典太郎編『内地雑居論資料集成』第一巻、原書房、一九九二年)。
(54) 人見『国民的大問題』五〇五〜五〇六頁。
(55) 籠谷直人『アジア国際通商秩序と近代日本』名古屋大学出版会、二〇〇〇年、第一章、古田和子『上海ネットワークと近代東アジア』東京大学出版会、二〇〇〇年。
(56) 林『内地雑居評論』一六二〜一六九頁、人見『国民的大問題』五〇五〜五〇八頁、梅田『国民之大責任　条約改正論』一八六〜一八七頁。
(57) 寺師宗徳「支那人雑居の関係」『国光』第四巻第一二号、第五巻第一号、一八九二年一〇月一〇日、二五日。

(58) 黒田謙一『日本植民思想史』弘文堂書房、一九四二年、第二篇、吉田秀夫『日本人口論の史的研究』河出書房、一九四四年、第三章第一節。

(59) 大井憲太郎「移住民論」『日本』一八九一年九月二〇日、一八九一年一二月二七日付、安部井磐根宛大井憲太郎・岡本柳之助書翰（国立国会図書館憲政資料室『安部井磐根関係文書』六五―一）、岡本柳之助編『日魯交渉北海道史稿』一八九八年、田中三七、下篇一一三〜一二〇頁、大井「条約改正問題に就て」。

(60) 田口卯吉「北海道開拓論」一八八一年九月（『田口全集』第四巻）、三一〜三五頁。

(61) 「内地雑居論　第四　北海道」（島田三郎考案、岡村梅太郎筆）『毎日新聞』一八八六年九月一六日。大橋安治郎編『内地雑居論』文泉堂、一八八七年、所収。

(62) 島田三郎『条約改正論』一八八九年（吉野編『明治文化全集』第六巻外交篇）、四〇七〜四〇八頁、田口卯吉「北海道瞥見」一八九三年八月（『田口全集』第四巻、四四三頁）。

(63) 田口卯吉「南洋経略論」一八九〇年三月二二日（『田口全集』第四巻）、三七一〜三七三頁、同『居留地制度ト内地雑居』、森「田口卯吉の植民論」、角山幸洋「榎本武揚とメキシコ殖民移住」（一）〜（三）、関西大学『経済論集』第三四巻第六号、第三五巻第一号、第二号、一九八五年二〜六月。

(64) 「大日本協会」『東京日日新聞』一八九三年一〇月三日、「日本帝国の臣民を以て曚昧未開の蛮民に比する者は誰ぞ」『郵便報知新聞』一八九四年一〇月六日。

(65) 人見『国民的大問題』四六七〜四七一頁、梅田『国民之大責任　条約改正論』一三五〜一五〇頁、「小公議会記事」（持地六三郎演説）『国家学会雑誌』第六巻第七六号、一八九三年六月一五日。

(66) 「今の時に当て条約問題を講究せよ（昨日の続）」『朝野新聞』一八九〇年一月二五日、梅田『国民之大責任　条約改正』一二一〜一五〇頁。

(67) 星亨（演説筆記）「条約改正の速成を望む」自由党『党報』第四一号、一八九三年七月二五日、有泉貞夫『星亨』朝日新聞社、一九八三年、第七章。

(68) 『第三回帝国議会衆議院議事速記録』一八九二年五月二六日。

(69) 立川雲平「海外殖民論」自由党『党報』第二四号、第二五号、第二七号、第三一号、一八九二年一一月〜九三年二月。

(70) 加藤平四郎「殖民事業に就て」自由党『党報』第三七号、一八九三年五月二五日。

(71) 田口『居留地制度ト内地雑居』六一頁、陸『原政及国際論』。

(72) 「第二の征韓論、布哇参政権問題」『亜細亜』第二巻第六号、一八九三年七月一日。

(73)「東邦協会に於る内地雑居問題（承前）」『国会』一八九三年三月一八日。
(74) 国友重章『条約改正及内地雑居　一名内地雑居尚早論』内地雑居講究会、一八九二年、国友重章「外地雑居」（乾）（坤）、『日本人』（第三次）第二一号、第二二号、一八九六年五月五日、二〇日。『漢城新報』については、佐々博雄「熊本国権党と朝鮮における新聞事業」国士舘大学文学部『人文学会紀要』第九号、一九七七年一月。
(75) 大山『旧条約下に於ける開市開港の研究』二七三～二七六頁。
(76) 山脇『近代日本と外国人労働者』五七～五八頁。
(77) 浅野豊美『帝国日本の植民地法制――法域統合と帝国秩序』名古屋大学出版会、二〇〇八年、七七、九四～九五頁。
(78) 許淑真「日本における労働移民禁止法の成立」（布目潮渢博士記念論集刊行会編集委員会編『東アジアの法と社会』汲古書院、一九九〇年）、山脇『近代日本と外国人労働者』五三～七三頁。
(79) 山脇『近代日本と外国人労働者』第二章、第三章。
(80) 遠藤正敬『戸籍と国籍の近現代史――民族・血統・日本人』明石書店、二〇一三年、八五～一〇三頁。
(81) 浅川晃弘『近代日本と帰化制度』溪水社、二〇〇七年。
(82) 外務省監修『条約改正関係日本外交文書』第四巻、日本国際連合協会、一九五〇年、三、七四～七五、二二九～二三〇頁、山本茂『条約改正史』高山書院、一九四三年、坂根義久『明治外交と青木周蔵』刀水書房、一九八五年。
(83) 堀江安蔵『外資輸入の回顧と展望』有斐閣、一九五〇年、四七～五五頁、神山『明治経済政策史の研究』第三章。
(84) 外務省監修『条約改正関係日本外交文書』第四巻、三七一～三七二頁、外務省編『日本外交文書』第三一巻第一冊、日本国際連合協会、一九五四年、二八～二九頁。
(85) 野田正穂『日本証券市場成立史――明治期の鉄道と株式会社金融』有斐閣、一九八〇年、一七八～一八四頁。ただし日本の幹線鉄道は間もなく国有化された。
(86) 矢内原忠雄『帝国主義下の台湾』岩波書店、一九二九年、三三～三九頁、小林賢治「朝鮮植民地化過程における日本の鉱業政策」名古屋大学経済学部『経済科学』第三四巻第四号、一九八七年。
(87) 台湾については一九〇〇年一月、律令第一号。朝鮮については宮嶋博史『朝鮮土地調査事業史の研究』東京大学東洋文化研究所、一九九一年、四九九頁。
(88)『第二六回帝国議会衆議院　外国人ノ土地所有権ニ関スル法律案委員会議録』第二回、一九一〇年三月一日。
(89) 粂井輝子『外国人をめぐる社会史――近代アメリカと日本人移民』雄山閣出版、一九九五年、一一五頁。
(90) 外務省編『日本外交文書　対米移民問題経過概要』外務省、一九七二年、四一七～四一九、四三七～四三八、六五〇～六六三頁。

（91）『第五〇回帝国議会衆議院議事速記録』一九二五年三月一八日。

（92）『第五〇回帝国議会貴族院議事速記録』一九二五年三月一六日。

第3章

（1）ハワイ日本人移民史刊行委員会編『ハワイ日本人移民史』布哇日系人連合協会、一九六四年、一六五頁、白水繁彦『エスニック・メディア研究――越境・多文化・アイデンティティ』明石書店、二〇〇四年、二二七頁、移民研究会編『日本の移民研究――動向と文献目録』I、明石書店、二〇〇八年、九八～一〇八頁。

（2）東栄一郎（飯野正子監訳）『日系アメリカ移民　二つの帝国のはざまで――忘れられた記憶　一八六八―一九四五』明石書店、二〇一四年。

（3）Hilary Conroy, *The Japanese Frontier in Hawaii, 1868-1898* (Berkeley and Los Angeles：University of California Press, 1953). 今井輝子「米布併合をめぐる日米関係」『国際関係学研究』第六号、一九七九年、都丸潤子「アメリカとハワイの日本進出――初期ハワイ在留邦人の参政権をめぐって」（東京大学教養学部教養学科国際関係論分科、一九八五年度卒業論文）、木村健二「京浜銀行の成立と崩壊――近代日本移民史の一側面」『金融経済』第二一四号、一九八五年一〇月。

（4）坂口満宏「二重国籍問題とハワイの日系アメリカ人」『新しい歴史学のために』第二〇七号、一九九二年七月。

（5）Merze Tate, *Hawaii：Reciprocity or Annexation* (East Lansing：Michigan State University Press, 1968), Gary Y. Okihiro, *Cane Fires* (Philadelphia：Temple University Press, 1991), 7-11.

（6）Conroy, *The Japanese Frontier in Hawaii*, 15-53. 福永郁雄「ヴァンリードは〝悪徳商人〟なのか――横浜とハワイを結ぶ移民問題」（横浜開港資料館・横浜居留地研究会編『横浜居留地と異文化交流――一九世紀後半の国際都市を読む』山川出版社、一九九六年）。

（7）Conroy, *The Japanese Frontier in Hawaii*, 54-80.

（8）Donald Rowland, "Orientals and the Suffrage in Hawaii," *Pacific Historical Review*, XII (1943). 両憲法の原文は Lorrin A. Thurston ed., *The Fundamental Law of Hawaii* (Honolulu：The Hawaiian Gazette, 1904).

（9）一八八八年七月三〇日付、大隈重信外相宛安藤太郎（外務省編『日本外交文書』第二一巻、日本国際連合協会、一九四九年）、四二四頁。

（10）木原隆吉『布哇日本人史』文成社、一九三五年、一五二～一五三頁。

（11）一八八七年七月二九日付、井上馨外相宛安藤（外務省調査局編『日本外交文書』第二〇巻、国際連合研究会、一九四七年）、三九九～四〇二頁。

(12) 一八八七年九月六日付、井上宛安藤(外務省調査局編『日本外交文書』第二〇巻)、四一七~四二〇頁。
(13) 一八八七年九月一七日付、安藤宛井上訓示案(外務省調査局編『日本外交文書』第二〇巻)、四二五~四二七頁。
(14) 一八八七年一〇月二〇日付、伊藤博文外相宛安藤(外務省調査局編『日本外交文書』第二〇巻)、四二八~四二九頁。
(15) 一八八七年九月二六日付、安藤宛伊藤(外務省調査局編『日本外交文書』第二〇巻)、四二七頁。
(16) 嘉本伊都子『国際結婚の誕生――〈文明国日本〉への道』新曜社、二〇〇一年、第六章。
(17)「青木大使亦市民権に就て語る」『やまと新聞』一九〇六年七月一二日。
(18) 一八八七年九月六日付、井上宛安藤。
(19) 一八八八年七月三〇日付、大隈宛安藤(外務省編『日本外交文書』第二一巻)、四二四~四二七頁。この時点では第一回、第二回の渡航者は契約労働期間を終えていた。
(20) 一八八八年七月三〇日付、大隈宛安藤(外務省編『日本外交文書』第二一巻)、四二六頁、一八八八年九月二七日付、安藤宛大隈(同)、四四四頁、一八八八年一二月三一日付、大隈宛安藤(同)、四五九~四六四頁、一八八八年一月二四日付、安藤宛大隈(同)、四六四頁。都丸「アメリカとハワイの日本進出」も参照。
(21) 代議院の選挙権を男子臣民(不動産一五〇ドルまたは収入七五ドル以上)に限り、それまで公選だった貴族院議員を勅任とし、また内閣員の任免を女王の専権、内閣は議会に対し無責任とするなど。
(22) 一八九三年二月六日付、藤井宛陸奥宗光外相(外務省記録一―四―二―一、第二巻)。
(23) 一八九三年四月一一日付、陸奥宛藤井(外務省編『日本外交文書』第二六巻、日本国際連合協会、一九五二年)、七五九~七六二頁、一八九三年五月一一日、陸奥宛藤井(同)、七六三~七六五頁、一八九三年六月二七日付、陸奥宛藤井(同)、七七一~七七二頁、都丸「アメリカとハワイの日本進出」。
(24) 一八九三年五月一二日付、藤井宛林董外務次官(外務省編『日本外交文書』第二六巻)、七六九頁。
(25)「第二の征韓論、布哇参政権問題」『亜細亜』第六号、一八九三年七月一日。
(26) 瀬谷正二『布哇国移住民始末』新井喜平、一八九三年、七~一三頁。実際には帰化による参政権獲得が渡航条約締結の前提だったとは考えがたい。
(27)「布哇国問題如何」『毎日新聞』一八九三年三月四日、「国権不可不尊重、条約不可使蹂躙」『日本』一八九三年二月一四日。
(28)『第四回帝国議会衆議院議事速記録』一八九三年二月一七日、二月二八日。
(29)「愛国同盟員意見書」、自由党『党報』第三四号、一八九三年四月一〇日、「布哇問題取調委員」同第三八号、一八九三年六月三日、「部長会及代議士総会」同第四〇号、一八九三年七月一〇日。

（30）「星亭氏の政治意見」『東京朝日新聞』一八九〇年一〇月二一日。
（31）William Adam Russ, Jr., *The Hawaiian Revolution* (Selinsgrove, PA : Susquehanna University Press, 1959), 162-163.
（32）一八九三年一二月二八日付、原宛藤井書翰（原敬文書研究会編『原敬関係文書』第三巻、日本放送出版協会、一九八五年、一五一頁）。
（33）木原『布哇日本人史』一五二～一五三頁。
（34）一八九〇年九月二〇日付、青木外相宛正木退蔵領事（外務省編『日本外交文書』第二三巻、日本国際連合協会、一九五二年、四四五頁）。
（35）坪井みゑ子『ハワイ最初の日本語新聞を発行した男』朝日新聞社、二〇〇〇年。
（36）「布哇国政権参与ノ義ニ関シ櫻田孝治郎外六拾七名ヨリ建白書提出之件」（外務省記録三―八―二―三〇）。
（37）新井勝紘・田村紀雄「在米日系新聞の発達史研究(5)　自由民権期における桑港湾岸地区の活動」東京経済大学『人文自然科学論集』第六五号、一九八三年一二月。
（38）「愛国同盟会員菅原大草両氏の帰朝」『桑港新報』一八九四年一月一八日。
（39）菅原伝演説「布哇問題」自由党『党報』第三八号、一八九三年六月一〇日。厳密には、半帰化（denization）を経れば単なる在留民ではなくなる。
（40）菅原「布哇論」自由党『党報』第四〇号、一八九三年七月一〇日。
（41）東京大学法学部明治新聞雑誌文庫所蔵。蛯原八郎『海外邦字新聞雑誌史　附・海外邦人外字新聞雑誌史』学而書院、一九三六年、八七頁。
（42）以下、「在布日本人之将来に於ける管見　緒論」『布哇新聞』第二七号、一八九三年一一月二〇日および「在布日本人之将来に於ける管見其一　政治家」同第二八号、一八九三年一一月二七日。
（43）塩出浩之「帝国議会開設前後の諸政党と大井憲太郎――議会制の運用をめぐって」『史学雑誌』第一〇七巻第九号、一九九八年九月。
（44）「奉祝天長節」「当夜アーモリーに於ける祝会の状」『布哇新聞』第二五号、一八九三年一一月六日。
（45）「当夜アーモリーに於ける祝会の状」。
（46）「布哇国政権参与之義ニ関シ岡部次郎外十名ヨリ提出之件」（外務省記録三―八―二―三〇）。
（47）「布哇来信」『基督教新聞』一八九四年二月二三日。
（48）本庄京三郎「大槻幸之助君起業談」『殖民協会報告』第一七号、一八九四年九月二〇日。

（49）Thurston ed., *The Fundamental Law of Hawaii*, 201-242.
（50）一八九四年七月五日付、原宛藤井書翰（原敬文書研究会編『原敬関係文書』第三巻）、一五三～一五四頁。
（51）ハワイ日本人移民史刊行委員会編『ハワイ日本人移民史』一六三頁。
（52）ユウジ・イチオカ（富田虎男ほか訳）『一世——黎明期アメリカ移民の物語り』刀水書房、一九九二年、五四～五五頁、有泉貞夫『星亨』朝日新聞社、一九八三年、二一七～二二七頁、木村健二「近代日本移民史における国家と民衆——移民保護法下の北米本土転航を中心に」『歴史学研究』第五八二号、一九八八年七月、都丸潤子「多民族社会ハワイの形成——併合前の「排日」とその「ハワイ的」解決」『国際関係論研究』第七号、一九八九年三月。
（53）加藤陽子『徴兵制と近代日本　一八六八—一九四五』吉川弘文館、一九九六年、一四一～一四二、一五三～一五四頁。
（54）藤井秀五郎『新布哇』文献社、一九〇二年、五二四～五三五頁、同附録「在布出身録」一～三頁。
（55）都丸「多民族社会ハワイの形成」。Akira Iriye, *Pacific Estrangement : Japanese and American Expansion, 1897-1911* (Cambridge, MA : Harvard University Press, 1972), 49-55.
（56）「団結確固、実力養成」『やまと新聞』一八九七年二月二三日、二月二五日。
（57）「胎中楠右衛門氏談話速記」一九三九年（広瀬順晧編『憲政史編纂会旧蔵・政治談話速記録』第五巻、ゆまに書房、一九九八年）、二七八～二八二頁。
（58）白水『エスニック・メディア研究』第十章、相賀安太郎『五十年間のハワイ回顧』「五十年間のハワイ回顧」刊行会、一九五三年、一一三頁。
（59）Eleanor C. Nordyke, *The Peopling of Hawai'i*, 2nd ed. (Honolulu : University of Hawai'i Press, 1989), 113-114.
（60）長脇差子「合併ダンスの幕明きに」『やまと』一八九八年八月一八日、二〇日。
（61）Roger Bell, *Last among Equals : Hawaiian Statehood and American Politics* (Honolulu : University of Hawaii Press, 1984), 39.
（62）E. P. Hutchinson, *Legislative History of American Immigration Policy, 1798-1965* (Philadelphia : University of Pennsylvania Press, 1981), 58.
（63）「日本人の既得権侵害」『やまと』一八九八年一二月一〇日、一三日、一五日。
（64）「本日の選挙」『やまと』一九〇〇年一一月六日。
（65）勝沼の帰化は、一九〇四年に至ってその正当性が問題とされた（「勝沼氏と米国帰化法」『やまと』一九〇四年六月二九日）。
（66）山下草園『元年者移民ハワイ渡航史』米布時報社、一九五六年。
（67）高桑与市「半世紀の日本人史実」（相賀安太郎監修、日布時事編輯局編『布哇同胞発展回顧誌』日布時事社、一九二一年）二〇六頁。

（68）Maude Jones, "Naturalization of Orientals in Hawaii Prior to 1900," *Forty First Annual Report of the Hawaiian Historical Society for the Year 1932* (1933).

（69）「第一布哇県会開かる」『やまと』一九〇一年二月二一日。

（70）一九〇〇年二月二四日付、青木宛平井深造書記官（外務省編『日本外交文書』第三三巻、日本国際連合協会、一九五六年）、山本英政『ハワイの日本人移民――人種差別事件が語る、もうひとつの移民像』明石書店、二〇〇五年、第四章。

（71）一九〇〇年三月二日付、青木宛斎藤（外務省編『日本外交文書』第三三巻）、一九〇〇年四月七日付、青木宛斎藤（同）、一九〇〇年四月一八日付、青木宛斎藤（同）、藤井『新布哇』六八六～六九〇頁。

（72）一九〇〇年八月三日付、青木宛斎藤（外務省編『日本外交文書』第三三巻）、一九〇一年一月三一日付、加藤高明外相宛斎藤（外務省編『日本外交文書』第三四巻、日本国際連合協会、一九五六年）。

（73）「布哇のかゞみ」『やまと』一九〇一年二月一四日、「要償法案下院を通過す」同一九〇一年四月一八日、一九〇一年四月三〇日付、加藤宛斎藤（外務省編『日本外交文書』第三四巻）。

（74）相賀監修、日布時事編輯局編『布哇同胞発展回顧誌』二二四頁。

（75）山中速人『エスニシティと社会機関――ハワイ日系人医療の形成と展開』有斐閣、一九九八年。

（76）「日本人屈辱事件」『やまと』一九〇一年七月二七日、ハワイ日本人移民史刊行委員会編『ハワイ日本人移民史』一五九～一六〇頁。

（77）相賀『五十年間のハワイ回顧』六四、一五五頁。

（78）藤井『新布哇』附録「在布出身録」。日系住民の経歴は、以下別記がない限り同じ。

（79）「同胞蹶起の秋」『やまと』一九〇一年七月二七日、「千載乃一遇」同八月一日。

（80）「日本人会の成立を歓迎して吾人の希望を述ぶ」『やまと』一九〇一年七月三〇日。

（81）「領事報告事件の落着」『やまと』一九〇一年九月三日、「凌辱事件に対する岡部領事官補の手記」同九月一〇日。

（82）「布哇日本人会発会式」『やまと』一九〇一年一一月五日、「布哇日本人会役員選挙の結果」同一一月七日、木村「京浜銀行の成立と崩壊」。

（83）「大国民の自覚」『やまと』一九〇一年八月三日。

（84）「大国民の自覚」、「日本人会の成立を歓迎して吾人の希望を述ぶ」。

（85）塩出浩之「議会政治の成立過程における「民」と「国家」」（三谷博編『東アジアの公論形成』東京大学出版会、二〇〇四年）。

(86) 一九〇三年一一月一二日付、小村寿太郎外相宛斎藤（外務省記録三―八―二―一九八）添付新聞切抜「ハック営業問題」。
(87)「団体には相応の実権を与へざるべからず」『やまと』一九〇三年六月一三日。
(88)「中央日本人会創立」『やまと』一九〇三年七月一五日、「中央日本人会創立会」同七月一八日。
(89) 森田榮『布哇日本人発展史』真栄館、一九一五年、四二九頁。
(90)「被害者の冷淡」『やまと』一九〇一年二月七日。
(91) 一九〇三年一二月二日付、小村外相宛斎藤（外務省記録三―八―二―一九八）添付資料。
(92)「日本の永久移住地」『やまと』一九〇三年八月八日、「在外民の責任」同六月一七～一九日。
(93)『やまと』一九〇三年九月三～二一日。『布哇』第二号、一九〇三年九月一日より転載。同誌（未見）はやまと新聞社の発行で、佐久間が岡部四郎、小野寺寿雄らと「基督教主義の見地より同胞移民の健全なる思想を発揮」することを目的に発刊したもの（「中央新聞と月刊『布哇』」『やまと』一九〇三年九月一四日）。
(94) 同年の合州国センサスによれば四八七七人。表3-2参照。
(95)「布哇日本人の教育」『やまと』一九〇三年一〇月九～一六日。『布哇』より転載で、恐らく佐久間の筆。
(96)「米国の市民となる可し」（三）『やまと』一九〇三年一一月七日。
(97) 一九〇三年一二月二日付、小村宛斎藤。
(98) 一九〇三年一一月一二日付、小村宛斎藤（外務省記録三―八―二―一九八）、飯島真里子「ハワイ日本人移民の二段階移動――国際移動から国内移動へ」『アメリカ・カナダ研究』第二八号、二〇一一年三月。なお、アメリカで契約労働が禁止されたのは一八八五年である。
(99) 一九〇二年五月一五日付、小村宛斎藤（外務省記録三―八―二―一六八）、一九〇五年四月二六日付、小村宛斎藤（外務省記録三―八―二―一六八）、木村「近代日本移民史における国家と民衆」。
(100)『やまと』一九〇三年八～九月の記事参照。
(101)「中央日本人会会則」および「中央日本人会細則」（一九〇三年一二月二日付、小村宛斎藤）。
(102)「理事は名誉職たるべし」『やまと』一九〇三年一一月一四日、一六日。
(103) 一九〇三年一二月一五日付、小村宛斎藤（外務省記録三―八―二―一九八）。
(104) 永井松三編『日米文化交渉史5　移住編』洋々社、一九五五年、五五〇頁。
(105)「滑稽狂言　布哇新報」『やまと』一九〇三年一〇月二三日、「中央日本人会創立委員志保沢忠三郎君の責任」同一〇月二四日、「志保沢氏創立委員を辞す」同一〇月二六日。

(106) 一九〇四年一二月一日付、小村宛斎藤（外務省記録三—八—二—一九八）。
(107) 木村「近代日本移民史における国家と民衆」。
(108) ホノルル、一八九七年創刊。当初は「俠名」高い郡司五郎という人物が経営し、一九〇二年に安野（もと日本酒輸入業）の手に渡った。藤井『新布哇』六四八～六四九頁、森田『布哇日本人発展史』、四二六頁。
(109) 刀水「桀の犬を葬る」『やまと』一九〇二年一二月八日、「盲目新報と旧日本の妄を弁ず」同一一月二九日、一二月一日。
(110) 一九〇二年五月二三日付、小村宛斎藤（外務省記録三—八—二—一六八）。
(111) 一九〇二年五月二三日付、小村宛斎藤（付属の切抜記事）。
(112) 一九〇四年八月二五日付、小村宛志保沢（外務省記録三—八—二—一九八）。
(113) 「中央日本人会創立委員志保沢忠三郎君の責任」。
(114) 「島地議員諸君を送る」「代議員会後日談」『やまと』一九〇三年一二月八日、足立豊「加哇島議員の行動」同一二月一〇日、太田尚志「在布六万同胞に告ぐ」同一二月二二日。足立と太田は実際に脱退した。
(115) 一九〇三年一二月二二日付、斎藤宛小村（外務省記録三—八—二—一九八）。
(116) 「奇妙なる一転心」『やまと』一九〇四年一月五日。
(117) 「中央日本人会耕地会員に告ぐ」（一）～（四）『やまと』一九〇四年六月一～四日。
(118) 森田『布哇日本人発展史』六一二頁。ただし後年の回顧。
(119) 柳田利夫・赤木妙子編著『ハワイ移民佐藤常蔵書翰——近代日本人海外移民史料』慶應通信、一九九五年、一八五～一八七頁、相賀『五十年間のハワイ回顧』一六五頁、「ホノルル、婦人愛国会」『やまと』一九〇四年二月一三日、「祝勝会に就ての注意」同六月一五日。
(120) 森田『布哇日本人発展史』六五一～六五二頁。
(121) 森田『布哇日本人発展史』六二〇～六二七、六四八～六五一、六五二～六五五頁。森田はこのストライキの当事者。
(122) 「中央日本人会耕地会員に告ぐ」（二）、「第二回代議員席次」『やまと』一九〇四年一〇月三一日。
(123) 布哇日日新聞社編『布哇成功者実伝』布哇日日新聞社、一九〇八年。
(124) 森田『布哇日本人発展史』六四〇～六四五頁。
(125) ホノルル、一九〇三年創刊（森田『布哇日本人発展史』四二七頁）。
(126) 一九〇五年六月二日付、小村宛在布哇日本人革新同志会（外務省記録三—八—二—四一）。
(127) 山中『エスニシティと社会機関』第六章、一九〇五年六月一日付、珍田捨巳外務次官宛斎藤（外務省記録三—八—二—四一）。

(128) 森田『布哇日本人発展史』、相賀『五十年間のハワイ回顧』一七二頁、木原『布哇日本人史』五六九〜五九〇頁。
(129) 「日本人会の問題」『やまと』一九〇四年一月二一日。
(130) 沖田行司『ハワイ日系移民の教育史——日米文化、その出会いと相剋』ミネルヴァ書房、一九九七年、第二部第一章、第三章。
(131) 「何ぞ小異を捨てゝ団結せざる」『やまと』一九〇六年八月二七日。同紙は一九〇五年五月より相賀が主筆。
(132) 広島山口両県人会、熊本福岡両県人会、和歌山県人会、千葉県人会、新潟県人会など（根来源之『明治四十一―二年布哇邦人活躍史（一名　大罷工回顧史）』根来源之、一九一五年、二二六頁）。
(133) 「労働組合と永住思想」（上）『布哇殖民新聞』一九〇九年七月二八日、「労働組合と団体的訓練」同八月四日、「速に同情を表せよ」同五月二八日。
(134) 「労働組合と永住思想」（下）『布哇殖民新聞』一九〇九年七月三〇日、「労働組合の組織」同七月二一日。労働者は正会員（選挙権・被選挙権）、医師・商人・その他の事業家は特別会員（被選挙権のみ）、総領事・各宗教家は特別会員（間接的賛助員）となるという構想であった。
(135) 相賀監修、日布時事編輯局編『布哇同胞発展回顧誌』九七〜九九、一七三〜一八〇、一八九〜一九〇頁、『コナ反響』一九一〇年二月三日。
(136) 一九一五年四月七日付、加藤高明外相宛有田（外務省記録三―八―二―二一三）。
(137) 坂口満宏『日本人アメリカ移民史』不二出版、二〇〇一年、第七章、同「二重国籍問題とハワイの日系アメリカ人」、相賀『五十年間のハワイ回顧』三四五頁。

第4章

(1) 藤原帰一「帝国主義論と戦後世界」（大江志乃夫ほか編『岩波講座近代日本と植民地1　植民地帝国日本』岩波書店、一九九二年）、岡部牧夫「帝国主義論と植民地研究」（日本植民地研究会編『日本植民地研究の現状と課題』アテネ社、二〇〇八年）。
(2) 金子文夫「日本における植民地研究の成立事情」（小島麗逸編『日本帝国主義と東アジア』アジア経済研究所、一九七九年）。
(3) 平田雅博『イギリス帝国と世界システム』晃洋書房、二〇〇〇年、第四章。ジョージ・ネーデル、ペリー・カーティス編（川上肇ほか訳）『帝国主義と植民地主義』御茶の水書房、一九八三年も参照。
(4) ユルゲン・オースタハメル（石井良訳）『植民地主義とは何か』論創社、二〇〇五年。
(5) 以下、矢内原忠雄『植民及植民政策』有斐閣、一九二六年（『矢内原忠雄全集』第一巻、岩波書店、一九六三年）。
(6) 新領土（狭義の属領）・保護国・租借地・委任統治領を含む。

（7）矢内原『植民及植民政策』一三〜三四頁。
（8）矢内原『植民及植民政策』六八〜七五頁。
（9）矢内原『植民及植民政策』一九六〜二〇七頁、米谷匡史「矢内原忠雄の〈植民・社会政策〉論——植民地帝国日本における「社会」統治の問題」『思想』第九四五号、二〇〇三年一月。
（10）村上勝彦「矢内原忠雄における植民論と植民政策」（大江志乃夫ほか編『岩波講座近代日本と植民地4　統合と支配の論理』第四巻、岩波書店、一九九三年）、今泉裕美子「矢内原忠雄の国際関係研究と植民政策研究——講義ノートを読む」『国際関係学研究』第二三号、一九九六年、米谷「矢内原忠雄の〈植民・社会政策〉論」、酒井哲哉『近代日本の国際秩序論』岩波書店、二〇〇七年。
（11）大内兵衛「矢内原教授の『植民及び植民政策』」一九二六年七月（『大内兵衛著作集』岩波書店、一九七五年）、村上「矢内原忠雄における植民論と植民政策」。
（12）浅田喬二『日本植民地研究史論』未来社、一九九〇年。
（13）木村健二「近代日本の移植民研究における諸論点」『歴史評論』第五一三号、一九九三年一月、岡部牧夫『海を渡った日本人』山川出版社、二〇〇二年。
（14）矢内原『植民及植民政策』一四六〜一四七、二二二〜二二八頁。
（15）『帝国主義下の台湾』（一九二九年）はこのような観点からの実証分析の白眉といえる。若林正丈「解説」（同編『矢内原忠雄「帝国主義下の台湾」精読』岩波書店、二〇〇一年）。
（16）若林「解説」、米谷「矢内原忠雄の〈植民・社会政策〉論」。
（17）「人口問題と移民」（一九二七年三月、厚生省社会局職業課）、「人口問題」（一九二八年八月、樺太・知取第一小学校および大泊本願寺別館）、「移植民問題」（一九二九年八月、福山中学校）、「各国の移民政策」（一九三一年八月、国士舘高等拓殖学校）、「我国の移民問題」（一九三三年六月、東洋協会海外事情講習会）など。「年譜」（『矢内原忠雄全集』第二九巻、岩波書店、一九六五年）より。
（18）吉田秀夫『日本人口論の史的研究』河出書房、一九四四年、小野一一郎「日本帝国主義と移民論——日露戦後の移民論」一九七三年（『小野一一郎著作集3　資本輸出・開発と移民問題』ミネルヴァ書房、二〇〇〇年）。
（19）近衛文麿「英米本位の平和主義を排す」一九一八年一二月（同『清談録』千倉書房、一九三六年）。
（20）長谷川雄一「一九二〇年代・日本の移民論」（一）〜（三）『外交時報』第一二六五号、一九九〇年二月、同第一二七二号、一九九〇年一〇月、同第一二七九号、一九九一年六月。
（21）加藤聖文「政党内閣確立期における植民地支配体制の模索——拓務省設置問題の考察」『東アジア近代史』第一号、一九九八年三

月、上田浄「拓務省設置以後の移民行政覚書」(安岡昭男編『近代日本の形成と展開』厳南堂書店、一九九八年)。
(22)『矢内原忠雄全集』第二八巻、岩波書店、一九六五年、五五三頁。
(23)矢内原忠雄『人口問題』一九二八年(『矢内原忠雄全集』第二巻、岩波書店、一九六三年)、一三一～一六一頁。
(24)米谷「矢内原忠雄の〈植民・社会政策〉論」。
(25)矢内原忠雄「時論としての人口問題」一九二七年七月(『矢内原忠雄全集』第四巻、岩波書店、一九六三年)、五一二～五一三、五二〇頁。
(26)矢内原『人口問題』一七一～一七二頁。
(27)矢内原「時論としての人口問題」五一三～五一四頁。
(28)矢内原『人口問題』一六九～一七〇頁。
(29)矢内原『植民及植民政策』二一三頁。
(30)村上「矢内原忠雄における植民論と植民政策」、将基面貴巳『言論抑圧――矢内原事件の構図』中央公論新社、二〇一四年。
(31)矢内原忠雄「日本の移植民政策」一九二六年四月(『矢内原忠雄全集』第五巻、岩波書店、一九六三年)、七九～八二頁。矢内原がカリフォルニアを訪れたのは一九二三年一月、ヨーロッパ留学からの帰途である(「年譜」八二六頁)。
(32)矢内原忠雄「満洲新国家論」一九三二年四月(『矢内原忠雄全集』第二巻)、六〇三～六一八頁。
(33)矢内原忠雄『満洲問題』一九三四年(『矢内原忠雄全集』第二巻)、五三九～五五七、五九九～六〇〇頁。
(34)矢内原『満洲問題』五五八～五七一頁。
(35)矢内原忠雄「人口問題と移植民」一九三七年三月(『矢内原忠雄全集』第四巻)、六二三～六二八頁。一九三五年の講演。ここで窺える矢内原の南洋群島観がはらむ問題については、米谷「矢内原忠雄の〈植民・社会政策〉論」、今泉裕美子「戦前期日本の国際関係研究にみる「地域」――矢内原忠雄の南洋群島委任統治研究を事例として」『国際政治経済学研究』第七号、二〇〇一年三月、参照。
(36)以下、矢内原忠雄「大陸経営と移植民教育」一九三七年一月(『矢内原忠雄全集』第五巻)。
(37)矢内原忠雄『国際経済論』一九五五年(『矢内原忠雄全集』第五巻)、八～九頁。
(38)今泉「矢内原忠雄の国際関係研究と植民政策研究」、酒井『近代日本の国際秩序論』。
(39)矢内原『国際経済論』四四～四五、五三～五四頁。

第5章

（1）山本有造『日本植民地経済史研究』名古屋大学出版会、一九九二年、竹野学「樺太」（日本植民地研究会編『日本植民地研究の現状と課題』アテネ社、二〇〇八年）、三木理史『移住型植民地樺太の形成』塙書房、二〇一二年。
（2）三木『移住型植民地樺太の形成』、竹野学「人口問題と植民地――一九二〇・三〇年代の樺太を中心に」『経済学研究』第五〇巻第三号、二〇〇〇年一二月、中山大将『亜寒帯植民地樺太の移民社会形成――周縁的ナショナル・アイデンティティと植民地イデオロギー』京都大学学術出版会、二〇一四年。
（3）楠精一郎「樺太参政権問題」（手塚豊編『近代日本史の新研究』Ⅷ、北樹出版、一九九〇年）。
（4）樺太庁編『樺太庁施政三十年史』上、樺太庁、一九三六年、四三～四七頁、板橋政樹「退去か、それとも残留か――一九〇五年夏、サハリン島民の「選択」」（原暉之編『日露戦争とサハリン島』北海道大学出版会、二〇一一年）、田村将人「先住民の島・サハリン――樺太アイヌの日露戦争への対処」（同）、樺太アイヌ史研究会編『対雁の碑』北海道出版企画センター、一九九二年。
（5）樺太庁編『樺太要覧』樺太庁、一九〇八年、神永英輔「サハリン島水産業（一八七五―一九〇四）をめぐる紛争――実態と構造」『スラブ研究』第五〇号、二〇〇三年。
（6）林茂・原奎一郎編『原敬日記』第二巻、福村出版、一九六五年、一八二～一八五頁、平井広一『日本植民地財政史研究』ミネルヴァ書房、一九九七年、一七八～一七九頁。山本四郎編『寺内正毅日記』京都女子大学、一九八〇年、三七四頁。
（7）春山明哲『近代日本と台湾――霧社事件・植民地統治政策の研究』藤原書店、二〇〇八年、一八五～一九一頁。
（8）寺内正毅「樺太統治ニ関スル法律案外五件」一九〇六年六月二五日（国立公文書館所蔵『公文雑纂』第二〇巻）。
（9）林・原編『原敬日記』第二巻、一八二～一八四頁。
（10）寺内「樺太統治ニ関スル法律案外五件」、林・原編『原敬日記』第二巻、一八二頁。
（11）同右。
（12）林・原編『原敬日記』第二巻、一八三～一八四頁、寺内「樺太統治ニ関スル法律案外五件」。
（13）林・原編『原敬日記』第二巻、二一三頁。
（14）陸軍省軍事課「樺太守備隊及樺太衛戍病院廃止要領同細則制定及同守備隊同衛戍病院編成表並樺太守備隊司令部條例廃止ノ件」一九一三年（陸軍省『密大日記』明治四五年・大正元年）。
（15）平井『日本植民地財政史研究』一七八頁。
（16）外務省編『日本統治下の樺太』外務省、一九六九年、四六～五六頁。
（17）浅野豊美『帝国日本の植民地法制――法域統合と帝国秩序』名古屋大学出版会、二〇〇八年、三一三～三二四頁、塩出浩之「日

本領樺太の形成――属領統治と移民社会」(原編『日露戦争とサハリン島』)。
(18)『第四〇回帝国議会衆議院議事速記録』一九一八年三月一日。
(19)樺太庁編『樺太庁施政三十年史』上、一九一~二〇六頁。
(20)一八九八年勅令第二五九号、一九〇七年勅令第一六六号。
(21)法制局長官(岡野敬次郎)「樺太庁官制外五件起案上申」一九〇六年一一月二九日(『公文類聚』第三一編明治四〇年第二巻)。
(22)田村将人「白浜における集住政策の意図と樺太アイヌの反応」『北海道開拓記念館研究紀要』三五、二〇〇七年三月、同「日露戦争前後における樺太アイヌと漁業の可能性」(北海道開拓記念館編『北方の資源をめぐる先住者と移住者の近現代史――二〇〇五―〇七年度調査報告』同館、二〇〇八年)。
(23)三木『移住型植民地樺太の形成』。
(24)「樺太島ニ於ケル露国人旧漁場ノ財産ニ関スル件」(陸軍省『満大日記』明治三九年七月)、田村「日露戦争前後における樺太アイヌと漁業の可能性」。
(25)奇逸楼「其日便」『樺日』一九一五年六月九日、杉本善之助『樺太漁制改革沿革史』樺太漁制改革沿革史刊行会、一九三五年、平井『日本植民地財政史研究』一八三~一八六頁。
(26)塩出「日本領樺太の形成」、杉本『樺太漁制改革沿革史』。
(27)塩出「日本領樺太の形成」、杉本『樺太漁制改革沿革史』、杉本健『樺太――還らざる島』TBSブリタニカ、一九七九年、「樺太の諸問題」『樺日』一九一五年二月一四日、一六日。
(28)田村「日露戦争前後における樺太アイヌと漁業の可能性」。
(29)「行政整理ニ関スル閣議案」一九一二年一一月一一日(『公文別録』臨時制度整理局書類、大正元年第一三巻)、塩出「日本領樺太の形成」。
(30)塩出「日本領樺太の形成」、山野井洋「沖島鎌三論」『樺太』第六巻第一〇号、一九三四年一〇月、沖島鎌三『振分け荷物』私家版、一九六四年。
(31)「島是と国是」『樺日』一九一〇年一一月一六日、一七日、「我社の立脚点」同一九一一年六月一日。
(32)「所謂併合説の虚妄」『樺日』一九一二年一月二〇日、二一日。
(33)「拓殖振興並権利伸張ニ関スル件」、北海道会第一三回通常会建議案第一号(北海道議会事務局編『北海道議会史』第二巻、北海道議会事務局、一九五五年、一三一~一三二頁)。「併合論の愚暴」『樺日』一九一五年八月二八日、「併合論と五代議士」同一〇月五日。

(34)「日日小言」『樺日』一九一二年六月一二日。
(35)「開発と地方的要求」『樺日』一九一〇年一一月一八～二〇日。
(36)「築港牽制運動続報」『樺日』一九一五年一〇月三日、「築港問題と豊原」同一二月一六日。
(37)奇逸楼「其日便」。
(38)「樺太併合問題」『北海タイムス』一九一四年一二月一二日。
(39)「病原存する所」『樺日』一九一六年一月九日、「自治制を求む」同九月二六日。
(40)山野井「沖島鎌三論」。
(41)「静平に満足せず」『樺日』一九二〇年一月一七日、「政庁の諮詢機関　島民の合議機関」同一月二一日、二二日。
(42)「殖民地予算」『樺日』一九二〇年一月二七日。
(43)「政庁の諮詢機関　島民の合議機関」。
(44)「政治的自覚」『樺日』一九二〇年二月一三日。
(45)『第四四回帝国議会衆議院　樺太ノ地方制度ニ関スル法律案委員会議録』一九二一年三月一九日。
(46)平井『日本植民地財政史研究』第五章、第六章。三木『移住型植民地樺太の形成』第九章、第一〇章、小林英夫監修『日本人の海外活動に関する歴史的調査』第一一巻、ゆまに書房、二〇〇二年、二八～二九、四四～一四六、一八三頁。
(47)竹野学「戦前期樺太における商工業者の実像――豊原商工会議所の活動を中心に」（蘭信三『日本帝国をめぐる人口移動の国際社会学』不二出版、二〇〇八年）、樺太庁編『国勢調査要覧表　第一回』樺太庁、一九二三年、同編『昭和五年国勢調査結果表』樺太庁、一九三四年、三木『移住型植民地樺太の形成』第二章、第八章。
(48)樺太庁編『国勢調査要覧表　第一回』、同編『昭和五年国勢調査結果表』、三木『移住型植民地樺太の形成』、樺太庁編『樺太庁施政三十年史』上、九九～一〇二頁。
(49)「公友会に望む」『樺日』一九二一年四月一九日、「雑感　公友会発会式」同四月二〇日、月都生「自治制度施行の年を迎へて」同一九二二年一月一日。
(50)「自治制考案」『樺日』一九二二年一月二二日、「植民地と母国」同三月一九日。
(51)「自治と町長」『サガレン新聞』一九二二年二月一〇日、「借問状」同二月二〇日、「樺太の将来」同五月一六日。
(52)「本斗町評議員は御慶事後総辞職」『樺日』一九二四年一月二二日、「本斗町長問題解決」同二月一四日。
(53)（拓務省）管理局『樺太ニ衆議院議員選挙法実施ニ関スル調査』一九三九年、「樺太に選挙法を」『樺日』一九二四年七月二日。
(54)「大泊町住民大会」「真岡でも町民大会」「豊原町民奮起して」『樺日』一九二四年八月八日、「樺北合併反対と真岡町民の熱狂」

「三商議連合大会」同八月九日、「決議文を各地に電送」「落合の町民大会」「落合町の同盟会」「栄浜村でもきのふ樺北合併反対の同盟会を開き気勢を揚ぐ」同八月一三日。
(55)「其筋へ陳情の為反対同盟会から続々上京」『樺日』一九二四年八月一四日、「合併反対同盟会豊原上京委員昨日出発」同八月一五日、「本島の草分け　鵜沢氏決然起つ」同八月一六日。鵜沢については経世社『現代業界人物集』経世社出版部、一九三五年、二一七〜二一八頁。
(56)「不可解な整理案」『樺日』一九二四年八月二日。
(57)「要は弱い者虐め」『樺日』一九二四年八月一七日。
(58)「合併反対奏功す」『樺日』一九二四年九月四日、「樺北合併反対同盟会を政治結社に改め輿論を実行する機関とし中央に雄飛の説」同九月一〇日、「反対の報告大会」同九月一四日。
(59)「選挙法と我樺太」『樺日』一九二四年九月一六日。
(60)「選挙法と我樺太」『樺日』一九二四年九月一八日。
(61)「評議員は公選に」『樺日』一九二五年二月一日、「樺太擬島会は今日」同三月一日、「盛会を極めた一日の模擬樺太島議会」同三月三日、「樺太全島民自治的活躍顕著」『樺太民報』一九二五年三月二日。
(62)以下、「国民並みの権利」『樺日』一九二五年八月一二日。
(63)「豊原の陳情事項」『樺日』一九二六年九月一八日。
(64)「樺太自治会総会」『樺日』一九二六年二月二日、「大泊の樺太自治会」同二月一〇日、「聴衆六百の盛況」同二月一三日。
(65)「参政権獲得の為奔走する人々に対して久春内からも激励の電報を発す」『樺日』一九二六年三月一〇日、「樺太に選挙法施行の件愈議会に提出さる」同三月一一日。
(66)以下、南樺太への衆院選挙法施行に関する法案については楠「樺太参政権問題」、（拓務省）管理局『樺太ニ衆議院議員選挙法実施ニ関スル調査』参照。
(67)『第五一回帝国議会衆議院議事速記録』一九二六年二月二六日。
(68)『第五二回帝国議会衆議院　大正十四年法律第四十七号衆議院議員選挙法中改正法律案外一件委員会議事録』一九二七年二月四日。
(69)「参政権問題其他に関する在京運動経過」『樺日』一九二七年六月一五日（沖島鎌三演説）、同一八日（栗岡巳八演説）、「樺太拓殖の問題」（沖島鎌三談）同一九二八年六月一日。
(70)「選挙は好成績　今後を誡む」『樺日』一九二九年九月四日、「樺太の選挙方施行には躊躇の理由なし」同一二月一七日。

(71)「衆議院議員選挙法ヲ樺太ニ施行スル件」一九三〇年九月二日（拓務省管理局「樺太調査委員会関係資料」国立公文書館自治省移管文書四八、三A—一三—〇八・九六）。
(72)「朴炳一君感泣す」『樺日』一九二九年九月一〇日、「我等に先づ籍を与へよ」同九月一一日、一記者「開拓の第一線に立つ人々」『樺太』第二巻第二号、一九三〇年二月。
(73)「我等に先づ籍を与へよ」、遠藤正敬『戸籍と国籍の近現代史——民族・血統・日本人』明石書店、二〇一三年、第四章。
(74)加藤聖文「政党内閣確立期における植民地支配体制の模索——拓務省設置問題の考察」『東アジア近代史』第一号、一九九八年三月、「立憲政友会政務調査会案第二（拓殖省新設其ノ他）」（内務省地方局「大正一四年　行政制度審議会関係書類」（三）、国立公文書館自治省移管文書四八、三A—一三—七・七九）。
(75)「樺太内地併合案」『樺日』一九二六年八月二五日、「移管問題の成行」（沖島鎌三談）同一九二七年九月二日、「移管問題批判」同九月九日、「拓殖省と樺太」同一九二八年七月八日。
(76)中村正次郎「樺太よ何処に行く?·」『樺太』第二巻第六号、一九三〇年六月。中村については西鶴定嘉『新撰大泊史』大泊町役場、一九三九年、日下部威編『中村蒙堂文集』大北新報社、一九三四年。
(77)「樺太行政制度改正案」一九三〇年六月（大蔵省財政室編「昭和財政史資料」一—一一二—三六）、「樺太県案」一九三〇年七月八日、一五日（同一—一一二—三七）。
(78)「衆議院議員選挙法ヲ樺太ニ施行スル件」一九三〇年九月二日。
(79)「内地延長主義の樺太の将来」『樺日』一九三〇年八月二一日。
(80)奥山朗々「陳情請願運動の続出は要するに民意暢達機関なき為」『樺日』一九二七年九月一日、「民意の発露」同一九二八年六月二九日、「刻下の急務」同一九二九年七月一六日、「島会の運命」同一九三〇年四月一六日。
(81)「樺太の選挙権」『樺日』一九三一年一月七日。
(82)『第五九回帝国議会貴族院　樺太ニ衆議院議員選挙法施行ニ関スル法律案特別委員会速記録』一九三一年三月二七日。
(83)「島民としては意見を纏めよ」『樺日』一九三一年六月二五日、井上準之助論叢編纂会編『井上準之助伝』同編纂会、一九三五年、七五二頁、「樺太庁昭和七年度歳入歳出予算額査定表」一九三一年七月一七日（「昭和財政史資料」一—一一二—三八）。
(84)「選挙権と内地延長」『樺日』一九三一年六月二五日、「総合行政の存続を全島に檄して高唱」同一〇月一四日、「内地になる樺太の悩み」同一〇月一七日、「要路の大官に提示せる陳情書」同一一月六日。
(85)「島民大会から大泊にも交渉」『樺日』一九三一年一〇月二二日、「大泊頗る強硬　交渉遂に決裂」同一〇月二三日。
(86)「内務省移管問題研究座談会」『樺太』第三巻第八号、一九三一年八月、天空堂人「移管問題のからくり」同第三巻第一二号、一

九三一年一二月、「大泊の樺太行政研究会」『樺日』一九三一年一一月一四日。
(87) 恵須取町（『樺日』一九三一年一〇月二四日）、落合町（同一一月五日）、栄浜村（同一一月七日）、白縫村（同一一月一一日）、泊居（同一一月七日）、知取町（同一一月一八日）。
(88) 「移管問題に対する真岡の有志懇談会」『樺日』一九三一年一〇月二九日。
(89) 杉本善之助「樺太の移管を反対する理由」一九三一年一一月八日（同編『樺太の思い出』杉本善之助、一九五九年）、「森林の農林省移管は一案として調査さる」『樺日』一九三一年一〇月二三日、「『樺太の森林移管は将来の為めである』と」同一〇月二五日。
(90) 「樺太開発の為めには政府で遺憾なきを期す」『樺日』一九三一年一一月七日、「樺太の移管愈々確定的」同一一月二六日、「樺太の移管問題も遂に一段落ついた」（縣忍長官談）同一二月五日、杉本編『樺太の思い出』九六～九七、一〇五頁。
(91) 井上準之助論叢編纂会編『井上準之助伝』七五九～七六〇頁、「大体に於て踏襲する前内閣の行政整理案」『樺日』一九三一年一二月一八日。
(92) 「大泊の樺太行政研究会」『樺日』一九三一年一一月一四日、大野順末「内務省移管に依つて水産行政を確立せよ」『樺太』第四巻第一号、一九三二年一月。大野については西鶴『新撰大泊史』。
(93) 「実情を認識して島是の確立を期せ　附・移管問題厳正批判」『樺太』第三巻一二号、一九三一年一二月。
(94) 「樺太の移管と参政権問題」『樺日』一九三二年三月八日。
(95) 「地方議会なき樺太の行政」『樺日』一九三六年四月二一日、「民権伸暢要望の動機は何」同六月三〇日、「民意暢達機関設置の方途」同九月二六日、「長官、諮問機関問題を考究」同一九三七年二月二〇日。
(96) 「樺太春秋」『樺太』第九巻第五号、一九三七年五月、「長官上京の鞄の中と拓務省」同第一一巻第一二号、一九三九年一二月、「樺太地方費法案」一九三九年一〇月（「昭和一四年地方制度関係（樺太）」国立公文書館自治省移管文書四八、三A・一三―八・九九）。
(97) 衆議院編『第七〇議会帝国議会法律案』（議員提出法律案）、第二五号、一九三七年、『第七〇回帝国議会衆議院議事速記録』一九三七年三月二八日、「其後の彼氏」『樺太』第九号第五巻、一九三七年五月。石坂については金岡幸一編『石坂豊一・修一追悼集』石坂誠一、一九七三年。
(98) 『第七五議会帝国議会衆議院議事速記録』一九四〇年三月二四日。
(99) 「国内行政機構改革と樺太の内地編入」『樺太』第一三巻第一号、一九四一年一月、沖島鎌三「樺太現下の諸問題」同。
(100) 馬場明『日中関係と外政機構の研究』原書房、一九八三年、四一〇～四二七頁、拓務省「樺太内地編入ニ伴フ行政財政措置大綱（案）」一九四二年一〇月一三日（内務省管理局「樺太庁内地編入関係ノ一」国立公文書館自治省移管文書四八、三A・一三―〇八・九三）。

(101) 樺太長官「樺太内地編入ニ伴フ措置ノ件」一九四二年一〇月一九日（「樺太庁内地編入関係ノ一」）。

(102)「陳情書」一九四二年一〇月三〇日（「樺太庁内地編入関係ノ一」）。一九三七年の樺太市制（法律第一号）により、豊原には市制が敷かれていた。

(103) 内務省「樺太内地編入ニ伴フ行政財政措置大綱（案）」一九四二年一一月二四日（「樺太庁内地編入関係ノ一」）、「樺太地方費設置ニ関スル意見」（同）。

(104)「樺太内地編入ニ伴フ行政財政措置要綱ヲ定ム」（『公文類聚』第六七編、一九四四年、第五一巻・官職四五・官制四五〔都庁府県二〕）。

(105) 日本の敗戦後に廃止された（一九四六年、法律第二一号）。

(106) 内務省管理局「樺太内地編入関係資料（質疑応答）」一九四三年三月（「樺太庁内地編入関係ノ一」）。

(107) 岡本真希子「アジア・太平洋戦争末期における朝鮮人・台湾人参政権問題」『日本史研究』第四〇一号、一九九六年一月、楠「樺太参政権問題」。

補論1

(1) 樺太庁内政部総務課編『樺太庁統計書　昭和一五年』樺太庁、一九四三年、朝鮮総督府編『朝鮮総督府統計年報　昭和一五年』朝鮮総督府、一九四二年、台湾総督府総務局編『台湾人口動態統計　昭和一五年』台湾総督府総務局、一九四三年、三木理史『移住型植民地樺太の形成』塙書房、二〇一二年、八五〜八九頁、岡本真希子『植民地官僚の政治史——朝鮮・台湾総督府と帝国日本』三元社、二〇〇八年、第一章。

(2) 木村健二『在朝日本人の社会史』未来社、一九八九年、高崎宗司『植民地朝鮮の日本人』岩波書店、二〇〇二年、朴俊炯「東アジアにおける雑居と居留地・租界」（大津透ほか編『岩波講座日本歴史20　地域編』岩波書店、二〇一四年）、副島昭一「朝鮮における日本の領事館警察」『和歌山大学教育学部紀要　人文科学』第三五集、一九八六年、朝鮮総督府『朝鮮の人口現象』朝鮮総督府、一九二七年。

(3) 高崎『植民地朝鮮の日本人』、轟博志「朝鮮における日本人農業移民——東洋拓殖と不二農村の事例を中心として」（米山裕・河原典史編『日系人の経験と国際移動——在外日本人・移民の近現代史』人文書院、二〇〇七年）、朝鮮総督府編『昭和五年国勢調査報告　全鮮編　第一巻　結果表』朝鮮総督府、一九三五年、駒込武「植民地支配と教育」（辻本雅史・沖田行司編『新体系日本史16　教育社会史』山川出版社、二〇〇二年）。Jun Uchida, *Brokers of Empire: Japanese Settler Colonialism in Korea, 1876–1945* (Cambridge

and London : Harvard University Asia Center, 2011), 58–90, 342–346.

（4）周婉窈（濱島敦俊ほか訳）『図説台湾の歴史』平凡社、二〇〇七年、岡本真希子「植民地統治初期台湾における内地人の政治・言論活動――六三法体制をめぐる相剋」同志社大学人文科学研究所『社会科学』第八六号、二〇一〇年二月、松田ヒロ子「総説」（蘭信三編著『日本帝国をめぐる人口移動の国際社会学』不二出版、二〇〇八年）、矢内原忠雄『帝国主義下の台湾』岩波書店、一九二九年（復刻版、一九八八年）、一三六～一四五頁、台湾総督官房臨時国勢調査部編『昭和五年国勢調査結果表　全島編』台湾総督官房臨時国勢調査部、一九三四年、近藤正己「植民者の戦争経験――総督政治下の台湾」（倉沢愛子ほか編『岩波講座アジア・太平洋戦争4　帝国の戦争経験』岩波書店、二〇〇六年）。

（5）木村『在朝日本人の社会史』六七～七九頁、同「在外居留民の社会活動」（大江志乃夫ほか編『岩波講座近代日本と植民地5　膨張する帝国の人流』岩波書店、一九九三年）。

（6）木村『在朝日本人の社会史』七九～八一頁、姜再鎬『植民地朝鮮の地方制度』東京大学出版会、二〇〇一年、一四三～一五四頁。Uchida, *Brokers of Empire*, 128–131.

（7）Uchida, *Brokers of Empire*, 132–153.

（8）並木真人「植民地期朝鮮人の政治参加について――解放後史との関連において」『朝鮮史研究会論文集』第三一号、一九九三年一〇月、姜『植民地朝鮮の地方制度』二二六～二四七頁。

（9）並木「植民地期朝鮮人の政治参加について」。Uchida, *Brokers of Empire*, 263–327.

（10）Uchida, *Brokers of Empire*, 228–262. 波形昭一「台北商工会議所の設立と展開過程」（柳沢遊・木村健二編著『戦時下アジアの日本経済団体』日本経済評論社、二〇〇四年）。

（11）春山明哲『近代日本と台湾――霧社事件・植民地統治政策の研究』藤原書店、二〇〇八年、一五七～一七二頁、近藤正己『総力戦と台湾――日本植民地崩壊の研究』刀水書房、一九九六年、一四一～一四二頁。

（12）岡本真希子「植民地統治初期台湾における内地人の政治・言論活動」、同「植民地在住者の政治参加をめぐる相剋――「台湾同化会」事件を中心として」同志社大学人文科学研究所『社会科学』第八九号、二〇一〇年一一月、許世楷『日本統治下の台湾』東京大学出版会、一九七二年、一六八～一七八頁。

（13）春山『近代日本と台湾』一九四～二一四頁、若林正丈『台湾抗日運動史研究（増補版）』研文出版、二〇〇一年、近藤「植民者の戦争経験」、駒込武「「民勅」との相互依存関係――内海忠司と在台日本人」（近藤正己ほか編『内海忠司日記 一九二八―一九三九――帝国日本の官僚と植民地台湾』京都大学学術出版会、二〇一二年）、藤井康子「一九二〇年代台湾における地方有力者の政治参加の一形態――嘉義街における日台人の協力関係に着目して」『日本台湾学会報』第九号、二〇〇七年五月、同「一九二〇年代台湾における高雄州設置と中等学校誘致問題——高雄・鳳山・屏東各街の日台人の動向に着目して」『日本台湾学会報』第一二号、二〇一〇年五月、同「一九二〇年代台湾における市制運動の展開——地方制度改正後の台南州嘉義街における日・台人の動向を中心に」『歴史学研究』第九一八号、二〇一四年五月。

（14）若林『台湾抗日運動史研究』、岡本真希子「在台湾「内地」人の「民権」論——植民地在住者の政治参加の一側面」『日本史攷究』第二五号、一九九九年、同「一九三〇年代における台湾地方選挙問題」『日本史研究』第四五二号、二〇〇〇年四月、近藤『総力戦と台湾』二五～二六、三七～三八頁、同「植民者の戦争経験」。

（15）近藤『総力戦と台湾』第三章、岡本「一九三〇年代における台湾地方選挙問題」、東京市政調査会編『日本都市年鑑』第八号、一九三九年。

（16）波形昭一「台湾における経済団体の形成と商業会議所設立問題」（同編著『近代アジアの日本人経済団体』同文舘、一九九七年）、同「台北商工会議所の設立と展開過程」。

（17）宮田節子『朝鮮民衆化と「皇民化」政策』未来社、一九八五年、水野直樹『創氏改名』岩波書店、二〇〇八年、陳培豊『「同化」の同床異夢——日本統治下台湾の国語教育史再考』三元社、二〇〇一年、近藤『総力戦と台湾』、駒込「植民地支配と教育」。

（18）宮田『朝鮮民衆と「皇民化」政策』、近藤『総力戦と台湾』。Uchida, *Brokers of Empire*, 353–393.

（19）Uchida, *Brokers of Empire*, 355–393. 近藤『総力戦と台湾』、同「植民者の戦争経験」。

（20）岡本真希子「アジア・太平洋戦争末期における朝鮮人・台湾人参政権問題」『日本史研究』第四〇一号、一九九六年一月、同「戦時下の朝鮮人・台湾人参政権問題」早稲田大学大学院『文学研究科紀要』第四二輯第四分冊、一九九六年。Uchida, *Brokers of Empire*, 384–386.

第6章

（1）山室信一『キメラ——満洲国の肖像』中央公論社、一九九三年、浅野豊美『帝国日本の植民地法制——法域統合と帝国秩序』名古屋大学出版会、二〇〇八年。

（2）遠藤正敬『近代日本の植民地統治における国籍と戸籍——満洲・朝鮮・台湾』明石書店、二〇一〇年。

（3）平野健一郎「満洲国協和会の政治的展開——複数民族国家における政治的安定と国家動員」『年報政治学』一九七二年、一九七三年三月。

（4）創刊時は『満洲日日新聞』だったが、一九二七年一一月に『満洲日報』、一九三五年八月に『満洲日日新聞』、一九四四年四月に『満洲日報』と改称を重ねた。李相哲『満州における日本人経営新聞の歴史』凱風社、二〇〇〇年。

（5）小峰和夫『満洲――起源・植民・覇権』御茶の水書房、一九九一年。

（6）外務省条約局法規課『外地法制誌第六部　関東州租借地と南満洲鉄道附属地』前編、外務省条約局法規課、一九六六年、塚瀬進『満洲の日本人』吉川弘文館、二〇〇四年、六～八二頁。

（7）水野直樹「朝鮮人の国外移住と日本帝国」（樺山紘一ほか編『岩波講座世界歴史19　移動と移民』岩波書店、一九九九年）、田中隆一「朝鮮人の満洲移住」（蘭信三編『日本帝国をめぐる人口移動の国際社会学』不二出版、二〇〇八年）。

（8）塚瀬『満洲の日本人』四五～四六頁。

（9）浅田喬二『日本帝国主義下の民族革命運動』未来社、一九七三年、三二五～三七二頁。

（10）関東州の朝鮮人人口はごくわずかだった。外務省条約局法規課『外地法制誌第六部』前編、七～八、一一四～一八一頁、塚瀬『満洲の日本人』八三～八五頁。

（11）古賀元吉『支那及満洲に於ける治外法権及領事裁判権』日支問題研究会、一九三三年。なお間島協約により間島の朝鮮人に対する裁判は中国の管轄下に置かれ、日本領事館の立ち会い・照会が認められた。

（12）ただし日本政府は、警察権が中国側にある未開放地にも駐在所を置いた。塚瀬『満洲の日本人』九四～九六頁。

（13）附属地の法的性質は一国が独占する居留地（租界）、すなわち専管居留地と類似するものだった。外務省条約局法規課『外地法制誌第六部』前編、二九九～三五〇頁。

（14）例えば満洲国建国後の「地委選挙戦漸く白熱」（『満洲日報』一九三三年九月二五日）は、「内地人」（日本人）・「朝鮮人」・「満洲人」（漢人）による地方委員選挙の状況を報じている。この制度は居留民団法（一九〇五年）に基づいて天津や上海などの租界（居留地）に設置された、居留民団の行政委員会と類似する。木村健二「在外居留民の社会活動」（大江志乃夫ほか編『岩波講座近代日本と植民地5　膨張する帝国の人流』岩波書店、一九九三年）、参照。

（15）以上、南満洲鉄道株式会社総裁室地方部残務整理委員会（以下、満鉄地方部残務整理委員会と略記）『満鉄附属地経営沿革全史』上、南満洲鉄道株式会社、一九三九年、三六～八七頁、塚瀬『満洲の日本人』八五～八七頁。

（16）『第十一回全満地方委員会連合会定時会議々事録』一九三四年。

（17）安東と営口では領事館令による居留民会ではなく、天津や上海などと同じく居留民団法（一九〇五年）に基づく居留民団が設置されたが、ともに一九二三年に満鉄附属地行政に編入された。満鉄地方部残務整理委員会『満鉄附属地経営沿革全史』中・下、南満洲鉄道株式会社、一九三九年、木村「在外居留民の社会活動」。

（18）奉天居留民会管内の日本国籍保有者人口は当初日本人が多数を占めたが、一九二五年頃から朝鮮人の比率が急増し、日本人の二倍以上となった。野田涼編『奉天居留民会三十年史』奉天居留民会、一九三六年。

(19) 緒方貞子『満州事変と政策の形成過程』原書房、一九六六年、七二～七五頁、平野健一郎「満州事変前における在満日本人の動向――満州国性格形成の一要因」『国際政治』第四三号、一九七〇年一二月。
(20) 緒方『満州事変と政策の形成過程』。
(21) 山室信一「「満洲国」統治過程論」（山本有造編『「満洲国」の研究』京都大学人文科学研究所、一九九三年）八七～八九頁、同『キメラ』一六七～一八一頁。
(22) 緒方『満州事変と政策の形成過程』二〇七～二一八頁、山室『キメラ』九六～九九頁。
(23)「満洲国協和会設立委員会説明」（稲葉正夫ほか編『現代史資料11　続・満洲事変』みすず書房、一九六五年）八二八～八二九頁。
(24) 遠藤『近代日本の植民地統治における国籍と戸籍』二〇二～二〇三、二〇六～二〇七頁。
(25) 金井章次「東北自由国建設要領」一九三一年一〇月二三日（稲葉ほか編『現代史資料11』）、五六一～五六二頁、高木翔之助『満蒙独立建国論』一九三二年一月（同）、五八〇～五八一頁。
(26) 平野「満州事変前における在満日本人の動向」。
(27)「本社主催　満蒙経営座談会」（一）『東京朝日新聞』一九三二年一月一四日、「新満蒙の建設」（稲葉ほか編『現代史資料11』）六二六～六二七頁、浅野『帝国日本の植民地法制』四〇五～四〇六頁。
(28)「本社主催　満蒙経営座談会」（二）。
(29) 大平善悟「満洲国の国籍問題」『東京商科大学研究年報　法学研究』第二号、一九三三年三月。
(30) 遠藤『近代日本の植民地統治における国籍と戸籍』二〇二～二〇五頁。
(31) 遠藤『近代日本の植民地統治における国籍と戸籍』四〇～五〇、五六、二〇二～二〇五、二二八～二三一頁。
(32) 坂口満宏『日本人アメリカ移民史』不二出版、二〇〇一年、二七三～三〇〇頁。
(33) 木戸日記研究会・日本近代史研究会『片倉衷氏談話速記録』上、日本近代史料研究会、一九八二年、一一一～一一二頁。片倉が「ハワイやアメリカ本土の日本人の場合」に言及しているのは、当時の議論を踏まえたものと推測される。
(34) 遠藤『近代日本の植民地統治における国籍と戸籍』二〇三～二〇五頁。
(35) 久保田忠一「久保田嘱託案」（稲葉ほか編『現代史資料11』）五五七～五六〇頁、木戸日記研究会・日本近代史研究会『片倉衷氏談話速記録』上、一六七頁。橘樸「満洲新国家建国大綱私案」『満洲評論』第二巻第一号、一九三二年一月、は久保田案と酷似している。
(36)「満洲国建国宣言」（稲葉ほか編『現代史資料11』）五二四～五二五頁。
(37) 片倉衷は、久保田案が建国構想の一部に取り入れられたと証言している。木戸日記研究会・日本近代史研究会『片倉衷氏談話速記録』上、一八九頁。
(38) 外務省情報部『満洲国現行法令集』外務省情報部、一九三二年、一一〜一八頁。
(39) 遠藤『近代日本の植民地統治における国籍と戸籍』二一五〜二一七頁。
(40) 関東軍司令部「対満蒙方策（第四次案）」一九三二年五月二一日（稲葉ほか編『現代史資料11』）、六三六〜六三九頁。
(41) 遠藤『近代日本の植民地統治における国籍と戸籍』二一二〜二一七頁。
(42) 副島昭一「「満洲国」統治と治外法権撤廃」（山本編『「満洲国」の研究』）一三三〜一三四頁、浅野『帝国日本の植民地法制』四一八〜四二二頁。
(43) 「日系官吏の綱紀粛正に臨時辦法を設ける」『満洲日報』一九三三年四月八日、「帰化法制定急務」同四月九日。
(44) 浅野『帝国日本の植民地法制』四〇七〜四〇九頁、遠藤『近代日本の植民地統治における国籍と戸籍』二〇七〜二〇八頁。
(45) 浅野『帝国日本の植民地法制』四一二〜四一六頁。
(46) 浅野『帝国日本の植民地法制』四〇八〜四〇九頁、七三九頁。
(47) 平野「満洲国協和会の政治的展開」二三九〜二四〇頁。
(48) 片倉衷「満洲事変機密政略日誌」（小林龍夫・島田俊彦編『現代史資料7 満洲事変』みすず書房、一九六四年）二五三頁、山室『キメラ』一六〇〜一六一頁。
(49) 田中隆一『満洲国と日本の帝国支配』有志舎、二〇〇七年、六二〜八三頁。
(50) 木戸日記研究会・近代史料研究会『片倉衷氏談話速記録』上、二五五頁、三谷太一郎「満州国国家体制と日本の国内政治——戦時体制モデルとしての満州国」（同『近代日本の戦争と政治』岩波書店、二〇一〇年）一二一頁。
(51) 片倉「満洲事変機密政略日誌」二五三頁。
(52) 伏臥居士「更生満蒙の展望」『満洲評論』第二巻第八号、一九三二年二月。
(53) 緒方『満州事変と政策の形成過程』二一一〜二一八頁、三谷「満州国国家体制と日本の国内政治」一二二〜一二四頁。
(54) 「満蒙問題解決に関する石原中佐手記」一九三二年六月二五日（稲葉正夫ほか編『太平洋戦争への道——開戦外交史』別巻資料編、朝日新聞社、一九六三年）、一八二〜一八三頁、平野「満州国協和会の政治的展開」。
(55) 平野「満州国協和会の政治的展開」二三九〜二五一頁。
(56) 満洲帝国協和会編『満洲帝国協和会組織沿革史』不二出版、一九八二年、一九〜四五頁。
(57) 満洲協和会（投書）「全満の愛国者よ手を握れ」（下）『満洲評論』第二巻第二一号、一九三二年五月。
(58) 平野「満州国協和会の政治的展開」二六〇頁。

(59) 「満蒙問題解決に関する石原中佐手記」一九三二年六月二五日（稲葉ほか編『太平洋戦争への道』別巻資料編）、一八二～一八三頁。

(60) 「満洲帝国協和会ノ理念」（原題、「満洲国協和会ノ理念」）一九三二年八月（満洲帝国協和会編『満洲帝国協和会組織沿革史』）、一六～一八頁、石原莞爾「満蒙ニ関スル私見」一九三二年八月二三日（稲葉ほか編『太平洋戦争への道』別巻資料編）、一八五～一八七頁。

(61) 「日系満洲国々民」一九三二年（防衛省防衛研究所所蔵『満洲帝国協和会史料　協和会史資料集』第二輯、一九四〇年、JACAR：C12120171900）。

(62) 平野「満洲国協和会の政治的展開」二四五～二四六頁。

(63) 「満洲国協和会設立委員会議事録」一九三二年七月一八日（稲葉ほか編『現代史資料11』）、八四三～八四八頁。

(64) 「今後ノ方針」（一九三二年八月か）（満洲帝国協和会編『満洲帝国協和会組織沿革史』）五四～五七頁。

(65) 「協和会組織大綱並活動状況」『満洲評論』第三巻第三号、一九三二年七月。また満洲国史編纂刊行会編『満洲国史　各論』満蒙同胞援護会、一九七一年、七九～八二頁。

(66) 平野「満洲国協和会の政治的展開」二四三、二五三、二六二～二六三頁、満洲国史編纂刊行会編『満洲国史　各論』八六～八七頁。

(67) 三谷「満洲国国家体制と日本の国内政治」一三一頁、「弁事処工作ニツイテ」一九三四（大同三）年（満洲帝国協和会編『満洲帝国協和会組織沿革史』）、九〇頁。一九三四年は三月の帝制実施により康徳元年となるので、その前に作成されたと推定される。

(68) 平野「満洲国協和会の政治的展開」二六三～二六五頁。

(69) 小山貞知「天意？　民意？」『満洲評論』第六巻第四号、一九三四年一月。また「第一回全連当時の思ひ出を山口重次氏に訊く」『協和運動』第一巻第一号、一九三九年九月、参照。

(70) 満洲国史編纂刊行会編『満洲国史　各論』八六～八七頁、平野「満洲国協和会の政治的展開」二六五～二六六頁。

(71) 「協和会革正案」一九三四年八月（防衛省防衛研究所所蔵『満洲帝国協和会史料　協和会史資料集』第五輯、一九四〇年、JACAR：C12120180400）。

(72) 連合協議会籌備小委員会「国民運動ノ提唱組織ノ整備運用大綱」一九三五年二月（満洲帝国協和会編『満洲帝国協和会組織沿革史』）、一一九～一七八頁、満洲国史編纂刊行会編『満洲国史　各論』八八～九〇頁。

(73) 連合協議会籌備小委員会「国民運動ノ提唱組織ノ整備運用大綱」。

(74) 満洲国史編纂刊行会編『満洲国史　各論』九三、一一八～一一九頁。

(75) 満洲国史編纂刊行会編『満洲国史　各論』九三頁、平野「満州国協和会の政治的展開」二六九～二七一頁。
(76) 連合協議会籌備小委員会「国民運動ノ提唱組織ノ整備運用大綱」。
(77) 平野「満州国協和会の政治的展開」二七〇頁。
(78) 阪谷希一「協和会・連合協議会の特異性」『満洲評論』第八巻第一四号、一九三五年四月、同「協和会の使命と社会的地位」同第八巻第一八号、一九三五年五月。
(79) 宮城「満洲帝国協和会の「再生」は如何にして徹底するか」『満洲評論』第一一巻第一一号、一九三六年九月。
(80) 「地委連合会奉天の提案」『満洲日報』一九三二年二月一八日、「満蒙諸問題に関する重要議案審議　地方委員連合会議事」「全満地委連合会六日終了す」同三月七日。
(81) これに対する満洲国公式イデオロギーからの批判として、伏臥居士（談）「在満諸機関の形式的統一論を排し民族協和の再認識を促がす」『満洲評論』第二巻第二四号、一九三二年六月、参照。
(82) 「第十回全満地委連合会提出議案」（三）『満洲日報』一九三三年三月二一日、「第十回全満地委連合会（第一日）」同三月二九日。
(83) 『第十一回全満地方委員会連合会定時会議々事録』。
(84) 「全満地方委員会連合会定時会議」『満洲日報』一九三五年三月一七日。
(85) 野田編『奉天居留民会三十年史』二七二～二八四頁。
(86) 満鉄地方部残務整理委員会『満鉄附属地経営沿革全史』下、三四七頁、野田編『奉天居留民会三十年史』二一九～二二〇頁。
(87) 塚瀬『満洲の日本人』一〇八～一〇九頁、南満州鉄道株式会社庶務部調査課編『南満州鉄道株式会社第二次十年史』南満州鉄道株式会社、一九二八年、一一三七～一一三八頁。
(88) 「何処に落着くか吉林教育費」『満洲日報』一九三三年三月二五日、「邦人子弟教育に根本的施設計画」同一一月一〇日。
(89) 「全満商議大会」『満洲日報』一九三二年一〇月九日。
(90) 外務省編『日本外交文書　満洲事変』第二巻第一冊、外務省、一九七九年、六二一～六四〇頁。
(91) 副島昭一は、「傀儡国家の形式の植民地と、満鉄を通じた事実上の植民地という植民地の二重構造は関東軍にとっても早晩解消すべき課題」だったと説明する。副島「「満洲国」統治と治外法権撤廃」一三三頁。
(92) 浅田『日本帝国主義下の民族革命運動』三七二～三七七頁。
(93) 一九三三年一二月九日付、広田外務大臣宛在満洲国菱刈大使（外務省編『日本外交文書　昭和期Ⅱ』第一部第二巻、外務省、一九九八年）、三〇九～三一〇頁。
(94) 「王道と日満両国人民の税金問題、それから支那の人は満洲国をどうみる?」『満洲評論』第五巻第四号、一九三三年七月、一九

三三年一二月九日付、広田宛菱刈、副島「「満洲国」統治と治外法権撤廃」、浅野『帝国日本の植民地法制』四二六～四二七頁。

(95) 難波勝治「満蒙植民地問題に就て」『満洲評論』第二巻第三号、一九三二年一月。難波は台湾における日本人入植政策を批判する一方、模範的な事例としてブラジルの「植民融和政策」を挙げており、ここでの「植民地」とは主権の所在を意味しない。難波の議論は、内地雑居論争における居留地制度批判（政治的独立）と内地雑居尚早論（欧米人の植民活動に対する懸念）の双方に通ずるものである（第2章）。

(96)「時期を早めた治外法権撤廃」『満洲日報』一九三三年六月一八日、「附属地行政権移譲治外法権の撤廃断行」同七月一九日、「満洲国の法権撤廃最早や時間の問題」同九月一一日。

(97)「治外法権の撤廃時期尚ほ早し」『満洲日報』一九三三年八月二七日、野田編『奉天居留民会三十年史』七五頁。

(98)「地方部の処置」『満洲日報』一九三三年一一月七日、「附属地行政の移管は改組と同時に実現か」同一一月一一日。

(99)「附属地行政権の移管尚早論多数を占む」『満洲日報』一九三三年一一月二二日（夕刊）、「満鉄附属地行政権移管は時期尚早」同一一月二二日。

(100)『第十一回全満地方委員会連合会定時会議々事録』。

(101)「満洲国内の法権撤廃　二段に分け実行せよ」『満洲日報』一九三三年一一月二九日。

(102)「法権撤廃問題で奉天民会座談会」『満洲日報』一九三三年一二月五日。

(103) 一九三三年三月二八日付、有田外務次官宛林関東庁警務局長（外務省編『日本外交文書　昭和期II』第一部第二巻）、二八〇～二八三頁。

(104) 一九三三年三月二八日付、有田宛林。

(105) 満洲国史編纂刊行会編『満洲国史　総論』満蒙同胞援護会、一九七〇年、三四四～三四六頁。

(106)「邦人憂慮の中心は附属地課税問題」『満洲日報』一九三四年八月二四日。

(107) 一九三四年八月二三日付、広田外務大臣宛在奉天蜂谷総領事（外務省編『日本外交文書　昭和期II』第一部第三巻、外務省、二〇〇〇年）、七二一～七二三頁、田中隆一『満洲国と日本の帝国支配』有志舎、二〇〇七年、九一～九二頁、浅野『帝国日本の植民地法制』四三三～四三五頁。

(108) 一九三四年八月二二日付、広田外務大臣宛在奉天蜂谷総領事（外務省編『日本外交文書　昭和期II』第一部第三巻）、六七五～六七六頁。

(109)「要路に陳情決定」『満洲日報』一九三四年九月三日。

(110) 一九三四年八月二二日付、広田宛蜂谷。

(111)「大連商工会議所陳情」『満洲日報』一九三四年八月二一日。柳沢遊『日本人の植民地経験――大連日本人商工業者の歴史』青木書店、一九九九年、二六五頁。
(112)一九三四年八月二五日付、広田外務大臣宛在満洲国菱刈大使(外務省編『日本外交文書　昭和期II』第一部第三巻)、六七八～六八〇頁。
(113)一九三四年八月二五日付、広田宛菱刈、柳沢『日本人の植民地経験』二六五頁。
(114)「宣言・決議関係方面に電送　関東州民大会」『満洲日報』一九三四年九月一六日。
(115)一九三四年八月二五日付、広田宛菱刈。
(116)浅野『帝国日本の植民地法制』四三四頁。
(117)副島「「満洲国」統治と治外法権撤廃」一三六～一四〇頁。
(118)一九三五年八月二六日付、広田外務大臣宛在奉天宇佐見総領事(外務省編『日本外交文書　昭和期II』第一部第四巻下、外務省、二〇〇六年)、八六〇～八六一頁。
(119)「各要路の慎重な考慮を要請」『満洲日日新聞』一九三五年九月一四日(夕刊)、「課税権移譲問題」同一〇月九日。
(120)一九三五年四月九日付、広田外務大臣宛在満洲国南大使(外務省編『日本外交文書　昭和期II』第一部第四巻下)、八五〇～八五三頁。
(121)「課税問題に関する請願決議」『満洲日日新聞』一九三五年一〇月二八日。
(122)「邦人の立場を考慮し実施には細心の考慮」『満洲日日新聞』一九三六年二月七日(夕刊)。
(123)「治外法権撤廃と民会の善後処置」『満洲日日新聞』一九三六年二月二四日。
(124)「撤廃の時期を繞り痛烈な論戦展開」『満洲日日新聞』一九三六年二月二八日。
(125)満鉄地方部残務整理委員会『満鉄附属地経営沿革全史』上、一三四八～一三四九、一三九二～一三九三頁。
(126)副島「「満洲国」統治と治外法権撤廃」一四六～一四七頁。
(127)副島「「満洲国」統治と治外法権撤廃」一四七～一四八頁。
(128)浅野『帝国日本の植民地法制』四四五頁。
(129)副島「「満洲国」統治と治外法権撤廃」一四九頁。
(130)野口多内「〝往年の夢〟茲に実現す」『満洲日日新聞』一九三六年六月一一日(号外)、副島「「満洲国」統治と治外法権撤廃」一四九頁。
(131)石田武亥「対立政策より一転　協力政策に飛躍」『満洲日日新聞』一九三六年六月一一日(号外)。

(132) 野田編『奉天居留民会三十年史』二九三～二九六頁、満鉄地方部残務整理委員会『満鉄附属地経営沿革全史』下、三四七頁、満洲国史編纂刊行会編『満洲国史　総論』四八七～四八八頁。
(133)「居留民会の引継を終つて」『満洲日日新聞』一九三六年七月三日。
(134)「哈爾浜居留民会　改組問題で波乱」『大阪朝日新聞』（満洲版）一九三七年三月三一日。
(135) 一九三七年三月三〇日付、佐藤外務大臣宛在白城子乾分館主任（外務省編『日本外交文書　昭和期Ⅱ』第一部第五巻下、外務省、二〇〇八年）、一五七九～一五八一頁。
(136)「全満居留民会連合会（第二日）」『満洲日日新聞』一九三七年四月二二日。
(137) 一九三七年六月二八日付、広田外務大臣宛在満洲国植田大使（外務省編『日本外交文書　昭和期Ⅱ』第一部第五巻下）、一五八八～一五八九頁。
(138)「行政参画機関設置請願の件」『満洲日日新聞』一九三七年三月一三日、「地方委員制の最後を飾る　連合会定時総会開く」同三月一七日。
(139)「忌憚なき質疑　協和会へ集中」『大阪朝日新聞』（満洲版）一九三七年三月二〇日。
(140) 副島「「満洲国」統治と治外法権撤廃」一五〇～一五二頁、浅野『帝国日本の植民地法制』四六七～四七一頁。
(141) 日本近代史研究会・木戸日記研究会『片倉衷氏談話速記録』上、二九二～二九三頁。
(142) 満洲国では一九四〇年に満洲国国兵法が制定されたが、日本人と朝鮮人は適用対象外だった。朝鮮人に対しては日本の朝鮮人徴兵制が一九四四年から実施された。田中『満洲国と日本の帝国支配』一四一～一四七頁。
(143) 副島「「満洲国」統治と治外法権撤廃」一五二～一五四頁、浅野『帝国日本の植民地法制』四七〇～四七五頁。
(144) 満洲国史編纂刊行会編『満洲国史　総論』四九四～四九五頁。
(145)「御署名原本　昭和十二年　条約第一五号・満洲国ニ於ケル治外法権ノ撤廃及南満洲鉄道附属地行政権ノ移譲ニ関スル日本国満洲国間条約」（国立公文書館所蔵、JACAR：A03022157599）。
(146) 満洲国史編纂刊行会編『満洲国史　各論』九五～九七頁。
(147) 板垣征四郎「在満日本人諸君に与ふ」『満洲評論』第一一巻第四号、一九三六年七月。
(148)「第二の誕生」『満洲日日新聞』一九三六年六月一一日（号外）。
(149) 満洲国史編纂刊行会編『満洲国史　各論』九七～九九頁。
(150) 平野「満洲国協和会の政治的展開」二六五～二七四頁。
(151) 満洲帝国協和会『康徳三年度全国連合協議会記録』一九三七年。

(152)「首都本部規則」『満洲日日新聞』一九三六年七月二三日。
(153)野田編『奉天居留民会三十年史』二九六頁。
(154)近代史研究会・木戸日記研究会『片倉衷氏談話速記録』上、二五七～二六〇頁。
(155)「満洲帝国協和会の根本精神」(稲葉ほか編『現代史資料11』)九〇七頁。
(156)「在満日本人よ須らく大乗的見地に立て」『満洲日日新聞』一九三七年七月一日。
(157)今西忠一編『奉天市要覧　康徳六年度』奉天市長官房文書科、一九四〇年、「治廃実施その後」(二)『満洲日日新聞』一九三八年三月三日、「治廃実施その後(四)」同三月五日。
(158)「日本人特有の行事　存在の理由はない」『満洲日日新聞』一九三八年一月二四日、「治廃実施その後」(七)、同三月九日。
(159)「協和会と邦人の政治生活」『満洲日日新聞』一九三八年六月九日。
(160)大同学院史編纂委員会編『大いなる哉　満洲』大同学院同窓会、一九六六年、二九六～三〇五頁。
(161)浅田喬二「満州農業移民政策の立案過程」(満州移民史研究会『日本帝国主義下の満州移民』龍溪書舎、一九七六年)、塚瀬進『満洲国――「民族協和」の実像』吉川弘文館、一九九八年、一九九～二〇六頁。
(162)青柳郁太郎『ブラジルに於ける日本人発展史』上、ブラジルに於ける日本人発展史刊行委員会、一九四一年、五六～六一、一一二～一一九頁、蘭信三『「満州移民」の歴史社会学』行路社、一九九四年、六〇頁。
(163)塚瀬『満洲国』一九九頁。
(164)塚瀬『満洲国』二〇七～二〇八頁。
(165)「日系移民団の協和分会結成」『満洲日日新聞』一九三七年一〇月四日。千振移民団は一九三三年の第二次移民団を基礎とする建国初期からの移民。塚瀬『満洲国』二〇二頁。
(166)久保田豊「満洲開拓事業の意義」(上)『協和運動』第二巻第一号、一九四〇年一月。
(167)広部永三郎「協和会運動と開拓団」『協和運動』第二巻第四号、一九四〇年四月。
(168)「満洲帝国協和会第二部第二期第一次訓練生の開拓地視察報告」『協和運動』第二巻第五号、一九四〇年五月。
(169)蘭『「満州移民」の歴史社会学』二〇四～二〇六頁。
(170)久保田豊「満洲開拓事業の意義」(下)『協和運動』第二巻第三号、一九四〇年三月、浅川四郎「開拓農村に於ける諸問題」同第四巻第一〇号、一九四二年一〇月、蘭『「満州移民」の歴史社会学』二九〇～二九七頁、塚瀬『満洲国』二一九～二二一頁。
(171)平野「満洲国協和会の政治的展開」二六八～二六九頁。
(172)平野「満洲国協和会の政治的展開」二〇五頁。

(173) 佐藤公一「東辺道雑感」『協和運動』第一巻第三号、一九三九年一一月。佐藤は満洲国の現実は「一民族の覇道による他民族の支配圧迫」だとして、「大陸よりの総退却」を予感していた。
(174) 浅野『帝国日本の植民地法制』四七四～四八二頁、遠藤『近代日本の植民地統治における国籍と戸籍』二七六～三一三頁。
(175) 上田知作「全国連合協議会に就て」『協和運動』第一巻第一号、一九三九年九月。最後の全国連合協議会（恐らく第一三回）は一九四五年七月に開催されたが、詳細は不明。満蒙同胞援護会編『満蒙終戦史』河出書房新社、一九六二年、六三頁。
(176) 満洲帝国協和会『第十二回全国連合協議会協議員名簿』一九四四年。
(177) 満洲帝国協和会『康徳九年度全国連合協議会運営要領』一九四二年。
(178) 片倉衷「協和会全連を顧みて」（下）『満洲日日新聞』一九三八年一〇月九日。
(179) 同右。
(180) 戸倉勝人「連協随想」『協和運動』第七巻第四号、一九四五年四月。
(181) 「会期延長、繰上げ　民意を施政に反映」『満洲日日新聞』一九三七年九月一三日、満洲帝国協和会『康徳四年度全国連合協議会議決事項処理経過報告』一九三八年。
(182) 満洲帝国協和会『康徳五年度全国連合協議会記録』一九三八年、「全連の本質を衝き劈頭先づ一波瀾」「録音記」『満洲日日新聞』一九三八年九月二八日、「全連協議会閉幕」同一〇月六日。
(183) 満洲帝国協和会『康徳五年度全国連合協議会記録』。既に一九三七年七月の奉天省連合協議会でも、「日系代表の進出」とともに「多数決問題が諤々と論ぜられ」ていた（小山貞知「協和会・省連合協議会を観る」『満洲評論』第一三巻第七号、一九三七年七月）。
(184) 「連合協議会要綱」（満洲帝国協和会『康徳九年度全国連合協議会運営要領』一九四二年）、野々村一雄「満洲帝国協和会の本質と主要内容（完）」『満洲評論』第一八巻第四号、一九四〇年一月、上田「全国連合協議会に就て」、満洲国史編纂刊行会編『満洲国史各論』一二〇～一二一頁。
(185) 満洲帝国協和会『康徳五年度全国連合協議会記録』。
(186) 「四千万の民意を反映　議案審議に万全の策」『満洲日日新聞』一九三八年八月一九日。
(187) 満洲帝国協和会『康徳五年度全国連合協議会記録』、満洲帝国協和会『康徳五年全国連合協議会提出議案之関係機関説明書』一九三八年。
(188) 片倉衷「協和会全連を顧みて」（上）『満洲日日新聞』一九三八年一〇月八日、同「協和会全連を顧みて」（下）。
(189) 片倉「協和会全連を顧みて」（下）。

(190) 小山〔貞知〕「協和会と議会」『満洲評論』第一三巻第一六号、一九三七年一〇月。
(191) 小山貞知「協和奉公と協和治政と全連」(満洲帝国協和会『康徳五年度全国連合協議会記録』)。
(192) 満洲帝国協和会『康徳五年度全国連合協議会議決事項処理経過報告』一九三九年。
(193) 満洲帝国協和会『康徳六年度全国連合協議会記録』一九三九年。金東昊については満洲帝国協和会『康徳六年度全国連合協議会代表者名簿』一九三九年、参照。
(194) 塚瀬『満洲国』一五六〜一六〇、一六六〜一九八頁。
(195) 満洲帝国協和会『康徳六年度全国連合協議会記録』、奥村弘「地方統治における満洲国協和会の位置——満洲国協和会第七次全国連合協議会の分析をとおして」(山本編『「満洲国」の研究』)一七二〜一七四頁。
(196) 満洲帝国協和会『康徳八年度全国連合協議会議案』一九四一年、満洲帝国協和会『康徳八年度全国連合協議会記録別冊附録 懇談会記録』一九四一年。
(197)「協和会活動力整備充実に関する件」(第六回、熱河省、濱江省)(満洲帝国協和会『康徳六年度全国連合協議会記録』一九三九年)、「協和会の地位確立に関する件」(第七回、奉天省)(満洲帝国協和会『康徳七年度全国連合協議会議決事項処理経過報告』一九四〇年)、「協和会運動の徹底強化に関する件」(第八回、首都、奉天省、四平省)(満洲帝国協和会『康徳八年度全国連合協議会議案』一九四一年)。
(198) 満洲帝国協和会『康徳七年度全国連合協議会議決事項処理経過報告』。
(199) 満洲帝国協和会『康徳六年度全国連合協議会代表者名簿』。
(200)「協和会運動の徹底に関する件」(第六回)での金子嘉一(首都、日系)や李龍徳(間島省、鮮系)の発言も同趣旨。満洲帝国協和会『康徳六年度全国連合協議会記録』、満洲帝国協和会『康徳八年度全国連合協議会記録並各部分科委員会記録』一九四一年、奥村「地方統治における満洲国協和会の位置」一七五頁。
(201) 満洲帝国協和会『康徳六年度全国連合協議会記録』、奥村「地方統治における満洲国協和会の位置」一七五〜一七六頁。
(202) 満洲帝国協和会『康徳八年度全国連合協議会並各部分科委員会記録』、奥村「地方統治における満洲国協和会の位置」一八二〜一八三、一八八頁。
(203) 遠藤『近代日本の植民地統治における国籍と戸籍』二一三〜二一四頁。
(204) 長野口嶺雄「協議会の期間短し」『協和運動』第二巻第九号、一九四〇年九月。
(205) 満洲帝国協和会『康徳六年度全国連合協議会記録』。
(206) 鳥海篤助「康徳七年度全連の感想」『協和運動』第二巻第一〇号、一九四〇年一〇月、高橋「連合協議会の本質と現状」同第四巻第七号、一九四二年七月。

(207) 古海忠之『忘れ得ぬ満洲国』経済往来社、一九七八年、一五三頁、満洲国史編纂刊行会編『満洲国史　総論』五七一～五七二頁。ただし組織法の立法院に関する規定は削除されていない。

(208) 満洲国史編纂刊行会編『満洲国史　各論』一七六～一七七頁。

(209) 奥村「地方統治における満洲国協和会の位置」一七六～一八三頁。

(210) 満洲帝国協和会『康徳九年度全国連合協議会運営要領』一九四二年、満洲帝国協和会『康徳十年九月自二十五日至二十九日第十一回全国連合協議会記録』一九四三年。

(211) 満洲帝国協和会『康徳九年度全国連合協議会議案』一九四二年、満洲帝国協和会『康徳十年度全国連合協議会議決事項処理経過報告』一九四四年。

(212) 弓場信夫「康徳十年度省（首都）連合協議会の成果」『協和運動』第五巻第八号、一九四三年八月、「全連を語る座談会」同第六巻第一〇号、一九四四年一〇月。

(213) 満洲帝国協和会『康徳八年度全国連合協議会提出議案文書説明書』一九四一年。

(214) 満洲帝国協和会『康徳十年度全国連合協議会議決事項処理経過報告』、「協和会報」『協和運動』第六巻第五号、一九四四年五月。

(215) 満洲帝国協和会『康徳九年度全国連合協議会議案』、満洲帝国協和会『協和会創立十周年記念全国大会並康徳九年度全国連合協議会記録及分科委員会記録』一九四二年。

(216) 松岡二十世「転換期労務問題と連協」『協和運動』第四巻第九号、一九四二年九月、塚瀬『満洲国』一七三～一七六頁。

(217) 満洲帝国協和会『康徳十一年第十二回全国連合協議会議案』一九四四年。

(218) 満洲帝国協和会『第十二回全連要録』一九四四年。

(219) 「全連を語る座談会」。松本については満洲帝国協和会『第十二回全国連合協議会協議員名簿』一九四四年、参照。

(220) 米田健二郎「第十二回全連事後処理の推進」『協和運動』第六巻第一一号、一九四四年一一月、「第十二回全連議決事項事後処理方針」同上。

(221) 「連合協議会協議員規則」一九四五年三月二日『協和運動』第七巻第四号、一九四五年四月。

(222) 戸倉「連協随想」。

(223) 岡本真希子「アジア・太平洋戦争末期における朝鮮人・台湾人参政権問題」『日本史研究』第四〇一号、一九九六年一月、浅野『帝国日本の植民地法制』四九二～五五九頁。

(224) 満蒙同胞援護会編『満蒙終戦史』六三頁。

(225) 連協事務局「県、旗、市連の構想と期待」『協和運動』第六巻第三号、一九四四年三月。
(226) 熱河省での反満抗日活動（恐らく中国共産党による）は協和会関係者に懸賞金を掛け、「会員証を掲げて居る家や表彰された会員に対しては特に手厳しく攻撃」したという。佐藤岩之進「思想専門委員会の経過と反省」『協和運動』第六巻第一〇号、一九四四年一〇月。
(227) 田中『満洲国と日本の帝国支配』一三〇〜一四九頁、塚瀬『満洲国』一〇二〜一〇六頁。
(228) 塚瀬『満洲国』九〇〜九一頁。
(229) 弓場信夫「県連視察所感」『協和運動』第一巻第一号、一九三九年九月。
(230)「省連協議会」『協和運動』第六巻第七号、一九四四年七月。
(231) 安達征一「連合協議会は誰のものか」『協和運動』第一巻第一号、一九三九年九月、新井練三「首連縦横観」同第二巻第八号、一九四〇年八月、佐藤慎一郎「傍聴席から見たある省連」同第四巻第九号、一九四二年九月。
(232) 例えば、満洲国官吏採用における「日系」優遇の批判。「民族的差別待遇廃止に関する件」（濱江省）（満洲帝国協和会『康徳五年全国連合協議会提出議案之関係機関説明書』一九三八年）。また奥村「地方統治における満洲国協和会の位置」一六〇〜一七一頁、参照。
(233) 平野「満洲国協和会の政治的展開」二七四頁。
(234) 満洲帝国協和会『第十二回全連要録』。「県連研究会」（『協和運動』第六巻第四号、一九四四年四月）でも、「大東亜戦争」について連合協議会で「悲憤慷慨」しているのは「日系」だけであり、「満系はどういう気持で聴いて居るか」との懸念が語られている。

第7章

（1）Roger Bell, *Last among Equals : Hawaiian Statehood and American Politics* (Honolulu : University of Hawaii Press, 1984) ; Gary Y. Okihiro, *Cane Fires : The Anti-Japanese Movement in Hawaii, 1865-1945* (Philadelphia : Temple University Press, 1991).
（2）Okihiro, *Cane Fires.* 二世教育問題については、以下の詳細な研究がある。Eileen H. Tamura, *Americanization, Acculturation, and Ethnic Identity : The Nisei Generation in Hawaii* (Urbana and Chicago : University of Illinois Press, 1994). 沖田行司『ハワイ日系移民の教育史』ミネルヴァ書房、一九九七年、吉田亮『ハワイ日系二世とキリスト教移民教育――戦間期ハワイアン・ボードのアメリカ化教育活動』学術出版会、二〇〇八年。
（3）Bell, *Last among Equals.*
（4）*Amerasia Journal*, 26(2), 2000 (*Whose Vision? : Asian Settler Colonialism in Hawai'i*) ; Candace Fujikane and Jonathan Y. Okamura ed.,

Asian Settler Colonialism : From Local Governance to the Habits of Everyday Life in Hawai'i (Honolulu : University of Hawaii Press, 2008).

（5）代表的な研究を挙げる。中国系について、Clarence E. Glick, *Sojourners and Settlers : Chinese Migrants in Hawaii* (Honolulu : University of Hawaii Press, 1980). 朝鮮系について、Wayne Patterson, *The Ilse : First-Generation Korean Immigrants n Hawai'i, 1903-1973* (Honolulu : University of Hawaii Press, 2000). 沖縄系について、Ethnic Studies Oral History Project and United Okinawan Association of Hawaii ed., *Uchinanchu : A History of Okinawans in Hawaii* (Honolulu : Ethnic Studies Program, University of Hawaii, 1981).

（6）相賀安太郎『五十年間のハワイ回顧』「五十年間のハワイ回顧」刊行会、一九五三年、牧野金三郎伝編纂委員会編『牧野金三郎伝』牧野道枝、一九六五年、白水繁彦『エスニック・メディア研究――越境・多文化・アイデンティティ』明石書店、二〇〇四年、二四二～二七八頁。Helen Geracimos Chapin, *Shaping History : The Role of Newspapers in Hawai'i* (Honolulu : University of Hawaii Press, 1996), 143-147.

（7）プエルトリコは一九一七年に米国自治領とされ、フィリピンは一九三四年に将来の独立を認められた。Bell, *Last among Equals*, 32-41.

（8）Lorrin A. Thurston, *The Fundamental Law of Hawaii* (Honolulu : The Hawaiian Gazette, 1904), 257-290 ; Bell, *Last among Equals*, 41-43, 55-62.

（9）Eleanor C. Nordyke, *The Peopling of Hawai'i*, 2nd ed. (Honolulu : University of Hawaii Press, 1989), 13-42.

（10）Nordyke, *The Peopling of Hawai'i*, 42-52, 113-114.

（11）Glick, *Sojourners and Settlers*, 1-22 ; Nordyke, *The Peopling of Hawai'i*, 52-60.

（12）Okihiro, *Cane Fires*, 20-39 ; Nordyke, *The Peopling of Hawai'i*, 60-70.

（13）Mitsugu Sakihara, "An Overview of the Past 80 Years," ESOHP and UOA ed., *Uchinanchu*, 105-123. 石川友紀『日本移民の地理学的研究――沖縄・広島・山口』榕樹書林、一九九七年、三一一～三五〇、四八八～四九四頁。

（14）Patterson, *The Ilse*, 1-36, 61-62, 80-99, 101-103, 111-112.

（15）一九三四年にアメリカ政府はフィリピンの将来の独立を承認するとともにフィリピンからの移民を規制したが、ハワイは農場主の要望により除外された。しかしアメリカの不況の影響で、以後の移民はわずかだった。Nordyke, *The Peopling of Hawaii*, 76-84 ; Bell, *Last among Equals*, 47-48, 56 ; Okihiro, *Cane Fires*, 53-55, 82-87.

（16）Okihiro, *Cane Fires*, 59.

（17）Rick Baldoz, *The Third Asiatic Invasion : Empire and Migration in Filipino America, 1898-1946* (New York and London : New York University Press, 2011), 72-85.

(18) George K. Yamamoto, "Political Participation among Orientals in Hawaii," *Sociology and Social Process*, 43 (May–June), 1959.
(19) Bell, *Last among Equals*, 44-49, 106-108 ; Okihiro, *Cane Fires*, 129-162.
(20) Glick, *Sojourners and Settlers*, 26, 273-292 ; Yansheng Ma Lum and Raymond Mun Kong Lum, *Sun Yat-sen in Hawaii* (Honolulu : University of Hawaii Press, 1999), 1-39.
(21) 坂口満宏『日本人アメリカ移民史』不二出版、二〇〇一年、二七三～三〇〇頁。
(22) 相賀『五十年間のハワイ回顧』二七〇～二七三頁。
(23) 沖田行司『ハワイ日系移民の教育史』ミネルヴァ書房、一九九七年、一〇二～一三七頁。
(24) 一八九九年七月一七日付佐藤嘉蔵宛佐藤常蔵書簡（柳田利夫・赤木妙子編著『ハワイ移民佐藤常蔵書翰――近代日本人海外移民史料』慶應通信、一九九五年）、四一～四二頁、相賀『五十年間のハワイ回顧』二五～二六頁。Glick, *Sojourners and Settlers*, 301-303.
(25) Glick, *Sojourners and Settlers*, 301.
(26) 相賀『五十年間のハワイ回顧』二五～二六頁。
(27) 山本英政『ハワイの日本人移民――人種差別事件が語る、もうひとつの移民像』明石書店、二〇〇五年、九九～一〇〇頁。Glick, *Sojourners and Settlers*, 223.
(28) 藤井秀五郎『新布哇』文献社、一九〇二年、六八六～六九〇頁。
(29) 「支那人大会」『日布時事』一九〇九年五月二四日、「支那人大会」『布哇殖民新聞』一九〇九年五月二六日、根来源之『明治四十一―二年布哇邦人活躍史』根来源之、一九一五年、二七九～二八〇頁。Edward D. Beechert, *Working in Hawaii : A Labor History* (Honolulu : University of Hawaii Press, 1985), 172, Takaki, *Pau Hana*, 161.
(30) 「ア、セターの熱心なる同盟罷工論」『布哇殖民新聞』一九〇九年五月二四日。
(31) 「葡国人ルナに油断はならず」『馬哇新聞』一九一九年一二月二三日、「憎べし支那人」同一二月一九日。
(32) 柳田利夫はペルーの中国系住民と日系住民との関係について、同様の指摘を行っている（柳田利夫「ペルーにおける日系社会の形成と中国人移民」『アジア遊学』第七六号、二〇〇五年）。
(33) 「米化と白化」『日布時事』一九一〇年一二月八日。
(34) 塩出浩之「北海道・沖縄・小笠原諸島と近代日本――主権国家・属領統治・植民地主義」（大津透ほか編『岩波講座日本歴史15 近現代1』岩波書店、二〇一四年）。
(35) 「編輯局便り」『日布時事』一九〇九年一月二三日（比嘉武信編著『新聞にみるハワイの沖縄人九〇年　戦前編』若夏社、一九九〇年）、二一頁。

(36)「投書（沖縄県人）」『日布時事』一九一〇年九月一日。

(37) 森宣雄「琉球併合と帝国主義、国民主義」『日本学報』第二〇号、二〇〇一年三月、米谷匡史『アジア／日本』岩波書店、二〇〇六年、六〇～六八頁、参照。

(38)「編輯局便り」。Arnold T. Hiura and Vinnie K. Terada, "Okinawan Involvement in Hawai'i's Labor Movement," ESOHP and UOA ed., *Uchinanchu*, 223-232.

(39) 山里勇善編『布哇之沖縄県人』実業之布哇社、一九一九年、一六～一七、二九～三〇、七六頁、湧川清栄「ハワイ沖縄県人の思想活動小史」一九七九年（湧川清栄遺稿・追悼文集刊行委員会編『アメリカと日本の架け橋・湧川清栄——ハワイに生きた異色のウチナーンチュ』同委員会、二〇〇〇年）。Sakihara, "An Overview of the Past 80 Years," 110-112.

(40) 例えば、当山哲夫「発刊に際して」（山里編『布哇之沖縄県人』）四～一〇頁、平良盛吉「オキナハコロンブス当山久三」（同）二〇～二五頁。

(41) Patterson, *The Ilse*, 44-54, 101-107.

(42)「新同胞に切望す」『日布時事』一九一〇年九月一日。

(43)「鮮人の日本化」『日布時事』一九一〇年一二月一九日。「ホノルル便り」『日布時事』一九一一年九月二三日も、「朝鮮人」が「国語読本」を購入したと報じて、これを「正しく新同胞の義務」として賞賛している。

(44) Patterson, *The Ilse*, 47.

(45) Patterson, *The Ilse*, 114-116.

(46) Patterson, *The Ilse*, 16-17, 69-70, 114. 根来『明治四十一、二年　布哇邦人活躍史』。

(47) Patterson, *The Ilse*, 115-116.

(48)「日本帝国を日賊と罵詈す」『日布時事』一九一五年二月一二日。Glick, *Sojourners and Settlers*, 292-296, 304.

(49)「昨夜の在留支那人演説会」「支那問題逆転」『布哇報知』一九一五年三月一五日。

(50)「在留支那人間二派に別る」『布哇報知』一九一五年三月一七日。

(51)「敬告愛国熱誠之同胞」『新中国報』一九一五年三月一六日。

(52)「当地支那人のボイコット」『日布時事』一九一五年三月三一日、「在布支那人日支戦費募集」『布哇報知』一九一五年四月二日、「支那人間の排日熱高まる」同四月五日、「支那人大会には日本人を入場せしめず」同四月二四日、「日本は首都を朝鮮京城に移さんと叫ぶ」『日布時事』一九一五年四月二六日、「支那国防協会当地に生る」『布哇報知』一九一五年五月三日。

(53)「日支問題と在留両国人」『日布時事』一九一五年三月一日、「日支問題と在留両国人」同四月二六日、「支那人大に勇み日本悪評」『布哇報知』一九一五年四月二一日、「支那人と口論する事勿れ」同五月六日。
(54)沖田『ハワイ日系移民の教育史』一七二〜一七三頁。
(55)「大会決議電送」『布哇報知』一九一九年三月一一日。
(56)「大会決議電送」、「外国語学校案は日支人侮辱」『布哇報知』一九一九年三月七日、「在留支那人一致協力外国語学校取締反対運動のため昨日相談会を開く」同四月二六日、沖田『ハワイ日系移民の教育史』一七三頁。
(57)「朝鮮独立宣言電報着」『布哇報知』一九一九年三月一〇日、「朝鮮独立宣言」『日布時事』一九一九年三月一〇日、「講和会議若し朝鮮独立を承認せずば朝鮮及満洲の鮮人は武器を執つて起ち日本の羈絆を脱せん」『日布時事』一九一九年六月五日、「今後を警しむ」同六月一二日、「昨日の朝鮮人大会」同六月一六日。
(58)「花の如き朝鮮人少女世界の婦人に訴ふ」『布哇報知』一九一九年五月二九日。
(59)Patterson, *The Ilse*, 107-111.
(60)「朝鮮人に祝辞を送る」『日布時事』一九一九年四月一四日、「両幹事の所説」同四月二四日、「一種の罪悪」同四月二六日、「在布朝鮮人に対するの態度は誠心誠意を要す」『布哇報知』一九一九年六月一二日、「是れ果して米国主義乎」『日布時事』一九一九年六月一四日、「筆硯余沫」同六月一六日。一方、『布哇報知』の英語欄は一九二五年に開設された。白水『エスニック・メディア研究』二七一〜二七二頁。
(61)「支那新聞憤慨」『布哇報知』一九一九年五月三日、「当地支那青年雄弁会決議」同五月八日、「支那新聞痛憤」同五月二九日、「国賊と絶叫す」同六月三日、「支那字新聞の憤慨」『日布時事』一九一九年六月一九日、「在留支那人の一群昨夜旭劇場をボイコットす」『布哇報知』一九一九年七月一六日、「日本人を殺さざれば誓つて人たらず」「支那人躍起運動止まず」『日布時事』一九一九年七月二一日、「支那青年団日貨排斥を力説」『布哇報知』一九一九年七月二九日、「支那人の団体」同八月一四日、「在留同胞排日貨の対応策」同八月一八日。
(62)山の人「日支鮮人親善運動」『日布時事』一九一九年七月一三日、「願くは其の最善を尽くさん」同七月一八日。
(63)「東洋人間の了解」『布哇報知』一九一九年五月二〇日、「願くは其の最善を尽くさん」。
(64)「在布朝鮮人に対するの態度は誠心誠意を要す」、「朝鮮施政改善の一歩」『日布時事』一九一九年八月一四日。
(65)「原首相の誓言書と当地朝鮮人の態度」および寸評子「如是観」『日布時事』一九一九年八月二五日。
(66)山の人「排日論議に対し在留民の対策如何」『日布時事』一九一九年七月二〇日。
(67)「ボイコット交渉を拒絶す」『布哇報知』一九一九年五月一日、「鮮人の新態度」同六月一六日。

（68）「在留支那人の一群昨夜旭劇場をボイコットす」、「布哇在留日支両国人は須らく親和を保てよ」『布哇報知』一九一九年七月一七日、「何ぞ訓戒せざる」同七月二九日、「同胞もボイコット対抗策を講ぜざるべからず」同七月二九日、「支那人非買運動に就き」『日布時事』一九一九年八月一六日、「支那商人弁明」『布哇報知』一九一九年八月一六日。

（69）「日本人を殺さざれば誓つて人たらず」『日布時事』一九一九年七月二一日。

（70）「選挙日と同胞」『日布時事』一九一四年一一月三日。

（71）「十年後の在布同胞と当地政体」『日布時事』一九一一年八月一二日、「選挙日と同胞」。Bell, *Last among Equals*, 58.

（72）Okihiro, *Cane Fires*, 65–162；Tamura, *Americanization, Acculturation, and Ethnic Identity*, 84–88；Bell, *Last among Equals*, 48–49.

（73）Okihiro, *Cane Fires*, 129–155；Tamura, *Americanization, Acculturation, and Ethnic Identity*, 148–151. 沖田『ハワイ日系移民の教育史』一七二～二五五頁、吉田『ハワイ日系二世とキリスト教移民教育』。

（74）孫文は「排日移民法」を「日支親善の端緒」と評した。「排日移民法から東洋民族の団結」『日布時事』一九二四年七月一七日。

（75）「日系市民の抑留問題」『日布時事』一九二四年七月二九日、「市民権問題解決の効果」同一九二五年一二月八日。"Citizens of Oriental Blood not Accorded Square Deal," *The Nippu Jiji*, November 8, 1925；Bell, *Last among Equals*, 56.

（76）「日曜閉店法と次期県会」『日布時事』一九二六年九月二七日、「日曜律励行と卑劣手段」同八月二四日、「県会に出し各種の法案」同一九二七年二月二八日。

（77）「支那系市民四名が候補に飛び出す　日系市民はただ一人」『日布時事』一九二六年九月二日、「布哇東洋人の権利を認めよ」同九月六日、「本選挙余談」『日布時事』同一一月四日、「東洋人系市民の擡頭」同一一月六日。

（78）Yamamoto, "Political Participation among Orientals in Hawaii," 360.

（79）Bell, *Last among Equals*, 51–53.

（80）"The Yellow Peril Again," *Hawaii Chinese News*, May 21, 1926.『檀華新報』（*Hawaii Chinese News*）はハワイ出生の中国系住民が中心になって刊行した新聞。Glick, *Sojourners and Settlers*, 293–295.

（81）Hoon Wo Wong, "Republican Candidate For Representative Fourth District," *Hawaii Chinese News*, October 1, 1926. この候補は落選した。

（82）一九二五年に日本語学校が一四二校、日本語学校に通う日系児童の割合が三分の二だったのに対し、中国語学校は一〇校・四分の一、朝鮮語学校は九校・五分の一だった。Patterson, *The Ilse*, 118–122.

（83）「評外国語学校案施行新例」『新中国報』一九二二年一一月三〇日、「華日僑反対外語校之公道」同一二月二八日。

（84）檀江「日人為我華僑之勁敵」『檀華新報』一九二六年六月一八日。

（85）ラムは一九二三年の修士論文（コロンビア大学、政治学）でハワイ出生のアジア系住民は米化可能だと主張し、「東洋人問題」は存在しないと説いていた。Franklin Ng, "Kalfred Dip Lum," Hyung-Chan Kim ed., *Distinguished Asian Americans: A Bibliographical Dictionary* (Westport: Greenwood Press, 1999), 212–215.

(86)「日支系市民たちの懇親晩餐会　新たに団体を組織す」『馬哇新聞』一九三〇年三月三日、「市民会の役員決定」同三月一七日。"Maui Japanese and Chinese to Form Civic Club," *Hawaii Chinese News*, March 7, 1930; "A. P. Low Chosen 1st President of Maui Civic Club," *Hawaii Chinese News*, March 21, 1930.

(87) 当山哲夫「馬哇支日人公民協会一周年記念会に寄す」『馬哇新聞』一九三一年三月一三日。

(88)「東洋人系市民提携」『馬哇新聞』一九三〇年三月五日。

(89) "Maui Leads the Way," *Hawaii Chinese News*, March 21, 1930.

(90)「隣国民を救恤せよ」「支那飢饉救済費募集」『馬哇新聞』一九三〇年五月二八日、「支那飢饉救済事業良好」同六月四日、「支那飢饉救済金千七百余弗」同六月二五日、「百花けん爛の観あり　支那日本系市民大会」同一九三一年三月一六日、「日支市民協会の総会」同一二月一四日、「日支公民協会」同一九三二年九月三〇日、「日系市民会議を開催」同一九三三年九月一日。

(91) Glick, *Sojourners and Settlers*, 127–131.

(92) 当山「馬哇支日人公民協会一周年記念会に寄す」。

(93)『日布時事』をみる限り、朝鮮系・フィリピン系住民の市民権に対する関心はあった。「七百名に市民証」『日布時事』一九二五年一二月二日、「戦時帰化日本人の市民権剥奪訴訟を提起す」同一九二七年一月二八日。また同紙は経済的関係の密接さから、フィリピン系住民との「理解」と「融和」を促した。「良き友人としての比島人」同一九三〇年二月一三日。

(94) この時期も、中国系新聞で日本の中国政策を批判する報道はみられた。檀郎訳「日本之陰謀暴露」『檀華新報』一九二六年六月二五日。また後述するように、日本の山東出兵は一時的に両住民の緊張を高めた。

(95) 在ホノルル帝国総領事館「布哇朝鮮人事情」一九二五年（金正柱編『朝鮮統治史料』第七巻、韓国史料研究所、一九七一年）。Patterson, *The Ilse*, 107–113.

(96) Patterson, *The Ilse*, 30–36, 78–79, 111–122, 159–163.

(97)「同胞間の差別的観念」『日布時事』一九二五年一二月二九日、溪芳「日曜漫録」同一九二六年二月七日（比嘉編『新聞にみるハワイの沖縄人九〇年　戦前編』）、一七五〜一七七頁。

(98) Philip K. Ige, "An Okinawan Nisei in Hawaii," ESOHP and UOA ed., *Uchinanchu*, 149–160.

(99) Bell, *Last among Equals*, 62; Okihiro, *Cane Fires*, 149–150.

(100)「日本の出兵に対し当地支那人大会」『日布時事』一九二八年五月二七日、「日本の山東出兵は国際公法違反だ」同五月二九日。

(101)「在留支那人の為に惜む」『日布時事』一九二八年五月二八日。"Regrettable Affair," *Nippu Jiji*, May 29, 1928.
(102) Ng, "Kalfred Dip Lum," 214.
(103)「日支衝突に激昂する当地の支那人」『日布時事』一九三一年九月二二日、「日支問題に躍起の当地支那国民党」同九月二七日。
(104) Glick, *Sojourners and Settlers*, 304–306.
(105)「排日ボイコット問題」『布哇報知』一九三一年一一月一五日、「在留支人のボイコット」『日布時事』一九三一年一一月一六日、「国法違反のボイコットを慎しめ」『布哇報知』一九三一年一一月一九日、「我が養豚業者と支那人」『日布時事』一九三一年一二月九日、「特に冷静なれ　在布日支人に忠告す」『布哇報知』一九三二年二月四日、「在布支人のボイコット」『日布時事』一九三二年四月二日。
(106) "The Chinese Boycott," *Hawaii Hochi*, Nov. 19, 1931; "Cool Heads Are Needed," *Hawaii Hochi*, Feb. 4, 1932. 白水『エスニック・メディア研究』二七〇〜二七三頁。
(107)「国法違反のボイコットを慎しめ」。
(108)「公立学校で日支問題討論会」『日布時事』一九三一年一〇月二〇日。ハワイ島ヒロで刊行されていた『布哇毎日』からの情報。
(109)「学校児童間の満洲問題」『日布時事』一九三一年一〇月二四日。
(110)「特に冷静なれ」、「此試練中に何を学ぶか」『布哇報知』一九三二年二月七日。
(111) Okihiro, *Cane Fires*, 147–150, 163–168. 吉田『ハワイ日系二世とキリスト教移民教育』六四〜七〇頁。
(112) Bell, *Last among Equals*, 58–59; Okihiro, *Cane Fires*, 161–162.
(113) Bell, *Last among Equals*, 56–63.
(114)「ハワイ立州公聴会」『日布時事』一九三五年一〇月八日、「タイザー紙の社説」同一〇月九日、「タイザー紙の曲説」同一〇月一〇日、「タイザー社説に対し築山検事声明書を発表」同一〇月一四日、「日系市民に対する謂れ無き誤解を一掃」同一〇月一四日。渓芳（相賀安太郎）「折に触れて」同一一月二日。"A Ridiculous Charge," *Nippu Jiji*, Oct. 10, 1935; Bell, *Last among Equals*, 63–64.
(115)「座談会　第二世の角度から見た日系市民の諸問題」『日布時事』一九三七年一月一日。ウィルフレッド・ツキヤマについては村山有『ハワイ二世』時事通信社、一九六六年、参照。
(116) この時期にも、日系市民と中国系市民とが「協力一致」しうる問題の存在は認識されていた。「日本人公民協会に望む　東洋人系市民権確認運動に就て」『日布時事』一九三七年五月五日。
(117)「北支事変と在布日支人」『布哇報知』一九三七年七月一七日、「お互ひに注意したき事」『日布時事』一九三七年七月二六日、「在留同胞よりの献金続出」同八月一〇日、「国防・恤兵費献金」『布哇報知』一九三七年八月二六日、「日支事変と布哇の児童」同八月

三〇日。"Let's Be Tolerant!," *Hawaii Hochi*, Jul. 17, 1937 ; "But the War is in China," *Hawaii Hochi*, Aug. 30, 1937 ; Glick, *Sojourners and Settlers*, 306–307.

(118) Edwin G. Burrows, *Chinese and Japanese in Hawaii During the Sino-Japanese Conflict* (Honolulu : Hawaii Group, American Council Institute of Pacific Relations, 1939).「日貨排斥と支那人商人」『日布時事』一九三八年一月一〇日、相賀『五十年間のハワイ回顧』五九九〜六〇一頁。

(119) Glick, *Sojourners and Settlers*, 306–307.「同胞の恤兵献金に就て」『日布時事』一九三七年八月二四日、「支那事変に対する加哇同胞の赤誠」『布哇報知』一九三七年九月七日。『布哇報知』も、「外国人たる日本人及び支那人」が「母国に同情し之を援助することは少しも差支ない」と述べた。「北支事変と在布日支人」。

(120)「日支事変と公立学校に就て」『布哇報知』一九三七年九月三日、「再び日支事件討議問題を論ず」同九月七日。"Playing with Dynamite," *Hawaii Hochi*, Sep. 3, 1937.

(121) Bell, *Last among Equals*, 65–75 ; Okihiro, *Cane Fires*, 180–181.「日系市民三名証言　何れも立州賛成」『布哇報知』一九三七年一〇月一六日。

(122)「日系市民を中傷する牽強附会の証言」『布哇報知』一九三七年一〇月二二日、「余沫」『日布時事』一九四一年一一月一日、「日系代表が証言」同一一月七日、相賀『五十年間のハワイ回顧』五五二〜五五五、六四四〜六四五頁。"A Damnable Lie!," *Nippu Jiji*, Oct. 22, 1937 ; Patterson, *The Ilse*, 186–188 ; Richard S. Kim, *The Quest for Statehood : Korean Immigrant Nationalism and U.S. Sovereignty 1905–1945* (New York : Oxford University Press, 2011), 109–134.

(123) "Foolish Move," *Nippu Jiji*, Nov. 4, 1937.

(124)「国籍離脱と日本留学生」『日布時事』一九三八年三月三日。Tamura, *Americanization, Acculturation, and Ethnic Identity*, 85–88 ; John J. Stephan, "Hijacked by Utopia : American Nikkei in Manchuria," *Amerasia Journal*, 26(2), 1997 : 1–42 ; Okihiro, *Cane Fires*, 180–181.

(125)「国籍離脱問題と第一世」『日布時事』一九三七年一一月一九日。Bell, *Last among Equals*, 70 ; Okihiro, *Cane Fires*, 201–204.

(126)「新国籍法と国籍離脱」『日布時事』一九四一年一二月五日。

(127) Okihiro, *Cane Fires*, 126, 150 ; Edwin M. Nakasone, *The Nisei Soldier : Historical Essays on Japanese American Participation in World War II and the Korean War*, 4th ed. (White Bear Lake : Nakasone, 2012), 39–41. 比嘉太郎『ある二世の轍——奇形児と称された帰米二世が太平洋戦を中心に辿った数奇の足どり』比嘉とし子、一九八二年、三〇〜三三頁。

(128)「日比人の融和に就いて」『日布時事』一九四一年八月二一日、「余沫」同九月一日。

(129) USSアリゾナ記念館の公表している名簿による（http://www.nps.gov/valr/historyculture/civilian-casualties.htm）。奇襲直後の報道で

も、日系住民の死者の存在が確認できる。「民間死傷は死者三十四名負傷九十二名」『日布時事』一九四一年一二月八日。島田法子『戦争と移民の社会史——ハワイ日系アメリカ人の太平洋戦争』現代史料出版、二〇〇四年、二七〜三二頁。Stetson Conn, Rose C. Engelman and Byron Fairchild, *Guarding the United States and Its Outposts* (Washington, D.C.: Office of the Chief of Military History, Department of the Army, 1964), 193.

(130) Okihiro, *Cane Fires*, 204–224, 244–246, 267.

(131) Okihiro, *Cane Fires*, 226, 237–243, 270–271.

(132) Okihiro, *Cane Fires*, 235–236; "Proof of Loyalty," *Nippu Jiji*, Oct. 16, 1942.

(133) Nakasone, *The Nisei Soldier*, 39-61; Okihiro, *Cane Fires*, 249–252. 島田『戦争と移民の社会史』第三章、村川庸子『境界線上の市民権——日米戦争と日系アメリカ人』御茶の水書房、二〇〇七年、四九頁。

(134) Okihiro, *Cane Fires*, 260-267. 村川『境界線上の市民権』。

(135) Sakihara, "An Overview of the Past 80 Years," 114–115; Ige, "An Okinawan Nisei in Hawaii," 158–160.

(136) Patterson, *The Ilse*, 181–183, 195–200.

(137) Patterson, *The Ilse*, 203–205.

(138) Roger Daniels, *Asian America: Chinese and Japanese in the United States since 1850* (Seattle and London: University of Washington Press, 1988), 186–199.

(139) Daniels, *Asian America*, 197–198; Okihiro, *Cane Fires*, 234–235.

(140) Bell, *Last among Equals*, 83; Baldoz, *The Third Asiatic Invasion*, 205–208; Patterson, *The Ilse*, 194–195.

(141) Bell, *Last among Equals*, 85-86; Okihiro, *Cane Fires*, 268–270. 相賀『五十年間のハワイ回顧』六八一〜六八五頁。

(142) Bell, *Last among Equals*, 84-91, 109–119, 140–161.

(143) Daniels, *Asian America*, 305–306.

(144) 相賀『五十年間のハワイ回顧』六九一頁、島田『戦争と移民の社会史』第七章。

(145) Sakihara, "An Overview of the Past 80 Years," 115–119. 北米沖縄人史編集委員会『北米沖縄人史』北米沖縄クラブ、一九八一年、一八五〜三一〇頁、岡野宣勝「占領者と被占領者のはざまを生きる移民——アメリカの沖縄統治政策とハワイのオキナワ人」『移民研究年報』第一三号、二〇〇七年三月、島田『戦争と移民の社会史』第七章、第八章。

(146) 例えば、Ige, "An Okinawan Nisei in Hawaii," 159–160.

(147) 湧川清栄「ハワイ沖縄県人のアイデンティティ」（湧川清栄遺稿・追悼文集刊行委員会編『アメリカと日本の架け橋・湧川清栄』

一五六～一五七頁。湧川は一九六九年にアメリカ市民権を取得している（同四一四頁）。

補論2

（1）園田節子『南北アメリカ華民と近代中国――一九世紀トランスナショナル・マイグレーション』東京大学出版会、二〇〇九年、貴堂嘉之『アメリカ合衆国と中国人移民――歴史のなかの「移民国家」アメリカ』名古屋大学出版会、二〇一二年。
（2）ユウジ・イチオカ（富田虎男ほか訳）『一世――黎明期アメリカ移民の物語り』刀水書房、一九九二年、第一～四章、東栄一郎（飯野正子監訳）『日系アメリカ移民　二つの帝国のはざまで――忘れられた記憶　一八六八―一九四五』明石書店、二〇一四年、第一章。
（3）イチオカ『一世』六〇～八〇、二七一～二八一頁。Roger Daniels, *Asian America : Chinese and Japanese in the United States since 1850* (Seattle and London : University of Washington Press, 1988), 155-156.
（4）イチオカ『一世』一七五～一八二、二一八～二三六頁、東『日系アメリカ移民』第二章。
（5）イチオカ『一世』第四～六章、東『日系アメリカ移民』第三章。
（6）坂口満宏『日本人アメリカ移民史』不二出版、二〇〇一年、第七章。
（7）外務省亜米利加局第一課『北米日系市民概況』一九三六年、粂井輝子「一九三〇年代の帰米運動――アメリカ国籍法との関連において」『移住研究』第三〇号、一九九三年三月、東『日系アメリカ市民』第五～七章、村川庸子『境界線上の市民権――日米戦争と日系アメリカ人』御茶の水書房、二〇〇七年、二二〇頁。
（8）新保満『カナダ日本人移民物語』築地書館、一九八六年。
（9）新保満『石をもて追わるるごとく――日系カナダ人社会史（新版）』御茶の水書房、一九九六年、一、三五～三八、一六九～一七〇頁、新保『カナダ日本人移民物語』四六～四七、一七四～一七五頁、飯野正子『日系カナダ人の歴史』東京大学出版会、一九九七年、八四頁。
（10）新保『石をもて追わるるごとく』第二章、飯野『日系カナダ人の歴史』第一～三章。
（11）新保『石をもて追わるるごとく』第四章、新保『カナダ日本人移民物語』第三章、第四章。
（12）新保『石をもて追わるるごとく』第二章、新保『カナダ日本人移民物語』第三章、第四章。
（13）ボリス・ファウスト（鈴木茂訳）『ブラジル史』明石書店、二〇〇八年、一四八～一六九、二三二～二四九頁、半田知雄『移民の生活の歴史』サンパウロ人文科学研究所、一九七〇年、一〇～二九四頁。
（14）飯窪秀樹「ブラジル移民から満州移民への結節点」（『東京大学社会科学研究所調査研究シリーズ五　アジアと経営――市場・技

術・組織』下、東京大学社会科学研究所、二〇〇二年）、上田浄「拓務省設置以後の移民行政覚書」（安岡昭男編『近代日本の形成と展開』巌南堂書店、一九九八年）。

（15）ファウスト『ブラジル史』二三二～二四九、三二五頁、青柳郁太郎『ブラジルに於ける日本人発展史』下、ブラジルに於ける日本人発展史刊行会、一九五三年、石川友紀『日本移民の地理学的研究』榕樹書林、一九九七年、五三七～五五一頁、前山隆『エスニシティとブラジル日系人――文化人類学的研究』御茶の水書房、一九九六年、二〇八、三二四～三二六、三三七頁。Daniel M. Masterson, *The Japanese in Latin America* (Urbana and Chicago : University of Illinois Press, 2004), 131.

（16）香山六郎編著『移民四十年史』香山六郎、一九四九年、二七九～二八一頁、半田『移民の生活の歴史』、前山隆『移民の日本回帰運動』日本放送出版協会、一九八二年、同『エスニシティとブラジル日系人』、根川幸男「戦前期ブラジル日系移民子弟教育の先進的側面と問題点――サンパウロ市日系子弟の二言語・二文化教育に注目して」（森本豊富・根川編著『トランスナショナルな「日系人」の教育・言語・文化――過去から未来に向って』明石書店、二〇一二年）、輪湖俊午郎『バウル管内の邦人』一九三九年（石川友紀監修『日系移民資料集第二期南米編』第二五巻、日本図書センター、一九九九年）。

（17）半田『移民の生活の歴史』五八六～五九三、六一八～六二四頁、斉藤広志・中川文雄『ラテンアメリカ現代史』I、山川出版社、一九七八年、二三一～二三三頁、前山『移民の日本回帰運動』九〇～九四、一一八～一一九、一三〇～一三四頁、輪湖『バウル管内の邦人』、日本移民八十年史編纂委員会編『ブラジル日本移民八十年史』移民八十年祭祭典委員会・ブラジル日本文化協会、一九九一年、一三四～一四六頁。

（18）伊藤力・呉屋勇編著『在ペルー邦人七五年の歩み　一八九九年―一九七四年』ペルー新報社、一九七四年、中川文雄ほか『ラテンアメリカ現代史』II、山川出版社、一九八五年、一〇四～一〇五頁。

（19）伊藤・呉屋編著『在ペルー邦人七五年の歩み』、東出誓一（小山起功編）『涙のアディオス――日系ペルー移民、米国強制収容の記〔増補版〕』彩流社、一九九五年、七三～七四、九八～一〇三、一三五、一九〇～一九三頁。

（20）伊藤・呉屋編著『在ペルー邦人七五年の歩み』、ラテン・アメリカ協会編『日本人ペルー移住の記録』ラテン・アメリカ協会、一九六九年、一二七頁。

（21）伊藤・呉屋編著『在ペルー邦人七五年の歩み』、柳田利夫「ペルーにおける日系社会の形成と中国系移民」『アジア遊学』第七六号、二〇〇五年六月。

（22）Roger Daniels, *Prisoners without Trial : Japanese Americans in World War II*, Rev. ed. (New York : Hill and Wang, 2004) ; Greg Robinson, *A Tragedy of Democracy : Japanese Confinement in North America* (New York : Columbia University Press, 2009).

（23）Robinson, *A Tragedy of Democracy*, 163–167 ; Dorothy S. Thomas and Richard S. Nishimoto, *The Spoilage* (Berkeley and Los Angeles :

University of California Press, 1946), 45–52；Gary Y. Okihiro, "Japanese Resistance in American's Concentration Camps：A Re-evaluation," *Amerasia Journal*, 2(1), 1973；Jeanne Wakatsuki Houston and James D. Houston, *Farewell to Manzanar* (Boston：Houghton Mifflin, 1973).

(24) マイク・正岡、ビル・細川（塩谷紘訳）『モーゼと呼ばれた男　マイク正岡』ＴＢＳブリタニカ、一九八八年。

(25) 村川『境界線上の市民権』一一～一四、二五八～二六二頁、南川文里『「日系アメリカ人」の歴史社会学――エスニシティ、人種、ナショナリズム』彩流社、二〇〇七年、一八〇～一八二頁。Robinson, *A Tragedy of Democracy*, 208–211.

(26) 村川『境界線上の市民権』第三章。

(27) Robinson, *A Tragedy of Democracy*, 217–225, 252–259.

(28) 村川『境界線上の市民権』第四章、第五章、東出『涙のアディオス』二三一～二三六頁。Daniels, *Prisoners without Trial*, 85, Robinson, *A Tragedy of Democracy*, 259–262.

(29) 南川『「日系アメリカ人」の歴史社会学』第六章、南加州日本人七十年史刊行委員会編『南加州日本人七十年史』南加日系人商業会議所、一九六〇年、六一四～六五九頁。

(30) 新保『石をもて追わるるごとく』一六八～一七〇頁。Robinson, *A Tragedy of Democracy*, 39–42, 214–217.

(31) 新保『石をもて追わるるごとく』一七四～二〇九、二五四～二七〇頁。Robinson, *A Tragedy of Democracy*, 74–79, 94–101.

(32) 新保『石をもて追わるるごとく』二七〇～二九八頁。

(33) ファウスト『ブラジル史』三一四～三一八頁。

(34) 前山『移民の日本回帰運動』一四一頁、半田『移民の生活の歴史』六二六～六三九頁、日本移民八十年史編纂委員会編『ブラジル日本移民八十年史』移民八十年祭祭典委員会・ブラジル日本文化協会、一九九一年、一四七～一五〇頁。

(35) 前山『移民の日本回帰運動』第三章、同『エスニシティとブラジル日系人』一二九～一三五頁、日本移民八十年史編纂委員会編『ブラジル日本移民八十年史』一八〇～一九〇、二二六頁。

(36) 前山『移民の日本回帰運動』第四章、半田『移民の生活の歴史』六四九～六七九頁、日本移民八十年史編纂委員会編『ブラジル日本移民八十年史』一五二～二一六頁。

(37) 前山『エスニシティとブラジル日系人』二四九～二八二頁、日本移民八十年史編纂委員会編『ブラジル日本移民八十年史』二一六～二二七頁。

(38) 伊藤・呉屋編著『在ペルー邦人七五年の歩み』一四三～一四八頁。

(39) 東出『涙のアディオス』、伊藤・呉屋編著『在ペルー邦人七五年の歩み』一四五～一五三頁、アルゼンチン日本人移民史編纂委員会編『アルゼンチン日本人移民史』第一巻、在亜日系団体連合会、二〇〇二年、三〇〇～三一二頁。Robinson, *A Tragedy of Demo-*

cracy, 145-152.

(40) 伊藤・呉屋編著『在ペルー邦人七五年の歩み』一五四〜一六四頁。

(41) 東出『涙のアディオス』。Robinson, *A Tragedy of Democracy*, 151-152, 261-262.

第8章

(1) 野添憲治『開拓農民の記録——日本農業史の光と影』日本放送出版協会、一九七六年、同『海を渡った開拓農民』日本放送出版協会、一九七八年、蘭信三「戦後日本をめぐる人の移動の特質——沖縄と本土の比較から」（安田常雄編『シリーズ戦後日本社会の歴史4　社会の境界を生きる人びと』岩波書店、二〇一三年）、同「序説Ⅰ　帝国以後の人の移動」（同編著『帝国以後の人の移動——ポストコロニアリズムとグローバリズムの交錯点』勉誠出版、二〇一三年）。

(2) 代表的なものとして、若槻泰雄『戦後引揚げの記録』時事通信社、一九九一年。

(3) 浅野豊美「折りたたまれた帝国——戦後日本における「引揚」の記憶と戦後的価値」（細谷千博ほか編『記憶としてのパールハーバー』ミネルヴァ書房、二〇〇四年）、加藤聖文「海外引揚問題と日本人援護団体——戦後日本における帝国意識の断絶」（小林英夫ほか編『戦後アジアにおける日本人団体——引揚げから企業進出まで』ゆまに書房、二〇〇八年）、同「大日本帝国の崩壊と残留日本人引揚問題——国際関係のなかの海外引揚」（増田弘編著『大日本帝国の崩壊と引揚・復員』慶應義塾大学出版会、二〇一二年）。

(4) 道場親信「戦後開拓と農民闘争——社会運動の中の「難民」体験」『現代思想』第三〇巻第一三号、二〇〇二年一一月、同「「復興日本」の境界——戦後開拓から見えてくるもの」（中野敏男ほか編『沖縄の占領と日本の復興——植民地主義はいかに継続したか』青弓社、二〇〇六年）、同「「戦後開拓」再考——「引揚げ」以後の「非／国民」たち」『歴史学研究』第八四六号、二〇〇八年一〇月。

(5) 若槻泰雄・鈴木譲二『海外移住政策史論』福村出版、一九七五年、若槻泰雄『発展途上国への移住の研究——ボリビアにおける日本移民』玉川大学出版部、一九八七年。

(6) 伊藤淳史『日本農民政策史論——開拓・移民・教育訓練』京都大学学術出版会、二〇一三年、安岡健一『「他者」たちの農業史——在日朝鮮人・疎開者・開拓農民・海外移民』京都大学学術出版会、二〇一四年、第五章。

(7) 石川友紀「戦後沖縄県における海外移民の歴史と実態」『移民研究』第六号、二〇一〇年三月。

(8) 加藤「大日本帝国の崩壊と残留日本人引揚方針」一六〜二三頁。

(9) 加藤「大日本帝国の崩壊と残留日本人引揚方針」二〇〜三〇頁。

(10) 浅野「折りたたまれた帝国」二八七～二八八頁。
(11) 加藤「大日本帝国の崩壊と残留日本人引揚方針」三〇～四一頁。
(12) 加藤「大日本帝国の崩壊と残留日本人引揚方針」三〇～四一頁、若槻『戦後引揚げの記録』一九二頁、森田芳夫『朝鮮終戦の記録――米ソ両軍の進駐と日本人の引揚』巌南堂書店、一九六四年、七四二～七五六頁、樺太終戦史刊行会編『樺太終戦史』全国樺太連盟、一九七三年、五五五～五五七頁、横手慎二「スターリンの日本人送還政策と日本の冷戦への道」(一)『法学研究』第八二巻第九号、二〇〇九年九月、ユリア・ディン(天野尚樹訳)「戦後処理における未解決の問題――南サハリン朝鮮人の送還問題(一九四五～一九五〇年)」『北海道・東北史研究』第九号、二〇一四年三月、四七～四九頁。
(13) 浅野豊美「米国施政権下の琉球地域への引揚――折りたたまれた帝国と重層的分離」『社会科学研究』第二六巻第一号、二〇〇六年、大野俊「「ダバオ国」の沖縄人社会再考――本土日本人、フィリピン人との関係を中心に」『移民研究』第二号、二〇〇六年三月、恩河尚「戦後沖縄における引き揚げの歴史的背景とその意義」『東アジア近代史』第一〇号、二〇〇七年三月、沖縄県文化振興会公文書管理部史料編集室編『沖縄県史　資料編』一四、沖縄県教育委員会、二〇〇二年、八一～八六頁、同編『沖縄県史　資料編』二〇、沖縄県教育委員会、二〇〇五年、七～八頁。
(14) 田中宏『在日外国人　新版』岩波書店、一九九五年、六三～七二頁、桐山昇「日本の敗戦処理と戦後アジア」『歴史学研究』第五九九号、一九八九年一〇月。
(15) 沖縄の戸籍簿の多くは沖縄戦で焼失したため、一九四六年九月以降、各市町村で臨時戸籍が編制されたが、その効力はもとの戸籍に優越するものではなかった。西原諄「戸籍法制の変遷と問題点」(宮里政玄編『戦後沖縄の政治と法』東京大学出版会、一九七五年)。
(16) 法務局出入管理庁『琉球における出入域管理』法務局出入管理庁、一九六八年、六頁。
(17) 永田由利子『オーストラリア日系人強制収容の記録――知られざる太平洋戦争』高文研、二〇〇二年、津田睦美『マブイの往来――ニューカレドニア―日本　引き裂かれた家族と戦争の記憶』人文書院、二〇〇九年。
(18) 若槻『戦後引揚げの記録』六九～七二頁。
(19) 若槻『戦後引揚げの記録』七〇～七一頁。
(20) 小林英夫監修『日本人の海外活動に関する歴史的調査』第二一巻、ゆまに書房、二〇〇二年、四九二頁。
(21) 大野「「ダバオ国」の沖縄人社会再考」。
(22) 大野俊『ハポン――フィリピン日系人の長い戦後』第三書館、一九九一年、同「「ダバオ国」の日本帝国編入と邦人移民社会の変容」(蘭信三編『日本帝国をめぐる人口移動の国際社会学』不二出版、二〇〇八年)。なお、結婚を届け出ると、フィリピン市民権関連法と日本国籍法との規定によりフィリピン人女性とその子供は日本国籍保有者になり、フィリピン市民権を失うため、無届けで結婚することが多かった。

(23) 大野『ハポン』、同「「ダバオ国」の日本帝国編入と邦人移民社会の変容」、同「「ダバオ国」の沖縄人社会再考」、早瀬晋三『フィリピン近現代史のなかの日本人——植民地社会の形成と移民・商品』東京大学出版会、二〇一二年、金武町史編さん委員会編『金武町史　第一巻　移民・本編』金武町教育委員会、一九九六年、三五二～三五四頁。

(24) 南洋庁内務部企画課『南洋庁統計年鑑』第九回（昭和一四年）、一九四一年、二～三頁。

(25) 一九四〇年の三国同盟締結時に、日本は南洋群島がドイツからの譲渡により日本領になったと解釈したが、日独以外の国々はその後も南洋群島を委任統治領とみなした。等松春夫『日本帝国と委任統治——南洋群島をめぐる国際政治　一九一四—一九四七』名古屋大学出版会、二〇一一年。

(26) Mark R. Peattie, *Nan'yo: The Rise and Fall of the Japanese in Micronesia, 1885-1945* (Honolulu: University of Hawaii Press, 1988), 111-112. 今泉裕美子「南洋群島」（具志川市史編さん委員会編『具志川市史　第四巻　移民・出稼ぎ論考編』具志川市教育委員会、二〇〇二年）。

(27) 浅野「米国施政権下への琉球地域への引揚」、今泉裕美子「南洋群島引揚げ者の団体形成とその活動——日本の敗戦直後を中心として」沖縄県教育委員会『史料編集室紀要』第三〇号、二〇〇五年。

(28) 三木健『原郷の島々——沖縄南洋移民紀行』ひるぎ社、一九九一年、小林泉『ミクロネシアの日系人——日系大酋長アイザワ物語』太平洋諸島地域研究所、二〇〇七年、同『南の島の日本人——もうひとつの戦後史』産経新聞出版、二〇一〇年。

(29) 小林英夫監修『日本人の海外活動に関する歴史的調査』第一三巻、ゆまに書房、二〇〇二年、二二七頁。

(30) 満蒙同胞援護会編『満蒙終戦史』河出書房新社、一九六二年、五一～五五、六二～六四、二八九～三六二頁。

(31) 満蒙同胞援護会編『満蒙終戦史』二八九～三六二、五六二～五六三頁。高碕達之助『満州の終焉』実業之日本社、一九五三年、二一七～二二〇頁。

(32) 満蒙同胞援護会編『満蒙終戦史』一三九～一四五頁。

(33) 満蒙同胞援護会編『満蒙終戦史』五九～六〇、一三九～一四五、一五六～一七七頁、加藤「海外引揚問題と日本人援護団体」五三～五六頁。

(34) 蘭信三『「満洲移民」の歴史社会学』行路社、一九九四年、一四六～一九三頁。

(35) 満蒙同胞援護会編『満蒙終戦史』三六三～三九七、四六八～五〇一、五六二～五六三頁、加藤「海外引揚問題と日本人援護団体」五六頁、同「戦後東アジアの冷戦と満洲引揚——国共内戦下の「在満」日本人社会」『東アジア近代史』第九号、二〇〇六年三月、一二三～一二五頁。
(36) 満蒙同胞援護会編『満蒙終戦史』二五九～三六二頁、加藤「海外引揚問題と日本人援護団体」五六～五八頁、同「戦後東アジアの冷戦と満洲引揚」一二七～一三二頁。
(37)「日本へ帰る日まで」『東北日本新報』一九四六年七月一一日。
(38) 花井みわ「帝国崩壊後の中国東北をめぐる朝鮮人の移動と定住」(蘭編『帝国以後の人の移動』)、李海燕「中華人民共和国の建国と中国朝鮮族の「創出」」(蘭信三編『帝国崩壊とひとの再移動——引揚げ、送還、そして残留』勉誠出版、二〇一一年)。
(39) 森田『朝鮮終戦の記録』六、一〇頁。
(40) 長谷川毅『暗闘——スターリン、トルーマンと日本降伏』下、中央公論新社、二〇一一年、二〇一～二一一頁、加藤「海外引揚問題と日本人援護団体」五八～六〇頁、同『「大日本帝国」崩壊——東アジアの一九四五年』中央公論新社、二〇〇九年、五九～一〇〇頁。
(41) 森田『朝鮮終戦の記録』一二一～一四六頁、森田芳夫・長田かな子編『朝鮮終戦の記録 資料篇』第一巻(日本統治の終焉)、厳南堂書店、一九七九年、四二九頁、同編『朝鮮終戦の記録 資料篇』第二巻(南朝鮮地域の引揚と日本人世話会の活動)、厳南堂書店、一九八〇年、二一〇、二三二～二三三、二五六、二六九、三一五～三一六、三九〇頁。加藤「海外引揚問題と日本人援護団体」五九～六〇頁。
(42) 森田『朝鮮終戦の記録』一九五～二六五、四三〇～四三一、四七〇～四七一、五一七、五二五、五二七頁。
(43) 森田『朝鮮終戦の記録』五六九～六六八、六九四～七〇一、七四七～七四八頁、ソ連は一九四六年二月末、北朝鮮からの日本人送還について、日本政府が輸送を負担する形での実施をアメリカに提案したが、アメリカは応じなかった。横手「スターリンの日本人送還政策と日本の冷戦への道」(一)。
(44) 森田『朝鮮終戦の記録』五七五、七四七～八一二頁。
(45) 森田・長田編『朝鮮終戦の記録 資料篇』第一巻、一二三頁、加藤「海外引揚問題と日本人援護団体」六二頁。加藤は「京城日本人世話会」への改称を「定着から引揚げへ」の転換とみるが、筆者はこの改称が引揚げへの転換を示すとは考えない。
(46) 森田『朝鮮終戦の記録』三一七～三二〇頁、森田・長田編『朝鮮終戦の記録 資料篇』第一巻、二九〇、四二九頁、同編『朝鮮終戦の記録 資料篇』第二巻、一八七～一九〇、二二八～二二九頁。木村健二「在外居留民の社会活動」(大江志乃夫ほか編『岩波講座近代日本と植民地5 膨張する帝国の人流』岩波書店、一九九三年)四六～四九頁。
(47) 森田『朝鮮終戦の記録』三八〇～三八一頁。
(48) 森田『朝鮮終戦の記録』三五一～三六五頁、マーク・カプリオ「朝鮮半島からの帰還——アメリカの政策と日本人の引揚げ」(小林ほか編『戦後アジアにおける日本人団体』八九頁。「協同的精神の結集を急ぐ」『京城日本人世話会会報』第三〇号、一九四五年一〇月六日（平和祈念事業特別基金編『資料所在調査結果報告書（別冊）』平和祈念事業特別基金、一九九九年、所収）。

(49) 森田『朝鮮終戦の記録』三三一〜三三二、三八三〜三九一頁。

(50) 森田『朝鮮終戦の記録』三九一〜四〇一、四一五〜四二五、七二六〜七三一、八一六〜八二七頁、「日本人よ、帰れ祖国に！」『京城日本人世話会会報』第九三号、一九四五年一二月二四日、「国籍を明らかにして、国際的要請に応へん」同第一一七号、一九四六年一月二五日。

(51) 小林英夫監修『日本人の海外活動に関する歴史的調査』第八巻二、ゆまに書房、二〇〇二年、二〇〜二一頁、野入直美「生活史から見る沖縄・台湾間の双方向的移動」（蘭編『日本帝国をめぐる人口移動の国際社会学』）五六四頁。

(52) 何義麟『二・二八事件――台湾人形成のエスノポリティクス』東京大学出版会、二〇〇三年、七九〜八〇、八五〜八六頁、塩見俊二『秘録・終戦直後の台湾』高知新聞社、一九七九年、四四〜五〇、一一六〜一一七頁、加藤聖文「台湾引揚と戦後日本人の台湾観」（台湾史研究部会編『台湾の近代と日本』中京大学社会科学研究所、二〇〇三年）一二五〜一二七頁、波形昭一「台北商工会議所の設立と展開過程」（柳沢遊・木村健二編著『戦時下アジアの日本人経済団体』日本経済評論社、二〇〇四年）八二〜八七頁。

(53) 楊子震「帝国解体の中の人的移動――戦後初期台湾における日本人の引揚及び留用を中心に」『東アジア地域研究』第一三号、二〇〇六年七月、二六〜三〇頁、加藤「台湾引揚と戦後日本人の台湾観」一二七〜一二八頁。

(54) 池田敏雄「敗戦日記」Ⅰ・Ⅱ『台湾近現代史研究』第四号、一九八二年一〇月、九二〜九九頁、塩見『秘録・終戦直後の台湾』九一〜九二、一一六〜一一九頁、小林英夫監修『日本人の海外活動に関する歴史的調査』第九巻、ゆまに書房、二〇〇二年、八〇、九一頁。

(55) 塩見『秘録・終戦直後の台湾』五四、六六頁、台湾協会編『台湾引揚史』台湾協会、一九八二年、二二〜二三、一六四、三八二〜三八三頁、何『二・二八事件』八〇頁、安里光代「わが生い立ちの記」（安里積千代『一粒の麦――八十年の回顧　米軍施政下の四半世紀』民社党沖縄連合会、一九八三年）三五〇頁。このような陳儀政府の教育政策は、戦時中に日本語で教育を受けてきた台湾人を中華民国にどう統合するかという問題と密接に相関していたと思われる。

(56) 小林監修『日本人の海外活動に関する歴史的調査』第九巻、九一〜一〇五頁、塩見『秘録・終戦直後の台湾』一一八〜一一九頁、台湾協会編『台湾引揚史』一五五、四〇六頁、加藤「台湾引揚と戦後日本人の台湾観」一二九〜一三一頁。

(57) 加藤「台湾引揚と戦後日本人の台湾観」一三〇頁。

(58) 台湾協会編『台湾引揚史』三七〜四〇、六七〜七〇、一三〇〜一三二頁、台湾引揚記編集委員会編『琉球官兵顛末記――沖縄出身官兵等の台湾引揚げ記録』台湾引揚記刊行期成会、一九八六年、二五九〜二九六、三一六〜三二五、四三七〜四四一頁、安里

『一粒の麦』八五～八六頁、松田良孝『台湾疎開――「琉球難民」の一年一一ヵ月』南山舎、二〇一〇年、二七〇～二九一頁。

(59) 加藤「台湾引揚と戦後日本人の台湾観」一三〇～一三一頁、楊「帝国解体の中の人的移動」三二～三九頁。

(60) 小林英夫監修『日本人の海外活動に関する歴史的調査』第一一巻、ゆまに書房、二〇〇二年、一八〇～一八一頁、三木理史『移住型植民地樺太の形成』塙書房、二〇一二年、三四七～三五七頁。

(61) 長谷川『暗闘』下、一八三～一八六頁、樺太終戦史刊行会編『樺太終戦史』三二〇～三三一頁、木村由美「「脱出」という引揚げの一方法――樺太から北海道へ」『北海道・東北史研究』第九号、二〇一四年三月、五～二三頁。

(62) 田村将人「樺太アイヌの〈引揚げ〉」（蘭編『日本帝国をめぐる人口移動の国際社会学』）四八三～四八四頁、「高昌男　一九三五年一一月二日知取生　男性」（今西一編著『北東アジアのコリアン・ディアスポラ――サハリン・樺太を中心に』小樽商科大学出版会、二〇一二年）二六七～二六八頁。

(63) 原田宏「引揚げ前後の苦い思い出」（平和祈念事業特別基金編『平和の礎――海外引揚者が語り継ぐ労苦』第二巻、平和祈念事業特別基金、一九九二年）二六七～二六九頁、樺太終戦史刊行会編『樺太終戦史』七六～七八、五〇六、六〇八～六〇九頁、樺太帰農協同組合「所感」『北海道開拓新聞』一九五〇年八月一日、ジョナサン・ブル（天野尚樹訳）「「樺太引揚者」像の創出」『北海道・東北史研究』第九号、二〇一四年三月、三四～三五頁。

(64) 小能登呂村の沿革史編集委員会『樺太・小能登呂村の沿革史』全国小能登呂会、一九九二年、一九三、一九八、二一四頁。

(65) 李炳律『サハリンに生きた朝鮮人――ディアスポラ・私の回想記』北海道新聞社、二〇〇八年、六一～九一頁、樺太終戦史刊行会編『樺太終戦史』四八一～四八二、五五一頁。

(66) 樺太終戦史刊行会編『樺太終戦史』一一八～一二〇、四二八～四七四、四八五、四八九～四九六、五〇八～五一二頁。

(67) 北海道教育研究所編『北海道教育史　地方編』第二巻、北海道教育委員会、一九五七年、一六六三～一六六九頁、樺太終戦史刊行会編『樺太終戦史』四八〇、五二三～五二八、五四三～五四四頁、「李世鎮　一九三一年四月二八日恵須取生　男性」（今西編著『北東アジアのコリアン・ディアスポラ』）二五一～二五三頁。朝鮮人学校は一九六三年に解体された。アナトーリー・T・クージン（岡奈津子・田中水絵訳）『沿海州・サハリン　近い昔の話――翻弄された朝鮮人の歴史』凱風社、一九九八年、二九〇～二九一頁。

(68) 樺太終戦史刊行会編『樺太終戦史』五〇三～五〇七、五三三～五四二頁、ジョン・J・ステファン（安川一夫訳）『サハリン――日・中・ソ抗争の歴史』原書房、一九七三年、一八八頁、小能登呂村の沿革史編集委員会『樺太・小能登呂村の沿革史』一九九頁。

(69) クージン『沿海州・サハリン　近い昔の話』二四二～二四三頁、天野尚樹「個別的愛民主義の帝国――戦後ソ連のサハリン朝鮮人統治一九四五～一九四九年」（今西編著『北東アジアのコリアン・ディアスポラ』）一二七頁。
(70) 横手「スターリンの日本人送還政策と日本の冷戦への道」（一）、一七～二一頁。
(71)「日本人住民の帰国」『新生命』一九四七年四月一〇日、「〝新生命〟読者の質問に答ふ」『新生命』一九四七年五月二七日。
(72) 樺太終戦史刊行会編『樺太終戦史』五五五～五五七、五八一～五八六頁、クージン『沿海州・サハリン　近い昔の話』二四五～二五三頁、ディン「戦後処理における未解決の問題」四八～五〇頁、横手「スターリンの日本人送還政策と日本の冷戦への道」（一）、四一頁、奥山亮『ああ樺太』北海道地方史研究会、一九六六年、五一頁。
(73) 中山大将「サハリン残留日本人――樺太・サハリンからみる東アジアの国民帝国と国民国家そして家族」（蘭編『帝国以後の人の移動』）七四九～七五一頁。
(74) 小能登呂村の沿革史編集委員会『樺太・小能登呂村の沿革史』二四〇、二九一、三二三頁。
(75) 田村「樺太アイヌの〈引揚げ〉」、同「サハリン先住民族ウイルタおよびニヴフの戦後・冷戦期の去就――樺太から日本への〈引揚げ〉とソビエト連邦での〈残留〉、そして〈帰国〉」（蘭編『帝国以後の人の移動』）、田中了、D・ゲンダーヌ『ゲンダーヌ――ある北方少数民族のドラマ』現代史出版会、一九七八年、一五六～一六一頁、遠藤正敬『戸籍と国籍の近現代史――民族・血統・日本人』明石書店、二〇一三年、二五七頁。
(76) ディン「戦後処理における未解決の問題」五〇～五七頁、同「アイデンティティを求めて――サハリン朝鮮人の戦後、一九四五～一九八九年」（今西編著『北東アジアのコリアン・ディアスポラ』）一四九～一五一頁。
(77) 中山「サハリン残留日本人」七五四～七五五頁。
(78) 玄武岩「サハリン残留韓国・朝鮮人の帰還をめぐる日韓の対応と認識――一九五〇～七〇年代の交渉過程を中心に」（今西編著『北東アジアのコリアン・ディアスポラ』）、大沼保昭『サハリン棄民――戦後責任の点景』中央公論社、一九九二年。
(79) 留用者の一部には、現地国籍を取得して残留した事例がある。
(80) 前述の通り、台湾では帰化を望んで認められなかった日本人の事例を確認でき、また朝鮮などで残留のため国籍登録を逃れようとした日本人はいる。
(81) 小野寺正巳「北海道における戦後開拓事業の展開と開拓農民」（高倉新一郎監修『北海道の研究』第六巻、清文堂出版、一九八三年）三四三～三四七頁、戦後開拓史編纂委員会編『戦後開拓史』全国開拓農業協同組合連合会、一九六七年、六一〇～六一一頁、北海道戦後開拓史編纂委員会編『北海道戦後開拓史』北海道、一九七三年、二七～二九頁。
(82) 北海道戦後開拓史編纂委員会編『北海道戦後開拓史（資料編）』北海道、一九七三年、一九四～一九七頁。
(83) 戦後開拓史編纂委員会編『戦後開拓史』三二～三五、六二四頁、農地改革資料編纂委員会『農地改革資料集成』第三巻、農政調査会、一九七五年、二九四～三〇一頁、安岡『「他者」たちの農業史』一八二～一九〇頁。
(84)「開墾達成の目算ありや」『朝日新聞』一九四五年一一月一一日、『貴族院議事速記録』一九四五年一二月一六日。
(85)若槻泰雄・鈴木譲二『海外移住政策史論』福村出版、一九七五年、七九～九九頁、「海外移住への見透し」『海外へのとびら』第一号、一九四八年一〇月三〇日。
(86)戦後開拓史編纂委員会編『戦後開拓史』五三六頁。
(87)『衆議院議事速記録』一九四五年一一月二九日、「定着地に於ける海外引揚者援護要綱」一九四六年四月二五日（引揚援護庁長官官房総務課記録係編『引揚援護の記録』引揚援護庁、一九五〇年）九九～一〇〇頁（資料）、満洲開拓史刊行会編『満洲開拓史』満洲開拓史刊行会、一九六六年、八二六～八三五頁。
(88)戦後開拓史編纂委員会編『戦後開拓史』三五～三六頁。
(89)道場「『復興日本』の境界」二六〇～二六七頁、安岡『「他者」たちの農業史』二四五～二五二頁。
(90)戦後開拓史編纂委員会編『戦後開拓史』五一頁。
(91)戦後開拓史編纂委員会編『戦後開拓史』一三五～一四〇頁、野添『戦後開拓の記録』一二〇～二五八頁、道場「戦後開拓と農民闘争」二二三～二三五頁。
(92)樺太終戦史刊行会編『樺太終戦史』五九六～五九七頁。
(93)樺太終戦史刊行会編『樺太終戦史』六〇八～六一〇、六二一～六二三頁、ブル「「樺太引揚者」像の創出」三五頁、北海道戦後開拓史編纂委員会編『北海道戦後開拓史』二〇五～二〇七頁、樺太帰農協同組合「所感」。
(94)高倉新一郎「北海道の拓殖と戦後開拓」（北海道戦後開拓史編纂委員会編『北海道戦後開拓史』）七一一～七一三頁。
(95)山田伸一『近代北海道とアイヌ民族――狩猟規制と土地問題』北海道大学出版会、二〇一一年、二〇九～三二八頁。
(96)北海道編『北海道農地改革史』下、北海道、一九五七年、二二九～二五一頁、道場「『復興日本』の境界」二五九～二六〇頁。
(97)なお北海道の戦後開拓では、一部のアイヌも集団入植を行った。しかしそれ自体、アイヌが大和人と同じ枠組みでの「開拓」に活路を見出さざるを得なかったことを意味するといえよう。北海道戦後開拓十年記念大会協賛会編『北海道戦後開拓十年記念誌』北海道戦後開拓十年記念大会協賛会、一九五五年、一六五～一六六頁。
(98)小野寺「北海道における戦後開拓事業の展開と開拓農民」三七八～三八二頁。
(99)岡田包義『再建日本と北海道の開発』北海道市長会・北海道町村会、一九五二年、伴野昭人『北海道開発局とは何か――GHQ占領下における「二重行政」の始まり』寿郎社、二〇〇三年。
(100)北海道総務部総合開発企画本部編『北海道開発行政機構の変遷』北海道総務部総合開発企画本部、一九五七年、一四～二〇頁。

(101) 北海道総務部総合開発企画本部編『北海道開発行政機構の変遷』一九～二三頁、伴野『北海道開発局とは何か』三一～三四頁。
(102) 伴野『北海道開発局とは何か』三二～三五、四一～四二頁。
(103) 北海道総務部総合開発企画本部編『北海道開発行政機構の変遷』二四～二七頁。
(104) 北海道総務部総合開発企画本部編『北海道開発行政機構の変遷』二七～二九頁、伴野『北海道開発局とは何か』三六～三九、四四～六三、七四～七七頁。
(105) 伴野『北海道開発局とは何か』一四八～一五四頁。
(106) 北海道総務部総合開発企画本部編『北海道開発行政機構の変遷』三三～四七頁、伴野『北海道開発局とは何か』一五六～一六六頁。
(107) 北海道総務部総合開発企画本部編『北海道開発行政機構の変遷』五二～八二頁。
(108) 北海道戦後開拓史編纂委員会編『北海道戦後開拓史』四一～四二頁。
(109) 「開拓行政に望む」『北海道開拓新聞』一九五一年七月一日。
(110) 「鼎談会　開拓危機をどう見る」『北海道開拓新聞』一九五一年一一月一五日。
(111) 金城朝夫『ドキュメント　八重山開拓移民』あ～まん企画、一九八八年、二八九～二九〇頁、名護市史編さん委員会編『名護市史本編5　出稼ぎと移民』Ⅳ（戦後編・展望）、名護市役所、二〇〇八年、八頁。
(112) 石川友紀「戦後沖縄県における海外移民の歴史と実態」『移民研究』第六号、二〇一〇年、四九～五二頁。沖縄戦における沖縄県出身者の死者は一二万二二二八人（民間人九万四〇〇〇人、軍人・軍属二万八二二八人）とされる（沖縄県平和祈念資料館ウェブサイト）。
(113) 名護市史編さん委員会編『名護市史本編5　出稼ぎと移民』Ⅳ、一四～二四頁。
(114) 岸本弘人「戦後アメリカ統治下の沖縄における出入域管理について――渡航制限を中心に」沖縄県立美術館・博物館『博物館紀要』第五号、二〇一二年三月、五一～五二頁、土井智義「米国統治期の「琉球列島」における「外国人」(「非琉球人」)管理体制の一側面――一九五二年七月実施の永住許可措置を中心として」『沖縄公文書館研究紀要』第一五号、二〇一三年三月、三六頁。
(115) 名護市史編さん委員会編『名護市史本編5　出稼ぎと移民』Ⅳ、五～六、二五～二七頁、土井「米国統治期の「琉球列島」における「外国人」(「非琉球人」)管理体制の一側面」三六頁。
(116) 山口忠次郎『開拓』山口忠次郎、一九八〇年、一〇～一九頁、森宣雄『地のなかの革命――沖縄戦後史における存在の解放』現代企画室、二〇一〇年、二六五頁。
(117) 金城『ドキュメント　八重山開拓移民』、名護市史編さん委員会編『名護市史本編5　出稼ぎと移民』Ⅳ、二九～五八頁。

(118) 金城『ドキュメント　八重山開拓移民』二六二～二八六頁。
(119) 名護市史編さん委員会編『名護市史本編5　出稼ぎと移民』Ⅳ、六九～七五頁、石川「戦後沖縄県における海外移民の歴史と実態」五三～六二頁。
(120) T・K・イシ「戦後の日本人の米国移住――移民の経済社会学」『移住研究』第二〇号、一九八三年三月、一九頁、フランク・F・チューマン（小川洋訳）『バンブー・ピープル――日系アメリカ人試練の一〇〇年』下、サイマル出版会、一九七六年、四三〇～四三三頁、村川庸子『境界線上の市民権――日米戦争と日系アメリカ人』御茶の水書房、二〇〇七年、二八二頁、沖縄県文化振興会編『沖縄県史資料編』九、沖縄県教育委員会、二〇〇〇年、五九～六〇頁。
(121) チューマン『バンブー・ピープル』下、四三三～四五三頁、村川『境界線上の市民権』三一二～三一六頁。
(122) チューマン『バンブー・ピープル』下、四六二～四六七頁、イシ「戦後の日本人の米国移住」一九～二一頁、嘉本伊都子「帰米二世との「国際結婚」――飯沼信子さんのライフヒストリーを通して」『京都女子大学現代社会研究』第一四号、二〇一一年一二月、沖縄県平和祈念資料館「日系二世が見た戦中・戦後――母国と祖国の間で」（日系米国人版戦争体験収集事業成果報告展）二〇一五年二～六月。
(123) 法務省入国管理局編『出入国管理の回顧と展望』大蔵省印刷局、一九八一年、八〇～八一頁、法務局出入管理庁『琉球における出入域管理』法務局出入管理庁、一九六八年、一〇～一一頁、岸本「戦後アメリカ統治下の沖縄における出入域管理について」五二～五三頁。
(124) チューマン『バンブー・ピープル』四七八～四八五頁、イシ「戦後の日本人の米国移住」二〇～二五頁。
(125) イシ「戦後の日本人の米国移住」二〇～二一頁。U.S. Immigration and Naturalization Service, *Annual Report of the Immigration and Naturalization Service, 1946-1977* (Washington D.C.: U.S.G.P.O.).
(126) 若槻・鈴木『海外移住政策史論』一八一～一八四、二五九頁、川崎澄雄「鹿児島県南薩地域からの海外出稼ぎ者と海外移民――米国カリフォルニアへの渡航者を中心に」『鹿児島経済大学社会学部論集』第三巻第四号、一九八五年二月、七八～八四頁、イシ「戦後の日本人の米国移住」二一頁。
(127) 伊藤『日本農民政策史論』一〇五～一一四頁、杉野忠夫『海外拓殖秘史』文教書院、一九五九年、八二～一一九頁。
(128) 伊藤『日本農民政策史論』一一四～一二四頁、イシ「戦後の日本人の米国移住」二〇～二一頁。
(129) 鳥谷寅雄「戦後移民運動発展小史」『海外へのとびら』第四八号、一九五三年一〇月二五日、「海外移住への見透し」。
(130) 鳥谷寅雄「世界連邦と移民問題」『海外へのとびら』第一号、一九四八年一〇月三〇日、同「戦後移民運動発展小史」。
(131) 鳥谷寅雄「海外移民の民族的意義」『海外へのとびら』第六号、一九四九年一〇月一〇日、同「国連と日本人移民問題」同第八

号、一九四九年一二月一〇日、同「海外移住運動の本質」同第一二号、一九五〇年四月一〇日、伊藤『日本農民政策史論』二一六～二一七頁。

(132) 若槻・鈴木『海外移住政策史論』九五～九七頁。

(133) アルゼンチン日本人移民史編纂委員会編『アルゼンチン日本人移民史』第二巻（戦後編）、在亜日系団体連合会、二〇〇六年、五七～八三、一一三～一二四頁。

(134) 移民史刊行委員会編『ブラジル沖縄県人移民史——笠戸丸から九〇年』ブラジル沖縄県人会、二〇〇〇年、一七五頁、若槻・鈴木『海外移住政策史論』九四～九五、一七二～一七三、二三八～二四一頁。

(135) 海外移住事業団編『海外移住事業団十年史』海外移住事業団、一九七三年、二三～二六頁、鳥谷「戦後移民運動発展小史」、若槻・鈴木『海外移住政策史論』七〇七～七一一頁、安岡『「他者」たちの農業史』二八八～二九三、二九八～三〇二頁、伊藤『日本農民政策史論』二一九～二二六頁。

(136) 若槻・鈴木『海外移住政策史論』七一一～七二〇頁、安岡『「他者」たちの農業史』二九四～二九八頁。

(137) 若槻・鈴木『海外移住政策史論』一三三～一八五、二三五～六一〇頁、若槻泰雄『原始林の中の日本人——南米移住地のその後』中央公論社、一九七三年。

(138) 若槻・鈴木『海外移住政策史論』八〇九～八二一頁、海外移住事業団編『海外移住事業団十年史』三八～七一、二四二～二五五頁。

(139) 若槻・鈴木『海外移住政策史論』一〇四～一二一頁。

(140) 野添憲治『海を渡った開拓農民』日本放送出版協会、一九七八年、同『開拓農民の記録』。

(141) 外務大臣官房領事移住部領事第二課『海外在留邦人数調査統計（昭和五六年一〇月一日現在）』大蔵省印刷局、一九八二年、二六頁。

(142) 梶田孝道・丹野清人・樋口直人『顔の見えない定住化——日系ブラジル人と国家・市場・移民ネットワーク』名古屋大学出版会、二〇〇五年。ブラジルでは戦前から帰化が可能だったが、戦前ブラジル移民約一九万人のうち、帰化者は約五〇〇〇人（約二・六％）とされる（若槻・鈴木『海外移住政策史論』一一五頁）。

(143) 「東南アジアの国交回復に役務賠償調査会発足」『海外へのとびら』第四七号、一九五三年八月二五日。

(144) 小林英夫「戦後アジアにおける日本人団体の活動と特徴」（同ほか編『戦後アジアにおける日本人団体』）二三～三一頁。

(145) 名護市史編さん委員会『名護市史本編5　出稼ぎと移民』Ⅳ、六五～六六頁、石川「戦後沖縄県における海外移民の歴史と実態」五九頁。

(146) 今泉「南洋群島引揚げ者の団体形成とその活動」二八～三二頁、浅野豊美「南洋群島からの沖縄人引揚と再移住をめぐる戦前と戦後」（同編『南洋群島と帝国・国際秩序』慈学社出版、二〇〇七年）三一六～三一八頁、文教局研究調査課編『琉球史料』第四集、琉球政府文教局、一九五九年、一〇八～一一〇頁。

(147) 文教局研究調査課編『琉球史料』第四集、一〇七～一一四頁、玉城美五郎「沖縄から見たボリビア移住二十年の歩み」『雄飛』第三一号、一九七四年一一月、一二〇～一三八頁。

(148) 文教局研究調査課編『琉球史料』第四集、一一〇～一一一頁、名護市史編さん委員会『名護市史本編5　出稼ぎと移民』IV、六五～六九頁、石川「戦後沖縄県における海外移民の歴史と実態」五九～六一頁。

(149) 浅野「南洋群島からの沖縄人引揚と再移住をめぐる戦前と戦後」三二四～三二五頁。

(150) 稲嶺一郎『稲嶺一郎回顧録――世界を舞台に』沖縄タイムス社、一九八八年、三五七～三六三頁、名護市史編さん委員会『名護市史本編5　出稼ぎと移民』IV、四二、七二頁、石川「戦後沖縄県における海外移民の歴史と実態」六二～六三頁、玉城「沖縄から見たボリビア移住二十年の歩み」一五一～一五七頁。

(151) 玉城「沖縄から見たボリビア移住二十年の歩み」一六〇～一六九頁、伊集朝規『移民根性――南米の大地に生きて』ひるぎ社、一九八七年。

(152) 名護市史編さん委員会『名護市史本編5　出稼ぎと移民』IV、六九～七三、八七～八九頁。

(153) 浅野「第二次大戦後米国施政権下沖縄人の移民・国籍問題に関する基本資料」三四〇～三四二頁。

(154) 名護市史編さん委員会『名護市史本編5　出稼ぎと移民』IV、七〇頁。

(155) 石川「戦後沖縄県における海外移民の歴史と実態」六一～六五頁、ボリビア日本人移住一〇〇周年移住史編纂委員会編『日本人移住一〇〇年誌　ボリビアに生きる』ボリビア日系協会連合会、二〇〇〇年、二五七頁、名護市史編さん委員会『名護市史本編5　出稼ぎと移民』IV、八～一〇、一一三～一五〇頁、岸本「戦後アメリカ統治下の沖縄における出入域管理について」五二～五三頁。

(156) 文教局研究調査課『琉球史料』第四集、一一九頁、名護市史編さん委員会『名護市史本編5　出稼ぎと移民』IV、一五一～一八七頁、ボリビア日本人移住一〇〇周年移住史編纂委員会編『日本人移住一〇〇年誌　ボリビアに生きる』三〇四～三〇六頁。

(157) 野入直美「『世界のウチナーンチュ大会』と沖縄県系人ネットワーク(2)　参加者の〈声〉に見るアイデンティティと紐帯の今後」『移民研究』第四号、二〇〇八年二月、同「構築される沖縄アイデンティティ――第五回世界のウチナーンチュ大会参加者アンケートを中心に」『移民研究』第八号、二〇一二年九月。

終　章

（1）アーネスト・ゲルナー（加藤節監訳）『民族とナショナリズム』岩波書店、二〇〇〇年。

（2）E・J・ホブズボーム（浜林正夫ほか訳）『ナショナリズムの歴史と現在』大月書店、二〇〇一年、一四九頁。例えば大谷松治郎が一九〇八年に「朝鮮行きを変更して、ハワイ行きを決心」した経緯を見よ。大谷松治郎『わが人となりし足跡――八十年の回顧』私家版、一九七一年。

（3）波多野澄雄『太平洋戦争とアジア外交』東京大学出版会、一九九六年。

（4）小熊英二『単一民族神話の起源――〈日本人〉の自画像の系譜』新曜社、一九九五年。

あとがき

振り返ってみれば、随分遠くまで来たものである。本書の出発点となる研究に取り組み始めたのは確か一八年ほど前のことになるが、それがこのような形で実を結ぶとは、当時の私は夢にも思わなかった。

東京大学教養学部、通称「駒場」で日本近代史研究を志した頃の私は、明治期の日本におけるナショナリズムと国民国家形成に強い関心を持っており、自由民権運動や議会政治の形成過程を分析することでこれを明らかにしようと考えていた。しかしその一方、学部生の頃から参加させていただいた三谷博先生の大学院ゼミで、韓国や中国、台湾などから来た数多くの留学生の方々に出会い、ゼミの場や飲み会で議論を重ねるうちに、私の問題設定はなかば無自覚のまま変わり始めていたように思う。当時、私が研究を志した大きな動機はいわゆる歴史認識問題への関心だったが、にもかかわらず留学生の皆さんに出会って初めて、私は自分の思考の枠組みが日本人の内部だけで完結していたことに気がついたのである。

そんな中、ある日の「三谷ゼミ」で、何を読んでいたのか思い出せないが、「近代は国民国家が形成された時代だというのに、同じ時代に世界中で大量の移民がみられたというのは不思議だ」と発言したとき、三谷先生はこちらをキッとみて、「それは面白い！」とおっしゃった。今思えば、これが一つの転機だったかもしれない。小熊英二氏の『単一民族神話の起源』（新曜社、一九九五年）を読んで興味を持っていた内地雑居論争を修士論文の主題に選んだのが、「移民と植民」に関する研究に取り組む出発点となった。

しかし、修士論文の執筆には大いに苦しんだ。選んだ研究対象の広がりに対して、当時の私はこれを十分に分析するための視野を欠いており、また一国史的な思考の枠組みを史料読解を通じて変えていくだけの柔軟さも足りなかった。論文審査ではどうにか及第点を頂いたものの、先の見通しが持てず、お酒に頼って両親や友人に随分迷惑をかけたものと思う。

博士課程に入り、移民した人々自身を研究対象にしようと決意して、フィールドワークを行いながら北海道移民やハワイ移民に関する論文を形にすることで、ようやく研究に手応えを感じることができるようになった。現地に足を運ぶこと自体がものの見方を変えてくれるというごく当たり前のことを、出不精だった私は遅まきながら実感した。

しかし博士論文をまとめるにあたっては、この研究を通じて包括的な歴史像を提示するという難題に向き合わねばならなかった。私は北海道の延長上に南樺太の日本人移民を研究対象として、これを台湾や朝鮮と比較することで研究に包括性を与えようと試みたが、その選択は結果として、近代の「移民と植民」をトータルに考察しない限り本当の意味では研究が完成しないことを明らかにしてしまった。論文審査にあたっては、やはり及第点は頂いたものの、「このようなプログラムの完遂にはほとんど一生以上の時間を必要とする」というお言葉を頂戴することとなった。

さらに出版の相談に乗って下さった名古屋大学出版会の三木信吾さんは、やはり博士論文では扱わなかった地域の移民も含めて、包括的な研究として完成させて欲しいとご助言下さった。相当時間がかかると思いますが、と私が聞くと、待ちます、と力強くお答え下さった。かくして頼もしい伴走者を得て、本書の研究は新たなスタートを切った。

その後、幸運にも琉球大学に職を得て、教員としての仕事で一気に忙しくなり、またいくつもの新しい研究テーマに出会う中で、本書の研究をなかなか思うように進められない時期もあった。しかし沖縄への「移民」経験は、

第8章のような目にみえる部分に限らず、本書全体の枠組みに根底からの影響を与えるものであった。この地での暮らしや学生との交流が年月を重ねるにつれて、私は自分自身が変化していることを感じるようになった。それは、自分もまた史料であるという発見であった。

二〇一三年度にハーバード大学ライシャワー日本研究所の訪問研究員として、アメリカでもう一つの短い「移民」経験を得たことは、本書を完成させる上で決定的な後押しとなった。ほとんど下宿と図書館を往復するばかりの毎日ではあったが、ボストンでの生活は多様な民族集団からなる社会について改めて考えるきっかけにもなった。またロサンゼルスへの調査旅行で、リトル・トーキョーの日系人コミュニティを訪れた上に、北米沖縄県人会の新年会にも参加させていただいたことは、忘れられない思い出である。

結局、私は近代日本の国民国家形成という当初の問題設定を、主権国家と民族集団とが織りなす近代という本書の結論によって自分で突き破ってしまったことになる。しかしナショナリズムや国民国家に対する関心なしにはやはり本書は生まれなかったと思うし、歴史研究の喜びは、書く前には思いもよらなかった世界がみえるようになることに尽きるといえよう。

本書ができるまでの道のりでは、多くの方にお世話になった。まず、三谷博先生に改めてお礼を申し上げたい。大学入学初日の一時限目にたまたま出席した先生の講義で、当時先生が関わっておられた日韓間での歴史教科書をめぐる問題の難しさについて伺ったことは、受験生の頃に何となく感じていた歴史教育への疑問を学問的な関心に結びつけた決定的な出会いであった。そして学部二年の頃から一〇年以上にわたって参加させていただいた三谷ゼミは、長時間の徹底的な討論のあと、さらに席を変えてお酒を交えたにぎやかな議論が続く、またとない空間であった。二十代の間、私の生活は三谷ゼミを中心に回っていたといってよい。三谷先生はいつも厳しくご指導下さるだけでなく、世界の研究者を相手にせよと学生の視野を広げて下さった。また研究に悩んで相談に伺うと、快く話を聞いて下さった上で、ご自身が進めておられる研究やプロジェクトについて情熱的にお話し下さり、帰る頃にはいつも不思議と元気になっていた。大学院を出た後も、先生の厳しく温かいお言葉がどれだけ支えになったか知れない。随分時間を掛けてしまったが、本書を形にすることで少しでもご恩を返すことができたらと思う。

東大文学部日本史研究室の鈴木淳先生には、前の職場である駒場キャンパスに赴任された当初にお目にかかって以来、実証史学としての日本近代史研究の手ほどきをしていただいた。駒場時代に開いて下さった少人数での「くずし字」を読む会や読書会は、懐かしく楽しい思い出である。鈴木先生には、史料を探し出し、史料から何がいえるか・いえないかを考えることの難しさと面白さを教わり、また明治という時代の魅力を通じて、政治史を常に社会や経済の動態と一体のものとして捉える見方を教わった。

同じく東大文学部日本史研究室の加藤陽子先生に、ゼミや研究会にたびたび参加させていただいた経験は、二〇世紀前半、特に戦争の時代の日本を研究対象とする上で大事な財産になった。私の向こうみずな議論をいつもニコニコと聞いて励まして下さり、しかし同時に優しいお言葉で歴史家としての厳格なコメントを下さったことは、後になっては汗顔の至りであるが、学生としてありがたいことだった。

駒場の大学院（総合文化研究科）では、酒井哲哉先生や若林正丈先生のゼミでも多くを学ばせていただいた。酒井ゼミで、やがて『近代日本の国際秩序論』（岩波書店、二〇〇七年）に結実するテキスト読解を目の当たりにした経験は、後になって私自身が矢内原忠雄のテキストに取り組むにあたって大変助けになった。若林ゼミでは、台湾近代史の視点から朝鮮の「植民地近代」に関する論文集 Gi-Wook Shin and Michael Robinson, eds., *Colonial Modernity in Korea* (Cambridge and London : Harvard University Asia Center, 1999) を読むという貴重な場に参加し、東アジアの近代における帝国日本のインパクトについて多面的に考えることができた。

さらにハワイ移民の研究にとりかかった後、駒場の大学院で矢口祐人先生にめぐり会ったのは天の配剤であった。矢口先生にはご自身が主催されていたハワイ研究会に参加させていただき、アメリカ研究や文化人類学をはじめ、さまざまな学問分野からハワイ研究にアプローチしていた方々からご助言を頂くことができた。このことは、国家としての日本とは異なる枠組みからハワイの日本人移民を捉える上でかけがえのない経験となった。

本書の原型である博士論文「近代日本の移植民と政治的統合」の審査は、三谷博、木畑洋一、村田雄二郎、鈴木淳、矢口祐人の各先生にご担当いただいた。加えて博士論文の準備段階で開かれたリサーチ・コロキアムでは、北岡伸一先生にご助言を頂いた。口述試験などでは数々の厳しいコメントを頂いただけでなく、先生方同士の議論が大いに盛り上がり、この審査は本当に終わるのかと目眩がしたこともあった。本書が、先生方から頂いた及第点に報いるものになっていればと願う。

学生時代から現在まで、研究のフィールドが広がるにつれて、さまざまな研究分野の方々との出会いがあったのはまことに幸いなことだった。駒込武さんが主催される新世代アジア史研究会では、植民地期台湾の研究を中心とする多士済々の皆さんから、私が進めていた北海道や南樺太の研究に対して貴重なご助言を頂いた。とりわけ岡本真希子さんには、飲み会での熱い議論で元気を分けていただき、また南樺太の本国編入に関するいくつかの重要な史料の所在もご教示いただいた。

「移民」と「植民」にまたがる領域の研究は、私が博士論文を執筆する時期にちょうど盛んになりつつあり、私自身も南樺太の研究をきっかけとしてその場に加わることができた。南樺太研究の先達である三木理史さんや竹野学さんには、研究会や調査旅行などでしばしばご一緒して多くを学ばせていただいた。また原暉之さんと今西一さんがそれぞれ主催される共同研究に加えていただいたことは、研究を続ける上で非常に助けになった。そして蘭信三さんが主催される、帝国日本とヒトの移動をめぐる共同研究では、部外者ながらも折に触れて研究会にお邪魔させていただき、多大な刺激を得ることができた。

学生時代に出会った学友諸氏にはいつも刺激を受け、またご助言や激励を頂いてきた。ここでは、三谷ゼミでともに時間を過ごした李元雨、山口輝臣、孫国鳳、朴薫、朴智泳、上田純子、李承機、平山昇、池田勇太、坂田美奈子、與那覇潤、福岡万里子、三牧聖子、中野弘喜、そして鈴木ゼミや加藤ゼミでご一緒した千葉功、土田宏成、市川大祐、今津敏晃、谷口裕信、松沢裕作、松田忍、若月剛史の皆さんを挙げたい。

名古屋大学出版会の三木信吾さんには、悶々として進まない私を我慢強くお待ち下さり、いつも鋭いご助言と温かい励ましを下さったことに改めて感謝したい。そして同出版会の長畑節子さんには、見事な校正によって本書に格段の磨きをかけて下さったことに感謝したい。なお本書の刊行にあたっては、日本学術振興会から平成二七年度科学研究費補助金（研究成果公開促進費・学術図書）の支援を受けた。お礼を申し上げたい。

最後に、学問の道に進んだ息子を何もいわずに長いあいだ見守ってくれた両親、そしていつも心身の支えになってくれるとともに、歴史研究者としての楽しみや喜びを分かち合ってくれる妻に、感謝の言葉を贈りたい。

二〇一五年八月

塩出浩之

初出一覧

第1章　「明治立憲制の形成と「殖民地」北海道」(『史学雑誌』第一一一巻第三号、二〇〇二年三月)
第3章　「明治期ハワイ在留日本人の参政権獲得問題」(『日本歴史』第六六三号、二〇〇三年八月)
　　　「一九〇〇年代米領ハワイにおける中央日本人会の成立と解体」(『年報地域文化研究』第六号、二〇〇三年四月)
第4章　「植民地研究と〈植民〉概念」(鴨下重彦ほか編『矢内原忠雄』東京大学出版会、二〇一一年)
第5章　「日本領樺太の形成――属領統治と移民社会」(原暉之編『日露戦争とサハリン島』北海道大学出版会、二〇一一年)(部分)
　　　「戦前期樺太における日本人の政治的アイデンティティについて――参政権獲得運動と本国編入問題」(北海道大学スラブ研究センター『21世紀COEプログラム「スラブ・ユーラシア学の構築」研究報告集』第一一号(日本とロシアの研究者の目から見るサハリン・樺太の歴史I)、二〇〇六年二月)
第6章　「「在満日本人」か、「日系満洲国民」か――「満洲国」における日本人の政治参加」(琉球大学法文学部『政策科学・国際関係論集』第一六号、二〇一四年三月)

＊以上の論文は、本書をまとめるにあたって大幅に改稿した。その他の章は書き下ろしである。

図表一覧

《著者略歴》

塩《しお》出《で》浩《ひろ》之《ゆき》

1974年生
2004年　東京大学大学院総合文化研究科博士課程修了
現　在　琉球大学法文学部准教授
著　書　『岡倉天心と大川周明』（山川出版社，2011年）
『岩波講座日本歴史15　近現代1』（共著，岩波書店，2014年）他

越境者の政治史

2015年10月10日　初版第1刷発行
2015年12月30日　初版第2刷発行

定価はカバーに
表示しています

著　者　塩　出　浩　之

発行者　石　井　三　記

発行所　一般財団法人　名古屋大学出版会

〒464-0814　名古屋市千種区不老町1名古屋大学構内
電話(052)781-5027/FAX(052)781-0697

Printed in Japan
印刷・製本 ㈱クイックス
ISBN978-4-8158-0820-4

索　引

あ　行

か　行

さ　行

た　行

な　行

は　行

ま　行

や　行

ら　行

わ　行